Hochbegabte Jugendliche und ihre Peers

Pädagogische Psychologie und Entwicklungspsychologie

herausgegeben von Detlef H. Rost

Wissenschaftlicher Beirat

Editorial

Pädagogische Psychologie und Entwicklungspsychologie sind seit jeher zwei miteinander verzahnte Teildisziplinen der Psychologie. Beide haben einen festen Platz im Rahmen der Psychologenausbildung: Pädagogische Psychologie als wichtiges Anwendungsfach im zweiten Studienabschnitt, Entwicklungspsychologie als bedeutsames Grundlagenfach in der ersten und als Forschungsvertiefung in der zweiten Studienphase. Neue Zielsetzungen, neue thematische Schwerpunkte und Fragestellungen sowie umfassendere Forschungsansätze und ein erweitertes Methodenspektrum haben zu einer weiteren Annäherung beider Fächer geführt und sie nicht nur für Studierende, sondern auch für die wissenschaftliche Forschung zunehmend attraktiver werden lassen. „Pädagogische Psychologie und Entwicklungspsychologie" nimmt dies auf und will die Rezeption einschlägiger guter und interessanter Forschungsarbeiten fördern und damit die theoretische, empirische und methodische Entfaltung beider Fächer stimulieren sowie fruchtbare Impulse zu ihrer Weiterentwicklung einerseits und zu ihrer gegenseitigen Annäherung andererseits geben.

Der Beirat der Reihe „Pädagogische Psychologie und Entwicklungspsychologie" repräsentiert ein breites Spektrum entwicklungspsychologischen und pädagogisch-psychologischen Denkens und setzt Akzente, indem er auf Forschungsarbeiten aufmerksam macht, die den wissenschaftlichen Diskussionsprozeß beleben können. Es ist selbstverständlich, daß zur Sicherung des Qualitätsstandards dieser Reihe jedes Manuskript – wie bei Begutachtungsverfahren in anerkannten wissenschaftlichen Zeitschriften – einem Auswahlverfahren unterzogen wird. Nur qualitätsvolle Arbeiten werden der zunehmenden Bedeutung der Pädagogischen Psychologie und Entwicklungspsychologie für die Sozialisation und Lebensbewältigung von Individuen und Gruppen in einer immer komplexer werdenden Umwelt gerecht.

Susanne R. Schilling

Hochbegabte Jugendliche und ihre Peers

Wer allzu klug ist, findet keine Freunde?

Waxmann Münster / New York
München / Berlin

Die Deutsche Bibliothek – CIP-Einheitsaufnahme

Schilling, Susanne R.:
Hochbegabte Jugendliche und ihre Peers : wer allzu klug ist,
findet keine Freunde? / Susanne R. Schilling. – Münster ;
New York ; München ; Berlin : Waxmann, 2002
(Pädagogische Psychologie und Entwicklungspsychologie ; Bd. 33)
Zugl.: Marburg, Univ., Diss., 2001
ISBN 3-8309-1074-6

Pädagogische Psychologie und Entwicklungspsychologie; Bd. 33
herausgegeben von Prof. Dr. Detlef H. Rost
Philipps-Universität Marburg
Fon: 0 64 21 / 2 82 17 27
Fax: 0 64 21 / 2 82 39 10
E-mail: rost@mailer.uni-marburg.de

ISSN 1430-2977
ISBN 3-8309-1074-6

© Waxmann Verlag GmbH, 2002
Postfach 8603, D-48046 Münster

http://www.waxmann.com
E-Mail: info@waxmann.com

Umschlaggestaltung: Pleßmann Kommunikationsdesign, Ascheberg
Druck: Zeitdruck GmbH, Münster
Gedruckt auf alterungsbeständigem Papier, DIN 6738

für Maria Schilling

Vorwort der Autorin

Seit 1995 arbeite ich aktiv am *Marburger Hochbegabtenprojekt* mit, 1999 kamen zusätzliche Aufgaben im Rahmen der Begabungsdiagnostischen Beratungsstelle *BRAIN* hinzu. Vor diesem Hintergrund habe ich mich – nicht nur auf wissenschaftlicher Basis, sondern auch in der Praxis der Lehrerfortbildung und Elternberatung – intensiv mit dem Thema Hochbegabung auseinandergesetzt. In diesem Zusammenhang erstaunt es mich immer wieder, wie viele angebliche „Tatsachen" und „Belege" durch die Köpfe von Eltern und Pädagogen geistern, die oft zu ungerechtfertigten Ängsten und Unsicherheiten, was die psychosoziale Entwicklung hochbegabter Kinder anbetrifft, führen. Ich hoffe in diesem Sinne, daß diese Arbeit dazu beiträgt, einige weitverbreitete Vorurteile zu revidieren.

Viele Personen haben mich in den letzten Jahren unterstützt und begleitet. Diesen möchte ich an dieser Stelle meinen Dank aussprechen:

- Meinem Doktorvater Prof. Dr. Detlef H. Rost für seine stets offene Tür, viele aufschlußreiche Gespräche, kritische Rückmeldungen, aber auch warme Worte zur rechten Zeit.
- Den Lehrkräften, Schulleitern, Schülern und Eltern, die durch ihre Unterstützung und Teilnahme diese Arbeit erst ermöglicht haben.
- Allen ehemaligen Mitarbeitern und studentischen Hilfskräften im *Marburger Hochbegabtenprojekt*, die an der Datenerhebung und Dateneingabe mitgewirkt haben. Besonders danken möchte ich Dr. Inez Freund-Braier und Dipl.-Psych. Claudia Wetzel für die Jahre der guten Zusammenarbeit und die vielen anregenden Gespräche, ebenso Dipl.-Psych. Petra Hanses, von der ich nicht nur beim Umgang mit den Tücken des Computers viel gelernt habe.
- Meinen Kolleginnen und Kollegen sowie den studentischen Hilfskräften der Begabungsdiagnostischen Beratungsstelle *BRAIN*, die mich insbesondere in der „heißen" Phase in vielerlei Hinsicht entlastet (und ertragen!) haben.
- Allen, die in Windeseile und mit großer Sorgfalt Teile dieser Arbeit Korrektur gelesen haben, besonders Dr. Annette Kinder, Dipl.-Psych. Jörn Sparfeldt und Dipl.-Psych. Christiane Pruisken.
- Den studentischen Hilfskräften Uta Biermann, Christina Wege und Kristina Frey für ihren unermüdlichen Einsatz beim Kategorisieren der Interviewaussagen sowie Silke Schlömer, die mich beim Erstellen der Interviewabschriften unterstützt hat.
- Prof. Dr. Hans-Henning Schulze und Prof. Dr. Hartmann Scheiblechner für ihr offenes Ohr und hilfreiche Hinweise bei statistischen Fragen.
- Dr. Martina Rieger, Dr. Kerstin Konrad und Dr. Hans-Christoph Nürk, die als meine *Peers* eine nahezu unerschöpfliche Quelle sozialer und emotionaler Unterstützung waren.
- Allen Freunden und Freundinnen sowie meiner ganzen Familie, besonders Ulrike und Maria Schilling, für ihre Unterstützung und Geduld.
- Und *last but not least* Markus Buch, der mir in schwierigen Zeiten das Leben so leicht wie möglich gemacht hat. Danke für alles.

Inhalt

1	Einleitung	1
2	Theorie	3
2.1	Jugendliche und ihre Peers	3
2.1.1	Begriffsklärung „Jugend" und „Peers"	3
2.1.2	Die Bedeutung der Peers im Jugendalter	5
2.1.3	Diagnostik von Peer-Beziehungen	12
2.1.3.1	Peerbeurteilungen	13
2.1.3.2	Eltern- und Lehrerurteile	15
2.1.3.3	Selbstbeurteilungen	16
2.1.3.4	Verhaltensbeobachtung	17
2.1.3.5	Übereinstimmung unterschiedlicher „Datenquellen"	17
2.1.4	Peer-Druck und Peer-Normen	18
2.2	Hochbegabung	24
2.2.1	Definitionen und Konzepte	25
2.2.1.1	Intelligenz und Kreativität	26
2.2.1.2	Mehrdimensionale Modelle	30
2.2.1.3	Administrative Definitionen	35
2.2.2	Identifikation von Hochbegabten	36
2.2.3	Das „Münchner Hochbegabungsprojekt"	42
2.2.4	Das „Marburger Hochbegabtenprojekt"	45
2.3	Hochbegabte und ihre Peer-Beziehungen	48
2.3.1	Beliebte Schüler oder Außenseiter? – Kontroverse Annahmen	48
2.3.2	Empirische Befunde	51
2.3.2.1	Peerbeurteilungen	53
2.3.2.2	Eltern- und Lehrerbeurteilungen	57
2.3.2.3	Selbsteinschätzungen	58
2.4	Ableitung der Fragestellung	67
3	Methode	69
3.1	Stichproben	69
3.1.1	Begabungsstichprobe	70
3.1.1.1	Selektion und Identifikation	70
3.1.1.2	Beschreibung der stabil durchschnittlich Begabten und stabil Hochbegabten	74
3.1.2	Leistungsstichprobe	78
3.1.2.1	Selektion und Identifikation	78
3.1.2.2	Beschreibung der hoch- und durchschnittlich Leistenden	81
3.1.3	Referenzstichprobe	84
3.1.3.1	Vergleich mit populationsstatistischen Daten	85
3.1.3.2	Schulbildung der Eltern und ZVT	86
3.1.3.3	Selektion einer quotierten Teilstichprobe	88
3.1.4	Teilstichprobe aus der Erhebung Jugend '92	88

3.2   Variablen 90
3.2.1   Allgemeine Intelligenz („g") 91
3.2.1.1   Untertests „sprachliche Analogien" und „Zahlenreihen" des I-S-T 70 91
3.2.1.2   Untertest 3 des LPS 92
3.2.1.3   Zahlen-Verbindungs-Test 92
3.2.2   Verfahren zur Erfassung des bildungsrelevanten sozioökonomischen Status 93
3.2.3   Verfahren zur Erfassung von Peer-Beziehungen 95
3.2.3.1   Datenquelle „Jugendliche" 95
3.2.3.2   Datenquelle „Eltern" 102
3.2.3.3   Datenquelle „Lehrer" 104
3.2.3.4   Zusammenfassende Übersicht 109
3.3   Auswertung 111
3.3.1   Datenaufbereitung und explorative Datenanalyse 111
3.3.2   Psychometrische Analysen 111
3.3.3   Inhaltsanalyse 113
3.3.4   Gruppenvergleiche 115
3.3.4.1   Statistische und praktische Signifikanz 115
3.3.4.2   Vorgehen bei der Überprüfung und Interpretation der Effekte 117
3.3.4.3   Inferenzstatistische Verfahren 119

4   Ergebnisse 127
4.1   Psychometrische Analysen 127
4.1.1   Datenquelle „Jugendliche" 127
4.1.1.1   Kontaktbereitschaft und Sozialinteresse bei Schülern 127
4.1.1.2   Kontakt zu Freunden 130
4.1.1.3   Einsamkeit 131
4.1.2   Datenquelle „Lehrer" 135
4.1.3   Explorativer Exkurs: Hinweise auf konvergente Validität der eingesetzten
           Verfahren 137
4.2   Inhaltsanalysen 139
4.2.1   Lehrerinterview 141
4.2.2   Elterninterview 143
4.3   Gruppenvergleiche Begabungsstichprobe 145
4.3.1   Subjektive Gefühle 145
4.3.2   Soziale Kompetenzen / Einstellungen 150
4.3.2.1   Datenquelle „Jugendliche" 150
4.3.2.2   Datenquelle „Lehrer" 152
4.3.3   Peer-Kontakte (Netzwerk) 153
4.3.3.1   Datenquelle „Jugendliche" 153
4.3.3.2   Datenquelle „Eltern" 157
4.3.3.3   Datenquelle „Lehrer" 163
4.3.4   Peer-Kontakte (Häufigkeit) 166
4.3.4.1   Datenquelle „Jugendliche" 166
4.3.4.2   Datenquelle „Eltern" 172
4.3.5   Akzeptanz in der Klasse 174
4.3.5.1   Datenquelle „Jugendliche" 174
4.3.5.2   Datenquelle „Lehrer" 175
4.3.5.3   Datenquelle „Eltern" 180

4.4	Gruppenvergleiche Leistungsstichprobe	182
4.4.1	Subjektive Gefühle	182
4.4.2	Soziale Kompetenzen / Einstellungen	187
4.4.3	Peer-Netzwerk	189
4.4.3.1	Datenquelle „Jugendliche"	189
4.4.3.2	Datenquelle „Eltern"	193
4.4.3.3	Datenquelle „Lehrer"	198
4.4.4	Bereich Peer-Kontakte (Häufigkeit)	199
4.4.4.1	Datenquelle „Jugendliche"	199
4.4.4.2	Datenquelle „Eltern"	206
4.4.5	Bereich Akzeptanz	208
4.4.5.1	Datenquelle „Jugendliche"	208
4.4.5.2	Datenquelle „Lehrer"	209
4.4.5.3	Datenquelle „Eltern"	211
5	Diskussion	213
6	Zusammenfassung	225
Literatur		227
Anhang		253

1   Einleitung

Wer kennt sie nicht, die stereotyp gezeichneten Außenseiter vieler Jugendfilme? Sie sind meist männlich, hochintelligent, haben gute Noten, kennen sich mit Computern aus – und werden von ihren Mitschülern abgelehnt. Niemand lädt sie auf Parties ein, sie haben keine Freunde (bestenfalls Leidensgenossen in einer Art Notgemeinschaft), und Mädchen lachen sie aus. Natürlich existieren auch entsprechende weibliche Figuren: Diese sind unmodisch gekleidet, zwar klug aber nicht hübsch, keiner möchte mit ihnen zum Abschlußball gehen, und sie werden für andere Mädchen nur dann zu Freundinnen, wenn es um das Erklären der Hausaufgaben geht.

Diese und ähnliche Bilder haben viele im Sinn, wenn es um die Beziehungen von hochbegabten Jugendlichen zu ihren Mitschülern und anderen Gleichaltrigen (*Peers*) geht. Auch in einschlägigen Ratgebern lassen sich des öfteren Passagen wie die folgende finden:

„Problem: Soziale Isolierung. Hochbegabte gelten oft als Einzelgänger und Eigenbrötler, die sich von anderen absondern und sich an Spielen und an Geselligkeiten in der Gruppe nicht beteiligen. Daß hochbegabte Kinder in der Tat häufig einsam sind und sich verschließen, ist nicht zuletzt darauf zurückzuführen, daß ihnen oft die richtigen Gesprächspartner fehlen. Die altersgleiche Gruppe teilt zumeist die Interessen des hochbegabten Kindes nicht, das hochbegabte Kind nicht die Interessen der altersgleichen Gruppe. So kommt es leicht dazu, daß diese Kinder oft abseits stehen, nicht voll integriert sind oder gar aus der Gruppe ausgeschlossen werden" (Deutsche Gesellschaft für das hochbegabte Kind e.V. 1984, 24).

Ganz ähnlich die Vorsitzende des Vereins *Hochbegabtenförderung e.V.*:
„Die Integration in einen Freundeskreis normal begabter Kinder ist oft nur schwer möglich. Die Unterschiede in der Freizeitgestaltung sind so gravierend, daß die Bemühungen um Integration fast immer zu Lasten der hochbegabten Kinder gehen, da die anderen Kinder mit ihren Interessen in der Mehrheit sind" (Billhardt 1998, 15).

Zwar wird hier vor allem auf hochbegabte *Kinder* abgehoben, jedoch kann man sich leicht vorstellen, wie aus diesen mutmaßlichen Außenseitern ausgegrenzte Jugendliche werden.

Im Rahmen des *Marburger Hochbegabtenprojekts* konnte ich überprüfen, ob – wie häufig angenommen wird – Hochbegabte im Jugendalter tatsächlich unter gravierenden Defiziten in ihren sozialen Beziehungen zu Peers leiden. Während für das Grundschulalter – im Gegensatz zu den oben zitierten Meinungen – zahlreiche Befunde vorliegen, die belegen, daß sich hochbegabte Grundschulkinder hinsichtlich ihrer psychosozialen Anpassung nicht oder eher vorteilhaft von Gleichaltrigen abheben, beschäftigen sich nur wenige Arbeiten mit den sozialen Beziehungen Hochbegabter im Jugendalter.

Im theoretischen Teil dieser Arbeit (Kapitel 2) gehe ich zunächst auf die Funktion und Vielfalt der Peer-Beziehungen Jugendlicher ein. Schwierigkeiten bei der Untersuchung sozialer Beziehungen werden erörtert und Überlegungen zum Verhältnis zwischen informellen Peer-Normen und Schulleistung angestellt. Im Anschluß werde ich näher auf das Konzept „Hochbegabung" eingehen, bevor die aktuelle Forschungslage zu Peer-Beziehungen hochbegabter Jugendlicher kritisch diskutiert wird. Daraus leite ich die Fragestellungen meiner Arbeit ab:

- Unterscheiden sich hoch- und durchschnittlich begabte Jugendliche in verschiedenen Aspekten ihrer Peer-Beziehungen voneinander?

- Finden sich ähnliche Befundmuster, wenn hervorragende Schüler mit lediglich durchschnittlich leistenden Mitschülern verglichen werden?

In Kapitel 3 stelle ich dann die Stichproben des *Marburger Hochbegabtenprojekts* vor und beschreibe zusätzliche Vergleichsstichproben. Im Anschluß werden die verwendeten Instrumente und die statistischen Verfahren erläutert.

Eine ausführliche Darstellung der Ergebnisse folgt in Kapitel 4. Diese diskutiere ich abschließend in Kapitel 5 kritisch.

Um den Überblick zu erleichtern, werden am Ende jedes Unterkapitels zweiter Ordnung kurze Zusammenfassungen gegeben. Lediglich im umfangreichen Ergebnisteil (Gruppenvergleiche) bin ich der Übersichtlichkeit halber von diesem Prinzip abgewichen und fasse die wesentlichen Ergebnisse auch nach Unterkapiteln dritter Ordnung zusammen.

Ein Wort zum Sprachgebrauch: Um die Lesbarkeit zu erleichtern, habe ich mich nach reiflicher Überlegung dazu entschlossen, immer dann, wenn es um den allgemeinen Fall („Freund", „Lehrer", „Schüler") geht, – den üblichen Gepflogenheiten des deutschen Sprachgebrauchs folgend – die männliche Form zu verwenden.

Ausgewählte Teile dieser Arbeit sind bereits in dem von Detlef H. Rost (2000) herausgegebenen Buch „Hochbegabte und hochleistende Jugendliche. Neue Ergebnisse aus dem Marburger Hochbegabtenprojekt" (Münster: Waxmann) vorgestellt worden.

2   Theorie

2.1   Jugendliche und ihre Peers

Im folgenden werden zunächst die Begriffe *Jugend* und *Peers* definiert, bevor ich auf die Relevanz der Peers für die Entwicklung im Jugendalter eingehe und unterschiedliche Formen von Peer-Beziehungen vorstelle. Danach werden diagnostische Probleme bei der Erfassung von Peer-Beziehungen diskutiert. Abschließend erfolgt eine nähere Betrachtung von Peer-Druck und Peer-Normen unter besonderer Berücksichtigung der Beziehung zwischen informellen Peer-Normen und Schulleistung.

2.1.1   Begriffsklärung „Jugend" und „Peers"

Jugend kennzeichnet einerseits die Übergangsperiode zwischen Kindheit und Erwachsenenalter (Oerter & Dreher 1995). Die alltagssprachliche Umschreibung, man sei „nicht Fisch, nicht Fleisch", charakterisiert diese „Zwischenphase" recht treffend und entspricht der Lewinschen Beschreibung, der Jugendliche sei eine Marginalperson. Auf der anderen Seite kann Jugend auch als eigenständige Phase in der menschlichen Entwicklung betrachtet werden, in der spezifische Entwicklungsschritte zu bewältigen sind (Remschmidt 1992).

Oerter & Dreher (1995) bezeichnen mit *Jugendalter* den Zeitraum zwischen dem 11. und 17. Lebensjahr und merken an, daß *Adoleszenz* unspezifischer das zweite Lebensjahrzehnt (10.–21. Lebensjahr) kennzeichnet. In der deutschsprachigen Literatur werden beide Begriffe häufiger synonym verwendet (Ewert 1983). Auch Silbereisen & Schmitt-Rodermund (1998) unterscheiden nicht zwischen Jugend und Adoleszenz. Sie treffen zusätzlich die Unterteilung in *frühe Adoleszenz* (11 bis 14 Jahre), *mittlere Adoleszenz* (15 bis 18 Jahre) und *späte Adoleszenz* (19 bis 21 Jahre).[1] Der anschließende Lebensabschnitt bis etwa zum 25. Lebensjahr wird als *Postadoleszenz* bzw. *junges Erwachsenenalter* bezeichnet. Diese Altersmarken dienen der Orientierung und sind nicht als strikte Grenzen zu verstehen. Da in der anglo-amerikanischen Literatur die Unterteilung in frühe, mittlere und späte Adoleszenz recht gebräuchlich ist, werde ich im folgenden die Periodisierung von Silbereisen & Schmitt-Rodermund verwenden. Der Begriff *Pubertät* wird spezifischer gebraucht und bezieht sich eher auf die körperliche Entwicklung. Der Beginn der Pubertät (im allgemeinen gekennzeichnet durch die Menarche bzw. durch die erste Ejakulation) kann nach Remschmidt (1992) als Beginn der Adoleszenz aufgefaßt werden.

Der Ausdruck *Peer* (Plural: *Peers*) entstammt dem englischen Rechtssystem und bezieht sich ursprünglich auf Personen gleicher gesellschaftlicher Position. In der (entwicklungs)psychologischen Literatur versteht man unter Peers im allgemeinen Gleichaltrige. Peers sind nach Lewis & Rosenblum (1975, zit. nach Shaffer 1994, 535) „Indi-

---

1 Oerter und Dreher (1995) unterscheiden zwischen früher (14. – 18. Lebensjahr) und später (18. – 21. Lebensjahr) Adoleszenz.

viduen, die – zumindest zum gegenwärtigen Zeitpunkt – auf einer ähnlich komplexen Verhaltensebene operieren".[2] Gleichaltrige Kinder und Jugendliche sind häufig, aber nicht notwendigerweise, Peers: Sie können sich in relevanten Variablen hinsichtlich ihres Entwicklungsstandes stark unterscheiden (Hartup 1983). Von Salisch (2000, 347–350) führt verschiedenen Bedingungen an, die Gleichheit unter Kindern und Jugendlichen fördern:

- *Gleiche Stellung gegenüber Institutionen und ihren Repräsentanten.* In diesem Sinne sind Mitschüler *Peers*, da sie gegenüber der Schule und ihre Repräsentanten (Lehrer) die gleiche Position innehaben.
- *Ähnlicher Entwicklungsstand.* Dieser bezieht sich auf kognitive und sozio-moralische Kompetenzen.
- *Gleiche Entwicklungsaufgaben und (normative) Lebensereignisse.* Gleichaltrige müssen ähnliche Entwicklungsaufgaben und Lebensereignisse, wie den Übergang auf weiterführende Schulen, die Führerscheinprüfung etc., zu ähnlichen Zeitpunkten bewältigen.
- *Gleichberechtigte Teilhabe an der Kinder- / Jugendkultur.* Kinder und Jugendliche entwickeln eigene Regeln, Normen und Vorstellungen über Verhalten und Einstellungen, in die Erwachsene nur zum Teil Einblick haben. Um dazuzugehören, ist es wichtig zu wissen, wie man sich z.b. auf Parties verhält, welche Kleidung angesagt und welche Musik „in" ist. Diese geteilten Vorstellungen geben Heranwachsenden Sicherheit und vermitteln ein Gefühl der Zusammengehörigkeit.
- *Anerkennung der Ebenbürtigkeit.* Ebenbürtigkeit (gleicher Rang) ist nicht notwendigerweise an das Alter gekoppelt, sondern eher an vergleichbare Fähigkeiten und Interessen. So schließen sich beispielsweise pubertär akzelerierte Jugendliche häufig älteren Peergruppen an.
- *Anspruch der Gleichrangigkeit.*

Während also einige Bedingungen auf Gleichaltrige zutreffen (z.B. gleiche Position gegenüber Institutionen), sind andere nicht notwendigerweise an das (gleiche) Alter gebunden (z.B. ähnlicher Entwicklungsstand). Im folgenden werde ich den Begriff Peers – sofern nicht näher spezifiziert – dennoch synonym zu „Gleichaltrigengruppe" verwenden. Dafür sprechen vor allem zwei Gründe:

- Nahezu 90% der Literatur zu Peer-Beziehungen und Kontakten im Kindes- und Jugendalter bezieht sich auf Gleichaltrige (Hartup 1983), so daß die dort berichteten Ergebnisse fast ausschließlich Aussagen über diese Gruppe gestatten.
- In unserer Gesellschaft, in der Kinder und Jugendliche – zumindest institutionell (Schule) – nach Alter segregiert in Gruppen zusammengefaßt werden und dort relativ ähnlichen (curricular standardisierten) Umweltbedingungen ausgesetzt sind, kann davon ausgegangen werden, daß den Gleichaltrigen in der Sozialisation tatsächlich eine entscheidende Rolle zukommt. Für australische Jugendliche fand Dunphy (1963), daß Mitglieder einer Clique in den meisten Fällen der gleichen Klassenstufe angehörten. Freunde ähneln sich ebenfalls hinsichtlich ihres Alters und der besuchten Klassenstufe (Kandel 1978).

---

[2] Diese und alle weiteren Übersetzungen von mir.

2.1.2 Die Bedeutung der Peers im Jugendalter

Der Einfluß von Peers beginnt nicht erst in der Adoleszenz. In verschiedenen theoretischen Zugängen (z.B. Erikson 1965; Piaget 1973; Youniss 1980; Sullivan 1983) wird betont, daß die symmetrische Beziehung zwischen Peers bereits in der Kindheit einen einzigartigen Entwicklungskontext darstellt. Zahlreiche empirische Untersuchungen haben bestätigt, daß die Peergruppe über die Altersspanne der Kindheit und Jugend hinweg ein bedeutsamer Sozialisationsfaktor ist (vgl. z.B. Hartup 1970; 1983; Rubin, Bukowski & Parker 1998).

Jedoch kommt den Peers – wie der folgende kurze Überblick zeigen soll – im Jugendalter eine zentrale Rolle zu. In diesem Entwicklungsabschnitt wird „ein lebensgeschichtlicher Höhepunkt der Bedeutung von Freunden und Kameraden vermutet" (Fend 1998, 234). Bereits an der Zeit, die mit Gleichaltrigen verbracht wird, dokumentiert sich die zunehmende Wichtigkeit dieser Interaktionspartner. So verbringen US-amerikanische Jugendliche 52% ihrer Zeit mit Freunden und Klassenkameraden und nur 15% mit ihrer Familie (Csikszentmihalyi & Larson 1984).

Fend (1998) weist darauf hin, daß sich Forschung und Theoriebildung zur Bedeutung der Peers vor allem in Hinblick auf drei zentrale Themenbereiche entwickelt haben:

Peers als Gefährdungspotential. Insbesondere in der älteren Forschung stehen Annahmen dieser Art im Vordergrund. *Peer pressure*, der Druck seitens der Peers im Hinblick auf Konformität mit informellen – von Werten der Eltern und Lehrer möglicherweise abweichenden – Gruppennormen, war Gegenstand zahlreicher Studien. Insbesondere Coleman (1961) hat in den sechziger Jahren die These der jugendlichen „Gegenkultur" vertreten: Peers und erwachsene Bezugspersonen tragen demnach gegensätzliche Erwartungen an den Jugendlichen heran. In der aktuellen Forschung werden diese Beziehungen allerdings differenzierter gesehen. So hat sich Colemans Vorstellung von einer einheitlichen jugendlichen Subkultur und der „Generationenkluft" als nicht haltbar erwiesen: Vielmehr scheinen die beiden Systeme *Familie* und *Peers* nicht notwendigerweise gegensätzlich, sondern häufiger ergänzend und unterstützend zu wirken (zusammenfassend siehe Brown 1990; Schmidt-Denter 1994). Die ebenfalls von Coleman (1960; 1961) vertretene Ansicht, unter Jugendlichen herrsche eine „anti-intellektuelle Haltung", was dazu führe, daß sich gute Leistungen negativ auf die Akzeptanz durch Mitschüler auswirkten, wird später noch zu diskutieren sein (vgl. 2.1.4).

Peers als notwendige und bedeutsame Sozialisationspartner. Eine der von Havighurst (1982) formulierten Entwicklungsaufgaben der Adoleszenz ist der Aufbau neuer und reifer Beziehungen zum eigenen und anderen Geschlecht. Diese sollen als Modelle für den Aufbau von Beziehungen zu Kollegen, Freunden und Liebespartnern im Erwachsenenalter dienen (Conger & Petersen 1984). Auch bei der Bewältigung anderer Aufgaben, insbesondere der Notwendigkeit, emotionale Unabhängigkeit von den Eltern und anderen Erwachsenen zu erlangen, sind Peers eine wichtige Quelle der Unterstützung. Freunde lösen die Eltern als primäre Vertrauenspersonen – zumindest für bestimmte Themengebiete – ab und bieten soziale und emotionale Unterstützung bei der Bewältigung der gravierenden Veränderungen auf physiologischer und sozioemotionaler Ebene (Coleman 1980). Peers sind aber nicht nur bei der Bewältigung von Problemen und Schwierigkeiten notwendige Partner, gemeinsam haben Jugendliche Spaß und erleben Freude. Nicht zuletzt deshalb sind sie für das emotionale Wohlbefinden des Jugendlichen relevant.

Neben der beschriebenen *Bindungs- und Unterstützungsfunktion* haben Peers auch eine *Kompetenzfunktion* bei der Entwicklung sozialer und nicht-sozialer Verhaltensweisen (Schmidt-Denter 1994). So dient die Peergruppe als „Experimentierfeld" (Sherif & Sherif 1964) und bietet sowohl Feedback in bezug auf die Angemessenheit von Verhaltensweisen als auch eine Reihe von Modellen, wie die anstehenden Entwicklungsaufgaben bewältigt werden können. Die Interaktion mit Peers hat in diesem Zusammenhang unter anderem einen Einfluß auf die Regulation aggressiven Verhaltens, Entwicklung von Einstellungen und Verhaltensweisen im Bereich der Sexualität, geschlechtsrollenspezifischen Verhaltensweisen und Interessen, aber auch auf die Übernahme von moralischen und sozialen Werten und Normen (Kelly & Hansen 1987). Der Prozeß der von Erikson (1968) beschriebenen Identitätsfindung findet ebenfalls im Kontext der Peergruppe statt. Diese bietet Raum für das Ausprobieren verschiedener Rollen. Darüber hinaus werden insbesondere im Austausch mit engen Freunden mögliche Antworten auf die Frage *„Wer bin ich?"* exploriert. Des weiteren muß der Jugendliche in der frühen Adoleszenz entscheiden, *zu welcher Peer-Gruppe er gehört*. Newman & Newman (1976) postulieren, daß der Konflikt „Gruppenidentität vs. Entfremdung" zu lösen sei, gelinge dies nicht, so drohe ein bleibendes Gefühl der Entfremdung von anderen.

Probleme bei der Etablierung positiver Peer-Beziehungen. Zu diesem Thema sind in den letzten Jahren zahlreiche Arbeiten erschienen (im Überblick z.B. Asher & Coie 1990; Parker, Rubin & Price 1995). Im Zentrum stehen dabei psychosoziale Korrelate eines negativen sozialen Status in der Peergruppe (mangelnde Akzeptanz seitens der Peers, womit zumeist die Gruppe der Mitschüler gemeint ist) und die Untersuchung von Kindern und Jugendlichen, denen enge Freunde fehlen (Malik & Furman 1993).

Akzeptanz in der Gruppe und das Eingehen enger Freundschaften befriedigen verschiedene soziale Bedürfnisse und erfordern unterschiedliche soziale Fähigkeiten, wobei beide Beziehungssysteme in Verbindung stehen. In engen dyadischen Freundschaftsbeziehungen lernt der Heranwachsende, sich zu öffnen, auf den anderen einzugehen und intime Beziehungen aufrechtzuerhalten. In Gruppen geht es vielmehr um den Erwerb einer sozialen Stellung, um den Umgang mit Gruppennormen, das Erringen von Sympathie und die Balance zwischen Eingliederung in die Gruppe und dem Widerstand gegenüber Meinungen, die nicht der eigenen entsprechen. Ablehnung durch Peers im Kindesalter ist ein bedeutsamer Prädiktor psychosozialer Anpassungsprobleme im Jugend- und Erwachsenenalter (Kupersmith, Coie & Dodge 1990; Parker et al. 1995). Abgelehnte Jugendliche zeigen verschiedene Formen problematischen Verhaltens. Dies gilt allerdings nicht für Jugendliche, die wenig Akzeptanz erfahren, aber nicht abgelehnt werden (*Unbeachtete*, genauer siehe 2.1.3): Letztere sind zwar häufiger schüchtern und verbringen mehr Zeit alleine, sind aber nicht unbedingt einsam (Berndt & Savin-Williams 1993). Auch deutsche Untersuchungen von Fend

(1991; 1998) weisen darauf hin, daß *Unbeachtete* eine eher heterogene Gruppe darstellen. Ob Ablehnung seitens der Peers ursächlich wirkt („kausales Modell"), die ablehnende Haltung der Peers eher als Marker für bereits vorhandene psychosoziale Auffälligkeiten gilt („Inzidenz-Modell") oder ob – was am plausibelsten erscheint – ein „transaktionales Modell" zutrifft, in dem defizitäre soziale Verhaltensweisen, negative Kognitionen, problematische interpersonale Beziehungen und dispositionale Faktoren in wechselseitiger Beziehung stehen, bleibt noch zu klären (Parker et al. 1995).

Unterschiedliche Beziehungen. Die Peer-Umwelt des Jugendlichen ist komplex strukturiert. Neben den bereits erwähnten dyadischen engen *Freundschaften*[3] unterscheidet Brown (1989; 1990; 1999) auf Gruppenebene *Cliquen* und *Crowds*. Diese Beziehungen sollen im folgenden kurz beschrieben werden.

Freunde. Gleichgeschlechtliche Freunde sind in der frühen und mittleren Adoleszenz die wichtigste Quelle sozialer Unterstützung (Furman & Buhrmester 1992): Bei sozialen und persönlichen Problemen stehen im Alter von 15 Jahren Freunde als Ansprechpartner an erster Stelle (Fend 1998). Auch bei der Frage, mit wem man seine freie Zeit verbringt, Spaß hat etc., nimmt der beste Freund in der 8. Klasse die Spitzenposition ein (Buhrmester & Furman 1987). Entsprechend geben über 70% der befragten Jugendlichen der Studie *Jugend '92* an, oft oder sehr oft mit einem oder mehreren Freunden zusammenzusein (Oswald 1992).

Jugendliche haben einen oder zwei „beste" Freunde und mehrere gute oder enge Freunde, die genaue Zahl hängt von der Operationalisierung ab (Hartup 1993). Nur wenige Jugendliche berichten, keinen wirklichen Freund zu haben: In den Konstanzer Längsschnittuntersuchungen lag der Anteil bei etwa 10% (Fend 1990; 1998), in der Studie *Jugend '92* bei 14%. Interessanterweise war hier nur in den neuen Bundesländern ein kleiner Effekt zugunsten der Mädchen zu beobachten. Darüber hinaus erschien der Anteil in den neuen Bundesländern gegenüber den alten etwas höher zu sein (Oswald 1992).

Nach dem Stufenmodell Selmans (1984) wird Freundschaft im Jugendalter als intimer, gegenseitiger Austausch definiert, während in der „Schönwetterkooperation" der Kindheit der eigene Vorteil und die Instrumentalität der Beziehung im Vordergrund steht. Dementsprechend dominieren im Freundschaftskonzept Jugendlicher psychologische Variablen wie Offenheit, Intimität, Vertrauen und Loyalität (von Salisch & Seiffge-Krenke 1996).

Die Stabilität von Freundschaften variiert beträchtlich. Hartup (1993) zieht als Fazit aus mehreren Untersuchungen, daß ein großer Teil der Beziehungen mindestens ein Jahr überdauert, während Berndt (1982; 1993) eher von mehreren Monaten durchschnittlicher Dauer ausgeht. Moderatoren sind dabei Charakteristika der Personen, Eigenschaften der Beziehung, aber auch äußere Umstände, z.B. Schulwechsel (Hartup 1993). Freunde sind sich ähnlich, dabei sind sowohl Selektionseffekte als auch Pro-

---

[3] Zusätzlich sind als relevante dyadische Beziehungen selbstverständlich romantische Beziehungen zu nennen. Da diese aber eine spezifische Funktion erfüllen, soll hier nicht näher darauf eingegangen werden.

zesse der gegenseitigen Beeinflussung wirksam (Berndt 1982; 1993). „Ähnlichkeit" bezieht sich dabei auf verschiedene Faktoren, wie sozioökonomischer Hintergrund des Elternhauses, Einstellungen, Interessen, Verhaltensweisen und das Geschlecht. Insbesondere letzteres ist hoch relevant. Zwar nimmt der Kontakt zum anderen Geschlecht zu (Dunphy 1963), jedoch sind enge Freunde zumindest in der frühen und mittleren Adoleszenz fast ausschließlich gleichgeschlechtliche Freunde (Hartup 1983; 1989; 1993).

Häufig werden Geschlechtsunterschiede in bezug auf gleichgeschlechtliche Freundschaftsbeziehungen berichtet: So nehmen Mädchen ihre engen Freundschaften als unterstützender wahr als Jungen (Furman & Buhrmester 1992) und schätzen die Beziehung zu engen Freunden als intimer ein (Hunter & Youniss 1982; Buhrmester 1990). Dies ist konsistent mit traditionellen Vorstellungen über die männliche und weibliche Geschlechtsrolle: Frauen seien offener und expressiver in ihren Beziehungen, während Männer reservierter und aufgabenorientierter seien (Buhrmester & Furman 1987). Youniss & Haynie (1992) kommen in einer Übersicht einschlägiger Untersuchungen allerdings zu dem Schluß, daß Vorsicht bei der Interpretation der Befunde geboten ist. So beziehen sich Unterschiede in der Intimität fast ausschließlich auf die Facette der *self-disclosure*, also dem verbalen Austausch von persönlichen Gedanken oder Gefühlen. Nach Sullivan (1983, 279) ist „Intimität [...] die Art der Zweiersituation, die die Validierung aller Komponenten des persönlichen Werts erlaubt". Dieser Prozeß muß nicht notwendigerweise vor allem durch verbalen Austausch charakterisiert sein. Eventuell unterscheiden sich Mädchen- und Jungenfreundschaften also nicht im Intimitätsgrad, nur wird Intimität jeweils anders erreicht: Mädchen tauschen sich eher verbal aus, Jungen entwickeln auf andere Art (z.B. durch gemeinsame Aktivitäten) ein tieferes Verständnis füreinander (Berndt 1982; Buhrmester & Furman 1987).

Die Existenz enger Freundschaften ist in nahezu allen Studien mit positiven Effekten assoziiert (Berndt & Hestenes 1996). Dabei scheint aber die *Qualität* der Freundschaft eine entscheidende Rolle zu spielen: Als unterstützend wahrgenommene Beziehungen kovariieren fast ausschließlich positiv mit unterschiedlichen Maßen der psychosozialen Anpassung, während konfliktträchtige Freundschaften ungünstige Zusammenhänge aufweisen (zusammenfassend siehe Savin-Williams & Berndt 1990; Berndt & Savin-Williams 1993).

Cliquen. Cliquen, die Brown (1989) auch als *Freundschaftsnetzwerke* beschreibt, bestehen aus fünf bis zehn Jugendlichen, die regelmäßig gemeinsam etwas unternehmen. Auch Allerbeck & Hoag (1985) betonen die Relevanz der Clique für die Freizeitgestaltung. Darüber hinaus können auch Cliquen beobachtet werden, die eher aufgrund äußerer Umstände aktivitätsbasiert entstehen, wie etwa in Ferienlagern (Brown 1990). Die Anzahl der Jugendlichen, die in Cliquen eingebunden sind, scheint in den letzten Jahrzehnten deutlich angestiegen zu sein (Allerbeck & Hoag 1985). Die Größe der Gruppe und die Enge der Beziehung der Cliquenmitglieder untereinander können variieren. Ebenso unterscheiden sich Cliquen hinsichtlich der Beziehung zu Nichtmitgliedern: Die Gruppengrenzen können mehr oder minder durchlässig sein. Während sich einige Cliquen gegenüber anderen abschotten, gibt es auch losere Zusammenschlüsse, die aus einem „harten Kern" bestehen, aber durchaus Beziehungen zu Jugendlichen unterhalten, die mehr oder minder regelmäßig an Cliquenaktivitäten teilnehmen. Die Abgrenzungsbestrebungen hängen wahrscheinlich auch vom Status der Clique ab. Cliquen, die weit oben in der informellen Statushierarchie anzusiedeln sind, könnten hier stärker betroffen sein (Eder 1985).

Hallinan (1980) faßt die wesentlichen Ergebnisse einschlägiger Studien zusammen: Bei der Frage, welche Personen eine Clique bilden oder in eine bestehende Clique aufgenommen werden, spielt wiederum Ähnlichkeit eine große Rolle, beispielsweise in bezug auf das Geschlecht, die soziale Herkunft oder gemeinsame Orientierungen und Interessen. Cliquen teilen implizite oder explizite Normen, die Verhalten und Aussehen betreffen (z.B. was „coole" Musik oder Kleidung ist, wo man hingeht oder nicht, welche Bücher oder Filme gut sind etc.) und üben bei Normverletzung Druck auf ihre Mitglieder aus. Bei Nicht-Unterwerfung kann der soziale Ausschluß drohen. Die Homogenität von Cliquen scheint allerdings etwas mehr durch die Eingangsselektivität beeinflußt zu sein als durch Prozesse der sozialen Einflußnahme. Mitgliedschaft in einer Clique hat positive Effekte auf das Selbstwertgefühl und interpersonale Kompetenzen, ein Ausschluß wirkt sich negativ auf den Selbstwert aus und kann negative Konsequenzen sowohl in bezug auf schulische als auch soziale Variablen haben.

Wie in anderen Kleingruppen gibt es eine mehr oder minder ausgeprägte Hierarchie und verschiedene Rollen. Dunphy (1963) beschreibt beispielsweise die unterschiedlichen Verhaltensweisen und Funktionen des *leaders* und *sociocenters* in australischen Cliquen (zu Dunphys Untersuchung vgl. ausführlicher weiter unten).

Über die Stabilität von Cliquen sowie über Veränderungen mit dem Alter ist wenig bekannt, die Befunde sind zudem widersprüchlich. Die Untersuchungen beziehen sich häufig auf aktivitätsbasierte Cliquen in Ferienlagern und umfassen nur einen eng umgrenzten Altersbereich (Brown 1990).

Bezüglich der Annahme, daß sich Mädchen eher in Zweier- und Dreiergruppen zusammenfinden, während Jungengruppen größer und organisierter seien, ist die Befundlage uneinheitlich (Youniss & Haynie 1992). So konnten Montemayor & Van Komen (1985) in einer größeren Beobachtungsstudie keine entsprechenden Unterschiede finden. Fend (1998) berichtet für deutsche Schüler hingegen, daß Mädchen sich weniger in Cliquen, sondern mehr in kleinen Freundschaftsnetzwerken bewegen. Sie neigen nach seinen Ergebnissen eher zu exklusiven Zweierfreundschaften (wobei deren Anteil insgesamt gering ist) und orientieren sich weniger an großen Gruppen sowie an oberflächlichen sozialen Kontakten. Auch in der Shell-Studie *Jugend '92* gaben mehr Jungen als Mädchen an, Mitglied einer regelmäßig interagierenden Clique zu sein (Oswald 1992). Gelegentlich wird auch diskutiert, daß Mädchencliquen gegenüber Außenstehenden exklusiver sind als Jungencliquen (Damico 1975), allerdings existieren auch gegenläufige empirische Befunde (Gavin & Furman 1989).

Strukturelle Veränderungen von Cliquen im Verlauf das Jugendalters wurden von Dunphy (1963) beschrieben. In einer Beobachtungsstudie an australischen Jugendlichen, ergänzt durch Interviewdaten und Tagebuchaufzeichnungen, konnte er zeigen, daß Cliquen sich in der frühen Adoleszenz zunächst aus Mitgliedern des gleichen Geschlechts zusammensetzen. Erst im weiteren Entwicklungsverlauf entstehen aus diesen gemischtgeschlechtliche Gruppen (Verbindungen aus Jungen- und Mädchencliquen). Verschiedene Cliquen bilden schließlich lose Verbindungen miteinander, die bestimmten sozialen Zwecken dienen, wie etwa eine Party zu feiern. Cliquen kommt nach diesen Ergebnissen eine besondere Bedeutung bei der Etablierung von Beziehungen zum anderen Geschlecht zu: Im Schutz der Gruppe fällt es leichter, erste Kontakte herzustellen, gemeinsame Gruppenaktivitäten wie Parties bieten Möglichkeiten der Kontaktaufnahme. Am Ende des Jugendalters lösten sich die Gruppen in Dunphys Studie zu lockeren Verbindungen befreundeter Paare auf. Brown (1990) weist allerdings darauf hin, daß Dunphys Untersuchung nie repliziert wurde.

Crowd. Die Zugehörigkeit zu einer *crowd*[4] wird – im Gegensatz zu Freundschaften oder Cliquenmitgliedschaft – nicht durch die Interaktion, sondern durch die Zuschreibung Dritter bestimmt. Das heißt, Mitglieder einer *crowd* können miteinander interagieren, müssen es aber nicht. Der Jugendliche wird von seinen Peers mit einem stereotypen Etikett versehen (wie z.b. *Gruftie*, *Hippie*, *Punk* oder auch *Streber*, *Computerfreak*, *Langweiler*). Damit sind bestimmte Vorstellungen über die Verhaltensweisen und den sozialen Status des Jugendlichen verbunden, da die *crowds* in eine informelle Statushierarchie geordnet werden können. Der Jugendliche hat auf diese Zuschreibung nur begrenzt Einfluß, das Etikett deckt sich keineswegs immer mit den eigenen Vorstellungen und kann gravierende Auswirkungen auf das soziale Leben haben (Ablehnung, andere meiden den sozialen Kontakt, Hänseleien etc.). Das *crowd*-Konzept ist insofern mit dem *soziometrischen Status* (vgl. dazu 2.1.3) verwandt, als daß sich beide Konzepte eher auf die Einstellung der Peergruppe gegenüber einem Individuum oder mehreren Individuen beziehen, also ein *unilaterales* Konstrukt (Bukowski & Hoza 1989) bezeichnen.

Cliquen oder Freundschaften entstehen innerhalb einer *crowd* bzw. bestenfalls zwischen hinsichtlich des Status benachbarten *crowd*-Mitgliedern (z.b. zwischen einer *Sportlerin* und einer *Normalen*). Beziehungen zwischen Mitgliedern im Status hierarchisch weit auseinanderliegender Cliquen (also z.b. zwischen einem *Coolen* und einem *Streber*) werden möglicherweise sozial sanktioniert (falls z.b. die Gruppennorm besagt, daß man sich mit *Strebern* nicht abzugeben hat). Hier denke man nur an die zahlreichen Filme zum Thema „Außenseiter möchte Beziehung zum *Cheerleader*". Indes weist Brown darauf hin, daß nur ein Teil der Jugendlichen klar mit einer *crowd* assoziiert wird, viele werden als Teil mehrerer *crowds* wahrgenommen. Ein Wechsel der Etikettierung ist nicht leicht, aber möglich (Kinney 1993). Zudem ist sowohl die Anzahl benennbarer *crowds* als auch die Zahl von eindeutig zuzuordnenden Schülern über die Adoleszenz hinweg Veränderungen unterworfen.

Das Phänomen wurde bislang an US-amerikanischen Schulen untersucht: Ob eine Übertragbarkeit auf deutsche Jugendliche gegeben ist, kann kritisch hinterfragt werden. So weist Fend darauf hin, daß gravierende Unterschiede zwischen amerikanischen *High Schools* und dem deutschen Schulsystem bestehen. Zum einen ist die amerikanische *High School* eine Gesamtschule (umfaßt also Schüler des gesamten Leistungsspektrums einer Altersstufe), zum anderen sind die Wahlmöglichkeiten größer. Die Bezugsgruppe der Mitschüler wechselt häufig. Demgegenüber findet im gegliederten deutschen Schulsystem in der Sekundarstufe I Unterricht fast ausschließlich im Klassenverband statt. „Die klassenübergreifenden ‚crowds' spielen in Amerika eine in deutschen Schulen unbekannt große Rolle. Für europäische Verhältnisse können wir

---

[4] Der Begriff *crowd* wird von anderen Autoren (Dunphy 1963; Coleman 1980) nicht in gleicher Weise verwendet, sondern bezeichnet dort eine lose Verbindung zwischen Cliquen.

davon ausgehen, daß die Schulklasse eine weit bedeutsamere ‚Schicksalsgemein-schaft' ist, als dies in Amerika der Fall ist" (Fend 1998, 275–276).

Obwohl Mitschüler eine wichtige Peergruppe bilden, sind sie bei weitem nicht die einzigen relevanten Peers im sozialen Umfeld des Jugendlichen. Ein Jugendlicher hat mehr Möglichkeiten als ein Grundschulkind, auch außerhalb der Gruppe der Klassenkameraden Freunde und Bekannte zu finden, so auch in institutionalisierten (formellen) Gruppen wie Jugendgruppen oder Vereinen (Brown 1990). Bei seiner Analyse der außerschulischen Netzwerkeinbindung und dem Sympathiestatus in der Schulklasse schlußfolgert Fend (1998), daß nur niedrige Zusammenhänge zwischen beiden Aspekten zu beobachten sind und daß außerschulische Peer-Kontakte eine größere Bedeutung für grundlegende Orientierungen haben als der schulische Akzeptanzstatus. Er berichtet darüber hinaus, daß auch die Mitgliedschaft in formellen Gruppen Einsamkeitsgefühle verringern kann.

Ein Jugendlicher ist also Teil verschiedener Peergruppen: einer Gruppe aus seiner Klasse, der Clique aus der Nachbarschaft, dem Fußballverein, der kirchlichen Jugendgruppe usw. Diese überlappen sich teilweise. Innerhalb dieser Gruppen sind die Beziehungen differenziert. Wahrscheinlich hat er ein oder zwei beste Freunde, mehrere enge Freunde und einige lockere Bekannte. Vielleicht gibt es auch eine Gruppe von Mitschülern, die er bewundert (*reference group*, Sherif & Sherif 1964) und deren Musikvorlieben und Kleidungsstil ihn daher beeinflussen. Schmidt-Denter (1994, 149) stellt daher folgerichtig fest: „Das Konzept der Peergroup müßte also verändert werden zu einem Konzept multipler Peer-Gruppen, die verschiedene simultane Einflußgrößen darstellen." Bislang konzentriert sich die Forschung allerdings zumeist auf einen Aspekt (z.B. Akzeptanz, enge Freunde) und auf die Gruppe der Mitschüler.

Stärker diskutiert wird seit einiger Zeit die Frage nach dem Zusammenhang zwischen *Akzeptanz* und *Freundschaft*. Die widersprüchlichen Ergebnisse (mal finden sich positive Zusammenhänge, mal schwache bis keine Zusammenhänge) verdeutlichen, daß die Beziehungen wahrscheinlich komplexer Natur sind. So ist durchaus denkbar, daß die Qualität der Freundschaft als Moderatorvariable wirkt (Savin-Williams & Berndt 1990). Parker & Asher (1993) konnten in einer Untersuchung an Schülern der 3. bis 5. Klassenstufe zeigen, daß Akzeptanz und Freundschaft zur Vorhersage von Einsamkeit distinkte Beiträge leisten, und daß immerhin 45.3% der Kinder mit niedrigem Akzeptanzstatus zumindest einen Freund haben. Darüber hinaus sind Aussagen zur Qualität der Freundschaft bedeutsame Prädiktoren von Einsamkeit. Möglicherweise puffert eine enge, qualitativ hochwertige freundschaftliche Beziehung zu mindestens einem anderen Jugendlichen negative Effekte der Ablehnung durch Mitschüler ab (Bukowski, Hoza & Boivin 1993).

Die „Peer-Umwelt" existiert nicht unabhängig von gesellschaftlichen Rahmenbedingungen (Brown 1989): So sind „Etiketten" für verschiedene Jugendstile abhängig von historischen Entwicklungen. Organisatorische Aspekte der Schule, das „Schulklima", gesellschaftliche Faktoren (wie z.B. die mehr oder minder homogene Zusammensetzung der Nachbarschaft hinsichtlich des sozioökonomischen Status) spielen eine Rolle, aber auch Eingriffe seitens Erwachsener: Im klassischen *Robber-Cave-Experiment* wurde eindrücklich demonstriert, wie eine kompetitiv strukturierte Ferienlagersituation die Interaktionen zwischen und innerhalb von Gruppen beeinflussen kann (Sherif, Harvey, White, Hood & Sherif 1961).

2.1.3 Diagnostik von Peer-Beziehungen

Peer-Beziehungen sind also vielfältiger Natur (z.B. Mitgliedschaft in einer Gruppe, enge Freundschaften) und können unter verschiedenen Aspekten betrachtet werden (z.B. Quantität und Qualität). Vor der Frage, *wie* etwas erfaßt werden soll, muß demnach zunächst die Frage geklärt werden, *was* – also welche Facette(n) des Konstruktes – für die zu untersuchende Problematik von Bedeutung ist. Im Hinblick auf die unter 2.3 noch ausführlich zu erläuternden häufig anzutreffenden Behauptungen, Hochbegabte hätten in diesem Bereich gravierende (behandlungsbedürftige) Probleme, erscheint es naheliegend, sich auf Bereiche zu konzentrieren, die in der klinisch-psychologischen Individualdiagnostik von Kindern und Jugendlichen mit problematischen Peer-Beziehungen eine zentrale Rolle spielen (La Greca & Fetter 1995):

* *Akzeptanz- bzw. Ablehnungsstatus.*
* *Freundschaften / soziale Kontakte* zu Peers. Bei Freundschaften / sozialen Kontakten können sowohl *quantitative* Aspekte (z.B. Anzahl der Kontakte, Häufigkeit der Kontakte) als auch *qualitative* Aspekte (z.B. oberflächliche Beziehungen vs. enge Freundschaften) untersucht werden.
* *Subjektive Gefühle / Einschätzungen* hinsichtlich der eigenen Peer-Beziehungen.
* *Soziale Kompetenzen* im Umgang mit Peers.

Prinzipiell stehen zur Informationsgewinnung folgende „Datenquellen" zur Verfügung, die bezogen auf den jeweiligen Inhaltsbereich spezifische Vor- und Nachteile aufweisen (Pepler & Craig 1998):

* Befragungen von Peers (*Peerbeurteilungen*),
* Befragungen relevanter erwachsener Bezugspersonen (*Elternurteile, Lehrerurteile*),
* *Selbstbeurteilungsmaße* und
* direkte *Verhaltensbeobachtungen* (im Labor oder im natürlichen Setting).

Pepler & Craig (1998) weisen darauf hin, daß bei der Beurteilung der Vor- und Nachteile unterschiedlicher Informationsquellen eine entwicklungspsychologisch differenzierte Perspektive unerläßlich ist. So ist etwa das Spielverhalten bei jüngeren Kindern wesentlich leichter zu beobachten und einzuschätzen als Interaktionen zwischen Jugendlichen, die primär auf verbalem Austausch basieren und im allgemeinen im „privaten Rahmen" – also ohne Aufsicht durch Erwachsene – stattfinden (Inderbitzen 1994). Die spezifischen Vorzüge und Schwächen der Informationsquellen sollen im folgenden kurz diskutiert werden.

2.1.3.1 Peerbeurteilungen

Die direkte Befragung der Peergruppe ist offensichtlich die ökologisch valideste Methode, um Informationen über den Akzeptanz- und Ablehnungsstatus eines Zieljugendlichen zu erhalten.[5] Dabei wird auf *soziometrische Verfahren* (siehe z.B. Dollase 2001) zurückgegriffen. Populärer als *Ratingverfahren*, bei denen die Mitglieder einer Gruppe jedes andere Gruppenmitglied einschätzen sollen, sind *Nominierungsverfahren*. Hier wird beispielsweise jeder Schüler einer Schulklasse gebeten anzugeben, welche drei Schüler er am liebsten mag (*positive Wahl*) und welche drei Schüler er am wenigsten mag (*negative Wahl*). Natürlich sind auch andere Fragen denkbar (z.B. mit wem man die Pause verbringen möchte, neben wem man sitzen möchte etc.). Aus den so gewonnenen Nominierungen lassen sich verschiedene Größen berechnen, wobei die Summe der erhaltenen positiven bzw. negativen Wahlen für die Teilnehmer zunächst in standardisierte *liked most* (LM) und *liked least* (LL) Maße transformiert wird. Die LL-Werte können direkt als Maß für den *Ablehnungsstatus*, die LM-Werte als Maß für den *Akzeptanzstatus* gelten. Die *soziale Präferenz* (*social preference*, SP), wird aus der Differenz LM − LL berechnet. Darüber hinaus gilt die Summe aus LL und LM als Indikator für den *sozialen Einfluß* (*social impact*, SI). Beide Maße (SP und SI) enthalten unterschiedliche Informationen, SP bezieht sich direkt auf den Grad der Beliebtheit bzw. Ablehnung, während SI den Grad der Beachtung des fraglichen Schülers durch die Gruppe (unabhängig ob positiver oder negativer Natur) ausdrückt. Sie können gemeinsam verwendet werden, um *soziometrische Klassen* oder *Typen* zu unterscheiden (Coie, Dodge & Coppotelli 1982). Beliebte Schüler (*populars*) zeichnen sich durch einen hohen SP-Wert aus, während unbeliebte Schüler (*rejected*) niedrige SP-Werte aufweisen. Kontroverse Schüler (*controversials*) erhalten sowohl viele positive als auch negative Wahlen (hoher SI). Der Wahlstatus der Unbeachteten (*neglected*) ist im Gegensatz dazu niedrig (wenig positive und negative Wahlen, niedriger SI). Durchschnittliche Schüler (*average*) sind hinsichtlich der SI- und SP-Werte „unauffällig". Für die Klassifikation der genannten Typen sind unterschiedliche Algorithmen vorgeschlagen worden (Coie et al. 1982; Newcomb & Bukowski 1983).

Im Gegensatz zum zweidimensionalen Ansatz der *Nominierungsverfahren* (Akzeptanz und Ablehnung werden getrennt erfaßt) erhält man bei *Ratingverfahren* einen Mittelwert pro Schüler. Gelegentlich wird auch eine Kombination von *Rating-* und *Nominierungsverfahren* eingesetzt: Dabei ersetzen die Ratingdaten negative Wahlen, deren Abgabe insbesondere von Lehrern kontrovers diskutiert wird. Allerdings haben sich bislang keine Hinweise darauf ergeben, daß die Abgabe negativer Wahlen schädliche Auswirkungen hat (z.B. Hayvren & Hymel 1984).
Terry & Coie (1991) haben vier unterschiedliche soziometrische Verfahren an einer längsschnittlich begleiteten Stichprobe von Schülern der 3.–5. Klasse verglichen. Die Ergebnisse machen deutlich, daß

---

[5] Der Ausdruck *Zieljugendlicher* wird in dieser Arbeit als Synonym für den Probanden verwendet, dessen Peer-Beziehungen zu beurteilen sind.

(a) trivialerweise die Übereinstimmung der Klassifikation in soziometrische Statusgruppen für verschiedene Algorithmen sehr unterschiedlich ist,

(b) die relativen Anteile der Statusgruppen in Abhängigkeit vom verwendeten Algorithmus erwartungsgemäß stark variieren und

(c) bezogen auf ein Intervall von ein bzw. zwei Jahren sowohl die Stabilitätskoeffizienten der soziometrischen Indizes als auch die Zuordnung zu soziometrischen Statusgruppen eher niedrig liegen.

Letztere variieren in Abhängigkeit von der betrachteten Gruppe: So liegen die Koeffizienten für populäre und abgelehnte Schüler über denen der Kontroversen und Unbeachteten.

Für den *Akzeptanzstatus* wurden in der Konstanzer Längsschnittstudie (Fend 1991) relativ stabile Koeffizienten in aufeinanderfolgenden Jahren erzielt ($r \approx .50$), über einen Zeitraum von vier Jahren sinkt der Zusammenhang auf $r = 0.27$ (Vergleich zwölfjähriger und sechzehnjähriger Schüler). Die Stabilität variiert im übrigen in Abhängigkeit von der besuchten Schulform und ist in Gymnasialklassen höher als in Hauptschulklassen.

Auch wenn es um die Einschätzung sozialer Kompetenzen geht, können Urteile der Peers herangezogen werden (*peer assessment*). Die Beurteiler werden gebeten, diejenigen Gruppenmitglieder zu nennen, deren Verhalten einer vorgegebenen Beschreibung (z.B. spielt den Klassenclown, teilt Dinge mit anderen, ärgert andere) entspricht. Als klassische Verfahren sind neben *guess who*-Nominierungen (z.B. *guess who is picking on others*) Varianten des *class play* (z.B. *Revised Class Play;* Masten, Morrison & Pellegrini 1985) zu nennen: Die Schüler sollen diejenigen Mitschüler nominieren, die am besten bestimmten Rollen in einem fiktiven Theaterspiel entsprechen. Im englischen Sprachraum werden im Jugendbereich auch die *Adjustment Scales for Sociometric Evaluation of Secondary-School Students* (ASSESS; Prinz, Swan, Liebert, Weintraub & Neale 1978), die eine Erweiterung des *Pupil Evaluation Inventory* (PEI; Pekarik, Prinz, Liebert, Weintraub & Neale 1976) darstellen, eingesetzt.

Bei der Beurteilung von sozialen Kompetenzen durch Peers besteht die Gefahr einer systematischen Verzerrung durch Einstellungen, Vorurteile und Wissen über den Zieljugendlichen (Hymel, Wagner & Butler 1990).

Zusätzlich zur bereits erwähnten augenscheinlich hohen ökologischen Validität kann angenommen werden, daß die Peers über eine breite Informationsbasis (positive und negative Interaktionen mit dem betroffenen Jugendlichen) verfügen. Zudem wird durch Aggregation der Werte über mehrere Beurteiler vermutlich eine höhere Reliabilität erreicht. Was die Nachteile anbetrifft, so ist an erster Stelle der Aufwand zu nennen: Um einen aussagekräftigen Wert zu erhalten, müssen möglichst alle relevanten Mitglieder einer Gruppe befragt werden. Dies ist insbesondere dann von Bedeutung, wenn in einer Gruppe von 30 Schülern lediglich der Status des Zieljugendlichen von Interesse ist.

Neben diesem eher technischen Argument scheint mir ein weiterer Einwand gravierender zu sein: Die erhaltenen Werte sind nur so bedeutsam, wie die befragte Peergruppe für den betreffenden Jugendlichen. Wie bereits unter 2.1.2 dargelegt wurde verfügen Jugendliche über einen erweiterten sozialen Raum, dabei spielt die Schulklasse nicht notwendigerweise die zentrale Rolle: In amerikanischen *High Schools* ist es aufgrund des Kurssystems schwierig, die geeignete Gruppe zu identifizieren (Schneider 1987). Daher ist es nicht verwunderlich, daß der soziometrische Status auch in wissenschaftlichen Publikationen deutlich häufiger bei jüngeren Kindern untersucht wurde.

Zur *Identifikation von Freundschaften* wird häufig verlangt, daß soziometrisch reziproke Freundschaftswahlen vorliegen (Bukowski & Hoza 1989), da Kinder bei Nennungen des besten Freundes oder guten Freundes oft eher ihren Wunsch nach einer Beziehung mit der genannten Person ausdrücken, ohne daß eine solche tatsächlich besteht. Wahrscheinlich sind die Einschätzungen Jugendlicher in dieser Hinsicht realistischer. Für die Individualdiagnostik von Peer-Beziehungen Jugendlicher erscheint die Forderung nach reziproken Wahlen außerdem aus den weiter oben bereits genannten Einschränkungen (Identifikation der relevanten Peergruppe) problematisch.

2.1.3.2 Eltern- und Lehrerurteile

Keine andere der hier betrachteten Gruppen von Fremdurteilern verfügt über eine ähnlich lange Möglichkeit zur Beobachtung des betreffenden Jugendlichen wie dessen Eltern. Außerdem sehen diese ihre Kinder in verschiedenen sozialen Kontexten und können über Kontakte außerhalb der Schule Auskunft geben (z.B. Häufigkeit der Besuche von / bei Mitschülern oder Freunden, angerufen werden, andere anrufen, bei Freunden übernachten etc.). Allerdings kommen Eltern in den meisten Fällen nur mit bestimmten Peers (Freunden) in Kontakt (Malik & Furman 1993). Dies kann dann relevant sein, wenn sich die Probleme des Jugendlichen auf eine bestimmte Gruppe (z.B. eine Gruppe von Mitschülern) beschränken. Auch haben Eltern nur eingeschränkte Vergleichsmöglichkeiten, um das Verhalten ihres Kindes einzuschätzen. Selbstverständlich sind auch bei dieser Urteilerquelle – in Abhängigkeit von Erwartungen, Wünschen, Persönlichkeitsfaktoren – systematische Verzerrungen positiver oder negativer Art zu bedenken.

Lehrer haben als Beurteiler den Vorteil, das Verhalten und die Beziehungen eines Jugendlichen im Vergleich zu Gleichaltrigen einschätzen zu können. La Greca & Fetter (1995) weisen auf die Möglichkeit hin, Lehrer zu befragen, um Informationen über den Akzeptanzstatus in der Klasse zu erhalten, falls es nicht möglich sein sollte, soziometrische Befragungen durchzuführen. Dabei ist kritisch anzumerken, daß Lehrer nur das beurteilen können, was ihrer Beobachtung zugänglich ist. Gerade pädagogisch unerwünschte Interaktionen (wie aggressive Auseinandersetzungen) finden aber häufig außerhalb der Aufsicht durch Erwachsene statt. Pepler & Craig (1998) bewerten die Informationsquelle „Lehrer" für die Zielgruppe der Jugendlichen kritisch: Mit zunehmendem Alter der Schüler nehmen die Beobachtungsmöglichkeiten ab. Hinzu kommt,

daß Lehrkräfte in der Sekundarstufe erheblich weniger Zeit mit ihren Schülern verbringen als Grundschullehrer.
Auch beim Lehrerurteil können Urteilsfehler zum Tragen kommen (z.B. *Halo-Effekt*): So kann etwa die gezeigte Schulleistung des Jugendlichen die Beurteilung sozialer Indikatoren beeinflussen (Schneider 1987). Zudem gibt es Hinweise, daß Lehrer besser gravierende Probleme und bestimmte Problematiken erkennen können (Malik & Furman 1993). Ein aggressiver Jugendlicher, der aktiv von anderen abgelehnt wird, ist dabei wahrscheinlich leichter durch den Lehrer zu identifizieren als ein zurückhaltender isolierter Jugendlicher.

Sowohl für die Erhebung von Eltern- als auch von Lehrerurteilen existieren bislang keine standardisierten Verfahren, die *spezifisch* auf soziale Kompetenzen Jugendlicher im Umgang mit Peers abzielen. Im allgemeinen wird auf übliche Checklisten oder Interviewdaten zurückgegriffen. Gerade gängige Instrumente (wie z.B. die *Child Behavior Checklist* von Achenbach & Edelbrock 1983) haben den Nachteil, daß eher globale Urteile hinsichtlich der sozialen Kompetenz des Zieljugendlichen resultieren und daß sich die Verfahren nicht explizit auf soziale Fähigkeiten im Umgang mit Peers beziehen (Inderbitzen 1994).

2.1.3.3 Selbstbeurteilungen

Die Befragung der Zieljugendlichen ist unerläßlich, um Informationen über den Bereich der subjektiven Gefühle / Einschätzungen zu erheben, aber auch um Auskunft über soziale Kontakte und Freundschaften zu erhalten. Die subjektive Bewertung sozialer Beziehungen ist für das psychische Wohlbefinden mindestens ebenso relevant wie die „objektive" Realität: Soziale Bedürfnisse sind unterschiedlich ausgeprägt, so mag mancher Jugendlicher vollkommen zufrieden sein, wenn er zwei oder drei gute Freunde hat, während andere ein größeres Kontaktbedürfnis aufweisen. Was den Bereich der sozialen Kompetenzen angeht, so finden – im Vergleich zum breiten Einsatz im Erwachsenenalter – entsprechende Instrumente wohl relativ wenig Einsatz (Inderbitzen 1994).
Möglicherweise beruht diese Zurückhaltung auf dem Wissen um die üblichen Nachteile der Datenquelle „Selbst". Neben unterschiedlichen Interpretationen von Aussagen (z.B. „häufig") wären hier vor allem systematische Urteilsfehler (z.B. die *Tendenz zur sozialen Erwünschtheit*) zu nennen.

Im Bereich der subjektiven Gefühle / Einschätzungen muß darüber hinaus entschieden werden, *welche* Konstrukte erfaßt werden sollen (wie etwa das soziale Selbstkonzept, Einsamkeit oder wahrgenommene soziale Unterstützung). Berndt & Burgy (1996) weisen am Beispiel des sozialen Selbstkonzepts darauf hin, daß die theoretische und empirische Abgrenzung zwischen entsprechenden Konstrukten häufig schwach ist. So enthalten Skalen zur Messung des sozialen Selbstkonzepts in vielen Fällen sowohl Einschätzungen sozialer Kompetenzen (z.B. „Es fällt mir leicht, mit anderen Jugendlichen in Kontakt zu kommen") als auch die subjektive Bewertung des Akzeptanzstatus (z.B.

„Ich bin beliebt"). Empirisch ergeben sich oft immense Überlappungen. Um ein Beispiel aus dem Erwachsenenbereich zu nennen: Bilsky & Hosser (1998) fanden in einer bundesweiten Repräsentativbefragung eine Korrelation zwischen den Gesamtskalen einer Kurzform der UCLA *Loneliness Scale* (Russell, Peplau & Cutrona 1980) und dem FSOZU-K-22 (*Fragebogen zur sozialen Unterstützung*, Sommer & Fydrich 1985) von $r = -0.77$ (Profilähnlichkeit bezüglich anderer psychologischer Kriterien: $r = 0.99$).

2.1.3.4 Verhaltensbeobachtung

Verhaltensbeobachtung im Labor (zumeist in Form von strukturierten Aufgaben oder Rollenspielen) wird vor allem in Zusammenhang mit der Erfassung sozialer Kompetenzen diskutiert, während Beobachtungen im natürlichen Setting darüber hinaus auch zur Informationsgewinnung über soziale Kontakte verwendet werden können. Gegenüber den anderen hier vorgestellten Informationsquellen besteht der größte Vorteil darin, daß bei sorgfältiger Konstruktion des Beobachtungs- und Codiersystems systematische Verzerrungen weniger wahrscheinlich sind. Allerdings sind entsprechende Datenerhebungen aufwendig und naturalistische Beobachtungen Jugendlicher schwierig, da diese unter „Aufsicht" häufig andere Verhaltensweisen zeigen (Problem der Reaktivität). Zusätzlich ist das Verhalten Jugendlicher nicht so einfach zu beobachten wie Interaktionen von Kindern (vgl. weiter oben). Reaktivität kann auch bei Rollenspielen / strukturierten Aufgaben eine Rolle spielen: Der Jugendliche verhält sich möglicherweise eher so, wie er glaubt, daß es sozial angemessen sei. In diesem Fall wird eher Wissen um adäquates Sozialverhalten erfaßt.

Unabhängig von der „Datenquelle" herrscht für das Jugendalter ein Mangel an entsprechenden standardisierten Instrumenten, deren psychometrische Gütekriterien sorgfältig überprüft wurden. Auch Vergleichsdaten (Normierungen) sucht man im allgemeinen vergebens (z.B. Inderbitzen 1994).

2.1.3.5 Übereinstimmung unterschiedlicher „Datenquellen"

Vor dem Hintergrund der spezifischen Vor- und Nachteile der verschiedenen Informationsquellen erscheint es nicht verwunderlich, daß deren Übereinstimmung eher mäßig ist (z.B. Byrne & Schneider 1986; Schneider & Byrne 1989). So korrelieren etwa Lehrerbeurteilungen moderat mit den Einschätzungen durch Peers. Nach Angaben von Malik & Furman (1993) bewegen sich die Korrelationen zwischen $r = 0.40$ und $r = 0.70$ wobei diese offensichtlich sowohl vom zu beurteilenden Verhalten als auch von der Person des beurteilenden Lehrers abhängen. Auch zwischen der eigenen Wahrnehmung der Akzeptanz durch Peers und soziometrischen Maßen existieren nur mäßige Übereinstimmungen um $r \approx 0.30$, wobei die Höhe der Übereinstimmung offenbar kaum durch das Alter der Schüler moderiert wird (Berndt & Burgy 1996).[6]

Die niedrigen Übereinstimmungskoeffizienten sind nicht nur auf Urteilsfehler oder psychometrische Mängel der eingesetzten Instrumente zurückzuführen,[7] sondern auch durch die unterschiedliche Informationsbasis jeder Beurteilergruppe zu erklären. Daher sind Unterschiede zwischen verschiedenen Urteilern oft selbst eine wertvolle Informationsquelle.

Allgemein – nicht nur in der eher klinisch orientierten Individualdiagnostik – wird daher empfohlen, mehrere Informationsquellen parallel heranzuziehen, um die spezifischen Vorteile der unterschiedlichen Urteiler zu nutzen und umfassenden Einblick in die Peer-Beziehungen eines Jugendlichen zu erhalten (Malik & Furman 1993; Schneider 1993; Inderbitzen 1994; La Greca & Fetter 1995; Pepler & Craig 1998; Brown 1999).

Letztendlich bleibt – unter der Voraussetzung, daß Informationen aus verschiedenen Quellen zu unterschiedlichen Inhaltsbereichen verfügbar sind – offen, wie die Daten zu integrieren sind. Inderbitzen (1994) bemängelt zu Recht die dünne Wissensbasis zur Frage der wechselseitigen Zusammenhänge zwischen den unterschiedlichen Bereichen und Konzepten. Wie bereits unter 2.1.2 kritisiert wurde, konzentrieren sich die entsprechenden Forschungsarbeiten – bis auf wenige Ausnahmen – bislang lediglich auf einen Aspekt (wie z.B. die Erhebung des sozialen Selbstkonzepts oder des soziometrischen Status), so daß man bei einem Versuch der Integration weitgehend auf (psychologisch sinnvolle) Vermutungen angewiesen ist.

2.1.4   Peer-Druck und Peer-Normen

Verschiedene Studien kommen zum übereinstimmenden Ergebnis, daß die Beeinflußbarkeit durch Peers in der frühen bis mittleren Adoleszenz am höchsten ist und dann abnimmt. Dabei wurden häufiger das *Asch*-Paradigma (z.B. Constanzo & Shaw 1966) oder auch verschiedene Dilemmata (z.B. Berndt 1979) eingesetzt. Allerdings moderieren sowohl interindividuelle Differenzen (vgl. zusammenfassend Hartup 1983) als auch der Inhaltsbereich (wird beispielsweise Druck in Richtung prosozialen oder antisozialen Verhaltens ausgeübt) das Ergebnis (Berndt 1979).

Coleman (1974, zit. nach Coleman 1980) sieht aufgrund des parallelen Altersverlaufs Verbindungen zwischen dem Bedürfnis nach Zugehörigkeit zur Peergruppe und der Konformitätsneigung. Er ließ Jugendliche eine Satzergänzungsaufgabe bearbeiten. Die generierten Ergänzungen zum Satz „wenn jemand nicht Teil der Gruppe ist" wurden als konstruktiv (Vorteile werden genannt, wie z.B. „findet er das gut, weil er kein Mitläufer ist") oder negativ (z.B. „wird er als Außenseiter angesehen") codiert. Dabei

---

[6]   Allerdings beruht diese Aussage nur auf einer geringen Anzahl von Studien.

[7]   Bei einer Korrelation von $r = 0.70$ ist beispielsweise davon auszugehen, daß der meßfehlerbereinigte Zusammenhang auf eine Identität der erfaßten Konzepte hinweist.

ergab sich, daß der Anteil negativer Antworten zwischen 13 und 15 Jahren am höchsten war und danach abfiel, wobei über alle Altersgruppen hinweg mehrheitlich negative Antworten abgegeben wurden. Entsprechend wurden zwischen 11 und 15 Jahren konstruktive Ergänzungen nur zu einem geringen Prozentsatz genannt, mit 17 Jahren ergab sich ein deutlicher Anstieg. Diese Resultate legen die Vermutung nahe, daß Konformität dann abnimmt, wenn der Jugendliche eine gewisse Autonomie in bezug auf die Peergruppe erlangt hat. Die altersabhängigen Ergebnisse zur Wichtigkeit der Zugehörigkeit zur Peergruppe wurden von Brown, Eicher & Petrie (1986b) mit einem anderen Untersuchungsansatz in Grundzügen repliziert. Sie fanden ebenfalls einen Zusammenhang zwischen der Konformitätsneigung und dem Bedürfnis nach Zugehörigkeit zur Peergruppe, wobei ihre Ergebnisse darauf hinweisen, daß altersabhängige Trends in der Konformitätsneigung nicht nur ein Ausdruck des erreichten Identitätsstatus sind. Im Vergleich zu jüngeren Kindern geben Jugendliche häufiger an, daß die Akzeptanz durch Peers wichtig für das eigene Selbstwertgefühl ist (O'Brien & Bierman 1988). Brown, Clasen & Eicher (1986a) weisen darauf hin, daß neben der Konformitätsneigung auch der wahrgenommene Druck seitens der Peers eine Rolle spielt. So war in ihrer Studie an Jugendlichen der 6. bis 12. Jahrgangsstufe der wahrgenommene Druck hinsichtlich der Partizipation an sozialen Aktivitäten höher als der in Richtung abweichendes Verhalten. In letzterem Bereich wurde im Mittel sogar ein deutlicher Druck *entgegen* entsprechenden Verhaltensweisen festgestellt. Bei deutschen Schülern nimmt der wahrgenommene Konformitätszwang in der Klasse im Verlauf der Adoleszenz zu und erreicht im Alter von 15 Jahren den Höhepunkt. Jungen nehmen dabei mehr sozialen Druck wahr als Mädchen (Fend 1990).
In einer neueren Publikation diskutiert Berndt (1999) die bisherigen Ergebnisse zur Konformitätsneigung – insbesondere die externe Validität der beschriebenen Experimente einschließlich des eigenen – kritisch. Er weist auf verschiedene längsschnittliche Studien hin, die den Einfluß von Freunden auf unterschiedliche Bereiche (z.B. Rauchen, Bildungsaspirationen) untersucht haben und keinen konsistenten Alterstrend nachweisen konnten. Er zieht den vorsichtigen Schluß, daß – je nach Gegenstand – Druck seitens der Peers über die gesamte Altersspanne hinweg bedeutsam ist.

Zur Frage, wie Peers Einfluß oder Druck ausüben, gibt es erstaunlich wenig Untersuchungen. Jedoch scheint der offen ausgeübte Zwang eher selten das Mittel der Wahl zu sein. Wenn Druck ausgeübt wird, dann eher auf subtile Art: Man macht sich z.B. lustig über andere. Informationen über Normen und angemessene Verhaltensweisen werden eher über gegenseitige Neckereien vermittelt. Darüber hinaus haben Peers selbstverständlich Macht durch Kontrolle von Belohnungen und durch ihre Attraktivität für den Jugendlichen (*referent power*): „Auch wenn Freunde keinen Druck ausüben, zeigen Jugendliche wahrscheinlich konformes Verhalten, weil sie von ihren Freunden akzeptiert sein wollen und weil sie Individuen bewundern, die sich gemäß der Gruppennormen verhalten" (Savin-Williams & Berndt 1990, 301).

Es wurde bereits deutlich, daß der Jugendliche in verschiedener Hinsicht mit Peer-Normen und *peer pressure* konfrontiert wird. Der Einfluß der Peers berührt dabei mehrere Bereiche: Partizipation an sozialen Aktivitäten (z.B. Parties, Konzertbesuche, Zeit mit Freunden), abweichendes Verhalten (z.B. Drogenkonsum), Konformität gegenüber jugendspezifischen Normen (z.B. Kleidung, musikalische Vorlieben), schulisches und familiäres Engagement (Clasen & Brown 1985; Brown et al. 1986a). *Peer pressure* ist nicht notwendigerweise negativ, sein Ausmaß variiert mit dem Gegenstandsbereich. Im folgenden soll der Bereich des schulischen Engagements und der schulischen Leistung näher beleuchtet werden.

Peer-Normen und Schulleistung. In der Grundschule sind die „informellen" Normen der Schulklasse noch weitgehend deckungsgleich mit den formellen Anforderungen (z.B. sich anstrengen, gute Leistungen erbringen), die die Institution an den Schüler stellt. Im Jugendalter scheinen diese hingegen häufig im Gegensatz zueinander zu stehen (Petillon 1987). Insbesondere Coleman (1960; 1961) hat Anfang der 60er Jahre die Auffassung vertreten, die jugendliche Subkultur sei von einer „anti-intellektuellen" Haltung geprägt. Er ermittelte in einer Untersuchung an zehn *High Schools* im mittleren Westen der USA, daß „gute Noten haben" nicht zu den wichtigsten Merkmalen gehört, die man nach Ansicht der Schüler benötigt, um Mitglied der führenden Clique zu werden. Bedeutsamer sind bei Jungen sportliche Leistungen und bei Mädchen gutes Aussehen oder die Position des *Cheerleaders*. Coleman weist auf einen Zusammenhang zwischen der Leistung intellektuell begabter Schüler und den vorherrschenden schulischen Peer-Normen hin: Begabtere Schüler erbringen auf Schulen mit höherer Akzeptanz von Schulerfolg durch Peers bessere Leistungen als auf Schulen, in denen gute Schulleistungen weniger akzeptiert werden.

Colemans Untersuchungen und Schlußfolgerungen wurden vielfach kritisiert (vgl. zusammenfassend Brown 1990; Schmidt-Denter 1994). „Diese Ergebnisse zeigen nicht, daß schulische Leistung negativ bewertet wird und widersprechen so nicht den Ergebnissen anderer Untersuchungen. Sie zeigen nur, daß gute Noten im Vergleich zu anderen Werten als weniger bemerkenswert und positiv eingestuft werden" (Backman & Secord 1972, 75). Zudem geben in einer neueren Befragung von über 3000 US-amerikanischen Schülern der 7. bis 12. Klassenstufe immerhin 53.8% an, daß sie sich – wenn sie die Wahl hätten – für die Position des *intelligentesten* Schülers ihrer Klasse entscheiden würden (Schroeder-Davis 1999).[8]

Tannenbaum konnte bereits 1962 in einer Studie zu stereotypen Vorstellungen Jugendlicher über Schüler mit herausragender Schulleistung zeigen, daß das Merkmal „exzellente Leistung" an sich nicht notwendigerweise negativ belegt ist. Es wirkt sich jedoch dann nachteilig aus, wenn die gute Leistung mit einer leistungsbezogenen Arbeitshaltung und mangelndem Interesse an Sport einhergeht. Eine neuere Replikation von Carrington (1996) in Australien erbrachte im wesentlichen die gleichen Ergebnisse. Bei der Frage, was für einen neuen Mitschüler von Vorteil wäre, um Anschluß zu finden, nimmt auch bei deutschen Schülern der Sekundarstufe die Bedeutung guter Noten kontinuierlich ab, während die Relevanz solidarischen Verhaltens (z.B. andere abschreiben lassen) – insbesondere bei Mädchen – zunimmt (Fend 1997). Indes belegt die gleiche Studie auch, daß gute Leistung nicht notwendigerweise sozialen Mißerfolg

---

[8] Dabei standen den Untersuchungsteilnehmern noch die Alternativen „der / die Schönste" und „der / die Sportlichste" zur Verfügung.

nach sich zieht: „Leistungserfolge und soziale Anerkennung stören sich gegenseitig nicht, sind aber beide wichtig" (S. 314).

Vielleicht ist es nicht so sehr die gute Leistung, die gegen informelle Peer-Normen verstößt, sondern ein – an „offizielle" Normen angepaßtes – leistungsorientiertes Verhalten. Juvonen & Murdock (1993; 1995) demonstrierten in einer Reihe von Experimenten, daß Schüler in der 8. Klasse glauben, erfolgreiche Schüler, die begabt sind und wenig Anstrengung zeigen, besäßen die höchste Peerpopularität. Während in der 4. Klasse Schüler als beliebt gelten, die fleißig und begabt sind, nimmt deren Reputation mit zunehmender Klassenstufe ab – in der 8. Klasse sind „strebsame und begabte" Schüler hinsichtlich der eingeschätzten Beliebtheit das Schlußlicht. Robinson & Noble (1991, 64) kommen zu einem ähnlichen Schluß: „In der jugendlichen Gesellschaft ist es wichtig, kein ‚Streber' oder ‚Bücherwurm' zu sein, sondern eher eine Person, die scheinbar mühelos schulische Erfolge erzielt."

Diese Erkenntnisse lassen sich zumindest teilweise auch auf das deutsche Schulsystem übertragen (Fend 1989; 1997; 1998). Die folgenden Punkte fassen wichtige Ergebnisse aus den Konstanzer Untersuchungen zusammen und beziehen sich auf Jugendliche der 9. Klassenstufe:

- Soziometrisch ermittelte Meinungsführer (mehrheitlich Jungen) sind bessere Schüler, geben aber gleichzeitig an, sich weniger für die Schule anzustrengen. Auch die Sportnote ist bedeutsam besser. Dabei sind sie nicht intelligenter als ihre Mitschüler, haben aber ein besseres Selbstkonzept der eigenen Begabung. Zusätzlich demonstrieren sie mehr Schuldistanz (z.B. Ärgern des Lehrers).
- Schüler mit langfristig hohem Akzeptanzstatus (*Beliebte*) und Schüler, die langfristig keine positiven Wahlen erhalten (*Unbeachtete*) unterscheiden sich allerdings nicht hinsichtlich der schulischen Distanzdemonstration, aber Unbeachtete (die mehrheitlich Jungen sind) haben schlechtere Zensuren. Deren Sportnote ist ebenfalls bedeutsam schlechter, hier sind die deutlichsten Unterschiede zu beobachten.
- Schulformeffekte sind zu beachten: beliebte Hauptschüler zeichnen sich nicht durch bessere Zensuren aus, beliebte Gymnasiasten hingegen haben gute Noten und geben an, wenig Zeit mit Hausaufgaben zu verbringen, sind aber nicht intelligenter als ihre Mitschüler. Der Typ des „solidarisch-leistungsdistanzierten Schülers" (prosoziale Motivation über dem Median, Bereitschaft zu schulischem Engagement unterhalb des Medians) findet sich ebenfalls vor allem auf Gymnasien. Diese Schüler sind beliebter als „solidarisch-leistungsorientierte", deren Sympathiewerte im Durchschnitt liegen. Erstere haben trotz geringerer Bereitschaft zu schulischem Engagement aber keine deutlich schlechteren Zensuren als der Durchschnitt. „Man könnte vermuten, daß die Distanzdemonstration notwendig ist, um trotz guter Leistungsfähigkeit auch soziale Akzeptanz zu erreichen" (Fend 1997, 324).

- Auf die Frage, wie sich die Klassenkameraden Mitschülern gegenüber verhalten, die viel lernen und gute Noten erhalten, gaben Schüler der 9. Klasse zu 10% an, daß dies vorteilhaft sei (z.B. „gilt bei den Klassenkameraden etwas mehr als andere"), 33% glaubten, daß der Schüler Nachteile habe (z.B. „wird von vielen als ‚Streber' belächelt") und immerhin 57% gaben an, daß diese nicht anders behandelt würden als andere. Stärker war der Trend zu negativen Angaben bei der Frage nach dem Verhalten gegenüber einem Mitschüler, der sich immer ordentlich benimmt und tut, was die Lehrer verlangen. Hier meinten 42% der Schüler, daß dies nachteilig sei, 10% schätzten das Verhalten der Klasse positiv ein und fast die Hälfte (48.4%) glaubten, daß der Schüler weder Vor- noch Nachteile hätte. Die Antwortmöglichkeiten waren jeweils vorgegeben (je zwei positive, zwei negative und eine neutrale Angabe). Auch hier ergaben sich Schulformeffekte: das „Streberphänomen ist in erster Linie ein Phänomen in Realschulen und Gymnasien" (Fend 1989, 193).

Die Maxime, „zeige gute Leistungen, demonstriere darüber aber nicht allzu viel Anstrengung" (Fend 1998, 312), scheint also – zumindest auf deutschen Gymnasien – dazu beizutragen, von Mitschülern anerkannt zu werden.

Für die negative Bewertung schulbezogener Anstrengung in der Adoleszenz werden mehrere Erklärungsmöglichkeiten herangezogen (Juvonen 1996). Da erwachsene Autoritätspersonen (Eltern und Lehrer) Fleiß und Anstrengung schätzen, erwirbt man sich durch „Opposition" möglicherweise den Respekt der Peers. Darüber hinaus dienen restriktive Leistungsnormen – man strebt eine mittlere, von den meisten Gruppenmitgliedern zu erreichende Leistung an – dazu, die „Kosten" des schulischen Wettbewerbs für die Gruppe gering zu halten, denn große Anstrengungen und hohe Leistungsergebnisse einzelner können den Standard für alle erhöhen. Attributionstheoretisch kann zur Begründung das Begabungskonzept Jugendlicher herangezogen werden. Bei Aufgaben bestimmter Schwierigkeit sind Anstrengung und Begabung negativ korreliert. Anstrengung ist daher ein „zweischneidiges Schwert" (Covington & Omelich 1979). Denn je begabter jemand ist, desto weniger Anstrengung sollte er aufbringen müssen, um gute Noten zu erhalten. Ein positives Bild der eigenen Begabung läßt sich bei mangelnder Anstrengung sowohl in Erfolgs- als auch Mißerfolgssituationen aufrechterhalten: Hat man Erfolg, kann man diesen auf die Begabung zurückführen, andererseits wird Mißerfolg nicht auf Begabung, sondern auf Anstrengung attribuiert. Ähnliche Mechanismen werden im Zusammenhang mit dem Phänomen der paradoxen Effekte von Lob und Tadel diskutiert (Meyer 1978).

Ob es „die" prototypischen Peer-Normen gibt, bleibt dennoch fraglich. Häufig wird etwa das Geschlecht als wichtiger Moderator diskutiert. So sei für die soziale Anerkennung von Mädchen und Frauen schulischer bzw. beruflicher Erfolg abträglich, weil dieser nicht den an die Geschlechtsrolle geknüpften Erwartungen entspräche. Gute Schulleistung sei demnach für Mädchen weniger akzeptabel und mit sozialen Kosten verbunden. Allerdings sind die Ergebnisse entsprechender Untersuchungen zur angeblich ausgeprägteren Angst vor negativen sozialen Konsequenzen des Erfolgs bei Frauen durchaus nicht einheitlich (z.B. Ishiyama & Chabassol 1985). Dagegen spricht auch, daß sich Schülerinnen als deutlich angepaßter erweisen, was die Forderungen der Institution „Schule" anbetrifft. Auch in der Adoleszenz bleiben sie leistungsbereiter und disziplinierter als Jungen (Fend 1997). Schneider & Coutts (1985) ermittelten in einer Untersuchung an Schülern der 10. und 12. Klasse, daß Jungen für „schuloppositionelle" Peer-Normen anfälliger als Mädchen sind. Als Begründung führen sie an, für männliche Jugendliche sei an die offiziellen (Schul-)Normen angepaßtes Verhalten – wie schulisches Engagement – eher inkompatibel mit der männlichen Geschlechtsrolle. Specht (1982), der Schüler der 9. und 10. Klassenstufe unterschiedlicher Schulformen untersuchte, fand Zusammenhänge zwischen dem Anteil der Jungen in der Klasse und der Geltungsrelevanz mangelnder „Schulkonformität", sowohl in der Gesamtschule als auch für Gymnasien: „Ein hoher Anteil an Mädchen im Gymnasium [führt zu] schärferem informellen Sanktionieren schulkonformen Verhaltens, was hier allerdings durch die direkten Messungen der negativen Leistungs- und Konformitätssanktionierung nicht zu bestätigen ist. Dennoch liegt die Interpretation nahe, daß ein großes, weibliches ‚Publikum', das – im Durchschnitt – den schulischen Erwartungen brav Folge leistet, demjenigen, der dies nicht tut, aber Bewunderung entgegenbringt, dazu führt, daß mehr – und insbesondere männliche – Schüler sich zu dem bewunderten Verhalten ermutigt fühlen" (S. 606–607).

Möglicherweise bestehen also unterschiedliche normative Erwartungen in bezug auf schulisches Engagement und Schulleistung seitens der Peers an Mädchen und Jungen. Ob Konformität gegenüber schulischen Leistungsanforderungen eher bei Mädchen oder bei Jungen akzeptiert wird, bleibt aber offen.

Darüber hinaus haben Schultypen, Schulen und Klassen und die Zusammensetzung der Schülerschaft einen Einfluß auf die Ausbildung eines „leistungsfreundlichen" Klimas (Specht & Fend 1979; Specht 1982). Auch bilden Schüler einer Klasse nicht notwendigerweise eine homogene Gruppe: Unterschiedliche Subgruppen können differentielle Normen entwickeln (Specht 1982). Berndt & Keefe (1995) konnten in einer Erhebung an Schülern der 7. und 8. Klasse zeigen, daß die Noten der Freunde die Noten des Zieljugendlichen positiv beeinflussen. Der Einfluß ist zwar gering, dabei muß aber die relative Stabilität der Zensuren innerhalb eines Zeitraums von fünf Monaten bedacht werden.

Zusammenfassung von 2.1

Jugend oder *Adoleszenz* bezeichnet im allgemeinen das zweite Lebensjahrzehnt, wobei frühe, mittlere und späte Adoleszenz unterschieden werden können. Der Ausdruck *Peers* wird synonym für Gleichaltrige verwandt, wobei sich der Begriff im Ursprung eher auf Gleichrangige bezieht. Peers sind für den Adoleszenten wichtige Unterstützungspartner bei der Bewältigung jugendspezifischer Entwicklungsaufgaben. Allerdings ist der Jugendliche auch dem Druck unterworfen, sich den Peernormen entsprechend zu verhalten. Die Konformitätsneigung scheint dabei in der mittleren Adoleszenz stärker ausgeprägt zu sein und eine inverse Beziehung zur erreichten Autonomie aufzuweisen. Problematische Peer-Beziehungen beeinträchtigen das psychische Wohlbefinden und sind ein Indikator für psychosoziale Anpassungsprobleme. Peer-Beziehungen sind vielfältiger Natur: sie umfassen ebenso dyadische Freundschaftsbeziehungen wie die Zugehörigkeit zu institutionalisierten und informellen Gruppen (Cliquen). Auch stereotype Etikettierung und Akzeptanzstatus spielen eine Rolle. Über die wechselseitigen Beziehungen der unterschiedlichen Konzepte ist wenig bekannt. Bei der Individualdiagnostik von Peer-Beziehungen erscheint es sinnvoll, die Bereiche Akzeptanz- bzw. Ablehnungsstatus, Freundschaften / soziale Kontakte, subjektive Gefühle / Einschätzungen und soziale Kompetenzen zu erfassen. Dafür kann auf Fremdurteile von Lehrern, Eltern und Peers sowie auf Verhaltensbeobachtungen und Selbsturteile zurückgegriffen werden. Die verschiedenen Informationsquellen haben spezifische Vor- und Nachteile, weshalb es ratsam ist, multiple Indikatoren zu verwenden. Allerdings liegen kaum Empfehlungen zur Integration der Daten vor. Empirische Untersuchungen zu Peernormen und Schulleistung weisen darauf hin, daß weniger die gute Leistung negativ sanktioniert wird, sondern vielmehr leistungsorientiertes, schulangepaßtes Verhalten. Dabei ist die Wirkung verschiedener Moderatorvariablen wie Schultyp und Geschlecht zu beachten.

2.2   Hochbegabung

In diesem Abschnitt stelle ich zunächst verschiedene Definitionen und Konzepte des Begriffs *Hochbegabung* vor. Im Anschluß werden Überlegungen zur Identifikation Hochbegabter, verschiedene Datenquellen sowie deren Vor- und Nachteile diskutiert. Abschließend skizziere ich zwei deutsche Forschungsprojekte zur Hochbegabung im Kindes- und Jugendalter in ihren Grundzügen: Das *Münchner Hochbegabungsprojekt* und das *Marburger Hochbegabtenprojekt*, in dessen Rahmen die vorliegende Arbeit einzuordnen ist.

2.2.1 Definitionen und Konzepte

Obwohl sowohl im Alltag als auch im pädagogisch-psychologischen Kontext der Begriff der *Begabung* häufig zur Charakterisierung von Individuen verwendet wird, ist Begabung ein „verwaschenes" Konzept (zum Begabungsbegriff in der Pädagogik vgl. Helbig 1988; Langfeldt & Tent 1999; Rost 2001, 950). Was für Begabung gilt, trifft erst recht auf den Begriff *Hochbegabung* zu. Zusätzliche Verwirrung entsteht durch uneinheitliche Verwendung der Bezeichnungen „Hochbegabung", „besondere Begabung", „Hochbefähigung", „Hochleistungsdisposition" oder – besonders verwirrend – „potentielle Hochbegabung", um nur einige gebräuchliche Begriffe zu nennen.[9] Verschiedene Autoren haben versucht, die Vielzahl existierender Modelle und Definitionen zu ordnen (vgl. zusammenfassend Feger & Prado 1998). So kann zwischen *intellektueller* Hochbegabung und Hochbegabung in anderen Bereichen (z.b. Musik, Kunst, Sport) unterschieden werden (Tettenborn 1996; Rost 2001). Letztere wird häufig auch als *Talent* bezeichnet. Darüber hinaus ist zu unterscheiden, ob sich Begabung auf ein latentes Potential (*Kompetenz*) oder auf gezeigte Leistung (*Performanz*) bezieht. Zusätzlich wird zwischen *spezifischen* Begabungen und *allgemeiner* Hochbegabung differenziert, und es stellt sich die Frage, ob Hochbegabung *eindimensional* oder *mehrdimensional* zu definieren ist (Langfeldt & Tent 1999; Rost 2000b). Darüber hinaus können *kognitiv orientierte* Ansätze, bei denen der Fokus auf Prozessen, z.B. beim Lösen bestimmter Aufgaben liegt, von *trait-orientierten* Ansätzen abgegrenzt werden (Wild 1991).[10]

In der einschlägigen Literatur (z.B. Wieczerkowski & Wagner 1985; Wild 1991; Tettenborn 1996; Feger & Prado 1998) werden darüber hinaus häufiger die auf Lucito (1964) zurückgehenden Definitionsklassen erwähnt:

(a) *Ex-post-facto* oder *Post-hoc Definition.* Hochbegabt ist, wer Herausragendes leistet.

(b) *IQ-Definition.* Hochbegabt ist, wer einen bestimmten Mindestwert in einem Intelligenztest erreicht.

(c) *Prozentsatz-Definition.* Hochbegabt ist, wer zur Spitzengruppe (z.B. obere 5%) im Kriterium oder in den Kriterien (z.B. Zensuren, Prüfungen, Schulleistungstests etc.) gehört.

(d) *Kreativitäts-Definition.* Hochbegabt ist, wer über die Fähigkeit verfügt, Neues und Originelles zu schaffen.

Prinzipiell kann (b) als Subkategorie von (c) angesehen werden, der wesentliche Unterschied ist, daß bei (b) bereits eine qualitative Entscheidung für ein bestimmtes Kriterium getroffen wurde (Tettenborn 1996). Ähnliches gilt für (d), wenn Kreativität als Kontinuum betrachtet wird.

---

[9] Eine vergleichbare Begriffsvielfalt existiert auch im englischen Sprachraum. Um hochbegabte Individuen zu charakterisieren, findet man neben dem Attribut „gifted" auch „talented", „high ability student" oder „bright children" (z.B. Feger 1988).

[10] Ich werde mich bei der folgenden Diskussion auf „trait-orientierte Ansätze" beschränken.

Im folgenden möchte ich zunächst kurz auf einige Konstrukte (Intelligenz, Kreativität, soziale Intelligenz), die sich in der Diskussion um Hochbegabung als besonders einflußreich erwiesen haben, eingehen, bevor exemplarisch zwei Hochbegabungsmodelle diskutiert werden. Dabei werde ich mich auf eine Auswahl beschränken (ausführlich vgl. z.B. Sternberg & Davidson 1986).

2.2.1.1 Intelligenz und Kreativität

Allgemeine Intelligenz („g "). Der „Klassiker" der Hochbegabungsforschung, Lewis M. Terman, der mit seinen Mitarbeitern die Entwicklung von über 1500 Kindern über Jahrzehnte verfolgte (Terman 1925; Burks, Jensen & Terman 1930; Terman & Oden 1947; Holahan & Sears 1995), war davon überzeugt, Hochbegabung sei vor allem in einer hohen Ausprägung der allgemeinen Intelligenz (Spearmans Generalfaktor „g", Spearman 1904; 1923; 1927) begründet. Terman schätzte – nach 30 Jahren intensiver Forschung – dessen Bedeutung als Grundlage herausragender Leistung gegenüber spezifischen Begabungsfacetten oder nichtkognitiven Variablen wie z.B. Interessen weitaus höher ein (Terman 1954).

Hochbegabung ist in diesem Sinne also als *Potential* aufzufassen, das eine notwendige – aber nicht hinreichende – Voraussetzung für herausragende *Performanz* darstellt. Bereits Termans Untersuchungen zeigten, daß nicht alle untersuchten Hochbegabten dieses Potential realisieren konnten, und er identifizierte verschiedene Faktoren, wie z.B. den Anregungsreichtum des Elternhauses, emotionale Stabilität oder Leistungsstreben, die zwischen erfolgreichen und weniger erfolgreichen Hochbegabten differenzierten (Terman & Oden 1947; Terman 1954).

Die Frage, ob Intelligenz als allgemeine Fähigkeit zu konzeptualisieren ist oder ob Modellen mit mehreren mehr oder minder unabhängigen Faktoren der Vorzug gegeben werden sollte, wird seit Spearmans erster Veröffentlichung in der Intelligenzforschung „heiß diskutiert" (Lubinski 2000, 409). Eine Fülle verschiedener Vorstellungen zur Struktur der Intelligenz ist seitdem entwickelt worden, darunter Konzepte, die die prinzipielle oder relative Unabhängigkeit verschiedener Intelligenzkomponenten postulieren. Klassische Konzepte wie die *Primary Mental Abilites* von Thurstone (1938) oder das nur noch historisch interessierende *Structure of Intellect Model* von Guilford (1967) sind hier zu nennen. Dennoch hat „g" nichts an Aktualität verloren (Brand 1996; Jensen 1998; Lubinski 2000): Weder Thurstone noch Guilford gelang es überzeugend, die völlige Unabhängigkeit einzelner Komponenten nachzuweisen (vgl. z.B. Amelang 1995), so daß aktuell hierarchische Modelle weithin akzeptiert sind (Neisser, Boodoo, Bouchard Jr., Boykin, Brody, Ceci, Halpern, Löhlin, Perloff, Sternberg & Urbina 1996). Diese ordnen unterhalb der allgemeinsten Ebene (die „g" entspricht) sogenannte Gruppenfaktoren an (z.B. Sprachliche und Mathematisch-Räumliche Fähigkeiten), denen auf einer spezifischen Ebene einzelne Subfaktoren zugeordnet sind (z.B. Wortflüssigkeit oder Rechenfertigkeit). Bereits Spearman hat die Existenz von Gruppenfaktoren, die hierarchisch unter „g" angeordnet werden können, angenommen (vgl. Carroll 1993). Beispiele für hierarchische Modelle sind weiterhin die korrelierten Generalfaktoren G_f und G_c in Cattells bekannter *Theorie der fluiden und kristallinen Intelligenz* (Cattell 1971) oder andere Modelle der englischen Schule. Aktuell ist das – auf der weltweit wohl umfassendsten Sichtung der Literatur sowie auf zahlreichen Reanalysen empirischer Datensätze basierende – *Three-Stratum-Model* von Carroll (1993). Dort findet sich im Prinzip die bekannte Unterscheidung von Generalfaktor (*Stratum III*), Gruppenfaktoren (*Stratum II*, z.B. kristalline Intelligenz, visuelle Wahrnehmung, kognitive Verarbeitungsgeschwindigkeit) und spezifischen Faktoren (*Stratum I*, z.B. Leseverständnis, Wahrnehmungsgeschwindigkeit, Aufmerksamkeitsspanne), die unterhalb der verschiedenen Gruppenfaktoren anzuordnen sind. Auch das *Berliner Intelligenzstrukturmodell* von Jäger (1982) siedelt die allgemeine Intelligenz auf einer übergeordneten Ebene an.

Die Diagnose „Hochbegabung" auf eine hohe Ausprägung der allgemeinen Intelligenz zu gründen, hat eine Reihe augenfälliger Vorteile, die ich kurz zusammenfassen möchte. Eine ausführliche Übersicht über empirische Belege für eine Reihe der aufgeführten Argumente findet sich bei Brand (1996) und Jensen (1998), komprimierter und spezifisch auf die Hochbegabungsforschung bezogen bei Rost (2000b):

- Zur Erfassung der allgemeinen Intelligenz kann auf eine Reihe von bewährten Verfahren zurückgegriffen werden, die den psychometrischen Gütekriterien genügen.
- Die allgemeine Intelligenz ist der beste singuläre Prädiktor für eine Reihe von Erfolgskriterien, wie Schul- und Berufserfolg. Zusätzliche Prädiktoren klären im Vergleich dazu nur wenig an zusätzlicher Varianz auf.
- Sogenannte Spezialbegabungen sind nicht unabhängig von der allgemeinen Intelligenz. So zeichnen sich herausragende Musiker, Mathematiker, Wissenschaftler, Schriftsteller durch eine deutlich überdurchschnittliche Intelligenz aus: In einer Studie von Roe (1953) lag beispielsweise der mittlere IQ einer Stichprobe von 67 erfolgreichen Biologen, Physikern und Sozialwissenschaftlern bei 166. Es ist anzunehmen, daß eine deutlich überdurchschnittliche Intelligenz eine notwendige, wenn auch nicht hinreichende, Vorbedingung für hervorragende kreativ-schöpferische oder wissenschaftliche Leistungen darstellt.
- Brauchbare differentielle Intelligenztests, mit denen reliable Profile ermittelt werden können, sind – insbesondere für jüngere Altersstufen – praktisch nicht vorhanden. Zudem gilt, daß „das Prinzip der Sparsamkeit verlangt, daß Interpretationen im Sinne von spezifischen Fähigkeiten nur dann statthaft sind, wenn allgemeine Fähigkeiten ausgeschlossen werden können" (Snow 1979, Übersetzung von Amelang 1995, 271). Für die Vorhersage spezifischer intellektueller Hochleistungen kommen auch Waldmann & Weinert (1990, 18) zu dem Schluß, daß „die Validitätsmaße der multiplen Intelligenzmaße selten über denen des IQ [liegen]".

Multiple Intelligenzen. Trotz der bereits genannten Einwände, die gegen Modelle mit mehreren unabhängigen Intelligenzfaktoren sprechen, scheinen wir in den letzten Jahren geradezu einer Inflation verschiedener Intelligenzen ausgesetzt zu sein (z.B. emotionale Intelligenz, spirituelle Intelligenz, politische Intelligenz, existentielle Intelligenz etc.). Zumindest teilweise ist dies wahrscheinlich auf Gardners (1985; 1991; Ramos-Ford & Gardner, 1991) populäre *Theorie der Multiplen Intelligenzen* zurückzuführen. Gardner formuliert zunächst sein Unbehagen an üblichen psychometrischen

Intelligenztestungen – nicht umsonst lautet der deutsche Titel seines Werkes „Abschied vom IQ“: „Heute sind die meisten Psychologen und auch viele Nichtpsychologen davon überzeugt, daß die Begeisterung über den Intelligenztest übertrieben war. [...] Wie schon bemerkt, sagen die Tests treffend den Schulerfolg voraus, besitzen aber geringe Aussagekraft über außerschulische Leistungen“ (Gardner 1991, 27). Diese Aussage muß aufgrund der Fülle an Validitätsnachweisen zur Vorhersagekraft der Intelligenz z.b. bezüglich des Berufserfolgs verwundern und entspricht nicht dem Stand der Wissenschaft. Als Ausweg sieht er seine *Theorie der Multiplen Intelligenzen*. Das Konzept unterscheidet sieben (später achteinhalb) voneinander unabhängige Fähigkeiten, die er aufgrund bestimmter Kriterien auswählt (er bezeichnet dies als „subjektive Faktorenanalyse“): linguistische Intelligenz, musikalische Intelligenz, logisch-mathematische Intelligenz, räumliche Intelligenz, köperlich-kinästhetische Intelligenz, interpersonale Intelligenz und intrapersonale Intelligenz. Beispielhaft werden für jeden Bereich historische Persönlichkeiten vorgestellt, die hoch mit der jeweiligen Begabung ausgestattet gewesen sein sollen. Gardners Theorie hat insbesondere bei psychologischen Laien und im pädagogischen Kontext außerordentlichen Zuspruch erfahren, aus wissenschaftlicher Sicht wurden seine Annahmen allerdings fundamental kritisiert. Einige wichtige Argumente möchte ich kurz nennen:

• Die Kriterien für eine „Intelligenz“ sind nicht klar definiert, so daß durchaus mit Jensen (1998, 129) gefragt werden kann, warum keine „sexuelle Intelligenz“ oder „kriminelle Intelligenz“ aufgenommen wurde.

• Gardner hat seine Theorie bislang nicht überzeugend validiert, seine Klassifikation „beruht eher auf einer Analyse anekdotischer Befunde als auf einer empirisch bewährten soliden psychologischen Theorie über kognitive Fähigkeiten“ (Waldmann & Weinert 1990, 19).

• Die in späteren Publikationen (Gardner 1993) vorgeschlagenen Methoden zur Erfassung der „Intelligenzen“ sind von „dubioser psychometrischer Qualität“ (Lubinski & Benbow 1995, 937).

• Der Intelligenzbegriff wird – ohne hinreichende wissenschaftliche Begründung – auf andere klassische Persönlichkeitseigenschaften ausgedehnt. „Wenn Gardner behauptet, daß alle Fähigkeiten, die er als ‚Intelligenzen‘ bezeichnet, voneinander unabhängig sind (was empirisch noch nicht nachgewiesen ist), was trägt es dann zu unserer Wissensbasis bei, sie alle ‚Intelligenz‘ zu nennen? Den [nicht-kognitiven Fähigkeiten] das Etikett ‚Intelligenz‘ zu verleihen, macht nicht mehr Sinn als Schachspielen als ‚sportliche Fähigkeit‘ zu bezeichnen“ (Jensen 1998, 129).

Der Verdacht drängt sich auf, daß die Erweiterung des Begriffs „Intelligenz“ – die in der Nachfolge von Gardner zugenommen hat – eher zum Wohlgefühl des Publikums als zur wissenschaftlichen Erkenntnis beiträgt (Jensen 1998, 129). Denn: je mehr „Intelligenzen“ es gibt, desto mehr Chancen hat jeder, auf irgendeinem Gebiet besonders talentiert oder begabt zu sein. Auch Heller warnt vor der „Gefahr inflationärer Faktorentheorien, etwa nach dem Motto ‚jeder ist hochbegabt‘“ (Heller 1987, 162). Die Verlockung entsprechender Ansätze ist groß, steht doch auf der anderen Seite das wenig attraktive Konstrukt der „klassischen Intelligenz“: „Nur wenige sind auserwählt, und bei denen ist mehr als fraglich, ob sie ihre Fähigkeiten auch zu guten Zwecken einsetzen.“ (Weber & Westmeyer 1997, zit. nach Feger & Prado 1998).

Soziale Intelligenz. Das beschriebene Dilemma der begrifflichen Unschärfe wird vor allem bei einem Konstrukt deutlich, das von Gardner als „interpersonale Intelligenz" bezeichnet wird und bereits 1920 von Thorndike als „soziale Intelligenz" eingeführt wurde. Dies sei „die Fähigkeit sich in sozialen Situationen klug zu verhalten" (Thorndike 1920, 228). Im Gegensatz dazu meinte Wechsler (1958), daß „soziale Intelligenz" nichts anderes sei, als die Anwendung allgemeiner Intelligenz in sozialen Situationen. Die Diskussion darüber dauert an. „Die grundlegenden Fragen bleiben offen: Ist soziale Kognition eine eigenständige, von nicht-sozialer Kognition abgrenzbare, Einheit? Ist soziale Intelligenz etwas anderes als allgemeine Intelligenz, die auf soziale Bereiche angewendet wird?" (Kihlstrohm & Cantor 2000, 374). Einige problematische Punkte möchte ich knapp skizzieren (vgl. auch Rost 1991a; Rost 2000b):

- Testverfahren, die speziell zur Erfassung der sozialen Intelligenz konstruiert wurden, konnten keine divergente Validität zur allgemeinen Intelligenz – vor allem in Hinblick auf verbale Komponenten – nachweisen. Die konvergente Validität ist bislang ebenfalls nicht befriedigend (vgl. z.b. die Übersicht von Walker & Foley 1973). Auch bei der prädiktiven Validität schneiden sie nicht besser als traditionelle Intelligenztests ab (Keating 1978).
- Was „Soziale Intelligenz" von „sozialer Kompetenz" oder bestimmten Facetten wie „Empathie" oder „sozialer Einsicht" unterscheidet bzw. was den Begriffen gemeinsam ist, ist bislang nicht ausreichend – weder in theoretischer noch in empirischer Hinsicht – geklärt (Kaiser 1998).
- Sozial kompetentes Verhalten dürfte komplex determiniert sein. So unterscheiden Schneider, Ackerman und Kanfer (1996) mehrere Dimensionen „Sozialer Kompetenz". Von diesen hängen einige eng mit Persönlichkeitsfaktoren der *Big Five* zusammen, andere wiederum, wie „Soziale Einsicht", weisen Überlappungen zu Intelligenzindikatoren auf. Hinzu kommt, daß kompetentes Sozialverhalten sicherlich zu einem wesentlichen Teil durch situative Faktoren (z.B. Interaktionspartner, Anforderungen der Situation) bestimmt ist, was die Prädiktionskraft stabiler psychologischer Eigenschaften und Fähigkeiten prinzipiell stärker einschränkt.

Als Fazit bleibt festzuhalten, daß es trotz langjähriger Forschungsbemühungen noch nicht gelungen ist, „die Suche nach der sozialen Intelligenz" (Keating 1978; Ford & Tisak 1983; Brown & Anthony 1990) erfolgreich zu beenden. „Eine zielgerichtete Orientierung an konkreten Aufgaben und konkreten Personen unter Beachtung spezifischer Aspekte der Sozialen Intelligenz dürfte jedenfalls der weiteren Beschäftigung mit Sozialer Intelligenz dienlicher sein als die Suche nach einem globalen Konzept. Als allgemeine Aufgabe stellt sich die systematische Rekonstruktion der bislang sehr verwirrenden Begrifflichkeit mit dem Konstrukt Soziale Intelligenz" (Kaiser 1998, 239).

Kreativität. Kreativität spielt in mehreren „Hochbegabungsmodellen" (am bekanntesten ist sicher das Drei-Ringe-Modell von Renzulli 1978, vgl. auch weiter unten) eine zentrale Rolle, obwohl es als ein „besonders unscharfes, im Verlaufe der (nicht nur kindlichen) Entwicklung instabiles Konstrukt" gilt (Rost 1991a, 203). Dabei wird häufig eine Unabhängigkeit von Kreativität und Intelligenz postuliert. Allerdings scheint eine solche Betrachtungsweise nicht plausibel zu sein, da bei Unabhängigkeit beider

Konstrukte zu erwarten wäre, daß sich in allen Bereichen der Intelligenzverteilung gleich viele Kreative finden, was mit Sicherheit nicht der Fall ist (Jensen 1998). Neben der nicht eindeutig geklärten Beziehung zwischen beiden Variablen (zur Hypothese, daß bei Hochbegabten Intelligenz und Kreativität unkorreliert sind, vgl. Hagen 1989; Rost 2000b) ist wiederum ein Mangel an bewährten Meßinstrumenten festzustellen (zur Übersicht vgl. Hocevar 1981; Hocevar & Bachelor 1989; Krampen 1993). Den entsprechenden Verfahren fehlen im allgemeinen sowohl Nachweise der Stabilität als auch Belege für ausreichende konvergente, divergente und – ganz zentral – prognostische Validität(en). Auch die Hinzunahme von Persönlichkeitseigenschaften (z.b. Neugier) führt zu keiner hinreichenden Verbesserung der Prädiktionskraft (Weinert 1989). Die Vorhersage kreativer Leistungen ist also bislang nicht befriedigend gelungen, weshalb Waldmann & Weinert (1990, 20) meinen, daß – was die entsprechende Prognose anbetrifft – der „psychometrische Ansatz [der Kreativitätsforschung] zwar immer noch sehr populär ist, sich aber trotzdem in einer schweren wissenschaftlichen Krise befindet". Ob sich jemand als besonders kreativ hervortut, scheint von zahlreichen – wahrscheinlich nicht in jedem Fall objektivierbaren Komponenten – abzuhängen. Der momentane Wissenstand erlaubt es nicht zu entscheiden, „ob die triviale Vermutung zutrifft, daß auch höchste kreative Leistungen davon abhängen, ob zu einer guten Expertise genügend Anstrengung, Persistenz des Verhaltens, Glück und die persönliche Fähigkeit kommen muß, die in einer solchen Konstellation liegenden Chancen zu erkennen und zu kreativen Problemlösungen zu nutzen" (Weinert 1989, 34).

2.2.1.2 Mehrdimensionale Modelle

Während Intelligenz(en) und Kreativität allgemeine Konstrukte darstellen, wurden in den letzten Jahrzehnten zahlreiche Konzepte vorgestellt, die den Anspruch haben, spezifischer auf Hochbegabung bezogen zu sein (vgl. z.B. die Übersicht in Sternberg & Davidson 1986). Viele sind mehrdimensional konzipiert und beziehen neben kognitiven Fähigkeiten auch Umweltfaktoren und andere Persönlichkeitseigenschaften mit ein. So meinen etwa Renzulli & Delcourt (1986, 21), daß „Hochbegabung oder hochbegabtes Verhalten [...] von Eigenschaften abhängt, die traditionelle Intelligenzmessungen enthalten, aber nicht auf diese beschränkt sind." Zwei unterschiedliche Modelle möchte ich hier beispielhaft skizzieren. Das *Triadische Interdependenzmodell* von Mönks (z.B. beschrieben in Mönks 1987) und das Modell von Gagné (1985).

Das Triadische Interdependenzmodell. Dieses in Abb. 2.1 dargestellte Modell stellt eine Erweiterung des bekannten *Drei-Ringe-Modells* von Renzulli (1978) dar, das „vermutlich wegen seiner Schlichtheit und seiner unmittelbaren Eingängigkeit so starke Akzeptanz gefunden hat" (Feger & Prado 1998, 36). Nach Mönks entsteht Hochbegabung aus der Schnittmenge der drei Ringe (Persönlichkeitsfaktoren) „Motivation", „Kreativität" und „überdurchschnittliche Intelligenz", die in die Umgebungsfaktoren „Familie", „Schule" und „Peers" eingebettet sind. Die Berücksichtigung der Umgebungsvariablen ist die – so Mönks – „wesentliche" Erweiterung gegenüber der ursprünglichen Konzeption von Renzulli.

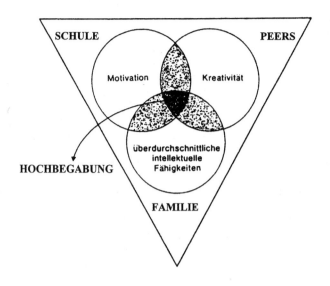

Abb. 2.1:   Das *Triadische Interdependenzmodell* (nach Mönks 1991, 235)

Fundierte Kritik am *Triadischen Interdependenzmodell* sowie am *Drei-Ringe-Modell* ist bereits von anderen Autoren ausführlich formuliert worden (Rost 1991a; Rost 1991b; Tettenborn 1996; Feger & Prado 1998), so daß ich die wesentlichen Punkte nur kurz zusammenfasse.

• Sowohl bei Renzulli als auch bei Mönks wird die bewährte Unterscheidung zwischen Begabung als *Potential*, das zu hervorragender Leistung führen kann (aber nicht muß) und exzellenter *Performanz* aufgegeben. „Erst bei einem günstigen Zusammenspiel aller Faktoren kann sich Hochbegabung als besondere Kompetenz, als hervorragende Leistung entwickeln" (Mönks 1991, 235). In diesem Sinne hat er selbstverständlich recht, wenn er feststellt, daß „Intelligenz ein notwendiger, aber keinesfalls ausreichender Faktor im komplexen Gefüge der bestimmten Faktoren ist, die zu *Hochbegabung* führen, *soweit sie als besondere Leistung hervortritt*" (Mönks 1987, 215).[11] Was hier bestenfalls thematisiert wird, sind also Bedingungen von *Hochleistung*. Kinder die trotz herausragenden intellektuellen Potentials wenig leisten und häufig als *die* Problemgruppe innerhalb der Hochbegabten beschrieben werden (*Underachiever*, vgl. z.B. Butler-Por 1987; Hanses & Rost 1998a) sind nach diesem Modell nicht „hochbegabt" (vgl. dazu auch Gagné 1985). Damit wird Begabung völlig anders definiert als etwa von William Stern: „*Begabungen sind* an sich *immer nur Möglichkeiten der Leistung*, un-

---

[11] Diese und weitere Hervorhebungen auf dieser und der nächsten Seite von mir.

umgängliche Vorbedingungen, sie bedeuten noch nicht die Leistung selbst" (Stern 1916, zit. nach Mönks 1987, 215).

- Offensichtlich stützt sich Mönks in eigenen Untersuchungen nicht auf sein Modell. Er identifiziert *hochbegabte Underachiever*, die gekennzeichnet sind durch „überdurchschnittliche Intelligenz aber schwächere Schulleistung als aufgrund ihrer Intelligenz zu erwarten wäre, ohne Restriktionen was die Kreativität anbetrifft" (Mönks, Boxtel, Roelofs & Sanders 1985, 55). Dies entspricht genau der klassischen, von Mönks kritisierten, „einseitigen" Intelligenzdefinition von Hochbegabung. Für diese *Underachiever* werden im Rahmen weniger Absätze unterschiedliche Termini verwendet, was zur Begriffsverwirrung beiträgt: mal werden sie als „hochbegabte Leistungsversager", mal als „potentiell Hochbegabte" bezeichnet (Mönks 1987, 221).

- Obwohl das Modell Faktoren der „Begabungsentwicklung" mit ihren „Interdependenzen" spezifizieren will, bleibt unklar, wie diese wechselseitigen Beziehungen ausgestaltet sind, ob sie sich im Entwicklungsverlauf ändern oder gleich bleiben und ob allen Faktoren in jeder Entwicklungsphase der gleiche Stellenwert eingeräumt wird: So könnte man beispielsweise annehmen, daß familiäre Faktoren im frühen Kindesalter eine stärkere Rolle für die Entwicklung „hochbegabten Verhaltens" spielen als im Jugendalter.

- Das Modell ist nicht hochbegabungsspezifisch – Schule, Peers und Familie sind, wie Rost (1991a; 1991b) zu Recht bemerkt, für die Entwicklung fast aller Verhaltensweisen und Persönlichkeitsmerkmale zu berücksichtigende Sozialisationsinstanzen.

- Auch Mönks hält *Kreativität* (vgl. oben) für ein problematisches Konstrukt: „Kreativität ist ein schillernder Begriff, der empirisch und erst recht zahlenmäßig schwierig, wenn überhaupt, erfaßbar ist" (Mönks 1987, 216). Welchen Nutzen ein solches Konstrukt dann bei der Diagnostik von Hochbegabung hat, wird leider nicht erläutert. Was Arbeitshaltung und Leistungswillen („Motivation") betrifft, stehen die Dinge nicht deutlich besser, zumal diese stark durch situationale Faktoren beeinflußt sein dürften.

- In den drei Ringen sind *Kreativität*, *Intelligenz* und *Motivation* gleichberechtigt nebeneinander angesiedelt. Was aber ist mit Kindern, die beispielsweise nicht besonders „kreativ" (was immer das bezeichnen mag) sind, aber hohes Leistungsengagement zeigen und ein hohes intellektuelles Potential aufweisen? Es wäre empirisch (was aufgrund der schwierigen Operationalisierung von Kreativität kaum gelingen dürfte) nachzuweisen, daß diese weniger „hochbegabtes Verhalten" an den Tag legen, als Kinder und Jugendliche, die zusätzlich mit höherer Kreativität ausgestattet sind. Gagné (1985) kritisiert die herausgehobene Rolle der Kreativität ebenfalls und merkt an, daß Kreativität womöglich nur in bestimmten Bereichen eine größere Rolle spiele, in anderen dagegen weniger.

Man kann Mönks Modell (das gleiche gilt für Renzullis Ansatz) im besten Fall als heuristischen Ansatz für die Beratung und Förderung Hochbegabter begreifen. Um aber im Förder- und Beratungskontext wirklich Nutzen daraus ziehen zu können, müßten die Faktoren und ihre Beziehungen untereinander spezifiziert und empirisch validiert werden.

Das Modell von Gagné. Gagnés (1985; 1991) Modell wurde von ihm teilweise aus der Kritik an Renzullis Ansatz entwickelt (vgl. dazu auch Wild 1991). Er kritisiert im wesentlichen die

- Gleichsetzung von Begabung und Leistung und
- die Rolle von Motivation und Kreativität als konstitutive Elemente einer Hochbegabungsdefinition.

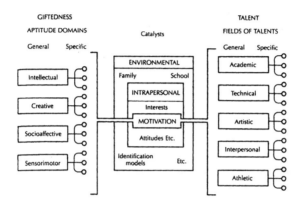

Abb. 2.2:   Gagnés „differenziertes Hochbegabung-Talent Modell" (nach Gagné, 1991, 67)

In Gagnés Ansatz (vgl. Abb. 2.2) werden Leistung und Begabung eindeutig getrennt. Hochbegabung (*giftedness*) bezieht sich auf „eine deutlich überdurchschnittliche Kompetenz in einer oder mehreren Fähigkeitsdomänen" (*domains*). *Talent* ist demgegenüber „die deutlich überdurchschnittliche Leistung in einem oder mehreren Bereichen" (Gagné 1985, 108). Spezifische Fähigkeitsdomänen sind generellen Domänen untergeordnet: Intellektuelle Fähigkeiten, kreative Fähigkeiten, sozio-emotionale Fähigkeiten sowie sensumotorische Fähigkeiten. Dem stehen fünf Bereiche auf der Leistungsseite gegenüber: akademischer Bereich, technischer Bereich, künstlerischer Bereich, interpersonaler Bereich und athletischer Bereich. Um Hochbegabung in Talent – also herausragende Leistungen in bestimmten Feldern– umzusetzen, bedarf es bestimmter Katalysatoren. Die Umwelt (z.B. Familie, Schule oder pädagogische Identifikationsstrategien) kann dabei ebenso wie Persönlichkeitsfaktoren (Interessen, Einstellungen und Motivation) förderlich oder hemmend wirken. Für jeden Leistungsbereich ist jeweils ein spezifisches Fähigkeitsprofil erforderlich (*Multidirektionalität der Beziehung zwischen Hochbegabung und Talent*). Gagné plädiert daher dafür, die Auswahl der Identifikationsinstrumente auf die Ziele des Förderprogramms abzustimmen.

Gagnés Konzept erinnert – was die Begabungsseite anbetrifft – in gewisser Weise an Gardners „multiple Intelligenzen", wobei Gagné im Gegensatz zu Gardner deutlich zwischen intellektuellen und anderen Fähigkeiten trennt. Ob es tatsächlich notwendig ist, spezifische Begabungsfacetten im intellektuellen Bereich anzunehmen, wurde weiter oben bereits kritisch diskutiert. Heilmann (1999, 40) – die sich in ihrer Untersuchung mathematisch Begabter auf Gagnés Modell bezieht – kommt für die Frage, ob „mathematische Spezialbegabungen" anzunehmen sind, nach einer Übersicht der Literatur eher zu folgendem Schluß: „Je früher und intensiver sich ein Mensch der Mathematik zuwendet, desto ausschließlicher wird er seine allgemeinen intellektuellen Fähigkeiten auf mathematische Fragestellungen angewendet haben und desto einseitiger wird seine Leistungsfähigkeit später erscheinen (z.b. weil ihm das Wissen in anderen Disziplinen fehlt)." Demnach sind es eher die Katalysatoren in Gagnés Modell, die darüber entscheiden in welchem Bereich (hier Mathematik) hervorragende intellektuelle Leistungen erbracht werden und nicht spezifische Fähigkeitsfacetten.

Ein Vorteil der Gagnéschen Betrachtungsweise ist sicherlich die begrifflich klare Trennung zwischen Kompetenz und Performanz. Auch wird der Fehler vermieden, jeder spezifischen Leistung eine spezifische Begabungsfacette zuzuordnen, vielmehr stellt er in Rechnung, daß wahrscheinlich mehrere Fähigkeiten am Zustandekommen einer Leistung beteiligt sind. Kreativität wird als eigenständiger Bereich betrachtet, der nicht unbedingt für hohe Leistung in jedem Gebiet notwendig ist. Kritisch anzumerken ist, daß Autoren, die eine holistische Perspektive einnehmen, Kreativität nicht als eigenständige Fähigkeitsfacette, unabhängig von Erlebnissen, Ereignissen und Bereichen betrachten (Häcker 1998). Für die Hochbegabungsdefinition erscheint sein Ansatz also hilfreich, was die Überlegungen zu den Katalysatoren angeht, ist das Modell aber wiederum recht allgemein gehalten. Dies scheint allerdings eine allgemeine Schwäche aller bisher vorgeschlagener diesbezüglicher Erklärungsversuche zu sein. Nach einer Übersicht verschiedener Ansätze resümieren deshalb Waldmann & Weinert (1990, 20): „Allen diesen [beschriebenen] Determinanten von herausragenden Leistungen kommt gewiß eine große Bedeutung zu. Ihre inflationäre Auflistung und ihr statistisch nachweisbarer Zusammenhang mit dem Erreichen bestimmter Leistungsniveaus sind aber kein Ersatz für die Beantwortung der Frage, ob und inwieweit die verwendeten Begabungsindikatoren tatsächlich brauchbar sind. Außerdem fehlt ihnen jeder analytische Erklärungswert für die Prozesse und Mechanismen, die für das Zustandekommen bestimmter Leistungen (und Leistungsunterschiede) relevant sind." Gerade die Spezifizierung des Einflusses der Moderatoren auf die Umsetzung von Potential in Leistung ist bislang nur unzureichend erfolgt, so daß die Aussagekraft letztendlich nicht über die seit Lewin bekannte Formel, daß Verhalten eine Funktion von Person und Umwelt sei, hinausgeht.

Gagnés Anmerkungen in bezug auf die Identifikation für Förderprogramme sind begrüßenswert: Wer beispielsweise mathematisch begabte Schüler hinsichtlich dieser Fähigkeiten fördern will, sollte nicht Kreativität messen, sondern eher das Potential, mathematische Aufgaben zu lösen. Ob es sich allerdings bei Förderfragen im intellektuellen Bereich lohnt, neben der allgemeinen Intelligenz spezifische Subfacetten zu erfassen, hängt jeweils davon ab, ob die entsprechenden Verfahren eine ausreichende inkrementelle Validität aufweisen, zusätzliche diagnostische Hilfen bei der Förderung bieten oder ebenso valide wie ein allgemeiner Test, aber ökonomischer im Einsatz sind. Die bisher vorliegenden Befunde stimmen diesbezüglich eher skeptisch.

2.2.1.3 Administrative Definitionen

Administrative Definitionen sind insofern von grundlegender Bedeutung, als daß sie determinieren, welche Schüler in bestimmte Programme aufgenommen werden, ob Förderbedarf gesehen wird etc. Obwohl administrative Vorgaben nicht unbeeinflußt von aktuellen wissenschaftlichen Bewegungen bleiben, spiegeln sie in erster Linie gesellschaftlich akzeptierte Positionen oder politische Absichten wieder. Bekannt geworden ist die sogenannte *Marland*-Definition des *U.S. Office of Education* (Marland 1972, zit. nach Callahan 2000, 161). Danach sind solche Schüler als hochbegabt oder talentiert zu bezeichnen, die in einem oder mehreren der folgenden Bereiche Leistung oder Potential zeigen:

(a) allgemeine intellektuelle Fähigkeiten,
(b) spezifische „akademische" Fähigkeiten,
(c) kreatives oder produktives Denken,
(d) Führungsqualitäten,
(e) künstlerische oder darstellerische Fähigkeiten,
(f) psychomotorische Fähigkeiten.

In späteren Revisionen wurden die psychomotorischen Fähigkeiten wieder aufgegeben, die Kernaussage blieb aber im wesentlichen die gleiche.

In der Bundesrepublik Deutschland „fehlt [in den Schulgesetzen fast aller westlichen Bundesländer] die Erwähnung besonders Begabter oder Hochbegabter" (Fels 1998, 50). In der Beratungsbroschüre des Bundesministeriums für Bildung und Forschung (1999, 13) wird zwischen allgemeiner intellektueller Begabung (Intelligenz) sowie psychomotorischer, sozialer und musisch-künstlerische Begabung unterschieden. Diese Einteilung scheint zumindest eng an die *Marland*-Definition angelegt zu sein. „Für unsere Zwecke soll es genügen, von Hochbegabung dann zu sprechen, wenn ein Kind in bestimmten Bereichen seiner geistigen, künstlerischen, motorischen oder sozialen Entwicklung den Gleichaltrigen deutlich überlegen ist." Callahan (2000) weist darauf hin, daß bei schulpraktischen Überlegungen (z.B. Selektion für bestimmte Förderprogramme) die Intelligenz als Kernvariable nach wie vor eine zentrale Rolle spielt.

In der Förderpraxis wird häufig eine Kombination verschiedener Variablen – standardisierte Intelligenztests, standardisierte Schulleistungstests, Zensuren, Nominierungen von Lehrern, Eltern oder Schülern – eingesetzt. Vor- und Nachteile verschiedener Identifikationsstrategien und Datenquellen sollen im nächsten Abschnitt kurz erläutert werden.

2.2.2 Identifikation von Hochbegabten

Hochbegabungskonzepte und Identifikationsstrategien bedingen einander. Jeder Identifikationsstrategie liegt eine mehr oder minder explizite Vorstellung, was Hochbegabung sein soll, zugrunde. Ebenso sollten – wenn ein Modell für die pädagogisch-psychologische Anwendungspraxis nützlich sein will – objektive, reliable und valide Instrumente zur Verfügung stehen, die es erlauben, Hochbegabte verläßlich zu identifizieren. Diese sind auch erforderlich, um spezifische aus dem jeweiligen Modell abgeleitete Hypothesen (z.b. zu hemmenden oder förderlichen Entwicklungsbedingungen von Begabung) empirisch zu überprüfen. „Theorienbildung in der Differentiellen Psychologie geht gewöhnlich mit der psychometrischen Operationalisierung der konzipierten Konstrukte Hand in Hand [...]. Als Beleg für die Gültigkeit und (theoretische) Nützlichkeit eines postulierten Konstrukts werden empirische Nachweise als erforderlich angesehen. Dazu müssen neue entsprechende Verfahren entwickelt und ein hinreichendes Maß an konkurrenter und externer Validität nachgewiesen werden" (Wild 1991, 19).

Im folgenden möchte ich kurz auf die Probleme bei der Identifikation intellektuell hochbegabter Schüler eingehen.[12] Ausführliche Informationen dazu finden sich bei Hagen (1989), Rost (1991a; 1993a; 2000b) aber auch bei Wild (1991; 1993). Ebenfalls zum Thema äußert sich Hany (1987). Besonders interessant ist die diesbezügliche Kontroverse zwischen Rost (1991a, b), Mönks (1991), sowie Hany & Heller (1991) in der *Zeitschrift für Entwicklungspsychologie und Pädagogische Psychologie*.

Zunächst sind drei Aufgaben der Hochbegabungsdiagnostik zu unterscheiden (Heller 1987):

(a) Diagnostik in Einzelfällen im Rahmen der Beratungsarbeit,
(b) Talentsuchen und
(c) Identifikation im Rahmen der Forschung.

Im Rahmen der Zielsetzung muß prinzipiell zunächst entschieden werden, ob *ein Indikator* oder *mehrere Indikatoren* zur Identifikation heranzuziehen sind. Da es bislang nicht gelungen ist, qualitative Unterschiede zwischen Hoch- und Normalbegabten abzusichern, sind die Indikatoren quantitativer Natur (Hany 1987). „Da es ‚natürliche' Kriterien für Hochbegabung nicht gibt, bedarf es operationaler Definitionen, d.h. der Vereinbarung kritischer Werte auf den Variablen. Damit ist zugleich der Anteil Hochbegabter in der Population willkürlich festgelegt" (Langfeldt & Tent 1999, 194). Letztendlich geht es also zunächst um die Entscheidung wie „hoch" denn die entsprechende Begabung ausfallen muß, um die Diagnose „hochbegabt" zu rechtfertigen (Festsetzung eines *cut-off*-Wertes). Selbstverständlich ist diese Entscheidung mehr oder minder arbiträr (genauso wie die Entscheidung ob jemand „groß" oder „klein", „dick" oder „dünn" ist, vgl. dazu auch Rost 2000b). Was die Intelligenz anbetrifft, hat sich interna-

---

[12] Förderdiagnostische Methoden, wie das *Revolving Door Identification Model* (Renzulli, Reis & Smith 1981), deren wissenschaftliche Evaluation bislang noch weitgehend fehlt, werden in der folgenden Diskussion aus Platzgründen nicht betrachtet.

tional die Konvention einer Abweichung von zwei Standardabweichungen über dem Mittelwert (obere 2% der Verteilung, PR ≥ 98) eingebürgert. Nichtsdestotrotz wird aber auch ein strengeres (z.b. PR ≥ 99) oder ein weniger strenges Kriterium herangezogen (z.b. PR ≥ 90), wenn dies für das Ziel der Identifikation (z.b. Zuweisung besonderer Förderung) sinnvoll erscheint.

Ob intellektuelle Fähigkeiten ein- oder mehrdimensional erfaßt werden, ist sowohl theoretisch als auch in Hinblick auf die Ökonomie zu begründen. Wenn – wie bereits mehrfach angesprochen wurde – differentielle Indikatoren keinen diagnostischen Zugewinn gegenüber einer eindimensionalen Erfassung bieten, kann auf diese verzichtet werden.

Sollen mehrere Indikatoren im Sinne eines mehrdimensionalen Modells herangezogen werden, stellt sich die Frage der Integration. Nehmen wir hypothetisch die von Renzulli (1978) vorgeschlagene Kriterienkombination von (a) Intelligenz, (b) Motivation und (c) Kreativität an, können verschiedene Strategien unterschieden werden (vgl. dazu auch Hany 1992; Borland 1997; Hanses & Rost 1998b):

(a) *Disjunkte* oder *kompensatorische Strategie.* Es genügt, auf einem Kriterium zu den (definierten) Besten zu gehören.

(b) *Konjunktive* oder *kombinatorische Strategie.* Man muß in allen Kriterien zu den (definierten) Besten zählen.

(c) *Kombinierte (teilkompensatorische) Strategie.* Legt man beispielsweise drei Kriterien zugrunde, könnte eine entsprechende Strategie folgendermaßen aussehen: Der Schüler soll in zwei Kriterien zu den (definierten) Besten gehören, im dritten muß er mindestens durchschnittlich abschneiden. Hier werden die Kriterien also unterschiedlich gewichtet.

Bei Strategie (a) hat man es – je nachdem welche Kriterienkombination herangezogen wird – womöglich (wenn die Kriterien relativ unabhängig sind) mit einer heterogenen Gruppe zu tun. Dies erscheint nicht notwendigerweise sinnvoll. Bei Strategie (b) findet man auch unter der Annahme moderater Abhängigkeit der Kriterien kaum noch hochbegabte Schüler: Soll ein Schüler – bei tatsächlicher Unabhängigkeit – jeweils zu den besten 5% in jedem Kriterium gehören, findet man einen Hochbegabten unter 8000 Schülern. Wenn man eine moderate Abhängigkeit ($r = 0.3$) annimmt, ist einer unter 578 Schülern hochbegabt. Um noch ein weiteres Beispiel zu nennen: Legt man fünf Kriterien zugrunde und verlangt jeweils einen PR ≥ 90, wäre die Untersuchung von 37477 Schülern vonnöten, um 50 Hochbegabte zu finden (Hanses & Rost 1998b). Hochbegabung wird so zu einem statistisch hochgradig seltenen Phänomen, das sich der nomothetisch orientierten empirischen Forschung entzieht. Strategie (c) erscheint demgegenüber vielversprechender, erfordert aber eine inhaltlich begründete Entscheidung für eine Kriterienhierarchie.

Zusätzlich kann zwischen *mehrstufigen sequentiellen* Verfahren und *einstufigen* Verfahren unterschieden werden (Hany 1992). Mehrstufig sequentielle Verfahren beinhalten zunächst das Screening einer größeren Gruppe, eine ausführliche differenzierte

Diagnostik wird im Anschluß nur bei denjenigen Schülern mit vorläufiger Diagnose durchgeführt.

Bei jeder diagnostischen Entscheidung müssen zudem diagnostische Fehlermöglichkeiten bedacht werden: *Falsch positive* Entscheidungen (der Schüler ist nicht hochbegabt, wird aber entsprechend klassifiziert) und *falsch negative* Diagnosen (der Schüler ist hochbegabt, wird aber nicht erkannt). Je nach Konsequenz der Entscheidung können die psychologischen Kosten für den einzelnen Schüler gravierend sein (Mangel an Förderung vs. Überforderung). Auch für die Forschung spielt diese Frage eine nicht zu unterschätzende Rolle bei der Verallgemeinerbarkeit der Ergebnisse (externe Validität). Im Zusammenhang mit den beiden diagnostischen Fehlentscheidungen wird zwischen *Effektivität* (Anzahl richtig diagnostizierter Hochbegabter / Anzahl Hochbegabter im Personenpool) und *Effizienz* (Anzahl richtig diagnostizierter Hochbegabter / Anzahl diagnostizierter Hochbegabter) unterschieden (vgl. ausführlich dazu Wild 1991). Gerade bei einem mehrstufigen Identifikationsverfahren (zunächst Screening einer größeren Gruppe, im Anschluß Verifikation durch ausführliche Testung / Beurteilung) sollte im Forschungskontext darauf geachtet werden, daß im ersten Schritt möglichst wenig Hochbegabte übersehen werden (hohe Effektivität). Die Qualität des Identifikationsprozesses steht und fällt selbstverständlich mit den Testgütekriterien der eingesetzten Verfahren, die nachgewiesenermaßen objektiv, reliabel und valide sein sollten. Im folgenden möchte ich einige Identifikationsinstrumentarien, die in der einschlägigen Literatur häufiger diskutiert und eingesetzt werden, vorstellen.

Standardisierte Leistungs-/Intelligenztests. Standardisierte Testverfahren haben den Vorteil, daß im allgemeinen Informationen zu den psychometrischen Gütekriterien vorliegen. Bei bewährten Intelligenztests, aber auch bei einer Reihe von Schulleistungstests sind diese hinreichend erfüllt. Darüber hinaus stehen Normen zur Verfügung, die eine objektive Einordnung in bezug auf die Schülerpopulation gleichen Alters bzw. der gleichen Klassenstufe erlauben. Dabei sind – aufgrund der bekannten „IQ-Gewinne", d.h. einer epochalen Akzeleration bei Leistungen in Intelligenztests (Flynn 1984a, b; 1987, vgl. ausführlicher dazu Neisser 1998; bezogen auf Hochbegabung Hanses 2000) – aktuelle Normen unerläßlich, um nicht mit einer erhöhten Anzahl falsch Positiver rechnen zu müssen. Deckeneffekte sind insbesondere dann relevant, wenn im oberen Bereich noch zwischen „Hochbegabten" und „Höchstbegabten" differenziert werden soll. Im *Marburger Hochbegabtenprojekt* (Rost 1993a; 2000a) wurden standardisierte Intelligenztests zur Selektion eingesetzt. Ein Beispiel für die Identifikation mathematisch Hochbegabter aufgrund standardisierter Leistungstests ist die *Study of Mathematically Precocious Youth* (SMPY, vgl. z.B. Stanley & Benbow 1986; Stanley 1996).

Zensuren. Die psychometrische Qualität von Zensuren ist problematisch (vgl. Ingenkamp 1971; Ingenkamp 1989; Tent 2001), insbesondere bei Einzelarbeiten (z.B. einzelnen Klausuren) ist die Reliabilität mangelhaft. Darüber hinaus sind Zensuren in einzelnen Fächern nur innerhalb des Bezugsrahmens der Klasse zu beurteilen. Diese Problematik wird durch Aggregation (Mittelung über Zeugniszensuren verschiedener Fächer) gemildert, verschwindet aber nicht völlig. Dennoch sind Zensuren für den weiteren Lebensweg entscheidend und korrelieren sowohl mit dem Studienerfolg als auch (geringer) mit dem Berufserfolg (Schuler 2001). In Zensuren geht nicht nur reines Wissen oder Können ein, sondern sie werden darüber hinaus von einer Reihe anderer Faktoren (z.b. Arbeitshaltung, Betragen in der Klasse) beeinflußt. Für die Selektion hochbegabter Schüler sind sie daher wenig geeignet, insbesondere in der Grundschule und der Sekundarstufe I kann man mit Fleiß und Einsatzbereitschaft kognitive „Defizite" ausgleichen. *Underachiever* zeichnen sich gerade durch schlechte Schulzensuren aus und werden bei diesem Kriterium nicht berücksichtigt. Dennoch sind viele Fördermaßnahmen auf „hochleistende" (weniger auf hochbegabte) Schüler ausgerichtet und der Zugang wird (auch) durch die Zensuren bestimmt. Hany (1987) weist darauf hin, daß insbesondere bei Förderprogrammen, die Unterrichtsinhalten ähneln, Zensuren für eine Prognose des Erfolgs besonders inhaltsvalide sein dürften.

Einschätzungen durch Lehrer. Hier stehen sowohl *Rating-* als auch *Nominierungsverfahren*, die mehr oder minder differenziert sein können, zur Verfügung. Vom Einsatz sogenannter *Checklisten* erhofft man sich – durch Bezug auf schulische Situationen und konkretes Verhalten – eine erhöhte Effektivität. Zahlreiche Studien zur Güte von Lehrereinschätzungen leiden unter fundamentalen Versuchsplanungsmängeln. So wurde häufig lediglich die durch Lehrernominierung ausgewählte Schülerstichprobe untersucht, für eine adäquate Beurteilung ist aber die Kenntnis der Grundquote unerläßlich (vgl. die ausführliche Übersicht bei Wild 1991). Wilds (1991; 1993) Ergebnisse, die an der Ausgangsstichprobe des *Marburger Hochbegabtenprojekts* (mehr als 6000 Schüler der 3. Klasse) gewonnen wurden, geben Anlaß zur Vorsicht: Lehrer übersehen (in Abhängigkeit von der angelegten Nominierungsquote) einen gravierenden Anteil der im standardisierten Intelligenztest als hochbegabt klassifizierten Schüler. Bei einer Nominierungsquote von etwa 5% betrifft dies zwei Drittel der Hochbegabten, bei einer liberalen Quote von 15% werden immerhin noch 32% nicht erkannt. Diese Zahlen gewinnen zusätzlich an Bedeutung, wenn die Schulleistung der Schüler berücksichtigt wird. Die Effektivität des Lehrerurteils hängt stark von der gezeigten Leistung ab. Bei einer Nominierungsquote von 24% (etwa 7 von 30 Schülern) werden zwei Drittel der *Underachiever* übersehen (Rost & Hanses 1997). Hany (1991) berichtet ebenfalls von falsch negativen Klassifikationen durch Gymnasiallehrer. Was die differenzierte Beurteilung intellektueller Fähigkeiten durch Lehrkräfte angeht, sind ebenfalls Zweifel angebracht: „Eine differenziertere Erfragung intellektueller Teilbereiche, jedenfalls innerhalb des hier vorgegebenen Rahmens, [führt] offensichtlich nicht in angestrebtem Maße zu einer fähigkeitsdifferenzierenden Beurteilung" (Wild 1991, 147).

Hanys (1991, 47) Überzeugung, daß sich das Lehrerurteil als Screeninginstrument bewährt habe, da „die dadurch akzeptierten Probanden nicht weiter untersucht zu werden brauchten", ist m.E. nach verfrüht. In seiner Untersuchung an 88 hoch- und durchschnittlich begabten Gymnasialschülern fehlt der – zur fundierten Begründung dieser Aussage – krische Ausschnitt der Intelligenzverteilung (überdurchschnittlich begabte aber nicht hochbegabte Schüler).

Die Frage, ob Fachlehrer der Gymnasialstufe bessere Fähigkeitseinschätzungen abgeben, muß – da entsprechende Untersuchungen fehlen – ebenso offen bleiben, wie

Überlegungen, ob Lehrereinschätzungen oder standardisierte Verfahren Fördererfolg besser vorhersagen.

Einschätzungen durch Eltern. Eltern sind gegenüber Lehrkräften im Nachteil, da sie zumeist nur eine selektive Auswahl von Kindern und Jugendlichen kennen. Auf der anderen Seite haben sie Einblick in die Leistungen (z.b. bezogen auf spezielle Interessensgebiete) außerhalb des schulischen Kontextes. Insbesondere im Vorschulalter sind Elternauskünfte oft die einzigen verfügbaren diagnostischen Informationen. In nahezu jedem Elternratgeber zum Thema „Hochbegabung" finden sich daher *Checklisten*, die es Eltern erlauben sollen, die Begabung ihres Kindes zu beurteilen. Mir ist keine Checkliste bekannt, deren psychometrische Gütekriterien ausreichend überprüft wurden. Häufig ist aber bereits die Augenscheinvalidität fraglich, so finden sich dort Anhäufungen von Verhaltensweisen, die zwar auffällig sind, bei denen ein Zusammenhang mit Hochbegabung aber nicht nachgewiesen ist.

In einer älteren Untersuchung von Ferdinand (1961) zeigte sich, daß Eltern von Grundschülern einer unausgelesenen Stichprobe die Intelligenz ihres Kindes häufig überschätzen: Die Korrelation zwischen Test und Elternurteil betrug etwa $r = 0.40$. Inwieweit Eltern im oberen Bereich der Begabungsverteilung vergleichsweise bessere Urteile abgeben, ist nicht bekannt. Erfahrungen aus der Marburger Begabungsdiagnostischen Beratungsstelle *BRAIN* (2001) belegen, daß über 40% der dort bislang vorgestellten Kinder und Jugendlichen im Test lediglich eine durchschnittliche bis überdurchschnittliche intellektuelle Leistungsfähigkeit aufwiesen, obwohl der Beratung bei *BRAIN* ein telefonisches Screening vorgeschaltet ist, bei dem nach Indikatoren intellektueller Begabung gefragt wird. Diese Zahlen sind nur illustrativ zu verstehen, das Klientel von *BRAIN* ist selektiv (zur Selektivität der Inanspruchnahmepopulation der Münchner Beratungsstelle für Hochbegabungsfragen vgl. auch Elbing & Heller 1996). Auch die Frage, wie häufig Eltern die Begabung ihrer Kinder übersehen, ist mit diesen Angaben nicht zu beantworten. In diesem Bereich fehlen empirische Untersuchungen, so daß eine fundierte Bewertung der Qualität von Elterneinschätzungen nicht möglich ist.

Peer-Nominierungen. Häufig wird behauptet, Peers seien besonders gut im Erkennen von Hochbegabung (z.B. Davis & Rimm 1985). Eingesetzt werden dabei zumeist Nominierungsverfahren (z.B. *wer weiß besonders viel*). Ein Beispiel ist das von Gagné (vgl. z.B. 1992; 1993) entwickelte Verfahren *Tracking Talents*. Die bislang vorliegenden Validierungsdaten sind mit Vorsicht zu betrachten, da die angewandten Prozeduren anfällig für methodische Artefakte sind (vgl. dazu Hanses 1998). Insbesondere im Grundschulalter dürften Kinder auch häufig unkritisch sein und viele Mitschüler nominieren. Moderatorfaktoren wie das Geschlecht (das eigene Geschlecht wird bevorzugt nominiert) sind zu beachten. Auch negative Einstellungen gegenüber einzelnen Schülern (z.B. gegenüber „Strebern") können sich verzerrend auswirken. Schüler orientieren sich zudem – wie ihre Lehrer – vor allem an den gezeigten Leistungen und nicht am Potential (insbesondere *Underachiever* werden hier wiederum übersehen). Wilds (1991) Ergebnisse an der Ausgangsstichprobe des *Marburger Hochbegabtenprojekts* sind ernüchternd: Legt man zugrunde, daß für die (Vor-)Diagnose Hochbegabung ein Kind von mindestens 75% seiner Klassenkameraden nominiert wird, dann wären 70% aller im Test Hochintelligenten übersehen worden.

Selbstauskünfte. Bei Selbstauskünften muß gewährleistet sein, daß die betreffenden Kinder und Jugendlichen ein realistisches Bild ihrer eigenen Leistungsfähigkeit haben (Rost 1991a). Im Grundschulalter kann davon nicht ausgegangen werden: Nach Wild (1991) nominieren sich im Mittel (Median) etwa ein Drittel aller Schüler der dritten Klasse selbst, insbesondere die Jungen halten sich häufiger (ungerechtfertigt) für Schüler der Spitzengruppe. Inwieweit sich dies im Jugendalter verbessert, kann aufgrund fehlender Untersuchungen nicht eingeschätzt werden. *Underachiever* dürften auch bei der Verwendung von Selbstauskünften eher übersehen werden, da sie häufig unter Selbstwertproblemen leiden und kein positives Bild ihrer eigenen Leistungsfähigkeit aufbauen können.

Expertenurteile und Arbeitsproben. Beide haben insbesondere bei der Identifikation von begabten Schülern in Sport, Musik und Kunst ihren festen Platz. Allerdings fehlt gerade bei Arbeitsproben häufig ein objektiver Standard mit dem verglichen werden kann. Nichtsdestotrotz sind entsprechende Verfahren – insbesondere, da es aufgrund standardisierter Tests nicht gelingt, kreative Leistungen besser vorherzusagen – speziell in den genannten Bereichen sicherlich unverzichtbar.

Wettbewerbe. Wettbewerbe wie die *Mathematikolympiaden* oder *Jugend forscht* sind ein wichtiges Mittel, um Begabte zu finden und zu fördern. Allerdings muß beim entsprechenden Schüler die Teilnahmebereitschaft vorhanden sein, zusätzlich benötigt er häufig Unterstützung durch die Umwelt (z.B. durch den Fachlehrer), um beispielsweise Laboratorien und Gerätschaften nutzen zu können. Mit der Entwicklung der Preisträger im *Bundeswettbewerb Mathematik* hat sich Heilmann (1999) näher beschäftigt. Über die Sieger im Wettbewerb *Jugend forscht* informiert Rahn (1986).

Welche Strategie? Für welche Informationen und Strategien man sich letztendlich entscheidet, hängt vom Ziel der Identifikation ab: Sollen Teilnehmer für Förderprogramme gefunden werden, geht es um Einzelfallhilfen oder will man in einem Forschungsprojekt den „Katalysatoren" in Gagnés Modell auf die Spur kommen. „Harte Strategien", d.h. die Festlegung eines bestimmten Prozentsatzes auf dem bzw. den psychometrisch bewährten Indikator(en) sind dabei ein Ende des Kontinuums, auf der anderen Seite stehen „weiche Strategien", die vor allem auf Faustregeln und informelle Verfahren zurückgreifen. Zwischen beiden Extremen sind viele Nuancen denkbar. Dabei gilt es immer die Kosten psychologischer Fehlentscheidungen zu bedenken, die nur beim Einsatz bewährter Instrumente kalkulierbar sind.

Für den Forschungsbereich sollen nun die beiden bekanntesten deutschen Projekte der letzten Jahre kurz vorgestellt werden: Das *Münchner Hochbegabungsprojekt* und das *Marburger Hochbegabtenprojekt*.

2.2.3 Das „Münchner Hochbegabungsprojekt"

Konzept. Im *Münchner Hochbegabungsmodell* (Heller 1990; Heller 1992b) wird ein mehrdimensionaler Begabungsbegriff verwendet. Hochbegabung „definieren wir als individuelle kognitive, motivationale und soziale Möglichkeit, Höchstleistungen in einem oder mehreren Bereichen zu erbringen" (Heller 1990, 87). Dabei wird zwischen Begabungskomponenten auf der einen Seite und Leistungsbereichen (den Kriteriumsvariablen) auf der anderen Seite differenziert. Fünf Begabungsfaktoren (Intelligenz, Kreativität, Soziale Kompetenz, Musisch-künstlerische Fähigkeiten und Psychomotorik) werden dabei unterschieden. An der Umsetzung in entsprechende schulische oder außerschulische Leistungen sind Umweltfaktoren (z.B. familiäre und schulische Faktoren) und Persönlichkeitseigenschaften (z.B.: Leistungsmotivation) beteiligt. Auch hier wird also eine Trennung zwischen Begabung und Leistung vorgenommen, das Modell ist an Gagné (1985; 1991) angelehnt. Allerdings räumt Heller ein, daß der Intelligenz eine zentrale Stellung zukommen könnte: „Gefordert sind mehrdimensionale Konstrukte und möglicherweise hierarchische Hochbegabungsmodelle, wobei der sog. Allgemeinen Intelligenz als oberster Ebene eine Mittlerfunktion zwischen der Position der Generalisten und jener der Strukturalisten zukommen könnte. [...] [Wir definierten] deshalb Hochbegabung als Hierarchie korrelierender, aber deutlich unterscheidbarer intellektueller Fähigkeits- und bereichsspezifischer Fähigkeitspotentiale" (vgl. auch Heller 1987, 162; Heller 1992b, 26).

Zielsetzungen. Heller (1992b, 23)[13] nennt drei Hauptfragestellungen:

*   Entwicklung und Erprobung eines Diagnoseinstrumentariums für Hochbegabung, wobei die verschiedenen Begabungsformen berücksichtigt werden sollen,
*   Beobachtung, Beschreibung und Analyse des Entwicklungsverlaufs,
*   Analysen über den Zusammenhang zwischen Potential und Leistung.

Anlage der Untersuchung. Folgende Prinzipien wurden zugrundegelegt:

*   Screening einer großen Stichprobe mit anschließender Verifikation durch psychometrische Verfahren,
*   Auswahl einer Substichprobe, die längsschnittlich begleitet wurde.

Screening. Sechs Kohorten (Klassenstufen 1, 3, 5, 7, 9, 11) dienten als Ausgangsstichprobe. 1020 Schulen wurden zur Stichprobengewinnung zufällig ausgewählt und angeschrieben, jedoch erklärte sich nur ein kleiner Teil zur Teilnahme bereit (vgl. unten). Von diesen wurden 120 Schulen gezogen. Das Screening erfolgte durch die Klassenlehrer, die für jeden Bereich begabte Schüler nominieren sollten (obere 30%). *Verifikation.* In Abhängigkeit von Klassenstufe und Schulart wurden unterschiedliche Kriterien zur Aufnahme in die Verifikationsphase angelegt (genauer vgl. Perleth 1992). Danach erfolgte die Hauptuntersuchung (Verifikation) mit einer Testbatterie zur Erfassung der Begabungsfacetten. Dabei nahmen mehr Mädchen als Jungen teil.

---

[13] Die entsprechende von Heller herausgegebene Buchpublikation, auf die ich mich hauptsächlich beziehe, ist mittlerweile als überarbeitete Neuauflage erschienen, diese lag aber bei Fertigstellung der Arbeit noch nicht vor.

Aufgrund der Datenlage ist nicht zu entscheiden, ob dies an unterschiedlichen Nominierungsquoten oder der höheren Testmotivation der Mädchen lag, da die Anteiligkeiten von Jungen und Mädchen in der Ausgangsstichprobe nicht kontrolliert wurden. In den Werten des *Kognitiven Fähigkeitstests* (KFT; Heller & Geisler 1983; Heller, Gaedike & Weinläder 1985) lag die in in dieser Phase betrachtete Stichprobe mehr als eine Standardabweichung über einer großen Vergleichsstichprobe von Gesamtschülern. *Auswahl für den Längsschnitt.* In den anschließenden Längsschnitt wurden Schüler aufgenommen, die einen PR ≥ 90 in einem der fünf (jetzt zumeist psychometrisch erfaßten) Begabungsindikatoren aufwiesen. Die Längsschnittuntersuchung erfolgte in drei aufeinanderfolgenden Jahren. Dabei wurde vor allem auf Selbstauskünfte der Schüler zurückgegriffen, einige Daten wurden auch von Lehrern und Eltern erhoben.

Kritik. Die Hauptkritik an der Anlage der Münchner Längsschnittstudie konzentriert sich auf (1) die Selektivität der Stichprobe und (2) das Fehlen einer Vergleichsstichprobe zur Beurteilung von Entwicklungsverläufen.

Stichprobenselektivität. Bereits bei der Teilnahmebereitschaft der zunächst angeschriebenen Schulen zeigt sich, daß hier keinesfalls eine echte Zufallsauswahl getroffen werden konnte, sondern lediglich eine Zufallsauswahl aus einer bereits vorselegierten Schulpopulation. Nur 20.6% erklärten sich überhaupt zur Kooperation bereit. Über zusätzliche Ausfallquoten erfährt man wenig, man muß sich diese rekonstruieren. Auf Basis der angegebenen Daten kommen Rost & Hanses (2000, 232) auf 25% Ausfälle vom Screening zur Verifikation und zusätzlichen 18% bei den Nachfolgeerhebungen.
Wie gut die Lehrer bei der Auswahl der tatsächlich Begabten waren, läßt sich im nachhinein leider nicht beurteilen. Genausowenig sind Aussagen darüber möglich, ob die Lehrer bessere oder schlechtere Prognosen abgeben als die herangezogenen Testverfahren. Dazu müßte die Grundquote bekannt sein. Es ist aber davon auszugehen, daß die Lehrer gut angepaßte Schüler bevorzugt nominierten – und offensichtlich auch die intelligenteren, wie die Vergleiche der Ergebnisse des KFT zeigen. „Im großen und ganzen beurteilten die an der Untersuchung beteiligten Lehrer also die Begabungsbereiche relativ unabhängig, wobei eine Tendenz im Sinne einer Bewertung des intellektuellen Bereichs als hierarchisch übergeordnet oder stärker gewichtet sichtbar wird, was durchaus im Einklang mit den Modellannahmen im Rahmen des gesamten Forschungsbereichs steht" (Perleth 1992, 357). Bei Betrachtung von Tabelle 8 (gleiche Seite), die angibt, wie viele Schüler in welchem Bereich vom Lehrer als begabt (obere 30%) nominiert wurden, sind die „mehrfach Begabten" keine Minderheit. Im Urteil der Lehrer zeigen sich nur zu 43% singuläre Talente (PR ≥ 95: 69%, PR ≥ 85: 55%). Es wäre also verfrüht, auf der Basis dieser Daten den Schluß zu ziehen, Lehrer könnten (angenommene) differentielle Begabungen gut erkennen, insbesondere wenn man die weiter oben dargelegten Überlegungen zu Erwartungswerten bei moderater Abhängigkeit der Faktoren zugrundelegt. Auch Hany (1992, 157) merkt an, daß „sich das für die Vorauswahl eingesetzte Screeningverfahren als für eine bereichsspezifische Selektion untauglich erwies."

Beurteilung von Entwicklungsverläufen. Entwicklungsverläufe Hochbegabter sind besonders dann von Interesse, wenn Abweichungen vom „normalen Verlauf" festgestellt werden können, sonst ließen sich allgemeine Erkenntnisse (z.B. zur Motivationsentwicklung) einfach übertragen. Die dargestellten Ergebnisse sind zwar interessant, lassen sich aber ohne eine adäquate Vergleichsstichprobe nicht einordnen. Gleiches gilt für die Analyse der Wirkung von Moderatoren zur Umsetzung von Leistung und Potential.

Zu bedauern ist darüber hinaus, daß durchgängig relevante Angaben (z.B. zur Größe der Subgruppen, zur Subgruppenbeschreibung, Standardabweichungen, Effektgrößen, psychometrische Gütekriterien der eingesetzten Instrumente) fehlen, so daß es schwer fällt, die dargestellten umfangreichen Ergebnisse zu würdigen (Übersicht der Resultate in Heller 1992a). Lediglich eine Aussage – zur Hypothese unabhängiger Begabungsfacetten – soll exemplarisch noch einmal näher beleuchtet werden. Hany (1992, 107) geht auf Schnittmengen zwischen den (psychometrisch verifizierten) Hochbegabtengruppen (definiert durch PR $\geq$ 95 in jeweils einem der fünf Begabungsbereiche)[14] ein und schreibt: „Sofern man eine Generalfaktorentheorie der Intelligenz vertritt, wird man vermuten, daß viele der kreativ, sozial usw. Hochbegabten gleichzeitig auch intellektuell hochbegabt seien. Tabelle 53 gibt an, wieviel Prozent der Hochbegabten jeder Zeilenvariablen gleichzeitig zu den (5%) Hochbegabten jeder Spaltenvariablen gehören. *Die Erwartungswerte bei Unabhängigkeit der Dimensionen liegen bei 5%.*"[15] Dies ist schlicht falsch. Der Erwartungswert bei Unabhängigkeit liegt bei $0.05 \times 0.05 = 0.0025$ also bei 0.25%! Insofern ist es nicht zulässig von „insgesamt schwachen" Zusammenhängen sprechen, wenn von den kognitiv Hochbegabten 10.9% ebenfalls „sozial hochbegabt", 3.8% „kreativ hochbegabt" und 10.5% auch „musikalisch hochbegabt" sind.

Die Schlußfolgerung, daß die Generalisierbarkeit der getroffenen Aussagen durch die Selektivität der Stichprobe nicht gegeben ist, liegt also nahe. Man kann die umfangreichen Resultate der Münchner Studie als Ansatzpunkt zur Hypothesengenerierung betrachten, als gesicherte Belege für unabhängige Begabungstypen können sie nicht gelten.

---

[14] Dabei werden jeweils Zweierkombinationen von Begabungsgruppen betrachtet.
[15] Hervorhebung von mir.

2.2.4 Das „Marburger Hochbegabtenprojekt"

Konzept. „Bewußt hat sich das Marburger Projekt von Anfang an dafür entschieden, (kognitive) Hochbegabung als sehr hohe Ausprägung der allgemeinen Intelligenz im Sinne des Spearmanschen Generalfaktors ‚g' zu definieren" (Rost 2000b, 15–16). Dafür werden im wesentlichen folgende Gründe angeführt:

- die breit belegte Gültigkeit von „g" hinsichtlich unterschiedlicher Erfolgskriterien,
- der Mangel an Instrumenten zur Erfassung spezifischer Fähigkeiten, die gegenüber der allgemeinen Intelligenz nennenswerte inkrementelle Validität aufweisen,
- die Schwierigkeit, reliable Intelligenzprofile – insbesondere im Grundschulalter – zu ermitteln,
- die bislang unzureichend belegte Gültigkeit „alternativer Konzepte" (soziale Intelligenz, Kreativität).

Der Studie liegt also ein eindimensionales Konzept von intellektueller Hochbegabung zugrunde, dabei wird Hochbegabung als Potential aufgefaßt.

Fragestellung. Im Rahmen des Projekts sollten nicht-kognitive Korrelate von Hochbegabung im Längsschnitt untersucht werden. Ziel war es, empirisch solide begründete Aussagen über die Situation und die (möglicherweise) speziellen Bedürfnisse dieser Kinder zu gewinnen. Im Längsschnitt können darüber hinaus ebenfalls Aussagen zu förderlichen und hemmenden Entwicklungsbedingungen getroffen werden.

Anlage der Untersuchung. Diese wird unter 3.1.1 noch ausführlicher zu erläutern sein. Hier seien nur die wesentlichen Punkte kurz genannt (Rost 1993a, 2):

- Rückgriff auf eine unausgelesene Grundgesamtheit (Untersuchung einer sehr großen Stichprobe von Grundschülern mit Gruppenintelligenztests, um die Stichprobenteilnehmer auszuwählen).
- Einbeziehung aktueller Normen für die Intelligenzvariablen.
- Einschränkung der Altersvarianz durch Beschränkung auf eine Alterskohorte.
- Keine Vorauswahl durch Eltern oder Lehrer.
- Einbeziehung einer echten Vergleichsgruppe durchschnittlich begabter Kinder (parallelisiert nach Schule, Klasse, Geschlecht und sozioökonomischen Status).
- Betonung der allgemeinen Intelligenz „g".
- Nutzung verschiedener Datenquellen (Eltern, Lehrer, Kinder bzw. Jugendliche, im Grundschulalter auch Peers).
- Verwendung multipler Indikatoren für ähnliche Konzepte.
- Weitgehender Verzicht auf postalische Befragungen.
- Untersuchung durch speziell geschultes Fachpersonal (in der Regel Diplom-Psychologen).
- Weitgehend standardisierter Untersuchungsablauf.

Bislang liegen zu zwei Erhebungszeitpunkten (3. / 4. Klassenstufe, 9. Klassenstufe) umfangreiche Daten vor, die durch zwischenzeitliche postalische Erhebungen ergänzt wurden.

1995 wurde auf Anregung des Bundesministeriums für Bildung und Forschung (Projektgeber) eine zweite Kohorte Jugendlicher aus den neuen Bundesländern zusätzlich hinzugezogen. Diese wurden nach ihrer Schulleistung selegiert. Das Vorgehen wird folgendermaßen begründet: „Vor die Frage gestellt, die für den ‚Westen' geplanten Jugenderhebungen schlicht im ‚Osten' zu wiederholen oder dort eine gänzlich neue Fragestellung mit anderen Untersuchungsvariablen zu verfolgen, entschieden wir uns – auch aus forschungsökonomischen Gründen – für einen Mittelweg. [...] Während das zentrale Merkmal der *Hochbegabtenstichprobe* aus den ‚alten' Bundesländern die hervorragende intellektuelle Leistungsfähigkeit [...] darstellt besteht das konstituierende Merkmal der *Hochleistungsstichprobe* aus den ‚neuen' Bundesländern in der exzellenten *schulischen Performanz*" (Rost 2000b, 7). Auch hier wurde eine entsprechend parallelisierte Vergleichsgruppe *durchschnittlich Leistender* untersucht.

Für die bislang vorliegenden Ergebnisse sei vor allem auf Rost (1993b; 2000a) verwiesen. Im Grundschulalter konnten kaum Unterschiede zwischen hoch- und durchschnittlich Begabten beobachtet werden, wenn sich Effekte dokumentierten, fielen diese zumeist zugunsten der Hochbegabten aus. Diese Ergebnisse wurden für verschiedene Bereiche im Jugendalter (querschnittlicher Vergleich) praktisch repliziert. Längsschnittliche Analysen sind für die meisten Bereiche noch nicht publiziert, zur Stabilität der Diagnose vgl. aber Hanses (2000).

Kritik. Die Betonung der allgemeinen Intelligenz und die Vernachlässigung anderer Konzepte – was die Hochbegabungsdefinition anbetrifft – wird von einigen Autoren als eng und einseitig abgelehnt. Von Vertretern mehrdimensionaler Modelle wird bemängelt, daß hier eine „veraltete" Definition verwendet worden sei. Dem ist entgegenzuhalten, daß bis heute keine überzeugenden Belege für eine Überlegenheit mehrdimensionaler Konzepte für intellektuelle Hochbegabung vorgelegt wurden. Auch die Münchner Studie hat – aufgrund ihrer gravierenden methodischen Mängel – ein eindimensionales Konzept keinesfalls „umfassend widerlegt" (Hany 1992, 157). Ziel des *Marburger Hochbegabtenprojekts* ist – und war – es, Gemeinsamkeiten und Unterschiede in der Entwicklung hoch- und durchschnittlich befähigter Kindern aufzeigen. Vor diesem Hintergrund ist es sinnvoll, sich auf bewährte Konzepte zu beschränken, bei denen erprobte Diagnoseinstrumentarien zur Verfügung stehen – auch im Hinblick auf die alte Regel, bewährte Modelle erst dann aufzugeben, wenn sich neue empirisch bewährt und als praktikabler erwiesen haben.

Sicherlich – und diese Einschränkung gilt – können die im Rahmen des Marburger Projekts gewonnen Daten nur für den Bereich der intellektuellen Hochbegabung gelten, über die Entwicklung herausragender Künstler, Musiker oder exzellenter Sportler soll keine Aussage getroffen werden. Potential in diesen Bereichen ist mit psychologischen Testinstrumentarien wahrscheinlich kaum zu erfassen – auch wenn bekanntermaßen die allgemeine Intelligenz mit diesen Begabungsfaktoren korreliert: Hier müssen andere Identifikationsansätze – wie Expertenurteile und Arbeitsproben – herangezogen werden. Ob es sinnvoll ist, über die genannten Bereiche hinaus noch mehr Begabungsfacetten (wie soziale Hochbegabung oder emotionale Hochbegabung) zu berücksichtigen, wird die Zukunft zeigen. Zur Zeit hält die Empirie mit dem Entwicklungstempo neuer Konzepte leider nicht Schritt. Denn letztendlich muß sich jedes Modell daran messen lassen müssen, wie gut es spätere (gesellschaftlich relevante)[16] herausragende Leistungen vorhersagen (und im Idealfall auch erklären) kann. Häufig wird beklagt, daß aufgrund der allgemeinen Intelligenz keine perfekten Vorhersagen gelingen. Bislang hat aber kein Kritiker überzeugende Alternativen vorlegen können. Erst wenn sich alternative Konzepte empirisch bewähren sollten, könnte der „Abschied vom IQ" eingeläutet werden.

Zusammenfassung von 2.2

Hochbegabung ist ein schillernder Begriff, der unterschiedlich definiert wird. Die zugrundeliegenden Konzepte können hinsichtlich mehrerer Kriterien geordnet werden: Relevant sind insbesondere die Unterscheidungen zwischen ein- und mehrdimensionalen Konzepten sowie die Differenzierung zwischen Hochbegabung als Disposition und Hochbegabung als beobachtbare Leistung. Während sich die allgemeine Intelligenz als Prädiktor von Lebens- und Berufserfolg hervorragend bewährt hat, stehen überzeugende Belege für alternative Konzepte (wie z.B. Kreativität oder soziale Intelligenz) noch aus. Komplexere Modelle beziehen meist mehrere Moderatoren (Umwelt- und Persönlichkeitsvariablen) mit ein, wobei diese bislang zu allgemein gehalten sind, um genauere Aussagen über die Beziehung zwischen Potential und Leistung zu gestatten. Zur Identifikation von Hochbegabung sind verschiedene Vorgehensweisen vorgeschlagen worden, wobei insbesondere zwischen einstufigen und mehrstufig sequentiellen Verfahren zu unterscheiden ist. Da ein natürliches Kriterium für Hochbegabung fehlt, ist man auf die Setzung von (mehr oder minder willkürlichen) cut-off-Werten angewiesen.
Sollen mehrere Kriterien herangezogen werden kann man zwischen kombinatorischen, kompensatorischen und teilkompensatorischen Strategien wählen. Postuliert man die weitgehende Unabhängigkeit verschiedener Kriterien und entscheidet sich für eine kombinatorische Strategie, stellt sich das Problem, daß es – schon aus statistischen Gründen – schwer fällt, noch Hochbegabte zu finden.
Unterschiedliche Meßinstrumente und Datenquellen weisen verschiedene Vor- und Nachteile auf, wobei die psychometrische Qualität alternativer Methoden (d.h. außerhalb der standardisierten Testverfahren) bislang häufig nicht hinreichend belegt ist. Im Forschungsbereich sind das *Münchner Hochbegabungsprojekt* und das *Marburger Hochbegabtenprojekt* zwei Beispiele für unterschiedliche Strategien hinsichtlich der Identifikation und Konzeptualisierung von Hochbegabung.

---

[16] In diesem Sinne ist Hochbegabung immer auch ein sozial definiertes Konstrukt: In Sternbergs *impliziter pentagonaler Theorie der Hochbegabung* ist ein definierender Faktor, daß dem Begabungsgebiet in der Gesellschaft ein hoher Wert beigemessen wird (Sternberg 1993a; Sternberg 1993b).

2.3   Hochbegabte und ihre Peer-Beziehungen

Zunächst werde ich im folgenden Abschnitt kontroverse Hypothesen zu Peer-Beziehungen hochbegabter Jugendlicher vorstellen. Im Anschluß erfolgt ein kritischer Überblick der vorliegenden empirischen Arbeiten, die der Übersichtlichkeit halber nach Datenquellen (Fremdurteile durch Peers, Fremdurteile durch Eltern und Lehrer sowie Selbstauskünfte) geordnet sind.

2.3.1   Beliebte Schüler oder Außenseiter? – Kontroverse Annahmen

In bezug auf die Peer-Beziehungen Hochbegabter lassen sich zwei Positionen unterscheiden (Mönks 1963; Schneider 1987). Auf der einen Seite wird postuliert, eine hohe intellektuelle Begabung gehe allgemein mit Vorteilen in der psychosozialen Entwicklung einher. Daher sollten Hochbegabte im Vergleich zu normalen Kindern und Jugendlichen ebenfalls bessere bzw. zumindest keine schlechteren Peer-Beziehungen entwickeln (*Harmonie-* oder *Konvergenz-Hypothese*). Der prominenteste Vertreter dieser Annahme ist sicherlich Terman, der bereits 1925 zu folgenden Schlußfolgerungen kam: „Kinder mit einem IQ über 140 sind als Gruppe nicht durch intellektuelle Einseitigkeit, emotionale Instabilität, fehlende soziale Anpassungsfähigkeit oder andere Arten von Fehlanpassungen der Persönlichkeit gekennzeichnet. In der Tat sind diese Kinder in nahezu jedem Persönlichkeits- oder Charakterzug im Mittel besser angepaßt als die Population normaler Schüler. Was Einschätzungen der sozialen Intelligenz, der sozialen Interessen und Spielaktivitäten anbetrifft, sind hochbegabte Kinder als Gruppe entweder normal oder überlegen" (Terman 1925, 473).

Die Aussagen und Ergebnisse Termans werden in der einschlägigen Beratungsliteratur häufig als „Terman-Mythos" diskreditiert. Weitaus verbreiteter sind Annahmen, daß hochbegabte Kinder und Jugendliche unter defizitären Peer-Beziehungen zu leiden hätten (*Disharmonie-* oder *Divergenz-Hypothese*). So meinen Manaster & Powell (1983), daß hochbegabte Jugendliche aufgrund ihrer selbst empfundenen oder zugeschriebenen *Andersartigkeit* gefährdet seien. Ihre Fähigkeiten und Interessen seien anders als die gleichaltriger Jugendlicher, weshalb sie entweder von ihren Peers abgelehnt würden und / oder sich nicht in der Lage fühlten, sich den Werten und Interessen Gleichaltriger anzupassen. Ihnen mangele es häufig an *echten, entwicklungsgleichen* Peers, die ihre Interessen teilten und auf einem ähnlichen Niveau operierten (Gross 1989; Gross 1998). Entwicklungsgleiche könnten andere Hochbegabte aber auch ältere Jugendliche oder Erwachsene sein. Häufig wird in diesem Zusammenhang der Befund von Burks, Jensen & Terman (1930) zitiert, die für die Jugendlichen der Terman-Längsschnittstudie ermittelten, daß ein substantieller Prozentsatz ältere Freunde bevorzugte (47% der Mädchen und 36% der Jungen). Auch Timberlake, Barnett & Plionis (1993) berichten von einem Prozentsatz von 42.2% an Zustimmung auf die Aussage „[Ich] bevorzuge *etwas* ältere Freunde" (Hervorhebung von mir). Allerdings befragten sie lediglich Teilnehmer eines Talentwettbewerbs (7. Klasse), wobei die Rücklaufquote nur 63% betrug. Es liegt kein Vergleichswert von „normalen" Jugendlichen vor (dies gilt auch für die Studie von Burks et al.), so daß unklar bleibt, ob diese Aussage „begabungstypisch" ist oder ob in diesem Alter eventuell etwas ältere Jugendliche insgesamt als Bezugspersonen eine hohe Attraktivität besitzen. Die Alltagsevidenz spricht für letzteres.

Während sich für normale Jugendliche das Streben nach Leistung (Verwirklichung des Potentials) und das Bedürfnis nach Zugehörigkeit und Anerkennung durch Peers nicht gegenseitig ausschließen, entstehe für Hochbegabte ein Konflikt zwischen „dem Streben nach herausragender Leistung oder der Suche nach Intimität" (Gross 1989). Der Jugendliche, der Exzellentes leistet und sich intellektuell von Gleichaltrigen abhebt, riskiere, als „Streber" oder „Eierkopf" beschimpft und ausgegrenzt zu werden. Brown & Steinberg (1990) meinen, daß das *crowd*-Etikett *brain* (Schüler, die exzellente Schulleistungen zeigen und sich in schulischen Aktivitäten engagieren) die Gefahr einer sozialen Abwertung berge. So unterschieden Schüler amerikanischer *High-Schools* zwischen *okay brains* (die nicht abgelehnt werden) und *hardcore brains*. Letztere entsprechen dem Typ des Außenseiters (*nerd* oder *loner*), der zwar intelligent, aber sozial ungeschickt sei und deshalb ausgegrenzt werde. Mehrere Autoren postulieren daher, daß Hochbegabung im Sinne eines *sozialen Stigmas* wirke. Hochbegabte versuchten, den negativen Konsequenzen der Stigmatisierung aktiv durch den Einsatz von Informationsmanagement- und Copingstrategien entgegenzuwirken (Coleman & Cross 1988; Cross, Coleman & Terhaar-Yonkers 1991; Cross, Coleman & Stewart 1993; Cross, Coleman & Stewart 1995; Swiatek 1995; Swiatek & Dorr 1998; Coleman & Cross 2000). Die in der Literatur beschriebenen Strategien reichen vom Einsatz für Mitschüler (z.B. durch Hilfe bei Hausaufgaben), Engagement und Leistung in anderen Bereichen (z.B. Sport) bis zum absichtlichen Versagen oder „Verstecken" der Leistungsfähigkeit (Coleman & Cross 1988; Buescher & Higham 1989; Brown & Steinberg 1990; Cross et al. 1991; Cross et al. 1993; Clasen & Clasen 1995; Cross et al. 1995). In diesem Sinne begreifen einige Autoren auch *Underachievement* als Strategie, um die Akzeptanz der Peers zu erlangen (Brown & Steinberg 1990; Clasen & Clasen 1995).

Besonders Mädchen seien gefährdet, sich übermäßig an die Erwartungen ihrer Umwelt anzupassen und „abzutauchen". Sie durchlitten in der Adoleszenz eine „vorhersagbare Krise" (Blackburn & Erickson 1986). Dies hänge mit den bereits unter 2.1.4 diskutierten stereotypen Vorstellungen zur weiblichen Geschlechtsrolle zusammen. Paßten sich hochbegabte Mädchen diesen Erwartungen nicht an, so drohe ihnen Zurückweisung und Einsamkeit (z.B. Silverman 1993; Callahan, Cunningham & Plucker 1994; Kerr 1994). Auf der anderen Seite argumentieren Manaster & Powell (1983, 71), das „Ausleben" der Hochbegabung entspräche nicht dem männlichen Geschlechtsrollenstereotyp, und hochbegabte Jungen hätten daher mit Problemen zu kämpfen. „Ein *brain* zu sein heißt, kein richtiger Mann zu sein."
Befragungen von hochbegabten Jugendlichen weisen allerdings eher auf eine Vielschichtigkeit sozialer Konsequenzen als auf einen eindeutig negativen Stereotyp im Sinne eines *sozialen Stigmas* hin. Im folgenden sind einige einschlägige Untersuchungen zusammengefaßt. In allen Fällen wurden explizit etikettierte Hochbegabte (Teil-

nehmer an Sonderprogrammen, Talentwettbewerben, Schüler besonderer Schulen etc.) befragt.

- Kerr, Colangelo & Gaeth (1988) untersuchten Jugendliche im Alter von 15 bis 17 Jahren. Bei der Frage nach den Vorteilen von Hochbegabung nennen 29% Vorteile im sozialen Bereich, bei Nachteilen wird zu 90% der soziale Bereich angeführt. Was die Reaktionen anderer betrifft, so sehen 52% keine besonderen Auswirkungen des Etiketts, aber immerhin 42% negative. Es zeigt sich, daß Mädchen tendenziell eher soziale Vor- und Nachteile nennen als Jungen.
- Manaster, Chan, Watt & Wiehe (1994) verwenden ähnliche Fragen wie Kerr et al., verfeinern aber die grobe Kategorie „sozialer Bereich" weiter. Hier ergeben sich interessante Unterschiede. So geben 67% der befragten 144 Jugendlichen (Alter 15 bzw. 16 Jahre) an, daß ihre *Freunde* sie aufgrund ihrer besonderen Begabung nicht anders behandelten (nur 13% negative Antworten), bei *Klassenkameraden* sind es hingegen 35% (26% berichteten von positiven Reaktionen, 35% von negativen Reaktionen). 53% nennen soziale Vorteile von Hochbegabung (z.B. respektiert werden, ein hohes Ansehen genießen) und 87% soziale Nachteile (z.B. negative Stereotypisierung, Neid etc.).
- Manor-Bullock, Look & Dixon (1995) befragten Schüler einer Internatsschule für Hochbegabte (11. Jahrgangsstufe) kurz nach ihrem Schulwechsel auf das Internat. Über 70% beantworten Items wie „In meiner [früheren] Schule habe ich mehrere gute Freunde" oder „An meiner früheren Schule fühlte ich mich oft einsam" inhaltlich im Sinne positiver Sozialbeziehungen. Jedoch liegen ebenfalls 43.3% der Antworten bezüglich der Aussage „Ich empfinde oft eine Distanz zwischen mir und meinen Klassenkameraden" im Zustimmungsbereich. Einschränkend ist anzumerken, daß die Rücklaufquote lediglich bei 32.5% lag, so daß eine Selbstselektion nicht auszuschließen ist.
- Kunkel, Chapa, Patterson & Walling (1992) ließen Teilnehmer eines Sommerkursprogramms (7. Klasse) einen Brief an einen Freund mit dem Thema „Wie es ist, hochbegabt zu sein" schreiben. Dieser wurde anschließend inhaltsanalytisch ausgewertet. Die Problembereiche „Spott" (z.B. von anderen als „Eierkopf" oder „Streber" bezeichnet zu werden) oder „Einsamkeit" werden von den meisten Jugendlichen *nicht* angesprochen (keine Nennung: 85.8% bzw. 84.7%).
- Bei den von Guskin, Okolo, Zimmermann & Peng (1986) untersuchten Schülern der 6. bis 9. Jahrgangsstufe geben 14% negative Reaktionen von signifikanten Bezugspersonen auf das Etikett „Hochbegabung" an, nur 9.3% nannten dabei negative Reaktionen von Peers.
- Ähnliche Prozentsätze fanden Hershey & Oliver (1988) mit 15% Zustimmung zum Item „Ich werde gehänselt".

Es wird deutlich, daß sich nur eine kleinere Minderheit der befragten Hochbegabten über eine negative Behandlung seitens ihrer Peers beklagt. Dabei scheint es weiterhin differentielle Effekte je nach Beziehungsqualität zu geben (Unterschied zwischen der Behandlung durch Mitschüler und Freunde). Und: Das Etikett „Hochbegabung" bringt nach den vorliegenden Ergebnissen offensichtlich soziale Vor- und Nachteile mit sich. In diesem Zusammenhang ist auch interessant, daß sich die von Cross, Coleman und Stewart (1993) befragten vierzehn- bis achtzehnjährigen Teilnehmer eines Sommercamps (740 Mädchen und 725 Jungen) im *sozialen Bereich nicht* anders als ihre Peers einschätzen. Lediglich in intellektueller Hinsicht beschreiben sich 77% als anders.

Neben den Überlegungen zur Andersartigkeit hochbegabter Jugendlicher und negativen Konsequenzen sozialer Etikettierungsprozesse werden hochbegabten Jugendlichen zusätzlich Eigenschaften unterstellt, die zu Schwierigkeiten bei der Etablierung positiver Peer-Beziehungen führen können. Genannt werden beispielsweise eine ausgeprägte Sensibilität (Frey 1991), übermäßige Kritik an und Intoleranz gegenüber weniger befähigten Individuen (Betts 1986) und fehlende soziale Kompetenzen (Frey 1991). Diese Behauptungen werden allerdings von den Autoren nicht durch empirische Belege untermauert.

2.3.2 Empirische Befunde

Korrelative Studien zur Beziehung zwischen Intelligenz und Schulleistung auf der einen und Akzeptanz durch Peers auf der anderen Seite werden für die Frage nach den Peer-Beziehungen Hochbegabter als wenig aussagekräftig erachtet, da angezweifelt wird, ob die Beziehung im oberen Bereich der Intelligenzverteilung der im „Normalbereich" gleicht. Für diesen konnte allerdings in zahlreichen Studien belegt werden, daß der Zusammenhang im Sinne „höhere Begabung (Leistung) – bessere Peer-Beziehungen" ausfällt (Hartup 1983; Dollase 2001). Dabei ist einschränkend festzuhalten, daß in der Mehrzahl der Untersuchungen versäumt wurde, den sozioökonomischen Status (der sowohl positiv mit Intelligenz / Schulleistung als auch mit Beliebtheit korreliert ist) zu kontrollieren (Hartup 1983). In einer – insbesondere durch eine große unausgelesene Stichprobe imponierenden – Studie ermittelten Rost & Czeschlik (1994) an 6564 Grundschülern der 3. Klasse einen positiven Zusammenhang zwischen soziometrischer Beliebtheit und allgemeiner Intelligenz von r = 0.21. Der Koeffizient für den Zusammenhang zwischen Intelligenz und Ablehnung liegt bei r = –0.22. Dieser spiegelt sich auch bei der Auswertung auf der Basis soziometrischer Typen wieder. *Popularität* ist positiv mit Intelligenz assoziiert, *Ablehnung* negativ: In der Gruppe der *Populären* haben etwa 19% einen IQ > 122 und etwa 6% einen IQ < 77. Hingegen fallen etwa 24% der *Abgelehnten* in den Bereich intellektueller Minderbegabung, während nur etwa 6% einen IQ > 122 aufweisen. Für die anderen soziometrischen Typen konnte kein Zusammenhang mit der intellektuellen Begabung belegt werden (Czeschlik & Rost 1995). Ob sich ähnliche Effekte im Jugendalter ergeben, bleibt offen, da zu diesem Entwicklungsabschnitt kaum empirische Arbeiten vorliegen. In einer neueren niederländischen Studie an Jugendlichen (16 bis 17 Jahre) ergab sich für die Leistung in den Fächern Mathematik und Physik ein schwacher negativer Zusammenhang mit Peer-Urteilen zur *Sozialen Kompetenz* von r = –0.17 bzw. r = –0.19. Zur allgemeinen Intelligenz konnte kein Zusammenhang abgesichert werden (Landsheer, Maassen, Bisschop & Adema 1998).

Grossman & Wrighter (1948) führen die eher geringen in der Literatur berichteten Zusammenhänge darauf zurück, daß der Zuwachs an Popularität ab einer mittleren Intelligenzausprägung nicht mehr zu belegen ist. Austin & Draper (1981) bemerken darüber hinaus, daß im Extrembereich der Hochbegabung die Beziehung zwischen Intelligenz und sozialer Anpassung möglicherweise sogar negativ ausfällt. Sie stützen sich dabei auf die Ergebnisse von Terman & Oden (1947) und Hollingworth (1942), die bei (notwendigerweise kleinen) Stichproben mit einem durchschnittlichen IQ > 180 größere psychosoziale Anpassungsprobleme fanden. Grossberg & Cornell (1988) konnten hingegen bei einem Vergleich von hochbegabten und extrem (IQ > 168) hochbegabten Kindern im Alter von sieben bis elf Jahren keine Hinweise auf eine schlechtere psychosoziale Anpassung der extrem Hochbegabten ausmachen.

Aussagekräftiger als Korrelationsstudien erscheinen daher Untersuchungen, die sich direkt mit der Frage nach den Peer-Beziehungen Hochbegabter befaßt haben. Im Grundschulbereich existieren zahlreiche Studien, die insgesamt ein sehr positives Bild der Hochbegabten zeichnen (im Überblick siehe Austin & Draper 1981; Mönks & Ferguson 1983; 1984; Janos & Robinson 1985; Schneider 1987; Czeschlik & Rost 1988; Robinson & Noble 1991). Was Jugendliche anbetrifft, liegen allerdings nur wenige empirische Arbeiten und noch weniger *solide* Studien vor. Einige der häufigsten Mängel möchte ich kurz zusammenfassen (vgl. auch Czeschlik & Rost 1988; Robinson & Noble 1991):

- Die untersuchten Hochbegabten sind meist Teilnehmer an Programmen, Sommerakademien, Schüler von Spezialschulen etc. Um dort aufgenommen zu werden, muß der Schüler zumeist einigen Kriterien genügen (sehr gute Schulleistungen, hoher IQ, Empfehlung der Lehrer, hohe Motivation etc.), so daß bestimmte Schülergruppen, die ebenfalls über ein hohes intellektuelles Potential (aber beispielsweise nicht über eine entsprechende Motivation) verfügen, nicht vertreten sind (*Stichprobenselektivität*). In Abschnitt 2.2 wurde bereits darauf hingewiesen, daß solche Schüler oft nicht als hochbegabt identifiziert werden.

- Hinzu kommt, daß bei der berichteten Kriterienkombination nicht selten im Dunkeln bleibt, welche der Einzelkriterien erfüllt sein mußten, um am Programm teilzunehmen. So ist in manchen Studien davon auszugehen (insbesondere bei Formulierungen wie „die Mehrheit der Teilnehmer hatte einen IQ >125" oder „typischerweise lag der IQ über 120"), daß eine kompensatorische oder teilkompensatorische Identifikationsstrategie verwendet wurde und die Zielgruppe in bezug auf ihre intellektuellen Fähigkeiten relativ heterogen sein dürfte. Die Schulleistung dürfte häufig eine wesentlich stärkere Rolle gespielt haben als das eigentliche Potential (*unklare Definition von Hochbegabung*).

- In einigen Studien ist die *Altersvarianz* außerordentlich hoch, ohne daß diese Variable systematisch kontrolliert wird. Da Inhalte und Relevanz von Peer-Beziehungen aber entwicklungsbedingten Veränderungen unterworfen sind, werden häufig „Äpfel" mit „Birnen" verglichen.

- Die *Stichproben* sind für die Absicherung von geringen Effekten oft zu *klein*. Bei extrem kleinen Stichproben können letztendlich nur Einzelfälle qualitativ beschrieben werden.

- Bei erstaunlich vielen Untersuchungen wurde unverständlicherweise *keine Kontroll- oder Vergleichsgruppe* untersucht oder ein Normvergleich durchgeführt, so daß keine Aussage darüber möglich ist, ob sich die psychosoziale Anpassung Hochbegabter besser oder schlechter als die „normaler" Jugendlicher gestaltet.

- Wenn Kontroll- oder Vergleichsgruppen miteinbezogen werden, wird oft *keine Kontrolle relevanter Kovariaten* (Geschlecht, sozioökonomischer Status) vorgenommen.

Im folgenden möchte ich eine Übersicht einschlägiger Untersuchungen geben. Dabei werden nur Studien berücksichtigt, die nachstehende Kriterien erfüllen:

- Die Zielgruppe setzt sich (auch) aus Jugendlichen zusammen. Untersuchungen, die sich nur auf Kinder / Präadoleszente (bis zur 6. Klassenstufe) oder (College)-Studenten stützen, werden nicht diskutiert.

- Eine Kontroll- oder Vergleichsgruppe wurde herangezogen und / oder ein Normvergleich wurde durchgeführt.

Zur Erleichterung des Überblicks werden die Ergebnisse zunächst getrennt nach Urteilerquelle behandelt (Peerbeurteilungen, Fremdbeurteilungen von Lehrern und Eltern sowie Selbstbeurteilungsmaße). Wenn es sinnvoll erscheint, stelle ich die Hauptergebnisse tabellarisch dar. Dabei teile ich nur die Resultate mit, die vor dem Hintergrund meiner Fragestellung relevant erscheinen. Wo es mir möglich war, habe ich für die interessierenden Effekte Schätzungen der standardisierten Mittelwertsdifferenz $\hat{d}$ berechnet, da in der überwiegenden Mehrzahl der Untersuchungen keine Effektstärke mitgeteilt wird. Aus Gründen der Übersichtlichkeit sind einige Studien, die unterschiedliche abhängige Variablen verwendet haben, mehrfach in verschiedenen Tabellen dargestellt, worauf an der entsprechenden Stelle verwiesen wird.

2.3.2.1 Peerbeurteilungen

Im Vergleich zum Grundschulalter existieren, wie Czeschlik & Rost (1988) konstatieren, für das Jugendalter nur wenige einschlägige Arbeiten. Schneider (1987) führt dies im wesentlichen darauf zurück, daß im US-amerikanischen *High-School*-System die relevante Peergruppe durch häufigen Kurswechsel nur schwer zu bestimmen sei. Tab. 2.1 faßt die Ergebnisse von fünf Studien zusammen. Dabei ergab sich in drei der aufgeführten Untersuchungen kein Begabungseffekt.

Allerdings wurde das *Geschlecht* als Faktor lediglich in zwei Studien berücksichtigt: bei Schneider, Clegg, Byrne, Ledingham & Crombie (1989) sowie Luftig & Nichols (1990; 1991). Luftig & Nichols finden Wechselwirkungseffekte zuungunsten der hochbegabten Mädchen – dies sind gleichzeitig die einzigen Effekte, die zuungunsten einer erwartungsgemäß leistenden Hochbegabtengruppe auftreten. Lediglich bei

Mönks, van Boxtel, Roelofs & Sanders (1985) schneiden hochbegabte *Underachiever* in bezug auf *Hilfe geben* und *Hilfe suchen* relativ schlechter ab.[17]

Die Interpretation der Befunde von Luftig & Nichols gestaltet sich allerdings schwierig, da die Altersvarianz außerordentlich hoch ist. Die Größe des Effekts läßt sich zudem nicht abschätzen: In zwei Publikationen der Autoren, die sich offensichtlich auf die gleiche Untersuchung beziehen, werden unverständlicherweise unterschiedliche Anteile für hochbegabte Mädchen genannt (die Anteile für die restlichen Gruppen sind identisch). Zudem nahmen die dort untersuchten Hochbegabten an einem *Enrichment*-Programm teil, so daß Begabungseffekte mit Plazierungseffekten konfundiert sind. In der gut kontrollierten Studie von Schneider et al. (1989) finden sich hingegen keine bedeutsamen Wechselwirkungen zwischen *Begabung* und *Geschlecht*. Der sozioökonomische Status wurde in keiner Untersuchung systematisch berücksichtigt.

Abschließend seien noch zwei Arbeiten erwähnt, die sich explizit mit hochleistenden Schülern beschäftigt haben:

Keislar (1955) überprüfte, ob sich Notenunterschiede bei Konstanthaltung des Faktors *Intelligenz* auf die Einschätzung von Eigenschaften seitens der gleichgeschlechtlichen Peers auswirken. Untersuchungsteilnehmer waren Schüler der 11. Klasse einer *High-School*. Es zeigte sich, daß Mädchen mit guten Noten als weniger beliebt bei den Jungen eingeschätzt wurden, gleichzeitig aber auch als freundlicher und einflußreicher. Für Jungen ergaben sich keine statistisch signifikanten Unterschiede. Inwieweit hier schulspezifische Faktoren wirksam waren, bleibt unklar.

Vaughn, McIntosh, Schumm, Haager & Callwood (1993) beschäftigten sich ebenfalls mit dem Unterschied zwischen verschiedenen Leistungsgruppen (operationalisiert durch einen standardisierten Schulleistungstest). Die Autoren verglichen vier Gruppen (hochleistende, normal leistende, schlecht leistende und lernbehinderte Schüler). Zwischen hochleistenden Schülern und Schülern anderer Leistungsgruppen finden sich keine Unterschiede bezüglich der soziometrisch erfaßten Peerakzeptanz. Leider ist auch hier die Altersvarianz der Stichprobe groß (3. bis 10. Klassenstufe), und die untersuchten Leistungsgruppen sind teilweise recht klein ($N_{MAX} = 50$, $N_{MIN} = 18$), so daß Interpretationsprobleme unvermeidlich sind.

---

[17] Die Angaben von Mönks und seinen Mitarbeitern sind allerdings verwirrend, da in zwei Publikationen, die sich offensichtlich auf die gleiche Untersuchung beziehen, die Anteiligkeiten von Mädchen und Jungen genau entgegengesetzt berichtet werden (Mönks et al. 1985; Van Boxtel & Mönks 1992). Im Prinzip spielt das zwar keine Rolle, da das Geschlecht von den Autoren bei der Auswertung nicht systematisch berücksichtigt wurde, erklärt aber die divergierenden Angaben in Tab. 2.1 und Tab. 2.2.

Tab. 2.1: Übersicht über fünf Studien zu Peerbeurteilungen hochbegabter Jugendlicher

AUTOR(EN)	STICHPROBE	VARIABLEN	HAUPTERGEBNISSE
Martyn (1957)	7.-12. Klasse (USA): HB: N=91 (? Mä), 7.- 9. Klasse N=43 (? Mä), 10.-12. Klasse (A): IQ≥130 oder (B): IQ≥140 VG: N=486 (? Mä), 7.- 9. Klasse N=491 (? Mä), 10.-12. Klasse (Mitschüler der HB, IQ: ?)	I/SL: - (A) Wechsler-Bellevue - (B) Stanford-Binet P: - Cunningham Social Distance Scale K: - Klassenstufe	7.-9. Klasse: HB≈VG (â ≈-0.06) 10.-12. Klasse: HB≈VG (â ≈ 0.19)
Mönks, van Boxtel Roelofs & Sanders (1985)	Alter: 12-15 Jahre (NIEDERLANDE): HB1: N=22 (7 Mä), I,KR: PR≥75, GPA im Erwartungsbereich HB2: N=45 (21 Mä), I: PR≥75, KR: PR<50 GPA im Erwartungsbereich HB3: N=27 (12 Mä), I: PR≥75, GPA: GPA<I (Underachiever) VG: N=74 (15 Mä), PR30≤I,KR,GPA≤PR70 → siehe auch Tab. 2.2	I/SL: - I-S-T 70 - GPA KR: - Kreativitäts-Fragebogen P: - Nominierungen LM und LL (P1) - Nominierungen positiv(P2): „kooperiert", „humorvoll", „hilft",„führt",„gesellig" - Nominierungen negativ (P3): „gibt an", „rauft",„stört", „überheblich",„sucht Hilfe"	P1: Unterschiede zwi- schen HB-Gruppen und VG n.s. (|â max|=0.13) P2: HB3<HB1≈HB2≈VG bei „hilft" (HB3-VG: â =-0.75); weitere Vergleiche: n.s. P3: HB3>HB1≈HB2≈VG bei „sucht Hilfe" (HB3-VG: â =0.49); weitere Verglei- che: n.s.
Eccles, Bauman & Rotenberg (1989)	2.-8. Klasse (KANADA): HB: N= 54 (23 Mä), IQ≥130 VG: N=681 (? Mä), IQ: ? → siehe auch Tab. 2.2	I/SL: ? P: - Rating (Mittelwert): 3 Fra- gen zur Sozialen Präferenz	HB≈VG

HB: Hochbegabte, VG: Vergleichsgruppe, Mä: Mädchen, KR: Kreativität, P: Peerbeurteilungen, GPA: Grade Point Average, I: Intelligenz, SL: Schulleistung, K: Kontrollierte Variablen neben Gruppenzugehörigkeit, â: geschätzte standardisierte Mittelwertsdifferenz, n.s.: nicht statistisch signifikant

Tab. 2.1: Übersicht über fünf Studien zu Peerbeurteilungen hochbegabter Jugendlicher (Fortsetzung)

AUTOR(EN)	STICHPROBE	VARIABLEN	HAUPTERGEBNISSE
Schneider, Clegg, Byrne, Ledingham & Crombie (1989)	**8. und 10. Klasse (KANADA):** HB: $N_{8.KL}=59$ (33 Mä), $N_{10.KL}=73$ (38 Mä), I: PR≥97 VG1: $N_{8.KL}=59$ (37 Mä), $N_{10.KL}=66$ (38 Mä), $\varnothing IQ_{8.KL}=109$, $\varnothing IQ_{10.KL}=114$ „matched" mit HB nach Geschlecht, Alter, Jahre an der Schule, gleiche Klasse. VG2: $N_{8.KL}=58$ (33 Mä), $N_{10.KL}=64$ (34 Mä), $\varnothing IQ_{8.KL}=112$, $\varnothing IQ_{10.KL}=113$, Zufallsauswahl gleiche Klassen wie HB → siehe auch Tab. 2.2	I/SL:- (A) Hemnon-Nelson-Test of Mental Ability - (B) Canadian Cognitive Abilities Test (Verbalteil) P: - Revised Class Play (RCP, 8. Kl.): „Soziabilität/Führungsqualität" (P1a), „aggressiv/störend" (P1b), „sensibel/isoliert" (P1c) - Adjustment Scales for Socio-metric Evaluation of Secondary students (ASSESS, 10. Kl.): „aggressiv/störend" (P2a), „Rückzug" (P2b), „Ängstlichkeit" (P2c), „Soziale Kompetenz" (P2d), „Schulschwierigkeiten" (P2e) K: - Geschlecht - Klassenstufe	*8. Klasse:* HB≈VG1≈VG2 in allen UT. $\bar{d}_{max}=-0.25$ (HB-VG2) bei P1a *10. Klasse:* HB≈VG1≈VG2 in allen UT, $\bar{d}_{max}=-0.25$ (HB-VG2) bei P2a
Luftig & Nichols (1990; 1991)	**4.-8. Klasse (USA):** HB: N= 64 (40 Mä), I: ?, (PROGRAMM)^a VG: N=496 (225 Mä), I: ?, (Mitschüler der HB)	I/SL: ? P: - soziometrische Typen (Populäre, Abgelehnte, Unbeachtete) K: - Geschlecht	*Anteil an Populären:* WW Gruppe x Geschlecht HBJu >VGJu≈VGMä > HBMä *Anteil an Abgelehnten:* HB≈VG *Anteil an Unbeachteten:* HB≈VG

HB: Hochbegabte, VG: Vergleichsgruppe, Mä: Mädchen, Ju: Jungen, PROGRAMM: Teilnehmer eines Förderprogramms (Spezialklassen, pull-out, enrichment etc.), I: Intelligenz, SL: Schulleistung, P: Peerbeurteilungen, K: Kontrollierte Variablen neben Gruppenzugehörigkeit, WW: Wechselwirkung, $\bar{d}$: geschätzte standardisierte Mittelwertsdifferenz (negatives Vorzeichen: niedrigere Werte bei HB), UT: Untertest(s) bzw. Subskal(a)(en), ^{a}: Identifikation durch eine Kriterienkombination (IQ, Schulleistung, Nominierungen, Zensuren etc.)

2.3.2.2 Eltern- und Lehrerbeurteilungen

An erster Stelle sei wiederum auf die bekannte Termansche Längsschnittuntersuchung verwiesen, die eine Fülle von Daten zur Entwicklung von hochbegabten kalifornischen Kindern (IQ ≥ 140) erhoben hat. Die Befunde sind allerdings nur mit Einschränkung zu interpretieren, da eine adäquate Vergleichsgruppe, die ebenfalls kontinuierlich über die Lebensspanne verfolgt wurde, fehlt (zu weiterer Kritik an Terman, vgl. z.B. Rost 2001, 834). Aufgrund ihrer historischen Bedeutung soll an dieser Stelle jedoch kurz auf die Ergebnisse Termans und seiner Mitarbeiter eingegangen werden: Burks et al. (1930) ermittelten in der zweiten Erhebungswelle Fremdurteile von Lehrkräften und Eltern zu verschiedenen sozialen Variablen. Die Altersvarianz der betreffenden Kinder und Jugendlichen war recht groß: Die Spannbreite reichte von unter 10 Jahren bis über 18 Jahre. Etwa 25% der Hochbegabten hatten zum Zeitpunkt der Befragung die *High-School* abgeschlossen. Nur ein kleiner Prozentsatz wurde nach Angabe der Lehrkräfte gemieden (5% der Mädchen und 6% der Jungen) oder häufig bis sehr häufig geärgert (5% der Jungen und 12% der Mädchen). Auch die Angaben der Eltern erbrachten keine Hinweise auf eine schlechtere psychosoziale Anpassung: Die Mehrheit gab an, daß ihr Kind von anderen nicht als „anders" angesehen wird (87% Jungen, 91% Mädchen).

Freeman (1979) ging in Großbritannien der Frage nach, ob sich Hochbegabte (⊘IQ = 147), deren Eltern Mitglied der *National Association for Gifted Children* (NAGC, einer Eltern-Selbsthilfeorganisation) waren, von einer parallelisierten Stichprobe hochbegabter – aber nicht organisierter – Schüler (⊘IQ = 134) in verschiedenen psychosozialen Variablen unterscheiden. Als Kontrollgruppe wurde eine Zufallsstichprobe aus Schülern der gleichen Klasse herangezogen (⊘ IQ = 119). Freeman fand Unterschiede zu*un*gunsten der NAGC-Gruppe. Eltern dieser Kinder gaben häufiger an, diese würden sich „anders" fühlen und hätten ältere Freunde. Auch der Prozentsatz derer, die keine Freunde hätten, war hier höher als in den beiden Vergleichsgruppen. Die Lehrkräfte beurteilten die NAGC-Gruppe ebenfalls schlechter als die beiden anderen Gruppen, was „Fehlanpassung in der Peer-Gruppe" anbetrifft. Kritisch anzumerken ist, daß die Vergleichbarkeit der beiden Hochbegabtengruppen hinsichtlich des IQ nicht voll gegeben ist. Die beiden Hochbegabungsgruppen wurden aufgrund der Gruppentestung nach dem im *Raven-Matrizen-Test* erzielten IQ parallelisiert. In der nachfolgenden Einzeltestung mit dem *Stanford-Binet-Test* ergab sich jedoch für die NAGC-Gruppe ein höherer Mittelwert. Zudem waren die Gruppen extrem altersheterogen (5 bis 16 Jahre), und das Geschlecht wurde als Faktor nicht systematisch berücksichtigt. „Anders fühlen" und „Fehlanpassung" hat vermutlich für Fünfjährige eine andere Bedeutung als für Fünfzehnjährige. Trotz dieser methodischen Einschränkungen belegen die Ergebnisse die Problematik selektiver Hochbegabten-Stichproben (aus Programmen, Vereinigungen etc.), bei denen eine Gefahr der Konfundierung des Begabungsfaktors mit anderen Variablen besteht.

Gallucci, Middleton und Kline (1999) untersuchten 78 Hochbegabte (44% Mädchen) im Alter von 12 bis 16 Jahren (IQ $\geq$ 130), von denen ein Teil (N = 44) an einem Förderprogramm in den Schulferien teilnahm. Da sich in verschiedenen Variablen keine Effekte der Programmteilnahme ergaben, wurde die Gesamtgruppe mit 62 Regelschülern anhand der Elterneinschätzung auf der *Child Behavior Checklist* (Achenbach & Edelbrock 1983) verglichen. Dabei wurden in keinem Bereich – interessant sind hier vor allem *aggressives Verhalten* und *soziale Probleme* – relevante Unterschiede gefunden, bei der Auswertung wurde das Geschlecht kontrolliert. Die Autoren weisen ebenfalls darauf hin, daß die ermittelten Werte für die Hochbegabtengruppe dem Durchschnitt der Normstichprobe entsprechen.

Am Ende dieses Abschnitts möchte ich noch näher auf Ergebnisse aus dem Marburger Hochbegabtenprojekt eingehen, die sich ebenfalls auf die von mir verwendeten Stichproben beziehen. Freund-Braier (2000; 2001) untersuchte Lehrer- und Elterneinschätzungen der *Sozialen Kompetenz*. Diese aus sieben Items bestehende Skala ist Teil einer projektintern entwickelten Kurzform des *California Child Q-Sort* von Block & Block (1980), dabei wurde die Übersetzung von Göttert und Asendorpf (1989) verwendet. Für den Vergleich hoch- und durchschnittlich begabter Jugendlicher dokumentiert sich kein bedeutsamer Effekt bei der Einschätzung durch die Eltern ($|d| < 0.30$). Die befragten Fachlehrkräfte (mathematisch-naturwissenschaftliches und sprachliches Fach, zumeist Deutsch- und Mathematiklehrer) beurteilen hochbegabte Jugendliche hingegen signifikant positiver (d = 0.43 bzw. d = 46). Ein nahezu identisches Ergebnis wird beim Vergleich leistungsexzellenter Jugendlicher mit durchschnittlich leistenden Schülern erzielt: Auch hier sind im Elternurteil keine Differenzen abzusichern ($|d| < 0.15$), während die Klassenlehrer hochleistende Schüler positiver einschätzen (d = 0.44).

2.3.2.3 Selbsteinschätzungen

Studien, die Qualität und Quantität von Peer-Beziehungen über Selbstbeurteilungsmaße erhoben haben, liegen in größerer Anzahl vor. Der Großteil dieser Arbeiten befaßt sich mit dem sozialen Selbstkonzept, das verschiedene Facetten der eigenen Wahrnehmung sozialer Beziehungen umfaßt (Berndt & Burgy 1996). Daneben wurden sehr unterschiedliche Teilaspekte von Peer-Beziehungen untersucht: z.B. Existenz von Freunden, Intimität, Teilnahme an Gruppenaktivitäten usw.

Was die Befunde zum sozialen Selbstkonzept anbetrifft, so sind 21 Studien in Tab. 2.2 enthalten. In zwölf dieser Untersuchungen können – für die betreffende Altersgruppe – keine statistisch oder praktisch bedeutsamen Differenzen zwischen Hochbegabten und den jeweiligen Vergleichsgruppen abgesichert werden. Finden sich Unterschiede, so fallen diese mal zugunsten, mal zuungunsten der Hochbegabten aus, die Effekte sind zumeist klein. Auch Hinweise auf eventuelle Wechselwirkungen zwischen Geschlecht und Begabung sind rar. Hoge & Renzulli (1991) konnten in ihrer Meta-Analyse zum Selbstkonzept hochbegabter Kinder und Jugendlicher (15 Studien, teilweise Überlappungen zu den in Tab. 2.2 aufgeführten Studien) ebenfalls lediglich eine mittlere gewichtete Effektstärke von g = 0.02 ermitteln.

Zwei weitere einschlägige Studien sollen kurz berichtet werden. Beim Vergleich elf- bis sechzehnjähriger niederländischer Schüler, die einen PR ≥ 75 im *Raven-Matrizen-Test* erzielten, mit Mitschülern, die Werte im unteren Quartil erreichten, ergaben sich keine Unterschiede in der eigenen Wahrnehmung von Beziehungen zu Peers des anderen und gleichen Geschlechts (Mönks & Peters 1996). Allerdings geht aus der Darstellung nicht hervor, wie viele Probanden die Ziel- und Vergleichsgruppe jeweils genau umfaßte, angegeben wird lediglich die Gesamtzahl der Teilnehmer. Ebenfalls inakzeptabel dürftig ist die Darstellung von Joswig (1995), die sich auf eine von Tuchow (1993) vorgelegte Dissertation bezieht. Daher sei nur erwähnt, daß auch hier beim Vergleich von Regelschülern der 8. Klasse und naturwissenschaftlich-technischen Spezialschülern gleicher Klassenstufe keine Unterschiede zuungunsten der Spezialschüler in den sozialen Facetten der *Frankfurter Selbstkonzeptskalen* (Deusinger 1986) gefunden werden konnten (wichtige Kennwerte, wie z.B. Standardabweichungen, fehlen). Darüber hinaus wurde beiden Gruppen ein Fragebogen zum Sozialverhalten vorgelegt. Zu diesem werden ebenfalls wesentliche Angaben (z.B. Mittelwerte) nicht mitgeteilt. Joswig (1995, 166) kommt zu folgendem Schluß: „Die Ergebnisse weisen darsauf hin, daß die untersuchten mathematisch-naturwissenschaftlich-technisch Begabten keine besonders problematischen verhaltensauffälligen Jugendlichen in irgendwelchen Außenseiterpositionen sind."

Ausführlicher möchte ich wiederum auf die Resultate aus dem Marburger Hochbegabtenprojekt eingehen: Rost & Hanses (2000) konnten für den Vergleich von fünfzehnjährigen hochbegabten Schülern mit der durchschnittlich begabten Vergleichsgruppe einen kleinen Effekt (d = –0.33) zuungunsten der Hochbegabten auf der Skala *Beliebtheit* der *Piers-Harris-Selbstkonzeptskala für Kinder* (projektintern entwickelte Kurzversion vgl. Rost & Hanses 1995; 1996) absichern. Allerdings sind im Alter von 18 Jahren keine Unterschiede mehr in den Skalen *Soziale Beziehungen zum eigenen Geschlecht* sowie *Soziale Beziehungen zum anderen Geschlecht* (projektintern entwickelte Kurzform des *Selbstbeschreibungsfragebogens*, SDQ-K, vgl. Rost & Hanses 2000) feststellbar (|d| < 0.15). In keinem Fall war eine Wechselwirkung zwischen Begabung und Geschlecht abzusichern. Beim Vergleich hochleistender und durchschnittlich leistender Jugendlicher ist im Alter von 15 Jahren ebenfalls ein Effekt zuungunsten Hochleistender in der Skala *Beliebtheit* festzustellen (d = –0.31).[18] Darüber hinaus bewerteten sechzehnjährige Hochleistende die sozialen Beziehungen zum anderen Geschlecht etwas ungünstiger (d = –0.40). Außerdem zeigt sich eine Wechselwirkung zuungunsten der hochleistenden Jungen hinsichtlich der Einschätzung der sozialen Beziehungen zum eigenen Geschlecht (d = –0.64), während sich beide Mädchengruppen nicht unterscheiden. Allerdings liegen die Mittelwerte aller Gruppen für die Facetten des sozialen Selbstkonzepts im positiven Bereich, so daß

---

[18] Die Stichprobe war gegenüber der von mir verwendeten leicht reduziert (vgl. Rost 2000b, 44).

bei statistisch abzusichernden Unterschieden lediglich von einem in Relation zur Vergleichsgruppe etwas schlechteren sozialen Selbstkonzept die Rede sein kann. Ähnliches gilt für die von Freund-Braier (2000; 2001) konstatierten kleinen Differenzen auf der Skala *Geringe Kontaktbereitschaft* der Kurzform des *Persönlichkeitsfragebogens für Kinder* (PFK-K, projektinterne Entwicklung, vgl. Rost & Hanses 1995; 1996), die ebenfalls zuungunsten der Hochbegabten und Hochleistenden ausfallen.

Drei Studien, in denen verschiedene Selbstbeurteilungsmaße eingesetzt wurden, habe ich in Tab. 2.3 zusammengefaßt. Lediglich in zwei Publikationen, die sich auf eine Untersuchung beziehen, ergibt sich ein ungünstiger Effekt (Brody & Benbow 1986; Dauber & Benbow 1990). Allerdings kann kritisiert werden, daß die herangezogene Vergleichsgruppe ebenfalls zur Leistungsspitze ihres Altersjahrgangs zählt, so daß unklar bleibt, ob sich die mathematisch bzw. verbal besonders leistungsfähigen Schüler von der „normalen" Population unterscheiden.

Interessant – weil neueren Datums und weißrussische Schüler betreffend – ist die Studie von Kovaltchouk (1998). Sie verglich eine Gruppe von 72 Hochbegabten mit einer durchschnittlich begabten Gruppe ($N = 80$). Die Identifikation erfolgte durch einen zweistufigen Prozeß (Screening durch Lehrkraftnominierung, Schulnoten und herausragende außerschulische Interessen / Leistungen, anschließend Selektion nach IQ, Kreativität und exzellente Leistungen, wobei eine kompensatorische Strategie verwendet wurde). Die Jugendlichen waren zwischen 15 und 17 Jahren alt. Sie wurden – unter anderem – gebeten, einen Aufsatz über ihre Peer-Beziehungen zu schreiben. Anschließend erfolgte eine inhaltsanalytische Auswertung. Insgesamt ergaben sich keine Unterschiede hinsichtlich extremer Probleme und Schwierigkeiten in sozialen Kontakten, der Neigung, sich Älteren anzuschließen, oder der Zufriedenheit mit Peer-Beziehungen. Differenzen lassen sich hingegen vor allem bei den Standards ausmachen, die die Jugendlichen an Freundschaften anlegen. Die befragten Hochbegabten setzen eher höhere Standards bei der Freundschaftswahl und der beurteilten Qualität sozialer Kontakte als die Vergleichsgruppe. Bei systematischer Einbeziehung der Variable Geschlecht können zwar erwartungsgemäße geschlechtsrollenspezifische Unterschiede repliziert werden, jedoch findet sich keine spezielle Vulnerabilität hochbegabter Mädchen.

Schließlich möchte ich noch auf die Ergebnisse von Kaiser & Berndt (1985) hinweisen, die hochbegabte Schüler im Alter von 14 bis 17 Jahren (Teilnehmer einer Sommerakademie; $N = 175$) untersuchten. Diese beschrieben sich – im Vergleich zur Norm – nicht als signifikant einsamer, so daß auch aus dieser Quelle kein Hinweis auf eine besondere soziale Problematik vorliegt.

Tab. 2.2: Übersicht über 21 Studien zum sozialen Selbstkonzept Hochbegabter

AUTOR(EN)	STICHPROBE	VARIABLEN	HAUPTERGEBNIS
Milgram & Milgram (1976)	4.-8. Klasse (ISRAEL): HB: N=182 (69 Mä), ØIQ=140 (PROGRAMM) VG: N=310 (145 Mä), ØIQ=100 (REGULÄR)	I/SL: - WISC (bei HB) - SPM,Milta (bei VG) SSK: - Tennessee Self-Concept Scale, UT „Soziales Selbst" K: - Geschlecht - Alter	WW Gruppe x Alter: wahrscheinlich in 7./8. Klassenstufe HB<VG
Winne, Woodlands & Wong (1982)	4.-7. Klasse (USA): HB: N=58 (? Mä), ØIQ=130[a] VG1: N=60 (? Mä), ØIQ=108 (NORMAL)[a] VG2: N=52 (? Mä), ØIQ=103 (LB)[a]	I/SL: - Peabody Picture Vocbulary Test SSK: - Coopersmith Self-Esteem Inventory, UT „Peers" - Revised Sears Self-Concept Scale, UT „Soziale Beziehungen" und „Soziale Tugenden"	Peers: HB ≈ VG1 ($\hat{d}$ =-0.12) HB ≈ VG2 ($\hat{d}$ = 0.29) Soziale Beziehungen: HB(<)VG1 ($\hat{d}$ =-0.32) HB < VG2 ($\hat{d}$ =-0.36) Soziale Tugenden: HB(<)VG1 ($\hat{d}$ =-0.33) HB < VG2 ($\hat{d}$ =-0.46)
Kelly & Colangelo (1984)	7.-9. Klasse (USA): HB: N= 57 (37 Mä), I: PR≥90 (PROGRAMM)[a,b] VG1: N=184 (80 Mä), I: ? (REGULÄR) VG2: N= 25 (4 Mä), I: ? (LB) → Colangelo, Kelly & Schrepfer (1987) beziehen sich offensichtlich auf die gleiche leicht reduzierte Stichprobe und berichten nahezu identische Ergebnisse.	I/SL: - WISC-R - Iowa Test of Basic Skills SSK: - Tennessee Self-Concept Scale, UT „Soziales Selbst" K: - Geschlecht	HBJu>VG2 ($\hat{d}$ =0.59) HBJu≈VG1 ($\hat{d}$ =0.36) HBMä≈VG1 ($\hat{d}$ =0.18) kein Vergleich zwischen HBMä und LBMä
Holahan (1988)	11-13 Jahre (USA): HB: N= 152 (? Mä), I: ? VG: N= 106 (? Mä), I: ?	I/SL: ? SSK: - Self-Description-Questionnaire II, UT „Beziehungen zum eigenen Geschlecht" und „Beziehungen zum anderen Geschlecht"	VG>HB in beiden UT

Tab. 2.2: Übersicht über 21 Studien zum sozialen Selbstkonzept Hochbegabter (Fortsetzung)

AUTOR(EN)	STICHPROBE	VARIABLEN	HAUPTERGEBNIS
Chan (1988)	7. Klasse (AUSTRALIEN): HB1: N= 42 (16 Mä), I: PR≥97 (PROGRAMM)[a] HB2: N= 39 (11 Mä), I: PR≥95 (PROGRAMM)[a] VG1: N= 71 (39 Mä), I: ? (REGULÄR) VG2: N= 48 (26 Mä), I: ? (REGULÄR)	I/SL: - Raven Progressive Matrizen - ACER Test of Learning Ability SSK: - Perceived Competence Scale for Children UT „Soziales SK" K: - Geschlecht	HB1≈VG1 ($\hat{d}$ = 0.11) HB1≈VG2 ($\hat{d}$ =-0.05) HB2≈VG1 ($\hat{d}$ = 0.42) HB2≈VG2 ($\hat{d}$ = 0.32)
Li (1988)	7. Klasse (USA): HB: N=24 (11 Mä), IQ≥130 (PROGRAMM) VG: N=23 (11 Mä), I: ?, (Zufallsauswahl aus gleichen Klassen wie HB)	I/SL: - WISC-R SSK: - Self-Perception Profile for Children, UT „Soziales SK" K: - Geschlecht	HB≈VG ($\hat{d}$ =0.13)
Eccles, Bauman & Rotenberg (1989)	2.-8. Klasse (KANADA): HB: N= 54 (23 Mä), IQ≥130 VG: N=681 (? Mä), IQ: ? → siehe auch Tab. 2.1	I/SL: ? SSK: - Coopersmith Self-Esteem Inventory, UT „Peers"	HB≈VG

Schneider, Clegg, Byrne, Ledingham & Crombie (1989)	8. und 10. Klasse (KANADA):
	HB1 $N_{8.KL}$=59 (29 Mä), $N_{10.KL}$=20 (7 Mä), I: PR≥97 (PROGRAMM)
	HB2: $N_{8.KL}$=59 (33 Mä), $N_{10.KL}$=73 (38 Mä), I: PR≥97
	VG1: $N_{8.KL}$=59 (37 Mä), $N_{10.KL}$=66 (38 Mä), $\varnothing IQ_{8.KL}$=109, $\varnothing IQ_{10.KL}$=114, „matched" mit HB2 nach Geschlecht, Alter, Jahre an der Schule, gleiche Klasse.
	VG2: $N_{8.KL}$=58 (33 Mä), $N_{10.KL}$=64 (34 Mä), $\varnothing IQ_{8.KL}$=112, $\varnothing IQ_{10.KL}$=113, Zufallsauswahl gleiche Klassen wie HB2
	→ siehe auch Tab. 2.1
		I/SL: - Hemnon-Nelson-Test of Mental Ability
		      - Canadian Cognitive Abilities Test (Verbalteil)
		SSK: - Perceived Competence Scale for Children, UT „Soziales SK" in der 8. Klasse
		      - Self-Description-Questionnaire III, UT „Soziale Beziehungen zum anderen Geschlecht" (SAG) und „Soziale Beziehungen zum eigenen Geschlecht" (SEG) in der 10. Klasse
		K: - Geschlecht
		    - Klassenstufe
			8. Klasse:
			HB1≈VG1 ($\hat{d}$ =-0.28)
			HB1≈VG2 ($\hat{d}$ =-0.21)
			HB2≈VG1 ($\hat{d}$ =-0.32)
			HB2≈VG2 ($\hat{d}$ =-0.24)
			10. Klasse:
			UT SAG:
			HB1≈VG1 ($\hat{d}$ =-0.05)
			HB1≈VG2 ($\hat{d}$ =-0.09)
			HB2≈VG1 ($\hat{d}$ =-0.34)
			HB2≈VG2 ($\hat{d}$ =-0.38)
			UT SEG:
			HB1≈VG1 ($\hat{d}$ = 0.37)
			HB1≈VG2 ($\hat{d}$ = 0.37)
			HB2≈VG1 ($\hat{d}$ = 0.30)
			HB2≈VG2 ($\hat{d}$ = 0.30)

Tab. 2.2: Übersicht über 21 Studien zum sozialen Selbstkonzept Hochbegabter (Fortsetzung)

AUTOR(EN)	STICHPROBE	VARIABLEN	HAUPTERGEBNIS
Whalen & Csikszentmihalyi (1989)	*HB: 9./10. Klasse, Norm: 14-15 Jahre (USA):* HB: N=177 (101 Mä), I:?, „talentiert": Lehrernominierungen in verschiedenen Bereichen VG: N=218 (106 Mä), I:?, (Norm)	I/SL: - GPA, Lehrernominierungen, SLT SSK: - Offer Self-Image Questionnaire for Adolescents (OSIQ), UT „Soziale Beziehungen" K: - Geschlecht	HBJu≈VGJu ($\hat{d}$=-0.23) HBMä≈VGMä ($\hat{d}$=-0.13)
Kelly & Jordan (1990)	*8. Klasse (USA):* HB1: N=30 (15 Mä), SL: PR≥95 (PROGRAMM) HB2: N=30 (15 Mä), SL: 90≤PR≤94 (PROGRAMM) VG: N=30 (15 Mä), SL: 45≤PR≤65 (REGULÄR)	I/SL: - SLT SSK: - Self Perception Profile for Adolescents, UT „Soziale Akzeptanz", „Enge Freundschaften", „Romantische Beziehungen" K: - Geschlecht	*Soziale Akzeptanz:* HB1≈VG ($\hat{d}$ = 0.26) HB2≈VG ($\hat{d}$ =-0.24) *Enge Freundschaften:* HB1≈VG ($\hat{d}$=0.18) HB2≈VG ($\hat{d}$=0.13) *Romantische Beziehungen:* HB1≈VG ($\hat{d}$=0.18) HB2≈VG ($\hat{d}$=0.03)
Brounstein, Holahan & Dreyden (1991)	*7. Klasse (USA):* HB: N= 328 (? Mä), (TQ : 59%), SL: PR≥97 VG: N= 106 (? Mä), (TQ : 22%), SL: PR<97	I/SL: - California Achievement Test (Altersnorm) - SAT (College-Norm) SSK: - Self-Description-Questionnaire II, UT „Beziehungen zum eigenen GESCHLECHT" (SEG), „Beziehungen zum anderen Geschlecht" (SAG) K: - Geschlecht - SÖS - ethnische Zusammensetzung	SEG: HB<VG ($\hat{d}$ =-0.46) SAG: HB<VG ($\hat{d}$ =-0.69)
Hoge & McSheffrey (1991)	*5.-8. Klasse (USA):* HB: N= 232 (? Mä), IQ: PR≥90 (PROGRAMM)[a,b] VG: N =1293 (? Mä), (Norm)	I/SL: - ? SSK: - Self Perception Profile for Children, UT „Soziales SK" K: - Geschlecht - Klassenstufe	HBJu≈VGJu($\hat{d}$ = 0.11) HBMä≈VGMä ($\hat{d}$ = 0.12)

Tab. 2.2: Übersicht über 21 Studien zum sozialen Selbstkonzept Hochbegabter (Fortsetzung)

AUTOR(EN)	STICHPROBE	VARIABLEN	HAUPTERGEBNIS
Yong & McIntyre (1991)	8. Klasse (USA): HB: N=40 (21 Mä), I: PR≥90 (PROGRAMM)[a,b] VG: N=40 (20 Mä), I: ? (REGULÄR)	I/SL: - WISC-R, - Icwa Test of Basic Skills - Slosson Intelligence Test - Zensuren SSK: - Piers-Harris Children's Self Concept Scale, UT „Beliebtheit"	HB>VG (d̂ = -0.18)
Van Boxtel & Mönks (1992)	12-15 Jahre (NIEDERLANDE): HB1: N=22 (15 Mä), I,KR: PR≥75, GPA im Erwartungsbereich HB2: N=45 (24 Mä), I: PR≥75, KR<PR 50 GPA im Erwartungsbereich HB3: N=27 (15 Mä), I: PR≥75, GPA<I (Underachiever) VG: N=74 (35 Mä), PR 30≤I,KR, GPA≤PR 70 → siehe auch Tab. 2.1	I/SL: - I-S-T 70 - GPA - Kreativitäts-Fragebogen SSK: - School Vragen Lijst, UT „Soziale Akzeptanz" und „Soziale Kompetenz"	Soziale Akzeptanz: HB1>VG (d̂ = 0.78) HB2>VG (d̂ = 0.43) HB3≈VG (d̂ = -0.01) Soziale Kompetenz: HB1>VG (d̂ = 0.61) HB2>VG (d̂ = 0.48) HB3≈VG (d̂ = 0.22)
Pyryt & Mendaglio (1994)	8.-9. Klasse (KANADA): HB: N=45 (25 Mä), I: PR≥90 (PROGRAMM)[a] VG: N=51 (33 Mä), I: ? (REGULÄR)	I/SL: - Canadian Cognitive Abilities Test SSK: - Pyryt-Mendaglio Self-Perception Survey, UT „Soziales SK" K: - Geschlecht	HB>VG (d̂ =0.55)
Lea-Wood & Clunies-Ross (1995)	7.-9. Klasse (AUSTRALIEN), nur Mädchen: HB: N=81, I: ?[a] VG: N=77, I: ?, gleiche Klassen wie HB	I/SL: - ? SSK: - Coopersmith Self-Esteem Inventory, UT „Soziales SK" K: - Klassenstufe	HB<VG (d̂ = -0.69)
Li & Adamson (1995)	14-18 Jahre, VG: 11-21 Jahre (USA): HB: N=30, (? Mä), IQ≥120 VG: N=32, (? Mä), (Geschwister der HB, TQ: 22.7%)	I/SL: - WISC-R SSK: - Self-Perception Profile for Adolescents, UT „Soziale Akzeptanz", „Enge Freundschaften", „Romantische Beziehungen"	HB≈VG in allen UT

Tab. 2.2: Übersicht über 21 Studien zum sozialen Selbstkonzept Hochbegabter (Fortsetzung)

AUTOR (EN)	STICHPROBE	VARIABLEN	HAUPTERGEBNIS
Chan (1996)	7. Klasse (AUSTRALIEN): HB: N=143 (54 Mä), I: PR≥95 (PROGRAMM)[a,b] VG: N=133 (45 Mä), I: ? (REGULÄR)	I/SL: - Progressive Achievement Tests, Reading and Mathematics - ACER Test of Learning Ability SSK: - Perceived Competence Scale for Children UT „Soziales SK" K: - Geschlecht	HBJu≈VGJu ($\hat{d}$=-0.08) HBMä≈VGMä ($\hat{d}$ = 0.03)
Klein & Zehms (1996)	8. Klasse (USA), nur Mädchen: HB: N=34, I: ? (PROGRAMM)[a] VG: N=10, I: ? (REGULÄR)	I/SL: ? SSK: - Piers-Harris Children's Self Concept Scale, UT „Beliebtheit"	HB<VG ($\hat{d}$=-0.86)
Tong & Yewchuk (1996)	10.-12. Klasse (KANADA): HB: N=39 (17 Mä), I: ? (PROGRAMM)[a] TQ: 85%, VG: N=39 (17 Mä), I: ? (REGULÄR)	I/SL: ? SSK: - Piers-Harris Children's Self Concept Scale, UT „Beliebtheit" K: - Geschlecht	HB≈VG ($\hat{d}$=-0.07)
Ablard (1997)	8. Klasse (USA): HB: N=129 (? Mä) (Teilnehmer Talentsuche) SL: SAT-M oder SAT-V≥PR 99 (Klassennorm) VG1: N=393 (Norm, Schüler der 8. Klasse) VG2: Teilnehmer Talentsuche mit PR<99 im SAT TQ HB und VG2: 49% (Ju), 42% (Mä)	I/SL: - SAT (SAT-M und SAT-V) SSK: - Multidimensional Self-Concept Scale, UT „Soziales SK" K: - Geschlecht	HB≈VG1 ($\hat{d}$≈-0.10) HB wahrscheinlich kleiner als VG2 ($\hat{d}$=-0.56)

HB: Hochbegabte, VG: Vergleichsgruppe, Mä: Mädchen, Ju: Jungen, PROGRAMM: Teilnehmer an einem Förderprogramm (Spezial-klassen, pull-out, enrichment etc.), REGULÄR: normal beschulte Schüler, NORMAL: „normale" Schüler, LB: lernbehinderte Schüler, TQ: Teilnahmequote, KR: Kreativität, GPA: Grade Point Average, I: Intelligenz, SL: Schulleistung, SLT: Standardi-sierter (Schul-)Leistungstest, SSK: Soziales Selbstkonzept, K: Kontrollierte Variablen neben Gruppenzugehörigkeit, UT: Untertest(s) bzw. Subskal(a)(en), SÖS: sozioökonomischer Status, WW: Wechselwirkung, $\hat{d}$: geschätzte standardisierte Mittelwertsdifferenz (negatives Vorzeichen: niedrigere Werte bei HB), [a]: Identifikation durch eine Kriterienkombination (IQ, Schulleistung, Nominierungen, Zensuren etc.), [b]: aus den Angaben geht nicht eindeutig hervor, ob alle HB das Krite-rium für I oder SL erfüllten.

Tab. 2.3: Übersicht über vier Studien zu Selbstbeurteilungen Hochbegabter

AUTOR(EN)	STICHPROBE	VARIABLEN	HAUPTERGEBNIS
Brody & Persson Benbow (1986) Dauber & Persson Benbow (1990)	HB: 13 Jahre, VG: 14-15 Jahre (USA): HB1: N= 92 (48 Mä), SAT-V: PR≥99.99 (verbal HB) HB2 N=208 (35 Mä), SAT-M: PR≥99.99 (mathematisch HB) TQ HB1 und H2: 77% VG: N=111 (61 Mä), SAT-M und SAT-V: PR<99.99, in SLT PR≥97 (moderat HB), TQ: 54% HB1, HB2 und VG bei Talentsuche identifiziert	I/SL: - SAT-V und SAT-M (College-norm) - SLT (Altersnorm) SB1: „Wie sehen dich Deine Mitschüler?": a. populär, b. sportlich, c. sozial aktiv, d. wichtig, e. Mitglied der leading crowd (jeweils Ratingskala von gar nicht bis sehr); Summe aus a, c und e = „Popularität" SB2: - Teilnahme an Clubs und Aktivitäten (z.B. Sportmannschaften, Chor etc.) K: - Geschlecht	*SB1:* a. HB1≈HB2<VG (â=-0.56) b. HB1≈HB2<VG (â=-0.88) c. HB1≈HB2<VG (â=-0.98) d. HB1<HB2, HB1≈VG, HB2≈VG e. HB1≈HB2<VG (â=-0.62) *Popularität:* HB1>HB2 (f=0.36) HB1+HB2<VG (f=0.44) *SB2:* HB1≈HB2≈VG
Kwan (1992)	13 Jahre (SINGAPUR): HB: N=134, (49 Mä), PR≥99.95 in Kombination dreier SLT (PROGRAMM) VG: N=134, (49 Mä), „Top-Non-Gifted", Auswahl nach Zensuren Abschluß Grundschule	I/SL: - 3 SLT SB1: - Soziale Isolation SB2: - Existenz sehr guter Freund SB3: - Nennung Probleme mit Peers K: - Geschlecht, - SÖS (teilweise)	*SB1 (dichotomisiert):* HBJu≈VGJu (â=-0.05) HBMä≈VGMä (â=-0.12) *SB2:* HBJu≈VGJu (â=-0.17) HBMä≈VGMä (â= 0.0) *SB3:* HBJu≈VGJu HBMä≈VGMä
Field, Harding, Yando, Gonzalez, Lasko, Bendell & Marks (1998)	14.5 Jahre (USA): HB: 62 (32 Mä), IQ≥132 (PROGRAMM) VG: 162 (85 Mä), I: ? (gleiche Schule wie HB)	I/SL: ? SB1: - Intimität mit bestem Freund SB2: - Soziale Unterstützung K: - ethnische Herkunft - SÖS	*SB1:* HB>VG (â=0.32) *SB2:* HB≈VG (â=0.17)

HB: Hochbegabte, VG: Vergleichsgruppe, Mä: Mädchen, Ju: Jungen, PROGRAMM: Teilnehmer eines Förderprogramms (Spezialklassen, pull-out, enrichment etc.), SLT: Standardisierter (Schul-)Leistungstest, I: Intelligenz, SL: Schulleistung, SB: Selbstbeurteilungen, K: Kontrollierte Variablen neben Gruppenzugehörigkeit, SÖS: sozioökonomischer Status, â: geschätzte standardisierte Mittelwertsdifferenz (negatives Vorzeichen: niedrigere Werte bei HB), f: Effektstärke f

---

Zusammenfassung von 2.3

Nach der *Harmonie-Hypothese* sollte die psychosoziale Anpassung Hochbegabter mindestens vergleichbar, wenn nicht besser als die normal Begabter sein. Zahlreicher sind allerdings Autoren, die besondere soziale Probleme hochbegabter Jugendlicher aufgrund ihrer tatsächlichen, empfundenen oder zugeschriebenen Andersartigkeit vermuten (*Disharmonie-Hypothese*). Korrelative Studien, die in den meisten Fällen geringe – aber positive – Zusammenhänge zwischen sozialer Anpassung und Intelligenz oder Schulleistung zeigen, sind für den Extrembereich der Begabung bzw. Leistung möglicherweise weniger geeignet, da dort im Sinne einer „Schwellenhypothese" ein veränderter (nicht linearer) Zusammenhang vermutet wird. Empirische Studien, die sich direkt mit Hochbegabten beschäftigt haben, sind rar und zudem in vielen Fällen mit methodischen Mängeln behaftet: Die Stichproben sind meist selektiv, häufig zu klein, die Vergleichsgruppe – falls vorhanden – ist selten adäquat, relevante Kovariaten werden nur gelegentlich kontrolliert. In vielen Fällen wird nicht deutlich, auf welchen Kriterien die Identifikation der Hochbegabten basiert. Eine Übersicht einschlägiger Studien veranschaulicht die heterogene Befundlage, wobei fehlende oder positive Effekte – dies gilt sowohl für Peerbeurteilungen, Eltern- und Lehrereinschätzungen als auch für Selbstbeurteilungen – häufiger sind als Hinweise auf ungünstige Peer-Beziehungen Hochbegabter.

2.4 Ableitung der Fragestellung

Der Forschungslage zu Peer-Beziehungen hochbegabter Jugendlicher ist im Moment unbefriedigend. Vorliegende empirische Untersuchungen leiden häufig unter gravierenden methodischen Mängeln. Die Identifikationsstrategie und das zugrundeliegende Begabungskonzept bleiben oft im Dunkeln – handelt es sich vor allem um nach dem Potential oder nach der Performanz ausgewählte Jugendliche? Auch in Hinblick auf die Operationalisierung von „Peer-Beziehungen" beschränkt sich der Großteil der Arbeiten auf die Untersuchung einer Variablen bzw. einer Datenquelle. Zu bestimmten Bereichen (z.B. zum Freundeskreis) liegen kaum Ergebnisse vor. Hinzu kommt, daß die meisten der referierten Studien in den USA durchgeführt wurden. Eine Übertragbarkeit der Befunde auf den deutschsprachigen Raum ist fraglich. Zum einen existieren deutliche Unterschiede im Schulsystem (Gesamtschule vs. gegliedertes Schulsystem). An schulische Institutionen gebundene systematische Hochbegabtenförderung im Sinne äußerer Differenzierungsmaßnahmen (besondere Klassen oder Kurse an normalen Schulen) ist in den USA weiter verbreitet, was die Gefahr negativer Etikettierungskonsequenzen erhöhen kann. Zudem bestehen, was schulische und außerschulische „Peer-Systeme" anbetrifft, kulturspezifische Besonderheiten: Es gibt beispielsweise an deutschen Schulen wohl kein Äquivalent in Hinblick auf den Star der Footballmannschaft oder den *Cheerleader*, auch das berühmt-berüchtigte *dating* oder die *prom* sind US-amerikanische Phänomene. Man kann auch spekulieren, ob in den USA möglicherweise der *quantitative* Beziehungsaspekt (Popularität) eine größere Rolle spielt als der *qualitative* (enge Freundschaften).

Dementsprechend lauten die allgemeinen Fragestellungen dieser Arbeit:

- Gibt es Unterschiede in den Peer-Beziehungen hoch- und durchschnittlich Begabter (Haupteffekt: *Begabung*)? Differieren die Peer-Beziehungen von Jungen und Mädchen in Abhängigkeit von ihrer Begabung (Wechselwirkung *Begabung* × *Geschlecht*)?
- Lassen sich die bei hoch- und durchschnittlich Begabten (*Kompetenzdefinition*) beobachteten Ergebnisse auch bei hoch- und durchschnittlich Leistenden (*Performanzdefinition*) replizieren?

Die Fragestellungen sind aufgrund der heterogenen Befundlage absichtlich offen formuliert. Zwar deuten die Belege eher darauf hin, daß wenig relevante Unterschiede zu erwarten sind, dem stehen jedoch eine Reihe anderslautender Berichte und Hypothesen aus der Beratungspraxis gegenüber.

Zur Beantwortung der Fragestellungen werde ich verschiedene Datenquellen (Lehrer, die Jugendlichen selbst und deren Eltern) heranziehen und setze unterschiedliche Methoden (Interview, standardisierte Fragebogen) ein. Um einen möglichst umfassenden Einblick zu erhalten, betrachte ich verschiedene Aspekte (vgl. 2.1.3) von „Peer-Beziehungen". Insbesondere der bislang weitgehend vernachlässigte Bereich der tatsächlichen Kontakte zu anderen Jugendlichen soll stärker berücksichtigt werden. Darüber hinaus wird für einige Variablen zusätzlich analysiert, wie sich die Peer-Beziehungen Hochbegabter und Hochleistender im Vergleich zu Jugendlichen, die nicht aufgrund von Leistungs- oder Begabungsvariablen ausgewählt wurden, gestalten.

Obwohl – zumindest für einen Teil der Teilnehmer des *Marburger Hochbegabtenprojekts* – zum jetzigen Zeitpunkt auch längsschnittliche Daten vorliegen, werde ich mich fast ausschließlich auf querschnittliche Betrachtungen beschränken. Eine zusätzliche sorgfältige Längsschnittanalyse hätte den Rahmen dieser Arbeit deutlich gesprengt. Darüber hinaus sind nur eingeschränkte Erkenntnisse aufgrund einer längsschnittlichen Analyse mit lediglich zwei Erhebungszeitpunkten zu erzielen: Mögliche nichtlineare Beziehungen (z.B. nach unproblematischer Kindheit Verschlechterung der Peer-Beziehungen Hochbegabter im Jugendalter, aber „Erholung" im Erwachsenenalter) sind erst in künftigen Phasen des *Marburger Hochbegabtenprojekts* aufzudecken.

3 · Methode

3.1 Stichproben

Die Ergebnisse der vorliegenden Arbeit beruhen auf den Daten dreier unterschiedlicher Stichproben:

- *Stichprobe I (Begabungsstichprobe, BS):* stabil hoch- und durchschnittlich begabte Jugendliche (Selektionskriterium: allgemeine Intelligenz, N = 214);
- *Stichprobe II (Leistungsstichprobe, LS):* hoch- und durchschnittlich leistende Jugendliche (Selektionskriterium: allgemeine Schulleistung, N = 256),
- *Stichprobe III (Referenzstichprobe, RS):* nicht vorausgelesene Stichprobe von Jugendlichen der 9. Jahrgangsstufe (N = 734).

Da sich sowohl Stichprobe I als auch Stichprobe II aus Teilnehmern des Marburger Hochbegabtenprojekts (vgl. 2.2.4) zusammensetzen, wird in Tab. 3.1 zunächst ein Überblick über den zeitlichen Verlauf der im theoretischen Teil bereits skizzierten Längsschnittstudie gegeben.

Die Jugendlichen der *Begabungsstichprobe* werden seit ihrer ersten Identifikation im Grundschulalter längsschnittlich begleitet (Phase I – Phase III des Marburger Hochbegabtenprojekts; Phase I: 1987 / 88, Phase II: 1988 / 89 und Phase III: 1994). Die *Leistungsstichprobe* wurde als zweite Kohorte 1995 hinzugezogen (Phase IV: 1995). In den Projektphasen II und III wurden die Kinder bzw. Jugendlichen der Begabungsstichprobe sowie deren Eltern und Lehrkräfte umfassend befragt, in Phase IV erfolgte die analoge Befragung der Leistungsstichprobe, wobei auch hier die Jugendlichen selbst, Eltern und Lehrkräfte als Datenquelle dienten. Zwischen den einzelnen Erhebungsphasen erfolgten und erfolgen zusätzliche postalische Befragungen.

Im wesentlichen stützen sich die Analysen meiner Studie auf Daten, die in Phase III bzw. Phase IV erhoben wurden. Zu diesen Erhebungszeitpunkten waren die Jugendlichen der Begabungs- bzw. Leistungsstichprobe im Mittel 15 Jahre alt und besuchten mehrheitlich (BS: 89.2%, LS: 100 %) die 9. Klassenstufe. Wenn in nachfolgenden Teilen der Arbeit auf frühere bzw. spätere (postalische) Erhebungen bezug genommen wird, so weise ich jeweils darauf hin.

Die Daten der *Referenzstichprobe* wurden 1997 erhoben. Ziel dieser Befragung war vor allem, die psychometrischen Gütekriterien der in dieser Arbeit verwendeten Instrumente zu prüfen und Vergleichswerte im Sinne von „Normen" zu ermitteln.

Nachfolgend beschreibe ich die drei Stichproben in ihren wesentlichen Merkmalen.

Tab. 3.1:   Übersicht über die bisherigen Untersuchungsphasen des
„Marburger Hochbegabtenprojekts"

PROJEKT-PHASE	JAHR	STICH-PROBE	INHALT
Phase I	1987 / 1988	BS	Intelligenztestung und Erhebung soziometrischer Daten an einer großen unselegierten Stichprobe von Schülern der 3. Klasse, Auswahl der Ziel- und Vergleichsgruppe (Hochbegabte und durchschnittlich Begabte) der Begabungsstichprobe („Identifikationsphase")
Phase II	1988 / 1989	BS	Umfassende Datenerhebung (Quellen: Eltern, Lehrkraft, Kind)
Pause A	1989 - 1993	BS	Regelmäßige Kontaktpflege und postalische Befragung
Phase III	1994	BS	Umfassende Datenerhebung (Quellen: Eltern, Lehrkraft, Jugendlicher), Selektion der „stabil Hochbegabten" und einer entsprechenden Vergleichsgruppe „stabil durchschnittlich Begabter"(„Re-Identifikations-Phase")
Phase IV	1995	LS	Selektion der „Leistungsstichprobe" (hoch- und durchschnittlich leistende Gymnasiasten der 9. Jahrgangsstufe aus den neuen Bundesländern), umfassende Datenerhebung (Quellen: Eltern, Lehrkraft, Jugendlicher)
Pause B	seit 1995	BS / LS	Regelmäßige Kontaktpflege und postalische Befragung

BS: Begabungsstichprobe; LS: Leistungsstichprobe

3.1.1   Begabungsstichprobe

3.1.1.1   Selektion und Identifikation

Vorgehen und Ergebnisse bezüglich Phase I und II des Marburger Hochbegabtenprojekts wurden in anderen Publikationen (Rost & Czeschlik 1988; Rost 1989; Rost & Dörner 1989; Wild 1991; Rost 1993a; 1993b; Tettenborn 1996) bereits ausführlich beschrieben. Rost & Hanses (1995), Rost, Freund-Braier, Schilling & Schütz (1997; 1998) und Rost (2000a) berichten detailliert über das Vorgehen in Phase III und wesentliche Ergebnisse. Hanses (2000) informiert umfassend über die Re-Identifikation im Jugendalter.

Die folgende kurze Darstellung stützt sich auf diese Quellen und greift nur diejenigen Punkte auf, die für das Verständnis der vorliegenden Arbeit notwendig sind.

• Selektion und Identifikation im Grundschulalter

Im Zeitraum von November 1987 bis August 1988 wurde eine Stichprobe von 7289[19] Grundschülern der 3. Klasse aus dem – damaligen – gesamten[20] Bundesgebiet einschließlich West-Berlin hinsichtlich ihrer allgemeinen Intelligenz untersucht. Die dabei verwendete Testbatterie bestand aus dem *Grundintelligenztest Skala 20* (CFT–20, Weiß 1987), dem *Zahlen-Verbindungs-Test* (ZVT, Oswald & Roth 1987) und den *Sprachlichen Analogien 3 / 4* (Portmann 1974). Letztere wurden – um im oberen Intelligenzbereich besser differenzieren zu können – durch schwierigere Items aus den *Sprachlichen Analogien 5 / 6* (Portmann 1975), dem *Frankfurter Analogietest 4 – 6* (Belser, Anger & Bargmann 1972) sowie dem *Frankfurter Analogietest 7 – 8* (Belser, Anger & Bargmann 1965) ergänzt. Die Verfahren wurden psychometrisch analysiert, zwei Subtests des CFT–20 (*Klassifikationen* und *Topologien*) erwiesen sich für die untersuchte Altersgruppe als ungeeignet und wurden daher für die Ermittlung von „g" nicht berücksichtigt. Die Testwerte wurden für Untersuchungszeiträume von jeweils drei Monaten getrennt normiert und in z-Werte transformiert, um Kohorteneffekten entgegenzuwirken. Zur Schätzung der allgemeinen Intelligenz „g" diente eine Hauptkomponentenanalyse: Aufgrund der Ladung der Subtests auf der ersten unrotierten Komponente wurden regressionsanalytisch die z-standardisierten Komponentenscores (g_z) der Kinder ermittelt. Die erste unrotierte Komponente klärt dabei 61% der Totalvarianz auf. Die Subtests laden auf dieser in ähnlicher Höhe (CFT: a = 0.83, ZVT: a = 0.71, Sprachliche Analogien: a = 0.81).

Auswahl der Zielgruppe (Hochbegabte). Zunächst wurden alle Schüler, die in einem der Tests einen unterdurchschnittlichen Wert (g_z < 0) erzielt hatten, vom Selektionsprozeß für die Zielgruppe ausgeschlossen. Die *Kerngruppe* der Hochbegabten bilden diejenigen Schüler, die einen „g"-Wert von mindestens 2 Standardabweichungen über dem Durchschnitt aufwiesen (N = 120). Diese Gruppe wurde um Schüler erweitert, die zwar das Kriterium für g_z > 2 nicht erfüllten, aber

(a) in einem der drei verwendeten Testverfahren extrem gute Leistungen aufwiesen (z > 2.0) *und*
(b) im zweiten Test überdurchschnittliche Leistungen zeigten (z > 0.5) *und*
(c) im dritten Test mindestens einen z-Wert von 1.5 erzielten.

Diese Kriterienkombination (*Testspitzen*) erfüllten 31 Kinder, so daß die Gruppe der hochbegabten Schüler insgesamt N = 151 Schüler (davon 65 Mädchen) umfaßt.

Auswahl der Vergleichsgruppe (durchschnittlich Begabte). Die Schüler der Vergleichsgruppe sollten sich in bezug auf die Lebensumwelt so wenig wie möglich

---

[19] Einige Klassen wurden aufgrund v. Durchführungsproblemen / geringen Klassenstärken ausgeschlossen, so daß sich die Stichprobe auf N = 7023 Schüler reduzierte.

[20] Lediglich die Behörden der Länder Bremen und Hamburg erteilten keine Untersuchungsgenehmigung.

von der Zielgruppe unterscheiden. Es wurde versucht, für jedes Zielgruppenkind ein Kind gleichen Geschlechts zu finden, das

(a) einen „g"-Wert möglichst nahe 0 aufwies (d.h. die Gesamtleistung sollte zwischen $g_z = -1$ und $g_z = 1$ angesiedelt sein, zusätzlich sollte in keinem Testverfahren der Wert von z = 1.5 überschritten bzw. z = −1.5 unterschritten werden),
(b) die gleiche Klasse wie das Zielgruppenkind besuchte und
(c) aus einer Familie mit ähnlichem sozioökonomischen Hintergrund stammte.

Unter Berücksichtigung der Kriterien (a) und (b) wurde für jedes Zielkind eine Liste potentieller Vergleichskinder erstellt. Anschließend wurden die Klassenlehrkräfte gebeten, aus dieser Liste ein in bezug auf Kriterium (c) „passendes" Kind bzw. das am zweitbesten geeignete Kind zu benennen. Da es nicht immer möglich war, ein entsprechendes Vergleichskind zu finden, umfaßt die Vergleichsgruppe 15 Kinder weniger, also N = 136 Schüler (davon 58 Mädchen).

Im Anschluß an die Identifikation erfolgte die Kontaktaufnahme mit den Familien der ausgewählten Kinder. Diese wurden von geschulten Psychologen besucht (Phase II). Im Rahmen dieses Besuchs wurden eine Fülle von Daten erhoben, wobei Eltern und Kinder gleichermaßen befragt wurden. Zusätzlich wurden die Klassenlehrkräfte der Ziel- und Vergleichsgruppenkinder kontaktiert und um Auskunft über diese gebeten.

Hinsichtlich der allgemeinen kognitiven Leistungsfähigkeit ist eine sehr gute Trennung der beiden Gruppen gelungen, ebenso weisen die Leistungen in den einzelnen Testverfahren nur geringe Überlappungen auf. Es war jedoch nicht möglich, eine vollständige Vergleichbarkeit der beiden Gruppen in bezug auf den für das Bildungsverhalten relevanten sozialen Status, der in Phase II durch den BRSS (Bauer 1972) differenziert erhoben wurde, herzustellen: In der Zielgruppe sind obere Mittelschicht und Oberschicht, in der Vergleichsgruppe die Unterschicht stärker vertreten. Dies geht vor allem auf Unterschiede in der Schulbildung des Vaters zurück (Rost 1993a).

• (Re-)Identifikation im Jugendalter

Die in Phase II untersuchte Ziel- und Vergleichsgruppe wurde 1994 (Phase III) erneut von Mitarbeitern des *Marburger Hochbegabtenprojekts* besucht. Analog zum Vorgehen in Phase II wurden neben den Jugendlichen selbst auch deren Eltern und Fachlehrkräfte (Deutsch und Mathematik; falls dies nicht möglich war: Lehrkraft in einem sprachlichen bzw. naturwissenschaftlichen Fach) befragt. Mit einer Teilnahmequote von N = 283 konnten 98.6 % der Probanden aus Phase II erreicht werden. Dieser vernachlässigbar geringe Ausfall stellt für das gegebene Befragungsintervall ein außergewöhnliches – bislang in der empirischen Sozialforschung unerreichtes – Ergebnis dar.

Bei einer längsschnittlichen Betrachtung des Phänomens *Hochbegabung* stellt sich zunächst die Frage nach der Stabilität der Diagnose. Insbesondere vor dem Hintergrund des statistischen Phänomens der *Regression zur Mitte* ist – schon aufgrund des nicht perfekt reliablen Selektionskriteriums – zu vermuten, daß nicht alle im Grundschulalter als hochbegabt diagnostizierten Probanden auch in der Retestung einen IQ > 129 erreichen. Tatsächlich ist – wie Hanses (2000) darlegt – bei einer aufgrund von Ergebnissen aus Längsschnittstudien geschätzten Retestreliabilität von $r_{tt} = 0.80$ zu erwarten, daß lediglich 43% der hochbegabten Grundschulkinder auch als Jugendliche einen IQ $\geq$ 130 erreichen. Bei einem weniger „harten" Kriterium für Hochbegabung (IQ $\geq$ 125) sind es immerhin 63%.

Um die Stabilität der Gruppenzuordnung zu überprüfen, wurde wie folgt vorgegangen:

(a) Zusammenstellung einer für Jugendliche geeigneten Testbatterie, die möglichst gut *allgemeine Intelligenz* im Sinne von Spearmans „*g*"-Faktor erfassen und strukturell der in Phase I verwendeten Batterie ähneln sollte. Die verwendete Intelligenztestbatterie besteht aus folgenden Verfahren (genauer vgl. 3.2.1):

- Untertests *Sprachliche Analogien* (AN) und *Zahlenreihen* (ZR) aus dem Intelligenz-Struktur-Test (I-S-T 70, Amthauer 1970). Während *Sprachliche Analogien* vor allem sprachliches *reasoning* erfassen soll, bezieht sich der Untertest *Zahlenreihen* auf schlußfolgerndes Denken im Rahmen numerischer Aufgaben.

- Untertest *Symbolreihen* (SR) des Leistungsprüfsystems (LPS) von Horn (1962; 1983). Dieser Untertest mißt den Primärfaktor *reasoning* und erfaßt die grundlegende Denkfähigkeit anhand sprachfreien Materials.

- Der *Zahlen-Verbindungs-Test* (ZVT, Oswald & Roth 1978; 1987) wurde bereits in Phase II eingesetzt und hier zur Messung der „kognitiven Leistungsgeschwindigkeit" erneut vorgegeben.

(b) Administration der Testbatterie in der Begabungsstichprobe.

(c) Zeitlich parallele Erhebung aktueller Vergleichsdaten an einer großen unausgelesenen Stichprobe von niedersächsischen Jugendlichen der 9. Jahrgangsstufe (N = 919, *Marburger Normstichprobe*, vgl. Hanses 2000).

(d) Psychometrische Analysen der Testbatterie auf Grundlage der Daten der Normstichprobe. Neben den psychometrischen Gütekriterien wurden Schul-, Geschlechts- und Versionseffekte überprüft (Hanses 2000).

(e) Ermittlung der Subtestgewichte in bezug auf die erste unrotierte Hauptkomponente („*g*") in der Normstichprobe: Die pro Subtest z-standardisierten drei[21] Subtests wurden einer Hauptkomponentenanalyse unterzogen, die erste unrotierte Komponente klärt dabei 58.6 % der Varianz auf. Die entsprechenden Ladungen der drei Subtests betragen $a_{AN} = 0.70$, $a_{ZR/SR} = 0.86$, $a_{ZVT} = 0.69$. Die Gewichte (Fs)[22] liegen bei $Fs_{AN} = 0.41$, $Fs_{ZR/SR} = 0.51$ und $Fs_{ZVT} = 0.40$.

(f) Identifikation der „stabil Hochbegabten" und der Vergleichsgruppe anhand des „*g*"-Werts, der unter Verwendung der in Schritt (d) und (e) ermittelten Gewichte und Kennwerte berechnet wurde.

Da Schritt (f) die endgültige Auswahl der Probanden für die Zielgruppe der Phase III determiniert, soll dieser ausführlicher erläutert werden.

---

[21] Zahlen- und Symbolreihen wurden zu einem Kombinationswert zusammengefaßt, da beide Tests „nonverbales *reasoning*" erfassen und eine übermäßige Gewichtung dieses Faktors vermieden werden sollte.

[22] Koeffizienten der Faktorscorematrix. Der „*g*"-Wert berechnet sich aus einer Linearkombination der mit diesen Koeffizienten gewichteten z-standardisierten Subtestwerte (Mittelwert und Standardabweichung der *Marburger Normstichprobe*).

Auswahl Zielgruppe Phase III (ZG-HB). Die Auswahl ist eng an die in Phase II verwandten Kriterien angelegt. Folgende Bedingungen mußten zur Aufnahme in die Zielgruppe erfüllt sein:

- Bereits in Phase II Zuordnung zur Zielgruppe „Hochbegabte".
- Keine unterdurchschnittliche Leistung ($z < 0$) in einem der Intelligenzindikatoren.
- Kombinationswert $g_z \geq 1.67$, was einem IQ ≥ 125 entspricht (*Kerngruppe*).

Auch hier sollte ursprünglich – wie in Phase II – die Kerngruppe um *Testspitzen* erweitert werden, allerdings erfüllte kein Jugendlicher die erforderlichen Kriterien.

Der gegenüber einem Mindest-IQ von 130 niedrigere *cut-off*-Wert von IQ = 125 erscheint aus mehreren Gründen sinnvoll: Neben dem bereits *beschriebenen* statistischen Regressionseffekt ist als wichtigstes Argument anzuführen, daß die betreffenden Zielgruppenjugendlichen seit längerer Zeit zur Spitzengruppe ihrer Altersstufe (im Grundschulalter obere 2% bis 3%, im Jugendalter obere 5%) gehören.

Zum zweiten wird in einer Reihe von Studien zum Thema „Hochbegabung" der Grenzwert IQ $\geq$ 125 zugrundegelegt. Auch bei Aufnahme in Förderprogramme für Hochbegabte wird häufiger ein entsprechender Mindest-IQ verlangt.[23]

Als wichtig wurde ebenfalls erachtet, daß die Gruppenstärke bei einer zweifaktoriellen Betrachtung (*Geschlecht × Begabung*) nicht zu stark sinken sollte, um eine ausreichende Teststärke der statistischen Auswertung zu gewährleisten.

Insgesamt wurden so N = 107 Jugendliche als stabil hochbegabt identifiziert. Die Reklassifikationsrate entsprach 70.9% und ist nahezu identisch mit dem zu erwartenden Anteil von 72%, wenn man eine Retestreliabilität von $r_{tt} = 0.85$ annimmt. Dies spricht – wie Hanses (2000) betont – für die Validität der Verfahren und der Stichprobenauswahl.

Auswahl Vergleichsgruppe Phase III (VG-DB). Hier wurden – unter Berücksichtigung des Geschlechts – die N =107 Jugendlichen der ursprünglichen Vergleichsgruppe der Phase II ausgewählt, die einen „*g*"-Wert möglichst nahe bei $g_z = 0$ erzielt hatten.

Die Analysen dieser Arbeit beruhen – was die Begabungsstichprobe anbetrifft – ausschließlich auf Daten dieser in Phase III reidentifizierten Ziel- und Vergleichsgruppe (*stabil Hochbegabte, stabil durchschnittlich Begabte*).

3.1.1.2 Beschreibung der stabil durchschnittlich Begabten und stabil Hochbegabten

Geschlecht. Wie aus Tab. 3.2 ersichtlich ist, sind Jungen – wie bereits bei der Identifikation im Grundschulalter – etwas häufiger vertreten (Rost 1993a, 13–14). Dabei

---

[23] Auch hier zeigt sich das Problem, daß der *cut-off*-Wert bei einer quantitativen Definition von Hochbegabung letztendlich arbiträr ist – wann „hoch" beginnt ist eine Konventionsfrage (vgl. 2.2.2).

hat sich das Geschlechtsverhältnis gegenüber der Erstidentifikation im Grundschulalter praktisch nicht verändert.

Tab. 3.2: Verteilung von Jungen und Mädchen auf die Gruppe der Hochbegabten (ZG-HB) und durchschnittlich Begabten (ZG-DB)

GESCHLECHT	VG-DB		ZG-HB	
	N	%	N	%
Jungen	60	56.1	62	57.9
Mädchen	47	43.9	45	42.1
GESAMT	107	100	107	100

Sozioökonomischer Status. Weiter oben wurde bereits erwähnt, daß eine absolute Vergleichbarkeit der Ziel- und Vergleichsgruppe im Hinblick auf den sozioökonomischen Status bereits im Grundschulalter nicht gegeben war. Daher ist es nicht verwunderlich, daß sich die als stabil identifizierten Gruppen ebenfalls in Hinblick auf den in Anlehnung an Bauer (1972, zur Berechnung vgl. 2.2.2) berechneten bildungsrelevanten sozialen Status (BRSS) deutlich unterscheiden (Chi²$_5$ = 22.6, p ≤ 0.001, w = 0.32, vgl. Tab. 3.3). Die Familien der Zielgruppe sind in der Oberschicht, sowie in der oberen Mittelschicht stärker vertreten. Die Familien der Vergleichsgruppe sind in der oberen Unterschicht und der mittleren Mittelschicht überrepräsentiert.

Tab. 3.3: Bildungsrelevanter sozialer Status (BRSS in Anlehnung an Bauer 1972) der Familien der hochbegabten (ZG-HB) und durchschnittlich begabten (VG-DB) Jugendlichen

SCHICHT	ANZAHL DER FAMILIEN			
	VG-DB		ZG-HB	
	N	%	N	%
Oberschicht	25	23.4	41	38.3
Obere Mittelschicht	7	6.5	23	21.5
Mittlere Mittelschicht	29	27.1	16	15.0
Untere Mittelschicht	17	15.9	14	13.1
Obere Unterschicht	23	21.5	10	9.3
Untere Unterschicht	6	5.6	3	2.8
GESAMT	107	100.0	107	100.0

Intelligenz. In Abb. 3.1 ist die Verteilung von hoch- und durchschnittlich Begabten hinsichtlich des „g"-Wertes dargestellt.

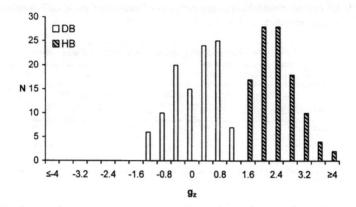

Abb. 3.1: Verteilung der allgemeinen Intelligenz (g_z) für hochbegabte (HB, N = 107) und durchschnittlich begabte Schüler (DB, N = 107) der Begabungsstichprobe

Während sich trivialerweise die Verteilungen hinsichtlich des Auswahlkriteriums „g" nicht überlappen, weisen die Verteilungen der Einzelindikatoren – erwartungsgemäß – kleinere Überlappungsbereiche auf. Diese sind jedoch nur gering. Wie bereits im Grundschulalter ist also eine deutliche Trennung von Ziel- und Vergleichsgruppe gelungen.

Innerhalb der Ziel- und Vergleichsgruppe unterscheiden sich Jungen und Mädchen hinsichtlich des Selektionskriteriums „g" nicht (HB: $d_{JU-MÄ} = 0.14$; DB: $d_{JU-MÄ} = -0.19$). Während sich in keinem Intelligenzindikator eine Wechselwirkung zwischen Begabung und Geschlecht dokumentiert, läßt sich für den ZVT ein Unterschied zugunsten der Mädchen in beiden Gruppen belegen, der Unterschied beträgt etwa eine halbe Standardabweichung ($d_{JU-MÄ} = -0.47$). Bereits in Phase II konnte ein kleiner Unterschied ($d = 0.35$) im ZVT zugunsten der Mädchen beobachtet werden (Rost 1993a).

Besuchte Schulform / Klassenstufe. Tab. 3.4 zeigt die Verteilung der Ziel- und Vergleichsgruppe der Begabungsstichprobe auf die verschiedenen Schulformen zum Erhebungszeitpunkt der Phase III (1994). Tab. 3.5 stellt die Verteilungen bezüglich der besuchten Klassenstufe dar. Schüler beider Begabungsgruppen besuchen mehrheitlich das Gymnasium (ZG-HB: 95.3%, VG-DB: 52.3%).

Tab. 3.4: Verteilung der Hochbegabten (ZG-HB) und durchschnittlich Begabten (VG-DB) auf Schulformen[a] zum Erhebungszeitpunkt 1994

SCHULFORM	VG-DB		ZG-HB		GESAMT	
	N	%	N	%	N	%
Hauptschule	14	13.1	1	1.0	15	7.0
Realschule	34	31.8	4	3.7	38	17.8
Gymnasium	56	52.3	102	95.3	158	73.8
Andere	3	2.8	0	0.0	3	1.4
GESAMT	107	100	107	100	214	100

[a]: Die Zweige additiver Gesamtschulen wurden unter den entsprechenden Schulformen subsumiert

Tab. 3.5: Verteilung der hochbegabten (ZG-HB) und durchschnittlich Begabten (VG-DB) auf die besuchte Klassenstufe

KLASSENSTUFE	VG-DB		ZG-HB		GESAMT	
	N	%	N	%	N	%
7. Klasse	1	1.0	0	0.0	1	0.5
8. Klasse	17	16.0	4	3.7	21	9.8
9. Klasse	88	83.0	102	95.3	190	89.2
10. Klasse	0	0.0	1	1.0	1	0.5
GESAMT	106[a]	100.0	107	100.0	213	100.0

[a]: Ein Schüler besucht eine berufsvorbereitende Schule, daher N = 106

Schulzensuren. Die Vergabe von Zensuren hängt bekanntlich stark vom Bezugsrahmen (Klasse) ab. Insofern kann nicht davon ausgegangen werden, daß das Gütekriterium der Objektivität erfüllt ist (Tent 2001). Daher erscheint ein Vergleich der beiden Begabungsgruppen – selbst wenn er innerhalb der gleichen Schulform und Jahrgangsstufe erfolgt – problematisch, da die Schüler in den meisten Fällen unterschiedliche Klassen in unterschiedlichen Schulen besuchen. Auf einer deskriptiven Ebene kann festgehalten werden, daß hochbegabte Jugendliche auf dem Gymnasium im Durchschnitt in Deutsch, Mathematik, den naturwissenschaftlichen Fächern und den sprachlichen Fächern bessere Zensuren haben als durchschnittlich begabte Jugendliche, die die gleiche Schulform besuchen.

Erhebungszeitpunkt 1998. Tab. 3.6 gibt einen Überblick über die Beschäftigung der Jugendlichen der Ziel- und Vergleichsgruppe zum Zeitpunkt der postalischen Befragung 1998. Da aufgrund des abzuleistenden Wehr- bzw. Ersatzdienstes kein direkter Vergleich zwischen Mädchen und Jungen möglich ist, wurde getrennt nach Geschlecht überprüft, ob Unterschiede zwischen Hochbegabten und durchschnittlich Begabten bestehen. Dies ist sowohl für Mädchen ($p = 0.014$) als auch für Jungen ($p < 0.001$) der Fall. Für beide Geschlechter gilt, daß mehr Hochbegabte studieren, während sich mehr durchschnittlich Begabte bereits im Beruf oder einer Berufsausbildung befinden. Ebenso sind mehr durchschnittlich Begabte noch Schüler. Bei Jungen sind es die Hochbegabten, die zu diesem Zeitpunkt mehrheitlich Wehr- oder Ersatzdienst ableisten. Der Rücklauf der durchgeführten postalischen Erhebung liegt bei 95.3%.

Tab. 3.6: Beschäftigung der Jugendlichen der Ziel- und Vergleichsgruppe der Begabungsstichprobe (N = 204) zum Erhebungszeitpunkt 1998
(mittleres Alter zum Erhebungszeitpunkt: 20 Jahre)

| | VG-DB | | | | ZG-HB | | | |
| | JUNGEN | | MÄDCHEN | | JUNGEN | | MÄDCHEN | |
BESCHÄFTIGUNG	N	%	N	%	N	%	N	%
Schule	9	17.3	9	19.6	3	4.9	2	4.4
Bund/Zivi	20	38.5	--	--	42	68.9	--	--
Beruf/Ausbild.	16	30.8	21	45.7	7	11.5	13	28.9
Studium	2	3.8	9	19.6	7	11.5	20	44.4
Ausland	0	0.0	0	0.0	1	1.6	3	6.7
Sonstiges	5	9.6	7	15.1	1	1.6	7	15.6
GESAMT	52	100.0	46	100.0	61	100.0	45	100.0

VG-DB: durchschnittlich Begabte; ZG-HB: Hochbegabte; Schule: Schüler;
Bund/Zivi: Wehr- bzw. Ersatzdienst; Beruf/Ausbild.: Berufstätigkeit/
berufliche Ausbildung; Ausland: Auslandsaufenthalt

3.1.2 Leistungsstichprobe

3.1.2.1 Selektion und Identifikation

Die Leistungsstichprobe setzt sich aus hoch- und durchschnittlich leistenden Gymnasiasten der 9. Jahrgangsstufe aus den fünf neuen Bundesländern zusammen und wurde 1994 als zweite Kohorte in das *Marburger Hochbegabtenprojekt* aufgenommen. Dabei wurde versucht, jeweils die „Jahrgangsstufenbesten" (*Hochleistende*) und eine entsprechende Vergleichsgruppe durchschnittlich leistender Schüler (*durchschnittlich Leistende*) zu ermitteln. Die Stichprobenauswahl soll kurz erläutert werden (im Detail beschrieben in Rost & Hanses 1996, 42–46; Rost 2000b, 14–20).

Auswahl der Schulen. Die Schulen wurden aus den Schulverzeichnissen der Kultusministerien ausgewählt, wobei sowohl städtische als auch ländliche Gymnasien berücksichtigt werden sollten. Weiterhin wurde versucht, eine möglichst gleiche Anzahl von Jugendlichen aus allen betroffenen Bundesländern zu gewinnen. Ausgeschlossen wurden Gebiete, in denen „Spezialschulen" (Schulen mit besonderem Profil) einen Anziehungspunkt für leistungsstarke Schüler der Umgebung darstellen. Von den kontaktierten 156 Gymnasien ergab sich aus organisatorischen Gründen ein nicht untersuchungsspezifischer Ausfall von 12.2% (z.B. wurden lediglich Schüler mit einem schlechteren Notendurchschnitt als 2.0 gemeldet). 38 Schulen antworteten nicht, dies entspricht einer Rücklaufquote von 75.6%. 13 Gymnasien (8.3%) wollten – aus nachvollziehbaren Gründen (wie z.B. Belastung durch zeitlich parallele Untersuchungen) – nicht teilnehmen oder fielen aus, da nur die Hälfte bzw. weniger als die Hälfte der Lehrer der 9. Klasse sich meldete. 86 Schulen bildeten schließlich die Ausgangsbasis für die Selektion der Probanden. Etwa 47% davon waren im städtischen Gebiet angesiedelt.

Ermittlung potentieller Ziel- und Vergleichsschüler. Die Klassenlehrkräfte der 9. Jahrgangsstufe wurden gebeten, die „klassenbesten" Schüler zu benennen. Dabei sollte der Mittelwert der Zensuren der Fächer Deutsch, Mathematik, der ersten Fremdsprache und der naturwissenschaftlichen Fächer Physik und – falls unterrichtet – Biologie des letzten Versetzungszeugnisses (8. / 9. Klassenstufe) als Kriterium herangezogen werden. Erfüllten mehrere Schüler dieses Kriterium, so war der Schüler mit dem besten Gesamtnotendurchschnitt zu nennen. Zusätzlich sollten die Klassenlehrkräfte einschätzen, ob sie den Schüler zu den drei Jahrgangsstufenbesten zählen.[24]

Zu diesem Klassenbesten sollten die Lehrkräfte einen „Vergleichsschüler" aus der gleichen Klassenstufe nominieren, der

- das gleiche Geschlecht und möglichst einen ähnlichen sozioökonomischen Hintergrund (Hauptberuf / Schulabschluß der Eltern) aufwies und in den betreffenden Fächern lediglich durchschnittliche bis ausreichende Zensuren erhalten hatte. Die potentielle Vergleichsperson sollte dabei nicht versetzungsgefährdet[25] sein und
- die durchschnittliche Leistung sollte nach der subjektiven Lehrkrafteinschätzung nicht in mangelnder Anstrengung / Motivation („Faulheit" bei guter Begabung) begründet sein.

Insgesamt wurden so 362 Schüler aus 288 Klassen als Klassenbeste nominiert.

Auswahl der Zielgruppe (ZG-HL). Die Anzahl der auszuwählenden Zielschüler pro Schule sollte von der Anzahl der Parallelklassen abhängig gemacht werden: Bei drei oder weniger Parallelklassen an einer Schule sollte ein Schüler ausgewählt werden, bei vier bis fünf Parallelklassen konnten zwei Schüler ausgewählt werden. Bei mehr als sechs Klassen war auch die Nominierung von drei Schülern möglich, da bei einer größeren Grundgesamtheit potentiell auch mehr Hochleistende zu erwarten sind (wenn man etwa die oberen 2% der Notenbesten als hochleistend definiert). Folgende Kriterien determinieren die endgültige Auswahl der Hochleistenden:

---

[24] In Thüringen mußte aufgrund von Auflagen des Kultusministeriums von diesem Vorgehen abgewichen werden: Hier konnten keine Zensuren erfragt werden, weshalb die Lehrkräfte der 9. Klassen gebeten wurden, die zwei leistungsstärksten Schüler der 9. Jahrgangsstufe und entsprechende Vergleichspersonen auszuwählen.

[25] Versetzungsgefährdete Jugendliche wurden ausgeschlossen, um eine „negative" Selektion besonders problematischer Schüler zu vermeiden.

(a) Notendurchschnitt in den o.g. Fächern zwischen 1.0 und 1.4. Alle Schüler mit ent-
    sprechendem Zensurenschnitt wurden – ungeachtet der Anzahl der Parallelklas-
    sen – ausgewählt
(b) Entsprach kein Schüler Kriterium (a) bzw. konnten noch weitere Schüler ausge-
    wählt werden, wurde(n) der (die) nächstbeste(n) Schüler ausgewählt. Der Noten-
    durchschnitt durfte jedoch nicht schlechter als 1.9 sein.
(c) Da auf ein der Gymnasialpopulation in den neuen Bundesländern entsprechendes
    Geschlechterverhältnis Wert gelegt wurde (Mädchen : Jungen etwa 60 : 40),
    wurde – sofern mehrere Schüler mit gleichem Durchschnitt zur Auswahl standen –
    der Junge ausgewählt, da die Lehrkräfte dazu tendierten, leistungsstarke Mädchen
    häufiger zu nennen.
(d) Standen auch nach Anwendung der Kriterien (a) bis (c) mehrere Schüler zur Aus-
    wahl, entschied die Zusatzfrage, ob der Betreffende nach Lehrkrafteinschätzung
    zu den Jahrgangsstufenbesten zählt.
(e) Sollte auch nach Anwendung von (d) noch keine Auswahl möglich sein, wurde
    der Gesamtzensurenschnitt als Kriterium herangezogen.

Insgesamt konnten so 134 hochleistende Zielschüler identifiziert werden. Tab. 3.7
zeigt die Aufteilung der Gruppe der Hochleistenden nach Auswahlkriterium und Geschlecht.

Tab. 3.7:   Verteilung der hochleistendenden Schüler (N = 134) der
Leistungsstichprobe auf die Auswahlkategorien a-e (vgl. Text) nach
Geschlecht

GESCHLECHT	a	b	c	d	e	GESAMT (%)
Jungen	28	9	5	5	8	55 (41)
Mädchen	56	9	8	–	6	79 (59)
GESAMT (%)	84 (62.7)	18 (13.4)	13 (9.7)	5 (3.7)	14 (10.5)	134 (100)

Auswahl der Vergleichsgruppe (VG-DL). Die Vergleichsschüler wurden nach
Auswahl der Zielschüler aufgrund der Lehrernominierungen kontaktiert. Da wesentlich mehr Vergleichsschüler (N = 34) als Zielschüler (N = 13) nicht an der Untersuchung teilnehmen wollten und nicht in allen Fällen Ersatz gefunden werden konnte, ist
das N der Vergleichsgruppe gegenüber der Zielgruppe leicht reduziert (N = 122).[26]
Die Differenzen in der Gruppengröße der Leistungsstichprobe im Vergleich zu den in
Rost (2000) berichteten Ergebnissen sind dadurch bedingt, daß dort eine leicht reduzierte Stichprobe der hoch- und durchschnittlich Leistenden betrachtet wurde (vgl.
Rost 2000, 44).

---

[26] Die „Ersatzpersonen" stammten zum größten Teil aus der gleichen Klasse, lediglich in fünf
Fällen mußte auf Schüler einer Parallelklasse oder einer anderen Schule zurückgegriffen
werden.

3.1.2.2 Beschreibung der hoch- und durchschnittlich Leistenden

Geschlecht. Wie Tab. 3.8 zu entnehmen ist, unterscheiden sich Ziel- und Vergleichsgruppe im Geschlechtsverhältnis praktisch nicht. Dieses entspricht in etwa der Ge-
schlechtsverteilung an ostdeutschen Gymnasien (Statistisches Bundesamt 1994, 403).

Tab. 3.8: Verteilung der hochleistenden (ZG-HL) und durchschnittlich leistenden Jugendlichen (VG-DL) nach Geschlecht

GESCHLECHT	VG-DL		ZG-HL		GESAMT	
	N	%	N	%	N	%
Jungen	51	41.8	55	41.0	106	41.4
Mädchen	71	58.2	79	59.0	150	58.6
GESAMT	122	100.0	134	100.0	256	100.0

Sozioökonomischer Status. Die Vergleichbarkeit beider Leistungsgruppen in bezug auf den sozioökonomischen Status (errechnet in Anlehnung an Bauer 1972, zur
Berechnung vgl. 2.2.2) ist nicht vollständig gegeben (vgl. Tab. 3.9). Beide Gruppen
unterscheiden sich statistisch signifikant (Chi$^2_4$ = 50.6, p < 0.001, w = 0.45). Die Familien der hochleistenden Jugendlichen sind in der Oberschicht überrepräsentiert,
demgegenüber sind mehr Familien mit durchschnittlich leistenden Jugendlichen in der
unteren und mittleren Mittelschicht zu finden.

Tab. 3.9: Bildungsrelevanter sozialer Status (BRSS in Anlehnung an
Bauer 1972) der Familien der durchschnittlich leistenden (VG-DL) und
hochleistenden Jugendlichen (ZG-HL)

SCHICHT	ANZAHL DER FAMILIEN			
	VG-DL		ZG-HL	
	N	%	N	%
Oberschicht	31	25.8	88	65.7
Obere Mittelschicht	21	17.5	24	17.9
Mittlere Mittelschicht	35	29.2	11	8.2
Untere Mittelschicht	29	24.2	9	6.7
Obere Unterschicht	4	3.3	2	1.5
Untere Unterschicht	0	0.0	0	0.0
GESAMT	120	100.0	134	100.0

In zwei Fällen konnte in der VG-DL kein BRSS-Wert codiert werden.

Intelligenz. Abb. 3.2 zeigt die Verteilung des Kombinationswertes („*g*") für die hoch- und durchschnittlich Leistenden: Bezüglich des „*g*"-Werts liegen die hochleistenden Jugendlichen im Mittel bei $g_z = 1.13$, also etwa eine Standardabweichung über dem Durchschnitt, während der Mittelwert der durchschnittlich Leistenden etwa im Populationsdurchschnitt liegt ($d_{HL-DL} = 1.2$). In Hinblick auf die Einzelindikatoren der kognitiven Leistungsfähigkeit weisen die Verteilungen der Ziel- und Vergleichsgruppe größere Überlappungsbereiche auf. Auch in der Leistungsstichprobe lassen sich in Hinblick auf „*g*" kein Geschlechtsunterschied bzw. eine Wechselwirkung *Leistung × Geschlecht* absichern.

Ein kleiner Geschlechtseffekt zugunsten der Jungen dokumentiert sich hinsichtlich der sprachlichen Analogien (AN), während im Kombinationswert Zahlenreihen / Symbolreihen (ZR/SR) nur in der Gruppe der Hochleistenden ein kleiner Effekt zugunsten der Jungen auftritt. Legt man – analog zum Vorgehen bei der Begabungsstichprobe – das Kriterium IQ ≥ 125 zugrunde, so sind 20.9% der Hochleistenden intellektuell hochbegabt (N = 28, davon 15 Jungen), bei den durchschnittlich Leistenden sind es drei Schüler (2.5%, davon zwei Jungen).

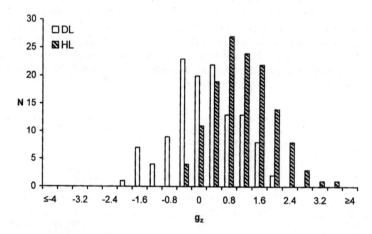

Abb. 3.2:   Verteilung der allgemeinen Intelligenz (g_z) für hochleistende (HL, N = 134) und durchschnittlich leistende (DL, N = 122) Schüler der Leistungsstichprobe

Insgesamt machen diese Ergebnisse deutlich, daß es sinnvoll ist, *Kompetenz* (im Sinne des intellektuellen Potentials) und *Performanz* (herausragende Schulleistung) voneinander zu trennen.

Zensuren. Abb. 3.3 ist zu entnehmen, daß die angezielte Trennung der Ziel- und Vergleichsgruppe hinsichtlich der durchschnittlichen Schulleistung (operationalisiert durch Zensuren) gut gelungen ist.

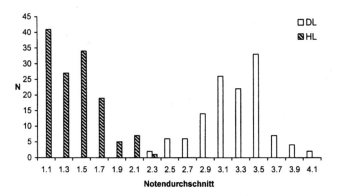

Abb. 3.3: Verteilung des Notendurchschnitts (Zeugnis 9. Klasse: Mittelwert aus Mathematik, Deutsch, sprachlichen und naturwissenschaftlichen Fächern) für hochleistende (HL, N = 134) und durchschnittlich leistende (DL, N = 122) Schüler der Leistungsstichprobe

Erhebungszeitpunkt 1998.

Auch in der Leistungsstichprobe sind Unterschiede in der Situation hoch- und durchschnittlich Leistender zum Zeitpunkt der postalischen Befragung 1998 zu beobachten (Jungen: $p = 0.005$; Mädchen: $p < 0.001$).

Tab. 3.10: Beschäftigung der Jugendlichen der Ziel- und Vergleichsgruppe der Leistungsstichprobe (N = 253) zum Erhebungszeitpunkt 1998 (mittleres Alter zum Erhebungszeitpunkt: 19 Jahre)

| | VG-DL | | | | ZG-HL | | | |
| | JUNGEN | | MÄDCHEN | | JUNGEN | | MÄDCHEN | |
	N	%	N	%	N	%	N	%
Schule	15	30.6	23	32.9	14	25.5	29	36.7
Bund/Zivi	21	42.8	--	--	36	65.4	--	--
Beruf/Ausbild.	9	18.4	29	41.4	3	5.5	10	12.7
Studium	0	0.0	11	15.7	2	3.6	28	35.4
Ausland	0	0.0	1	1.4	0	0.0	6	7.6
Sonstiges	4	8.2	6	8.6	0	0.0	6	7.6
GESAMT	49	100.0	70	100.0	55	100.0	79	100.0

VG-DL: durchschnittlich Leistende; ZG-HL: Hochleistende; Schule: Schüler; Bund/Zivi: Wehr- bzw. Ersatzdienst; Beruf/Ausbild.: Berufstätigkeit/berufliche Ausbildung; Ausland: Auslandsaufenthalt

Während über alle Gruppen hinweg der Anteil der Schüler etwa ein Drittel beträgt (mehrheitlich Klasse 13 der gymnasialen Oberstufe), leisteten mehr hochleistende als durchschnittlich leistende Jungen zu diesem Zeitpunkt ihren Wehr- oder Ersatzdienst ab. Ebenso wie in der Begabungsstichprobe befanden sich mehr Mädchen der Ziel- als der Vergleichsgruppe im Studium. Ebenfalls liegt in der Gruppe der durchschnittlich Leistenden der Anteil der Berufstätigen höher als bei Hochleistenden (vgl. Tab. 3.10). Der Rücklauf der postalischen Befragung fiel mit 98.8% außerordentlich hoch aus.

3.1.3 Referenzstichprobe

Tab. 3.11: Verteilung der N = 734 Schüler der Referenzstichprobe
nach Geschlecht, Schulform, Schule und Klasse

SCHULFORM	SCHULE	KLASSE	JUNGEN	MÄDCHEN	N (KLASSE)
		A1	17	10	27
	A*	A2	9	7	16
INTEGRIERTE	(N = 91)	A3	14	8	22
GESAMTSCHULE		A4	15	11	26
(N_{GES} = 181)		B1	15	8	23
($N_{MÄ}$ = 66)	B*	B2	14	7	21
	(N = 90)	B3	15	8	23
		B4	16	7	23
		C1	11	10	21
	C^{+}	C2	15	10	25
	(N = 97)	C3	14	13	27
		C4	6	18	24
		D1	8	14	22
GYMNASIUM	D*	D2	16	10	26
(N_{GES} = 360)	(N = 130)	D3	19	9	28
($N_{MÄ}$ = 166)		D4	16	9	25
		D5	16	13	29
		E1	14	17	31
	E*	E2	15	13	28
	(N = 133)	E3	12	11	23
		E4	19	8	27
		E5	13	11	24
		F1	12	8	20
	F^{+}	F2	13	15	28
REALSCHULE	(N = 77)	F3	16	13	29
(N_{GES} = 158)		G1	13	12	25
($N_{MÄ}$ = 70)	G*	G2	15	13	28
	(N = 81)	G3	19	9	28
HAUPTSCHULE	H^{+}	H1	13	5	18
	(N = 35)	H2	8	9	17

N: Anzahl der Schüler pro Schule; *: Hessen; $^{+}$:Nordrhein-Westfalen;
N_{GES}: Anzahl der Schüler pro Schulform; $N_{MÄ}$: Anzahl der Mädchen pro
Schulform

Tab. 3.11 ist die Verteilung der untersuchten Jugendlichen der Referenzstichprobe auf Schulen, Klassen, Schulform sowie die Geschlechterverteilung pro Klasse zu entnehmen.

Es wurden Schüler aus acht Schulen (eine Hauptschule, zwei Realschulen, drei Gymnasien bzw. Gymnasialzweige additiver Gesamtschulen sowie zwei integrierte Gesamtschulen) der Bundesländer Hessen und Nordrhein-Westfalen befragt. In jeder Schule wurde die gesamte 9. Jahrgangsstufe untersucht, insgesamt bestand die Stichprobe aus 30 Klassen. Die Schulen wurden von den Versuchsleiterinnen ausgewählt, wobei alle angesprochenen Schulen teilnahmen.[27] Die Datenerhebung fand zwischen Oktober und Dezember 1997 statt, die Testung erfolgte während der Schulzeit im Klassenverband. Die Teilnahme war freiwillig und das Einverständnis der Eltern war erforderlich. Von den 840 Schülern dieser Klassen konnten 753 befragt werden (was einer Teilnahmequote von 89.6% entspricht). Aufgrund mangelnder oder unvollständiger Bearbeitung der Fragebogen wurden 19 Schüler (14 Jungen und 5 Mädchen) von der weiteren Auswertung ausgeschlossen, so daß die endgültige Referenzstichprobe N = 734 Jugendliche umfaßt.

3.1.3.1 Vergleich mit populationsstatistischen Daten

Die Schüler waren im Mittel 15.1 Jahre alt (S = 0.58, Min = 13.9, Max = 17.5). Der Anteil an muttersprachlich nicht deutschen Schülern beträgt 12.9% für die Gesamtstichprobe. Tab. 3.12 zeigt den Vergleich der Referenzstichprobe mit den populationsstatistischen Daten des Bundeslandes Hessen (Schülerpopulation 9. Schuljahr, 1997 / 1998) in bezug auf Geschlecht, besuchte Schulform und Anteil an ausländischen Schülern.[28] Zu beachten ist, daß der Anteil an ausländischen Schülern in der Referenzstichprobe durch die Variable „Muttersprache" nur grob geschätzt werden kann, da die Staatsangehörigkeit nicht erhoben wurde. Bilinguale Schüler (2.3% der Stichprobe) wurden bei der Berechnung des Ausländeranteils nicht berücksichtigt.

Im Vergleich zur Population der hessischen Schüler der 9. Jahrgangsstufe sind die Schulformen „Gesamtschule" und „Gymnasium" in der Referenzstichprobe überrepräsentiert, die Schulformen „Haupt-„ und „Realschule" sind unterrepräsentiert (Chi$^2_3$ = 175.2, p < 0.001, w = 0.48). Der Anteil ausländischer Schüler weicht in der Referenzstichprobe nicht vom Populationsanteil ab (Binomialtest, p = 0.426, h < 0.1). Dies gilt ebenso bei getrennter Betrachtung der einzelnen Schulformen. Mädchen sind insgesamt leicht unterrepräsentiert (Binomialtest, p = 0.001, h = 0.12). Das Ungleichgewicht in der Geschlechterverteilung zeigt sich insbesondere in den Schulformen „Gesamtschule" und „Gymnasium". Dies ist im wesentlichen auf zwei Ursachen zurückzuführen: Zum einen ist das Verhältnis Mädchen / Jungen in den 9. Klassen der von

---

[27] Die Schulen mußten für die Versuchsleiterinnen gut erreichbar sein, die Auswahl war demnach nicht repräsentativ und nicht im strengen Sinn zufällig.

[28] Da sich die Stichprobe zu 72% aus hessischen Schülern zusammensetzt, wurde die Schülerpopulation dieses Bundeslandes als Vergleichsgröße herangezogen. Beim Vergleich mit der Schülerpopulation in NRW (9. Schuljahr 1998 / 99) ergeben sich gleichsinnige Effekte.

uns befragten Schulen zuungunsten der Mädchen verschoben (56% Jungen, p = 0.002, h = 0.1), also eine stichprobenspezifische Besonderheit. Zum anderen ist die Teilnahmequote bei Mädchen mit 86.8% etwas niedriger als bei Jungen (91.9%), so daß sich die Anteiligkeiten entsprechend weiter verschieben. Dieser Unterschied in den Teilnahmequoten ist zwar statistisch signifikant (Chi²$_1$ = 5.9, p = 0.015), aber mit w = 0.06 von nur geringer praktischer Relevanz. Insbesondere angesichts der hohen Teilnahmequote sowohl bei Jungen als auch bei Mädchen dürfte hier der Einfluß von selektiven untersuchungsspezifischen Ausfällen vernachlässigbar sein.

Tab. 3.12: Prozentualer Anteil an Schülern gesamt (GES)[a], Mädchen (MÄ)[b] und ausländischen Schülern (AUSL)[b] nach Schulformen in % der Referenzstichprobe (RS, N = 734) und der Schülerpopulation hessischer Schüler im 9. Schuljahr des Halbjahres 1997 / 1998[c] (HESSEN) in %

	HAUPTSCHULE			REALSCHULE			INTEGRIERTE GESAMTSCHULE			GYMNASIUM		
	GES	MÄ	AUSL	GES	MÄ	AUSL	GES	MÄ	AUSL	GES	MÄ	AUSL
HESSEN	19.0	44.0	28.0	30.0	50.0	13.0	18.0	47.0	17.0	33.0	53.0	7.0
RS	4.8	40.0	31.4	21.5	44.3	11.5	24.7	36.5	20.4	49.0	46.1	13.0

[a]: Anteil bezogen auf die Gesamtschülerzahl; [b]: Anteil bezogen auf die Schülerzahl der jeweiligen Schulform; [c]: Schülerpopulation ohne Sonderschüler / Schüler freier Schulen (Quelle: Hessisches Statistisches Landesamt; 1999)

3.1.3.2 Schulbildung der Eltern und ZVT

Bildungsabschluß der Eltern. Tab. 3.13 stellt die Verteilung in bezug auf den Bildungsabschluß der Eltern (Mutter und Vater) dar, den wir als groben Indikator für den sozialen Hintergrund des Elternhauses von den Jugendlichen erfragt haben.

Kritisch anzumerken ist, daß ein relativ großer Anteil der Jugendlichen diesen nicht angeben konnte (Schulbildung der Mutter: 14.7%; Schulbildung des Vaters 16.9%). Dies muß bei der Interpretation beachtet werden.

Die Daten in Tab. 3.13 zeigen, daß insgesamt die gesamte Bandbreite von Bildungsabschlüssen vertreten ist, wobei nach Angabe der Jugendlichen ein relativ hoher Anteil der Eltern (26% der Mütter und 34% der Väter) Abitur bzw. ein abgeschlossenes Studium hatten.[29] Berücksichtigt man, daß – im Vergleich zu den anderen Schulformen – mehr Gymnasialschüler den Bildungsabschluß ihrer Eltern angeben konnten, stellt dieser Prozentsatz an höheren Bildungsabschlüssen wahrscheinlich eine Überschätzung dar.

---

[29] Zum Vergleich: bei den Hochbegabten der Begabungsstichprobe haben 45.7% der Väter und 22.6% der Mütter Abitur / ein abgeschlossenes Studium.

Tab. 3.13: Bildungsabschluß der Eltern der Schüler der
Referenzstichprobe (Angabe der Jugendlichen)

ABSCHLUß	MUTTER		VATER	
	N	%	N	%
kein Abschluß	21	2.9	20	2.7
Hauptschulabschluß	100	13.6	80	10.9
abg.Lehre/Meister	40	5.5	108	14.7
Realschulabschluß	268	36.5	149	20.3
Abitur	115	15.7	102	13.9
abg. Studium	74	10.1	123	16.8
Promotion/Habilitation	4	0.5	24	3.3
weiß nicht	108	14.7	124	16.9
fehlende Angabe	4	0.5	4	0.5
GESAMT	734	100	734	100

ZVT. Im Vergleich zur Normstichprobe des Marburger Hochbegabtenprojekts liegt der Mittelwert des ZVT in der Referenzstichprobe mit $z = -0.24$ (S = 1.07) etwas niedriger. Es zeigen sich erwartungsgemäße Unterschiede zwischen den Schülern der verschiedenen Schulformen (Hauptschule $\leq$ Realschule < Gymnasium). Der Mittelwert der Schüler der integrierten Gesamtschule liegt mit $p < 0.001$ (Scheffé-Test) unter dem der Realschüler und Gymnasiasten. Wie Abb. 3.4 zu entnehmen ist, verteilen sich die ZVT-Werte normal (Kolmogorov-Smirnov-Anpassungstest, $p = 0.892$). In der Referenzstichprobe ist also ein breites Spektrum an Schülern unterschiedlicher intellektueller Leistungsfähigkeit vertreten, auch wenn der ZVT ohne Zusatzinformation sicher nur als grober Indikator für diese angesehen werden kann. Mädchen erzielen die besseren ZVT-Ergebnisse ($d_{JU-MÄ} = -0.44$), insbesondere bei den Gymnasiasten. Dies entspricht den in der Begabungsstichprobe beobachteten Ergebnissen.

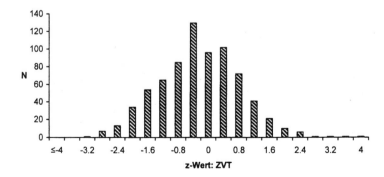

Abb. 3.4:   Verteilung der ZVT-Ergebnisse (z-Wert: ZVT) für N = 734 Schüler der Referenzstichprobe

3.1.3.3 Selektion einer quotierten Teilstichprobe

Für Mittelwertsvergleiche mit den Zielgruppen der Begabungs- und Leistungsstichprobe kann die mangelnde Repräsentativität der Referenzstichprobe hinsichtlich der besuchten Schulform und des Geschlechts problematisch sein. Daher wird für diese Zwecke aus dieser eine Zufallsauswahl im Sinne einer *sekundären Quotenstichprobe* (Lienert & Raatz 1994) getroffen. Deren Anteiligkeiten entsprechen – auch hinsichtlich der Zusammensetzung nach Geschlecht – der hessischen Schülerpopulation des 9. Schuljahres zum Erhebungszeitpunkt ohne Hauptschüler, Sonderschüler und Schüler freier Schulen.[30] Die Auswahl (die im folgenden als *Q-Referenzstichprobe* [QRS] bezeichnet werden soll) umfaßt 372 Schüler (vgl. Tab. 3.14).

Selbstverständlich kann auch diese Zufallsauswahl nicht im strengen Sinne als repräsentativ bezeichnet werden (da die Auswahl der Schulen nicht nach entsprechenden Kriterien erfolgte), sondern sie entspricht lediglich in bezug auf Schulform und Geschlecht den Anteiligkeiten der definierten Schülerpopulation.

Tab. 3.14: Zusammensetzung der Q-Referenzstichprobe
nach Schulform und Geschlecht

	JUNGEN		MÄDCHEN		GESAMT	
	N	%	N	%	N	%
RS	70	38.0	70	37.2	140	37.6
GY	70	38.0	81	43.1	151	40.6
GS	44	24.0	37	19.7	81	21.8
GESAMT	184	100.0	188	100.0	372	100.0

RS: Realschule; GY: Gymnasium; GS: Gesamtschule

3.1.4 Teilstichprobe aus der Erhebung Jugend '92

Für die Variablen, die ohne wesentliche Modifikationen aus der Shell-Studie '92 (Jugendwerk der Deutschen Shell) übernommen wurden, bietet sich ein Vergleich mit den dort erzielten Ergebnissen an. Dieser ist insbesondere deshalb von Interesse, da in der Jugend '92-Studie sowohl Jugendliche aus den alten als auch aus den neuen Bundesländern befragt wurden. Aus dem Gesamtdatensatz wird eine Teilstichprobe von N = 238 Jugendlichen aus allen Bundesländern (außer Hamburg) herangezogen, die zum

---

[30] Da nur zwei Hauptschulklassen einer nordrhein-westfälischen Schule befragt wurden, standen für das Quotieren nicht genügend Pbn zur Verfügung.

Zeitpunkt der Befragung die 9. Klassenstufe besuchten (35.3% ostdeutsche und 64.7% westdeutsche Schüler).[31] Tab. 3.1 gibt eine Übersicht über die Zusammensetzung nach Herkunft (West- oder Ostdeutschland), besuchte Schulform und Geschlecht. Die befragten westdeutschen Jugendlichen besuchten Haupt-, Real- und Gesamtschulen sowie Gymnasien. Die ostdeutschen Schüler besuchten mehrheitlich die polytechnische Oberschule, die in der ehemaligen DDR die Regelschule darstellte und zehn Schuljahre umfaßte. Die erweiterte Oberschule führte in der ehemaligen DDR zum Erwerb der Hochschulreife und umfaßte die Klassenstufen 11 bis 12. Der geringe Anteil an ostdeutschen Schülern der 9. Klassenstufe an erweiterten Oberschulen ist vermutlich mit Umstellungsprozessen des Schulsystems in den neuen Bundesländern zum Erhebungszeitpunkt zu erklären.

Tab. 3.15: Zusammensetzung der Teilstichprobe Shell nach Herkunft (Ost- vs. Westdeutschland), besuchter Schulform und Geschlecht

BESUCHTE SCHUL- FORM	WEST (N = 154)				OST (N = 84)				GESAMT	
	JU		MÄ		JU		MÄ			
	N	%	N	%	N	%	N	%	N	%
HS	27	31.8	26	37.7	--	--	--	--	53	22.3
RS	25	29.4	20	29.0	--	--	--	--	45	18.9
GY	25	29.4	15	21.7	--	--	--	--	40	16.8
GS	8	9.4	8	11.6	--	--	--	--	16	6.7
PTO	--	--	--	--	41	93.2	32	80.0	73	30.7
EO	--	--	--	--	3	6.8	8	20.0	11	4.6
GESAMT	85	100.0	69	100.0	44	100.0	40	100.0	238	100.0

WEST: westdeutsche Schüler; OST: ostdeutsche Schüler; JU: Jungen; MÄ: Mädchen; HS: Hauptschule; GS: Gesamtschule; RS: Realschule / Mittelschule; GY: Gymnasium; PTO: Polytechnische Oberschule; EO: erweiterte Oberschule

Die Schüler waren im Mittel 15.1 Jahre alt (S = 0.77). Die hier verwendete Stichprobe soll im folgenden als *Teilstichprobe Shell* (SHELL), die jeweiligen Substichproben „Ost" und „West" als *Teilstichprobe Shell – Ost* (SHELL-O) und *Teilstichprobe Shell – West* (SHELL-W) bezeichnet werden.

---

[31] Die in dieser Arbeit verwendeten Daten der Shell-Studie Jugend '92 wurden vom ZENTRALARCHIV FÜR EMPIRISCHE SOZIALFORSCHUNG, Universität zu Köln, zugänglich gemacht. Die Daten der Studie wurden erhoben von J. Zinnecker (Universität-Gesamthochschule Siegen) und A. Fischer (Psydata, Frankfurt) und dem Jugendwerk der Deutschen Shell (Hamburg). Sie wurden vom ZENTRALARCHIV FÜR EMPIRISCHE SOZIALFORSCHUNG (ZA) für die Analyse aufbereitet und dokumentiert. Weder die vorgenannten Personen und Institute noch das ZENTRALARCHIV tragen irgendeine Verantwortung für die Analyse oder Interpretation der Daten in dieser Arbeit.

Zusammenfassung zu 3.1

Die empirischen Analysen beruhen auf den Daten folgender Stichproben:
Begabungsstichprobe. Diese setzt sich aus N = 107 stabil durchschnittlich begabten und N = 107 stabil hochbegabten Jugendlichen aus den „alten" Bundesländern zusammen. Diese wurden bereits im Grundschulalter als hochbegabt (IQ ≥ 130)
bzw. durchschnittlich begabt (IQ ≈ 100) identifiziert. Aufgrund der bei nicht per-
fekter Reliabilität des Selektionsinstruments zu erwartenden Regression zur Mitte
wurde bei der Re-Identifikation im Jugendalter ein niedrigerer Grenzwert (IQ ≥ 125)
für die Diagnose „Hochbegabung" zugrundegelegt. Ziel- und Vergleichsgruppe sind
hinsichtlich der Geschlechtszusammensetzung vergleichbar, allerdings ist eine Parallelisierung hinsichtlich des sozioökonomischen Status nicht vollständig gelungen,
Hochbegabte sind in den oberen sozialen Schichten leicht überrepräsentiert.
Leistungsstichprobe. N = 134 Gymnasiasten aus den neuen Bundesländern wurden aufgrund ihrer Zensuren als Jahrgangsstufenbeste ihrer Schulen ausgewählt
(„Hochleistende"). Die Vergleichsgruppe durchschnittlich leistender Schüler setzt
sich aus N = 122 Jugendlichen zusammen, die nach Geschlecht und Schulklasse
weitgehend parallelisiert werden konnten. Eine vollständige Vergleichbarkeit hinsichtlich des sozioökonomischen Status ist nicht gegeben. Familien Hochleistender
sind häufiger in den oberen sozialen Schichten vertreten.
Referenzstichprobe. Zusätzlich wurden N = 734 Schüler der 9. Jahrgangsstufe
aus hessischen und nordrhein-westfälischen Schulen untersucht, um (a) die psychometrischen Kennwerte der eingesetzten Instrumente an einer unausgelesenen Stichprobe zu überprüfen und (b) Vergleichswerte im Sinne einer „Norm" zu erhalten.
Für Vergleiche auf Mittelwertsbasis mit den Zielgruppen der Begabungs- und Leistungsstichprobe wurde aus diesen Schülern eine sekundäre Quotenstichprobe gezogen (N = 372, *Q-Referenzstichprobe*), die hinsichtlich der Zusammensetzung nach
Geschlecht und Schulform (ohne Haupt- und Sonderschüler) der Population hessischer Schüler der 9. Klasse gleicht.
Teilstichproben Shell. Für einige Variablen besteht die Möglichkeit, zusätzlich
Vergleiche mit den Ergebnissen der Shell-Studie '92 anzustellen. Zwei Teilstichproben (Schüler der 9. Jahrgangsstufe) der Shell-Studie werden herangezogen:
SHELL-O (N = 84, Jugendliche der „neuen" Bundesländer) und SHELL-W (N =
154, Jugendliche der „alten" Bundesländer).

3.2 Variablen

In diesem Abschnitt stelle ich die in der vorliegenden Arbeit verwendeten Verfahren
vor. Die überwiegende Mehrzahl der Instrumente wurden der Begabungs- und Leistungsstichprobe in einer Einzelsituation von geschulten Mitarbeitern nach einem
standardisierten Ablaufplan vorgegeben (vgl. Rost & Hanses 1995, 5–9; 1996, 21–25).
Die Daten der Referenzstichprobe wurden im Rahmen einer Gruppentestung (Klassenverband) – ebenfalls durch geschulte Diplom-Psychologinnen – administriert.

3.2.1 Allgemeine Intelligenz („g")

Die allgemeine Intelligenz „g" wird im *Marburger Hochbegabtenprojekt* auf der Grundlage einer gewichteten Kombination aus vier Intelligenzindikatoren berechnet. Das Vorgehen wurde bereits unter 3.1.1.1 beschrieben. Alle vier Subtests wurden sowohl der Begabungs- als auch der Leistungsstichprobe vorgegeben. In der Referenzstichprobe wurde lediglich der ZVT administriert.

Im folgenden sollen die vier eingesetzten Tests kurz charakterisiert werden. Ausführlicher sind die Verfahren bei Rost & Hanses (1995, 37–53; 1996, 70–82) dargestellt. Sämtliche Angaben zu den an der *Marburger Normstichprobe* ermittelten psychometrischen Gütekriterien sind Hanses (2000) entnommen.

3.2.1.1 Untertests „sprachliche Analogien" und „Zahlenreihen" des I-S-T 70

Der Untertest *sprachliche Analogien* (AN) umfaßt 20 zu bearbeitende Aufgaben. Es werden jeweils drei Wörter vorgegeben, wobei zwischen den ersten beiden Worten eine bestimmte Beziehung besteht. Der Schüler soll dann aus fünf Wahlalternativen das Wort auswählen, das zum dritten vorgegebenem Wort eine ähnliche Beziehung aufweist. Die zur Verfügung stehende Bearbeitungszeit beträgt sieben Minuten. Beim Untertest *Zahlenreihen* (ZR) soll der Pb die einer Zahlenreihe zugrundeliegende Regel erkennen und diese mit einer achten Zahl fortführen. Der Untertest umfaßt 20 Aufgaben, die Bearbeitungszeit ist auf zehn Minuten begrenzt. Die standardisierte I-S-T 70-Instruktion wurde im wesentlichen übernommen (vgl. Rost & Hanses 1995, 38). Inhaltlich zielen beide Untertests auf verbales (AN) bzw. numerisches (ZR) *reasoning* (schlußfolgerndes Denken) ab.

Gütekriterien. Beide Verfahren sind als objektiv zu bezeichnen. Die in der *Marburger Normstichprobe* ermittelte *split-half*-Reliabilität liegt für AN mit maximal $r_{tt} = 0.67$ unter dem von Amthauer (1970) berichteten Wert von $r_{tt} = 0.86$. Die *split-half*-Reliabilität für ZR bewegt sich mit $r_{tt} = 0.92$ (Parallelform $r_{tt} = 0.88$) im Bereich des im Testhandbuch dokumentierten Wertes ($r_{tt} = 0.96$). In bezug auf die Stabilität berichtet der Testautor (1970) eine Retestreliabilität von $r_{tt} = 0.75$ (ZR) und $r_{tt} = 0.77$ (AN) nach einem Jahr. Beide Subtests können somit – zumindest für Gruppenvergleiche – als hinreichend reliabel angesehen werden. AN und ZR weisen innerhalb der Testbatterie die höchsten Korrelationen zum Gesamtwert des I-S-T 70 (GES) auf ($r_{AN/GES} = 0.72$; $r_{ZR/GES} = 0.68$), der als guter Indikator der allgemeinen Intelligenz gilt. Die Interkorrelation beträgt dabei $r_{AN/ZR} = 0.38$. In einer faktorenanalytischen Untersuchung von Fischer (1958) weisen beide Subtests eine hohe „g"-Sättigung auf. In bezug auf die prognostische Validität werden im Testhandbuch Koeffizienten, bezogen auf berufliche Leistungen (Abschlußnoten oder Beurteilungen) bei elf verschiedenen Berufsgruppen, mitgeteilt. Diese liegen für ZR zwischen $r = 0.22$ (technisch-handwerkliche Berufe) und $r = 0.58$ (Bürogehilfinnen, Kontoristinnen). Die Koeffizienten für AN variieren zwischen $r = 0.23$ (Ingenieure) und $r = 0.84$ (Bürogehilfinnen, Kontoristinnen). Für beide Subtests werden von Amthauer (1970) Geschlechtsunterschiede zugunsten der Männer berichtet (AN: d$_{JU-MÄ}$ = 0.59; ZR: d$_{JU-MÄ}$ = 1.25). Auch in der *Marburger Normstichprobe* schneiden die Jungen besser ab als die Mädchen (AN: d$_{JU-MÄ}$ = 0.17, ZR: d$_{JU-MÄ}$ =0.32), allerdings fallen diese Effekte deutlich kleiner aus.

3.2.1.2 Untertest 3 des LPS

Der Untertest *Symbolreihen* (SR) entstammt dem *Leistungsprüfsystem* (LPS) von Horn (1983), das konzeptuell an den *Primary Mental Abilities* (PMA) von Thurstone (1938) orientiert ist. Der Subtest SR wurde allerdings nach Angaben des Testautors nicht aufgrund der faktorenanalytischen Ergebnisse Thurstones (Thurstone & Thurstone 1941), sondern in Anlehnung an die *Progressiven Matrizen* von Raven (1938) und den *Figure Reasoning Test* von Daniels (1962) entwickelt. Die SR-Aufgaben erfordern schlußfolgerndes Denken (*inductive reasoning*) an figuralem, „sprachfreiem" („kulturfairem") Material. Gemeinsam mit dem *Untertest 4* des LPS mißt SR die Intelligenzkomponente *reasoning*. Insgesamt umfaßt der Subtest 40 Aufgaben. Der Pb muß jeweils die Gesetzmäßigkeit im Aufbau einer Reihe einfacher Symbole (z.B. Kreise, Striche) erkennen und das Symbol durchstreichen, das nicht der zugrundeliegenden Regel entspricht. Die Bearbeitungszeit beträgt fünf Minuten. Die Instruktion des LPS wurde nur geringfügig verändert (vgl. Rost & Hanses 1995, 44–46).

Gütekriterien. Auch dieses Verfahren kann in jeder Hinsicht als objektiv gelten. Die innere Konsistenz (Cronbachs α) liegt in der *Marburger Normstichprobe* bei α = 0.79 (Parallelform α = 0.81). Aus dem Testmanual liegen neben einem Retest-Koeffizienten von r$_{tt}$ = 0.66[32] Reliabilitätskennwerte (*split-half*) für den Kombinationswert von *Untertest 3 + 4* vor. Diese betragen r$_{tt}$ = 0.96 (Horn 1983) bzw. r$_{tt}$ = 0.91 (Tent 1969, zit. nach Horn 1983). Dieser Kombinationswert weist nach Angaben im Handbuch eine konkurrente Validität von r = 0.80 (korrigierte Korrelation) zur Mathematikzensur auf, die Korrelation zum Gesamtwert des I-S-T 70 beträgt r = 0.68. SR lädt in verschiedenen Untersuchungen zur faktoriellen Validität (Koopmann 1964; Tent 1969, beide zit. nach Horn 1983) jeweils am höchsten auf dem Faktor *reasoning*. In der *Marburger Normstichprobe* waren keine bedeutsamen Geschlechtsunterschiede (d$_{JU-MÄ}$ = −0.02) zu beobachten.

3.2.1.3 Zahlen-Verbindungs-Test

Der *Zahlen-Verbindungs-Test* (ZVT, Oswald & Roth 1978; Oswald & Roth 1987) ist ein ökonomisches Verfahren zur Erfassung der basalen, biologisch begründeten „kognitiven Informationsverarbeitungsgeschwindigkeit", die die Grundlage aller kognitiven Leistungen bildet und laut Testautoren deutliche Beziehungen zu *reasoning*-Leistungen aufweist. Er bietet sich als Ergänzung gängiger Intelligenzverfahren an und wurde bereits in Phase II des *Marburger Hochbegabtenprojekts* eingesetzt. Der ZVT umfaßt vier Aufgabenblätter, auf denen die Zahlen von 1 – 90 in einer Matrix unregelmäßig angeordnet sind. Diese sollen in aufsteigender Reihenfolge durch eine Linie

---

[32] Das Retest-Intervall wird im Manual nicht angegeben.

verbunden werden. Die Vorgabe erfolgte mit einer Zeitbegrenzung von 30 sec pro Matrize (laut Testmanual Vorgabe für Gruppenuntersuchungen für Probanden ab dem Alter von 10 Jahren). Bei der Administration wurde entsprechend die Gruppeninstruktion (mit leichten Abänderungen in bezug auf die Einzeltestsituation) verwendet.

Gütekriterien. Das Verfahren ist objektiv. Die anhand der *Marburger Normstichprobe* ermittelte innere Konsistenz liegt mit $\alpha = 0.90$ leicht über dem im Testmanual angegebenen Wert ($\alpha = 0.83$). Oswald & Roth (1987) teilen weitere Reliabilitätskoeffizienten mit (Retest, Testviertelung), die für den Einzelversuch zwischen $r = 0.77$ und $r = 0.97$ und für den Gruppenversuch zwischen $r = 0.77$ und $r = 0.93$ liegen. Rost & Hanses (1993) berichten für die Ausgangsstichprobe des *Marburger Hochbegabtenprojekts* Koeffizienten (innere Konsistenz) zwischen $r = 0.89$ und $r = 0.92$. Hinsichtlich der konvergenten Validität ergeben sich in verschiedenen Untersuchungen mittlere bis hohe Zusammenhänge zu anderen differenzierten Intelligenzverfahren ($0.40 \leq r \leq 0.83$). In bezug auf Schulzensuren zeigen sich geringe bis mittlere Korrelationskoeffizienten. Hinsichtlich der faktoriellen Validität ist bemerkenswert, daß der ZVT in diversen Studien immer relativ hoch auf der ersten unrotierten Hauptkomponente lädt (vgl. Oswald & Roth 1987), was für eine hohe „g"-Sättigung spricht. Auch in der ersten Phase des *Marburger Hochbegabtenprojekts* ergeben sich ähnliche Ergebnisse, allerdings fällt die Ladung des ZVT mit $a = 0.71$ leicht geringer aus als die der anderen „g"-Indikatoren (CFT: $a = 0.83$; ANA: $a = 0.81$). Rost & Hanses (1993, 91) meinen daher, daß der ZVT „nicht als alleiniger Indikator für die allgemeine intellektuelle Leistungsfähigkeit eingesetzt werden [sollte]". Oswald & Roth (1987) konnten keine bedeutsamen Geschlechtsdifferenzen im ZVT nachweisen. In der *Marburger Normstichprobe* berichtet Hanses (2000) von einem statistisch nicht abzusichernden Unterschied zugunsten der Mädchen von $d_{\text{JU-MÄ}} = 0.16$ (zu Geschlechtsunterschieden vgl. auch 3.1.1.2, 3.1.2.2 und 3.1.3.2).

3.2.2 Verfahren zur Erfassung des bildungsrelevanten sozioökonomischen Status

Das eingesetzte *Verfahren zur Erfassung des bildungsrelevanten sozioökonomischen Status* (BRSS) wurde von Bauer (1972) entwickelt und projektintern modifiziert. Der BRSS stellt ein Maß für „familiales, primär von Eltern initiiertes und gesteuertes Bildungsverhalten" dar (Bauer 1972, 1). In den BRSS-Index gehen sowohl der *Schulabschluß beider Elternteile* als auch die *Berufstätigkeit des Haushaltsvorstandes* (in der Regel des Vaters) ein. Zur Berechnung des Schichtindexes werden den erfragten Variablen Punktwerte (Schulabschluß: 1–20, Berufsstatus: 2–30) zugewiesen. Die Punktwerte wurden *a priori* aufgrund ihrer Relevanz für das Bildungsverhalten festgelegt. Der *Schichtindex* (bei vollständigen Familien Mittelwert aus Schulbildung beider Eltern und Berufsstatus des Haushaltsvorstandes) kann Werte zwischen 1.3 und 23.3 annehmen.[33] Anhand des Schichtindexes erfolgt die Zuordnung zu einer Sozialstatusgruppe, wobei Bauer sechs Gruppen („Untere Unterschicht", „Obere Unter-

---

[33] $\text{BRSS} - \text{Index} = \dfrac{\text{Schulbild. Vater} + \text{Schulbild. Mutter} + \text{Berufstät. Haushaltsvorst.}}{3}$

schicht", „Untere Mittelschicht", „Mittlere Mittelschicht", „Obere Mittelschicht" und „Oberschicht") unterscheidet. Die projektinternen Modifikationen betreffen im wesentlichen folgende Punkte (detailliert siehe Rost et al. 1997, 411–419):

- *Berufliche Tätigkeit der Mutter.* Im Gegensatz zum von Bauer vorgeschlagenen Vorgehen, lediglich die Berufstätigkeit des Haushaltsvorstandes – in vollständigen Familien im allgemeinen der Vater – zu erheben, wurde sowohl in Phase III als auch in Phase IV des *Marburger Hochbegabtenprojekts* grundsätzlich ebenfalls die Berufstätigkeit der Mutter erhoben. Diese wurde dann zur Berechnung des Schichtindexes verwendet, wenn (a) die Mutter alleinerziehend war oder (b) einen höheren Berufsstatus als der Vater bzw. neue Partner hatte.
- *Berücksichtigung eines neuen Partners.* Falls der erziehende Elternteil einen neuen Partner hatte, der seit mindestens einem Jahr in der Familie lebte, wurde dessen Berufstätigkeit wie die eines leiblichen Elternteils in vollständigen Familien behandelt und bei der Berechnung des BRSS-Indexes berücksichtigt.
- *Gewichtung der Berufstätigkeit bei alleinerziehenden Elternteilen.* Bei alleinerziehenden Eltern wurde die BRSS-Berechnung modifiziert, um eine Übergewichtung des Berufsstatus zu vermeiden.[34]
- *Adaptation des Codierungsschemas auf die Leistungsstichprobe.* Aufgrund des anderen Bildungssystems in der ehemaligen DDR war für die Familien der Jugendlichen der Leistungsstichprobe eine Überarbeitung der Codierungen erforderlich (vgl. auch Rost & Hanses 1996, 222–228).
- *Veränderungen im Sozialstatus.* Insbesondere bei den Familien der Jugendlichen der Leistungsstichprobe erschien es notwendig, den Berufsstatus vor und nach der Wiedervereinigung zu erheben, da vermutet wurde, daß sich hier teilweise dramatische Differenzen ergeben könnten. Entsprechend wurde ein BRSS-Index für „vor der Wende" und „nach der Wende" berechnet. Der zur weiteren Berechnung verwendete BRSS-Wert stellt den Mittelwert beider Maße dar. In der Begabungsstichprobe lag ein BRSS-Wert für die Erhebungsphase II und ein BRSS-Wert für Erhebungsphase III vor. Um mögliche Veränderungen im Sozialstatus (v.a. durch Trennung / Scheidung oder Tod eines Elternteils bedingt) zu berücksichtigen, wurde hier ebenfalls ein Mittelwert gebildet.

In der Referenzstichprobe haben wir darauf verzichtet, den Sozialstatus differenziert mit Hilfe des BRSS zu erheben, da aufgrund von Datenschutzauflagen keine Möglichkeit bestand, die Eltern der untersuchten Jugendlichen zu befragen. Statt dessen wurden die Jugendlichen lediglich gebeten, den Bildungsabschluß ihrer Eltern anzugeben, da anzunehmen war, daß sie über diese Information am ehesten Auskunft geben könnten (vgl. 3.1.3.2).

Gütekriterien. Der BRSS ist hinsichtlich der Durchführung objektiv. Bei der Auswertung wird durch die detaillierte Beschreibung und Beispiele für die Berufs- und Bildungskategorien der subjektive Interpretationsspielraum auf ein Minimum reduziert, so daß auch hier Objektivität als gegeben angesehen werden kann.

---

[34] Der BRSS-Index für alleinerziehende Elternteile (aE) berechnet sich folgendermaßen:

$$BRSS - Index = \frac{2 \cdot \text{Schulbildundg aE} + \text{Berufstätigkeit aE}}{3}$$

3.2.3 Verfahren zur Erfassung von Peer-Beziehungen

In diesem Abschnitt werden die zur Erfassung von Peer-Beziehungen eingesetzten Instrumente vorgestellt. Die Informationen stammen aus unterschiedlichen „Datenquellen" (*Jugendliche, Eltern, Lehrer*), wobei Eltern- und Lehrkraftdaten nur für die Jugendlichen der Begabungs- und Leistungsstichprobe vorliegen. Um eine möglichst breite Beschreibungsbasis zu erhalten, wurden unterschiedliche Operationalisierungen verwendet, also ein Ansatz mit *multiplen Indikatoren* (Roberts & Rost 1974) gewählt. Insbesondere die in den meisten Untersuchungen bislang vernachlässigte verhaltensnahe Ebene (konkrete Angaben zum Peer-Netzwerk) wird stärker berücksichtigt. Am Ende dieses Abschnitts werden die zahlreichen Variablen unter 3.2.3.4 in Hinblick auf die Fragestellung systematisch geordnet.

3.2.3.1 Datenquelle „Jugendliche"

Tab. 3.16: Übersicht über die von der „Datenquelle" Jugendliche erfragten Variablen. Angegeben ist das mittlere Alter zum Erhebungszeitpunkt

INSTRUMENT/VARIABLEN	STICHPROBE		
	BS	LS	RS
Sozialfragebogen für Schüler *(Kurzform, SFS-Ü)*			
- Kontaktbereitschaft	15	15	15
- Sozialinteresse an Mitschülern			
Interview für Jugendliche (I-J)[b]			
Bereich FREIZEITVERHALTEN UND ZEITGESTALTUNG:			
- Freizeitaktivitäten mit Freunden			
- Zeit mit Freunden[c]	15	15	15
Bereich GLEICH- UND GEGENGESCHLECHTLICHE BEZIEHUNGEN:			
- guter Freund			
- Clique			
Bereich ANDERSARTIGKEIT			
Kurzform der Rev. UCLA-Einsamkeitsskala[a]	20	19	--
Amt in der Schule[a]	20	19	--
Zugehörigkeit zu Vereinen/Jugendgruppen	→Eltern (15)	→Eltern (15)	15

--: wurde in der Stichprobe nicht vorgegeben; BS: Begabungsstichprobe; LS: Leistungsstichprobe; RS: Referenzstichprobe; [a]:postalische Erhebung; [b]: in der Begabungs- und Leistungsstichprobe wurden die Fragen im Rahmen eines Interviews gestellt; die Referenzstichprobe bearbeitete die identischen Fragen (mit identischen Antwortmöglichkeiten) schriftlich; [c]: in der Referenzstichprobe nicht erhoben; →Eltern (15): von den Eltern erfragt (Alter der Jugendlichen: 15 Jahre)

Tab. 3.16 gibt eine Übersicht über die erhobenen Variablen und das Alter der Jugendlichen in den drei Stichproben zum jeweiligen Erhebungszeitpunkt.

Lediglich zwei Variablen wurden 1998 im Rahmen eines Fragebogens postalisch im Alter von 19 bzw. 20 Jahren erfragt: *Einsamkeit* (Kurzform der *Rev. UCLA-Einsamkeitsskala*) und die Angabe, ob man seit der 9. Klasse ein *Amt in der Schule* (z.B. Klassensprecher) inne hatte (zu weiteren Informationen über die Stichproben und Rücklauf zum Erhebungszeitpunkt 1998 vgl. 3.1.1.2 und 3.1.2.2). Die restlichen Variablen wurden im Alter von 15 Jahren in den Hauptuntersuchungswellen erhoben. Die Angaben bezüglich Zugehörigkeit zu Vereinen und Jugendgruppen wurde von den Schülern der Referenzstichprobe direkt erfragt, während die Vereinszugehörigkeit der Jugendlichen der Begabungs- und Leistungsstichprobe von deren Eltern erbeten wurde.

Für die Adaptation auf die Gruppentestsituation in der Referenzstichprobe mußten die Interviewformulierungen in Einzelfällen marginal verändert werden.

- **Kontaktbereitschaft und Sozialinteresse bei Schülern**

Sozialfragebogen. Der Sozialfragebogen für Schüler (SFS 4–6, Petillon 1984) ist ein mehrdimensionales Fragebogenverfahren, das insgesamt sechs Skalen umfaßt. Es soll bei Schülern der 4. bis 6. Klassenstufe erfassen, wie „der einzelne Schüler Sozialkontakte in der Schule sieht und wertet" (4), wobei sowohl die „Beziehung zur Lehrkraft" (zwei Skalen) als auch die „Beziehung zu den Mitschülern" thematisiert werden. In Phase III und IV des Marburger Hochbegabtenprojekts wurde eine Kurzform des SFS 4–6 (SFS-Ü, Rost & Hanses 1995, 101–108; 1996, 11–117) entwickelt und administriert. Für die vorliegende Fragestellung sind die Kurzskalen *Kontaktbereitschaft* (KB-J) und *Sozialinteresse bei Schülern* (SIS-J) von Interesse.

Der SFS 4 – 6 wurde in Teilen bereits in Phase II des *Marburger Hochbegabtenprojekts* eingesetzt. Aufgrund der dort ermittelten faktorenanalytischen-testtheoretischen Kennwerte wurden pro Skala fünf Items für die Kurzform (Einsatz in Phase III und IV) ausgewählt. Die Formulierungen wurden überprüft und ggfs. durch altersgemäße ersetzt. Die Aussagen sind – wie im Original – auf einer sechsstufigen Skala zu beantworten (*stimmt überhaupt nicht – stimmt genau*). Die Verankerung der Pole wurde vertauscht, um eine weitgehende Vereinheitlichung der in Phase III bzw. Phase IV vorgegebenen Fragebogen zu gewährleisten. Das Verfahren ist objektiv.

Kontaktbereitschaft. Die Skala umfaßt Aussagen, die sich zum einen auf die Tendenz beziehen, Kontaktangebote an Gleichaltrige zu machen und Kontaktmöglichkeiten zu nutzen. Zum anderen soll ebenfalls die Tendenz erfaßt werden, den Kontakt mit anderen als wertvoll für die eigene Person zu erachten. Petillon kennzeichnet Kontaktbereitschaft als zentralen Faktor im Rahmen der Entscheidung über die Aufnahme von sozialen Interaktionen. Im Original besteht die Skala aus elf Aussagen. Die projektintern modifizierte Skala KB-J umfaßt fünf Items.
Itembeispiel: „Freunde zu haben ist mir sehr wichtig."

Sozialinteresse. *Sozialinteresse bei Schülern* bezieht sich auf „die Neigung von Schülern, Mitschüler intensiv zu beobachten, deren Perspektiven zu übernehmen und sich in deren emotionale Verfassung einzufühlen" (Petillon 1984, 17). Der Testautor zieht dabei Parallelen zu Empathie und sozialer Sensibilität. Sozialinteresse beeinflusse den Kontaktverlauf: die Fähigkeit, intensiv auf den Interaktionspartner einzugehen, sollte für einen positiven Verlauf der Interaktion von Bedeutung sein. Sozialinteresse bei Schülern umfaßt im Original elf Items, in der Kurzskala SIS-J sind fünf Items enthalten.

Itembeispiel: „Ich kann am Gesicht eines anderen ziemlich genau ablesen, wie es ihm gerade geht."

- **Revidierte UCLA Einsamkeitsskala (Kurzform)**

UCLA-LS. Die *UCLA Loneliness Scale* (Russell, Peplau & Ferguson 1978) bzw. die *Revised UCLA Loneliness Scale* (Russell et al. 1980) stellt das „weitaus am häufigsten eingesetzte Meßinstrument zur eindimensionalen Erfassung der Einsamkeit dar" (Schwab 1997, 72), das „testtheoretisch in differenzierter Weise konstruiert und analysiert [wurde]" (Elbing 1988, 103). Die Skala wurde mehrfach ins Deutsche übersetzt (z.B. Lamm & Stephan 1986; Elbing 1988; Döring & Bortz 1993; Schwab 1997). Im *Marburger Hochbegabtenprojekt* wurde eine auf zehn Items gekürzte Fassung basierend auf der Übersetzung von Döring & Bortz (1993) eingesetzt (EINSAM-J), deren Entwicklung weiter unten dargestellt wird.

Im Original umfaßt die *Revised UCLA-Loneliness-Scale* (Rev. UCLA-LS) je zehn positiv und negativ formulierte Aussagen zum Erleben von Einsamkeit, wobei der Ausdruck *lonely* bzw. *loneliness* bewußt vermieden wird.[35] Einsamkeit wird als diskrepante Erfahrung zwischen wahrgenommenen sozialen Beziehungen und einem selbstdefinierten Standard gefaßt (z.B. „Mir mangelt es an Gesellschaft"). Begleitet wird dieses Erleben von negativen Emotionen unterschiedlichen Schweregrads. Kritisiert wird häufig die vierstufige Häufigkeitsskala, auf der die Items zu beantworten sind, obwohl viele Aussagen sinnvoller auf einer Zustimmungsskala einzuschätzen wären (z.B. „Niemand kennt mich wirklich"). Dieser Kritikpunkt wurde von Döring & Bortz (1993) aufgegriffen, die in ihrer Übersetzung eine fünfstufige Skala mit den Polen *stimmt gar nicht – stimmt völlig* verwenden. Die UCLA-LS und ihre Revision wurden in der Hauptsache an studentischen Populationen entwickelt und eingesetzt. Die Items scheinen vor allem empfundene Defizite in freundschaftlichen Beziehungen zu erfassen (Solano 1980; Keller & Lamm 1998).

Gütekriterien. Sowohl im amerikanischen Original als auch in den deutschen Adaptationen weist die Skala ausreichende Zuverlässigkeitswerte auf. Russell et al. (1980) berichten eine innere Konsistenz von $\alpha = 0.94$. Die deutsche Übersetzung von Schwab (1997) erreicht Reliabilitäten zwischen $0.82 < \alpha < 0.92$, Döring & Bortz (1993) teilen eine innere Konsistenz von $\alpha = 0.89$ mit. Retestreliabilitäten sind lediglich in bezug auf die erste Fassung der UCLA-LS (Russell et al. 1978) bekannt, diese

---

[35] Das Thema „Einsamkeit" scheint unangenehm und bedrohlich zu sein. Elbing (1988) beschreibt ablehnende und zurückhaltende Reaktionen bei Konfrontation mit dem Thema als *turn-away*-Effekt.

schwanken – in Abhängigkeit vom Zeitintervall – zwischen $r_{tt} = 0.62$ und $r_{tt} = 0.73$. Es liegen sowohl Ergebnisse zur konvergenten als auch zur diskriminanten Validität der amerikanischen Originalfassung vor. Erwartungsgemäße Zusammenhänge finden sich zu Maßen des (fehlenden) sozialen Kontakts (z.B. Anzahl enger Freunde $r = -0.44$, Wochenende alleine verbringen $r = 0.44$). Bilsky & Hosser (1998) weisen auf die große Ähnlichkeit zum Konstrukt „Soziale Unterstützung" hin (vgl. 2.1.3.3). Ungeklärt ist die postulierte Eindimensionalität des Instruments: Schwab (1997) zitiert mehrere Arbeiten, die bei faktorenanalytischer Überprüfung zwei bis drei Faktoren extrahierten. Diese konnten häufig in Anlehnung an Weiss (1973b) interpretiert werden, der „emotionale Einsamkeit" (Fehlen enger emotionaler Beziehungen) und „soziale Einsamkeit" (Fehlen eines sozialen Netzwerks) unterscheidet. Döring & Bortz (1993) ermittelten ebenfalls drei Faktoren („Einsamkeitsgefühle", „Emotionale Isolation", „Soziale Isolation"), ebenso Bilsky & Hosser (1998), die eine Kurzform der Rev. UCLA-LS einsetzten. Sowohl Döring & Bortz (1993) als auch Bilsky & Hosser (1998) kommen zu dem Schluß, daß sowohl eine einfache Summenwertbildung als auch eine auf mehrfaktoriellen Lösungen basierende Auswertung akzeptabel sei.

Entwicklung der Kurzskala. Da mehrere deutschsprachige Übersetzungen vorliegen, stellte sich zunächst die Frage, welche Übersetzung als Grundlage für die Items der Kurzskala dienen sollte. Wir haben uns für die Übersetzung von Döring & Bortz (1993) entschieden, da diese (a) sprachlich schwierige Items (z.B. verneinte Aussagen) überarbeitet haben und (b) als Antwortformat eine Zustimmungsskala vorsehen, die u. E. für die Aussagen der Rev. UCLA-LS adäquater als eine Häufigkeitsskala ist.[36] Die Auswahl erfolgte aufgrund der von den Autoren mitgeteilten Kennwerte (Faktorladungen, Schwierigkeit, Trennschärfe). Darüber hinaus sollten Doubletten vermieden und Items, die möglicherweise besonders kennzeichnend für Hochbegabte sein könnten (wie z.B. „Die Leute um mich herum haben ganz andere Interessen und Ideen als ich"), berücksichtigt werden.

- **Amt in der Schule**

Am Ende (bzw. nach) der Sekundarstufe II (1998) wurde von den Jugendlichen der Begabungs- und Leistungsstichprobe postalisch erfragt, ob *sie seit der 9. Klasse ein Amt in der Schule (z.B. Klassensprecher)* inne hatten (AMT-J).

---

[36] Lediglich das Item „Es gibt Menschen, mit denen ich reden kann" wurde der Übersetzung von Bilsky & Hosser (1998) entnommen, da der Ausdruck „mit jmd. reden" uns angemessener erschien als „mit jmd. sprechen" (Bortz & Döring: „Es gibt Menschen, mit denen ich sprechen kann".)

• Interview für Jugendliche

Im projektintern entwickelten *Interview für Jugendliche* (I-J) (Rost & Hanses 1995, 135–151; 1996, 144–158) werden verschiedene Bereiche abgedeckt, die in den administrierten standardisierten Fragebogen nicht enthalten sind. Das standardisierte Interview enthält sowohl offene als auch geschlossene Fragen; bis auf die Variable *Zeit mit Freunden* weisen alle in dieser Arbeit berücksichtigten Items ein geschlossenes Antwortformat auf. Für die Datenerhebung in der Referenzstichprobe erschien es daher unproblematisch, die entsprechenden Fragen in Form eines selbständig zu bearbeitenden Fragebogens vorzugeben.

Sowohl das Interview als auch die Fragebogenversion sind auf das Geschlecht des befragten Jugendlichen abgestimmt. Bis auf *Andersartigkeit* wurden alle hier betrachteten Items aus der Shell-Studie *Jugend '92* (Jugendwerk der deutschen Shell 1992) übernommen und projektintern teilweise modifiziert bzw. ergänzt. Das Verfahren ist in Vorgabe, Durchführung und Auswertung objektiv.

Bereich „Freizeitverhalten und Zeitgestaltung"

Aus diesem Bereich werden im Kontext der vorliegenden Fragestellung zwei Aspekte berücksichtigt: *Kontakt zu Freunden* und *Zeit mit Freunden*.

Kontakt zu Freunden. Den Jugendlichen wurde eine aus der Shell-Studie '92 übernommene Aktivitätenliste vorgegeben, die projektintern modifiziert wurde (Rost & Hanses 1995, 135; 1996, 145). Die Jugendlichen sollten auf einer vierstufigen Skala (*nie* bis *sehr häufig*) angeben, wie häufig sie die vorgegebenen Aktivitäten ausübten. Für die Frage nach Peer-Beziehungen erscheinen die Items als besonders relevant, bei denen der Kontakt zu Freunden bzw. zu Peers *explizit* im Vordergrund steht. Aktivitäten wie „in die Stadt / das Dorf gehen", „ins Kino gehen", „in die Disco gehen" werden zwar mit großer Wahrscheinlichkeit auch aus sozialen Motiven heraus ausgeführt,[37] jedoch bleibt dabei unklar, welchen Stellenwert diese Motivation beim einzelnen bezüglich der Aktivität aufweist (z.B. geht man evtl. vorrangig des Tanzens wegen in die Disco und erst in zweiter Linie wegen der Peers, die man dort trifft). Zusätzlich können diese Aktivitäten im Prinzip auch alleine ausgeführt werden. Das Item „flirten, Jungen (bzw. Mädchen) kennenlernen" bezieht sich primär auf das Interesse am anderen Geschlecht und wird daher hier nicht berücksichtigt. So wurden aus den 32 erfragten Aktivitäten vier aufgrund der dargelegten inhaltlichen Überlegungen ausgewählt, die die Skala *Kontakt zu Freunden* (FKONT-J) konstituieren sollen.

- mit Freunden und Freundinnen zusammen sein,
- mit Freunden bzw. Freundinnen rumhängen,
- mit Freunden und Freundinnen telefonieren,
- sich mit jemandem unterhalten, persönliche Probleme mit jemandem besprechen.

---

[37] Dafür spricht, daß bei einer Hauptkomponentenanalyse über alle 32 Items (Stichprobe: alle in Phase III und IV untersuchten Jugendlichen) die genannten Items mit eindeutig sozial motivierten Aktivitäten auf einer Komponente laden (vgl. Rost et al. 1997).

Das Item „mit dem besten Freund bzw. der besten Freundin zusammen sein" wird unter dem Variablenkomplex „guter Freund" (siehe unten) betrachtet, da diese Einschätzung nur für Jugendliche sinnvoll erschien, die einen guten bzw. besten Freund haben. In der standardisierten Überleitung der Interviewerin zur Frage nach einem guten Freund wurde darauf Bezug genommen.[38]

Zeit mit Freunden. Die Jugendlichen wurden in Frage 8 des I-J gebeten anzugeben, wieviel Zeit sie in der letzten normalen Woche – einschließlich Wochenende – vor dem Interview mit verschiedenen Aktivitäten verbracht haben. Diese Frage stammt ebenfalls aus der Shell-Studie und wurde projektintern um einige Aktivitäten ergänzt, unter anderem auch um die Angabe wieviel Zeit damit verbracht wird, *mit Freunden und Freundinnen zusammen zu sein* (Rost & Hanses 1995, 136). Die selbstberichtete Zeit, die der Jugendliche innerhalb einer normalen Woche mit Freunden verbringt (FZEIT-J), kann unter verschiedenen Aspekten näher untersucht werden: Zum einen interessiert die *absolute Angabe* (wie viele Stunden). Da diese Angabe aber auch davon abhängt, wieviel freie Zeit dem Jugendlichen zur Verfügung steht, wurde diese Zahl an der Summe der Stunden, die der Jugendliche insgesamt für die abgefragten Freizeitaktivitäten aufbringt, relativiert (*relativer Anteil*). Dabei bleibt allerdings die Rangposition, die die Zeit mit Freunden innerhalb der Freizeitaktivitäten einnimmt, unberücksichtigt. Dies sei an einem hypothetischen Beispiel erläutert. Zwei Jugendliche, die jeweils fünf Stunden ihrer freien Zeit von 20 Stunden mit Freunden verbringen, erhalten hier den gleichen Wert. Der eine Jugendliche verbringt die restlichen 15 Stunden allerdings mit einer Vielzahl von Aktivitäten, keine andere Freizeitaktivität nimmt einen ähnlich breiten Raum ein. Der andere Jugendliche musiziert in den restlichen 15 Stunden. Daher wird zusätzlich der *Anteil* der Zeit mit Freunden *an der dominanten Freizeitaktivität* berechnet. Wie der relative Anteil kann dieser zwischen 0 und 1 schwanken.

Bereich „gleich- und gegengeschlechtliche Beziehungen"

Bis auf die Frage nach einem festen Partner werden alle Fragen aus diesem Bereich des Jugend-Interviews in der vorliegenden Arbeit analysiert.

Guter Freund. Innerhalb der vielfältigen Peer-Beziehungen ist insbesondere der sog. „beste" (gleichgeschlechtliche) Freund von besonderer Relevanz (vgl. 2.1.2). Die Jugendlichen wurden daher gefragt, ob sie einen *guten Freund* (FREUND-J) haben (Antwortmöglichkeiten ja / nein) und *wie häufig sie Kontakt zu ihrem besten Freund haben* (FMEET-J, vgl. oben unter Freizeitaktivitäten). Falls der Jugendliche angibt, einen guten Freund zu haben, wird dessen *Alter* (FALT-J) erfragt, da immer wieder behauptet wird, Hochbegabte würden sich eher älteren Jugendlichen zuwenden (vgl. 2.3.1). Dabei wird codiert, ob dieser *gleichaltrig, älter* oder *jünger* ist. Älter oder jünger bezieht sich dabei auf mehr als ein Jahr Altersdifferenz. Die Altersangabe ist eine projektinterne Erweiterung der Frage nach dem guten Freund, die wiederum aus der Shell-Jugendstudie stammt. Dort wird allerdings nach einem „wirklichen" Freund gefragt. Inwieweit Bedeutungsnuancen („guter", „wirklicher", „bester") in der Beant-

---

[38] In der Referenzstichprobe wurde dies ebenfalls berücksichtigt.

wortung der Frage eine Rolle spielen (so erscheint „gut" gegenüber „wirklich" bzw. „bester" als abgeschwächtere Aussage zur Beziehungsqualität), ist unklar.

Zugehörigkeit zu einer Clique. Die Frage nach der *Zugehörigkeit zu einer Clique* (CLIQUE-J: „Bist Du in einem Kreis von jungen Leuten, der sich regelmäßig oder öfter trifft und sich zusammengehörig fühlt? Ich meine nicht einen Verein oder Verband, sondern so eine Clique") wurde gegenüber dem Original aus der Shell-Studie hinsichtlich des Antwortformats modifiziert: Die Jugendlichen können hier nur verneinen oder bejahen, während in der Shell-Studie zusätzlich zwischen *ja, regelmäßig* und *ja, öfter* differenziert wird. Bei Bejahung erfolgt die Nachfrage *welche Rolle die Jugendlichen in der Clique einnehmen* (CLIQRO-J). Diese kann auf einer vierstufigen Skala mit den Polen *Ich mache nur mit* und *Ohne mich läuft nichts* eingeschätzt werden.

Bereich „Andersartigkeit"

Da immer wieder behauptet wird, hochbegabte Jugendliche würden sich im Vergleich mit ihren Peers als anders erleben und diese Andersartigkeit häufig negativ bewerten (vgl. 2.3.1), erscheint es relevant, diese empfundene Distanz ebenso wie die Bewertung der Andersartigkeit zu erfragen.

So wurde erhoben, wie oft die Jugendlichen sich anders fühlen (ANDERS-J): *Denkst Du manchmal, daß Du anders bist als andere Jugendliche in Deinem Alter? Wie häufig denkst Du das?* (vierstufige Ratingskala, Pole *nie* bis *sehr häufig*). Darüber hinaus sollten die Jugendlichen „Andersartigkeit" bewerten (BEWAND-J): *Findest Du es „schlecht", „weniger schlecht", „eher gut" oder „gut", wenn man anders ist?*

• Vereine/Jugendgruppen

Nur in der Referenzstichprobe wurden die Jugendlichen gebeten, alle *Vereine / Jugendgruppen aufzuführen, in denen sie Mitglied sind* (VEREIN). In der Begabungs- und Leistungsstichprobe wurden diese Angaben von den Eltern der Jugendlichen gemacht. Hier sollen lediglich mögliche Unterschiede zwischen der Mitgliedschaft (in mindestens einem Verein bzw. einer Jugendgruppe) und Nichtmitgliedschaft betrachtet werden. Der interessanten Fragestellung, ob sich hoch- und durchschnittlich Begabte in ihren Aktivitäten (z.B. politische, gemeinnützige, sportliche), die in den unterschiedlichen Vereinen verfolgt werden, unterscheiden, wird im Rahmen dieser Arbeit nicht nachgegangen.

3.2.3.2 Datenquelle „Eltern"

Insgesamt liegen für alle Jugendlichen der Begabungs- und Leistungsstichprobe Elterneinschätzungen vor. Die Angaben wurden entweder im Rahmen des strukturierten *Elterninterviews (I-E)* (Rost & Hanses 1995, 224–229; 1996, 233–239) oder des *Elternfragebogens (E-F)* (Rost & Hanses 1995, 186–203; 1996, 185–201) erhoben. Beide Verfahren sind projektinterne Entwicklungen. Es wurde jeweils eine auf das Geschlecht des Jugendlichen abgestimmte Version entworfen. Die Instrumente sind in bezug auf die Durchführung, der Elternfragebogen und die geschlossenen Fragen des Elterninterviews auch in bezug auf die Auswertung als objektiv zu bezeichnen. Das Elterninterview wurde – bis auf wenige Fälle, in denen die Eltern dies nicht wünschten – auf Band aufgenommen. Zusätzlich protokollierten die Interviewer die Antworten mit. Wie Tab. 3.17 zu entnehmen ist, gab in der Begabungsstichprobe mehrheitlich die Mutter Auskunft über den Jugendlichen, in der Leistungsstichprobe waren überwiegend beide Elternteile am Interview beteiligt.

Tab. 3.17: Urteilende Bezugspersonen der Datenquelle „Eltern" für das Elterninterview (I-E) und den Elternfragebogen (E-F)

| | BEGABUNGSSTICHPROBE | | | | LEISTUNGSSTICHPROBE | | | |
| | I-E | | E-F | | I-E | | E-F | |
URTEILER	N	%	N	%	N	%	N	%
Mutter	143	66.8	119	55.6	109	42.6	83	32.4
Vater[a]	16	7.5	18	8.4	27	10.5	26	10.2
Mutter und Vater[a]	55	25.7	62	29.0	118	46.1	135	52.7
Großeltern[b]	0	0.0	0	0.0	2	0.8	2	0.8
fehlende Angabe	0	0.0	15	7.0	0	0.0	10	3.9
GESAMT	214	100.0	214	100.0	256	100.0	256	100.0

[a]: auch der nicht-leibliche Vater sofern er Erziehungsperson des Jugendlichen ist; [b]: in diesen Fällen lebte der Jugendlichen bei den Großeltern

Tab. 3.18 gibt einen Überblick über die der Datenquelle „Eltern" zugeordneten Variablen.

Tab. 3.18: Übersicht über die von der Datenquelle „Eltern" erfragten
Variablen. Angegeben ist das mittlere Alter zum Erhebungszeitpunkt

INSTRUMENTE/VARIABLEN	BS	LS
Elterninterview (I-E)		
- Vereine/Jugendgruppen	15	15
- Verhältnis zu Klassenkameraden[a]		
Elternfragebogen (E-F),		
Bereich „Sozialkontakte"		
- Integration in der Klasse	15	15
- Freundeskreis		
- guter Freund		
- Übernachtung bei/von Freunden		

[a]: wird nur für die Begabungsstichprobe ausgewertet; BS: Begabungsstichprobe; LS: Leistungsstichprobe

• Elterninterview

Das Elterninterview ist auf der Grundlage des in Phase II des *Marburger Hochbegab-tenprojekts* eingesetzten Interviews für Eltern entwickelt worden und enthält – im Gegensatz zu seinem Vorläufer – nur halboffene bzw. offene Fragen.

Verhältnis zu Klassenkameraden. Im Rahmen des Elterninterviews wurde den Eltern die offene Frage *Wie ist heute die Beziehung von (Name des Jugendlichen) zu den Mitschülerinnen und Mitschülern?* gestellt. Die Antworten wurden von der Bandaufnahme transkribiert. In den Fällen, in denen keine Aufnahme vorhanden bzw. nicht verwertbar ist, wird auf das Protokoll des Interviewers zurückgegriffen. Die Angaben werden inhaltsanalytisch ausgewertet (vgl. 3.3.3). Obwohl sowohl für die Begabungs- als auch die Leistungsstichprobe entsprechende Daten vorliegen, wurde die inhalts-analytische Auswertung nur für die Interviews der Begabungsstichprobe vorgenommen.[39]

Vereine / Jugendgruppen. Die diesbezüglich erhobenen Informationen wurden bereits unter 3.2.3.1 beschrieben.

• Elternfragebogen

Der Elternfragebogen enthält insgesamt 42 geschlossene Fragen zu sechs Bereichen. Es existieren zwei Versionen (Tochter / Sohn). Zum großen Teil ist das Instrument an den in Phase II des *Marburger Hochbegabtenprojekts* eingesetzten Elternfragebogen angelehnt. Fragen, die für das Jugendalter unangemessen erschienen, wurden gestri-

---

[39] Diese Einschränkung erschien aufgrund des beträchtlichen Zusatzaufwandes notwendig: Eine Analyse beider Stichproben hätte die Bearbeitung von über 900 Eltern- und Lehrer-interviews erfordert. Da im Fokus der Arbeit die Analyse von Unterschieden zwischen den Begabungsgruppen steht (und die Ergebnisse zum Leistungsgruppenvergleich eher als Zusatzinformation zu werten sind), habe ich mich entschlossen, auf die inhaltsanalytische Auswertung der Interviews der Leistungsstichprobe zu verzichten.

chen, andere ergänzt. Alle Fragen aus dem Themenbereich *Sozialkontakte* werden in dieser Arbeit ausgewertet.

Integration in der Klasse. Bei Frage 17 des Elternfragebogens sollten die Eltern auf einer fünfstufigen Skala (*ja – nein*) einschätzen, ob *ihr Sohn bzw. ihre Tochter gut in seiner bzw. ihrer Schulklasse integriert ist* (INTEG-E). Für den Fall, daß die Eltern sich nicht in der Lage fühlten, dazu eine Einschätzung abzugeben, stand die Kategorie *weiß nicht* zur Verfügung.

Freundeskreis des Jugendlichen. Die Eltern wurden um folgende Angaben über den Freundeskreis des Jugendlichen gebeten:

- *Anzahl der* den Eltern persönlich bekannten *Freunde* (FRANZ-E),
- *Alter der Freunde,* mit denen sich der Jugendliche vorwiegend trifft (FALTER-E).

Bei der letzten Frage konnte zwischen verschiedenen Antwortalternativen (*vorwiegend mit jüngeren / vorwiegend mit gleichaltrigen / sowohl mit älteren als auch mit jüngeren / vorwiegend mit älteren / hat keine Freunde*) gewählt werden.

Guter Freund. Neben den Jugendlichen wurden auch die Eltern gefragt, ob ihr Kind *mindestens einen guten Freund (Mädchen: eine gute Freundin) hat* (FREUND-E). Diese Frage konnte mit *ja* oder *nein* beantwortet werden.

Übernachtung bei / von Freunden. In Frage 29 und 30 des Elternfragebogens wurde erhoben *wie oft der Jugendliche in den letzten drei Monaten bei einem Freund (Mädchen: eine Freundin) übernachtet hat* (SLEEPOUT-E) bzw. *wie oft ein Freund (Mädchen: eine Freundin) beim Jugendlichen übernachtet hat* (SLEEPIN-E).

3.2.3.3 Datenquelle „Lehrer"

Für die Begabungsstichprobe liegen Einschätzungen von zwei Fachlehrkräften (sprachliches bzw. naturwissenschaftliches / mathematisches Fach) vor, während die Jugendlichen der Leistungsstichprobe von der Klassenlehrkraft beurteilt wurden. Wesentliche Eigenschaften der Datenquelle „Lehrer" sollen zunächst kurz beschrieben werden, danach werden die erhobenen Variablen vorgestellt.

- ## Beschreibung der beurteilenden Lehrer

Begabungsstichprobe. Die Zielsetzung war, für jeden Jugendlichen eine Einschätzung von der unterrichtenden Lehrkraft in Deutsch (*Lehrer 1*) bzw. Mathematik (*Lehrer 2*) zu erhalten. Wenn dies nicht realisiert werden konnte, wurde versucht, auf eine Lehrkraft in einem entsprechenden anderen Unterrichtsfach (sprachlich bzw. naturwissenschaftlich), beim Besuch einer beruflichen Schule entsprechend Lehrkräfte in berufsorientierten Hauptfächern, auszuweichen. Tab. 3.19 gibt einen Überblick über die von den befragten Lehrkräften unterrichteten Fächer.

Tab. 3.19: Häufigkeit (N) und prozentuale Anteile (%)
für die Fächer, in denen Lehrer1 und Lehrer2 die zu beurteilenden Jugendlichen der Begabungsstichprobe unterrichteten

	LEHRER1		LEHRER2	
FACH	N	%	N	%
Deutsch	196	91.6	1	0.5
Fremdsprache	1	0.5	0	0.0
Mathematik	11	5.1	203	94.9
naturwissenschaftliches Fach	0	0.0	3	1.4
anderes Fach	6	2.8	7	3.2
GESAMT	214	100.0	214	100.0

Besuchten die Jugendlichen die gleiche Klasse bzw. gleiche Schule und wurden von der gleichen Lehrkraft unterrichtet, so wurde diese gebeten, Auskunft über mehrere Jugendliche zu erteilen. Insgesamt gaben für die hier betrachtete Begabungsstichprobe 147 „Deutschlehrkräfte" (DLE, davon 43.1% weiblich) und 169 „Mathematiklehrkräfte" (MLE, davon 24.9% weiblich) ihre Beurteilungen ab.[40] Tab. 3.20 ist ein Überblick über die Anzahl der abgegebenen Beurteilungen pro Lehrer zu entnehmen.[41]

Tab. 3.20: Beurteilte Jugendliche der Begabungsstichprobe pro
Deutschlehrer (DLE) und Mathematiklehrer (MLE) sowie Anzahl der Beurteilungen (Beurteilte Jugendliche)

	ANZAHL DER BEURTEILUNGEN									
	1		2		3		4		GESAMT	
	N	%	N	%	N	%	N	%	N	%
DLE	142	81.6	25	14.4	6	3.4	1	0.6	174	100
Beurteilte Ju-gendliche	142	66.4	50	23.4	18	8.4	4	1.8	214	100
MLE	136	80.5	22	13.0	10	5.9	1	0.6	169	100
Beurteilte Ju-gendliche	136	63.6	44	20.6	30	14.0	4	1.8	214	100

Da von Interesse ist, inwieweit es sich um erfahrene Pädagogen handelt, finden sich in Tab. 3.21 deskriptive Statistiken zum Alter der befragten Lehrkräfte und zur Anzahl der Jahre, die diese bereits im Schuldienst verbracht haben. Über 75% der Lehrkräfte sind zum Zeitpunkt der Befragung bereits seit über 10 Jahren im Schuldienst.

---

[40] Im folgenden behalte ich den Ausdruck „Deutschlehrer" (DLE) und „Mathematiklehrer" (MLE) für Lehrer1 und Lehrer2 bei.

[41] Diese Angaben beziehen sich nur auf die hier betrachtete Begabungsstichprobe von 214 Jugendlichen. Insgesamt haben mehr Lehrkräfte die 283 Jugendlichen, die in Projektphase III untersucht wurden, beurteilt.

Tab. 3.21: Minima (MIN), Maxima (MAX) und Quartile (Q) für das Alter
und die Jahre im Schuldienst der Datenquelle „Lehrer" der Begabungsstichprobe

	ALTER IN JAHREN					JAHRE IM SCHULDIENST				
	MIN	MAX	Q_{25}	Q_{50}	Q_{75}	MIN	MAX	Q_{25}	Q_{50}	Q_{75}
DLE	29	63	40	45	52	1	40	14	19.5	25
MLE	30	62	41	45	51	1	37	14	18	25

DLE: Deutschlehrer; MLE: Mathematiklehrer

In den meisten Fällen hatten die befragten Lehrkräfte nur in ihrer Funktion als Fach-
lehrkraft Kontakt zu den Schülern: bei 78.5% der Jugendlichen war der Deutschlehrer
nicht Klassenlehrkraft des zu beurteilenden Jugendlichen, ein ähnlicher Prozentsatz
(80.4%) ergibt sich beim Mathematiklehrer. Was die Dauer des Unterrichts in den entsprechenden Klassen betrifft, so unterrichteten beide Lehrkraftgruppen etwa zur Hälfte
weniger als ein Jahr in der betreffenden Klasse (vgl. Tab. 3.22). In der überwiegenden
Mehrzahl der Fälle (Deutschlehrer: 93.5%; Mathematiklehrer: 92.5%) ist der zu beur-
teilende Schüler seit der Übernahme des Fachunterrichts durch die entsprechende
Lehrkraft auch Mitglied der Klasse.

Tab. 3.22: Angabe, seit wann Deutsch- und Mathematiklehrer (DLE und MLE) Unterricht in der Klasse des zu
beurteilenden Schülers der Begabungsstichprobe erteilen

	DLE		MLE	
UNTERRICHT SEIT	N	%	N	%
< 1 Jahr	113	52.8	98	46.0
< 2 Jahre	56	26.2	56	26.3
< 3 Jahre	35	16.3	45	21.1
> 3 Jahre	10	4.7	14	6.6
GESAMT	214	100.0	213	100.0

Leistungsstichprobe. Bei den Jugendlichen der Leistungsstichprobe wurde – aus
organisatorischen und Kapazitätsgründen – lediglich der *Klassenlehrer* um Auskunft
gebeten. Insgesamt beurteilten 136 Lehrkräfte (davon 110, d.h. 80.3% weiblich) 254
Jugendliche. Trotz intensiver Bemühungen konnten von einer Lehrkraft keine Einschätzungen für zwei Jugendliche erhoben werden, so daß sich in bezug auf die Lehr-
krafturteile die Stichprobenzahl von N = 256 auf N = 254 reduzierte. Bei lediglich elf
Jugendlichen (4.3%) mußte auf eine andere Lehrkraft, die nicht mit der Klassenfüh-
rung betraut war, ausgewichen werden. Daher werde ich im folgenden – der Einfachheit halber – die Bezeichnung *Klassenlehrer* (KLE) verwenden. Wie Tab. 3.23 zeigt,
beurteilte die Mehrzahl der Lehrkräfte mindestens zwei Jugendliche, was aus dem Ziel
folgt, aus jeder Klasse einen Ziel- und Vergleichsgruppenschüler zu ziehen.

Tab. 3.23: Beurteilte Jugendliche der Leistungsstichprobe pro Klassenlehrer (KLE) sowie Anzahl der Beurteilungen (beurteilte Jugendliche)

	ANZAHL DER BEURTEILUNGEN									
	1		2		3		4		GESAMT	
	N	%	N	%	N	%	N	%	N	%
KLE	28	20.6	100	73.5	6	4.4	2	1.5	136	100
beurteilte Jugendliche	28	11.0	200	78.7	18	7.1	8	3.2	254	100

Auch bei den befragten Lehrkräften der Leistungsstichprobe handelt es sich mehrheitlich um erfahrene Pädagogen, von denen 50% mindestens 16 Jahre im Schuldienst verbracht haben (vgl. Tab. 3.24).

Tab. 3.24: Minima (Min), Maxima (Max) und Quartile (Q) für das Alter und die Jahre im Schuldienst der Klassenlehrer der Leistungsstichprobe

ALTER IN JAHREN					JAHRE IM SCHULDIENST				
MIN	MAX	Q_{25}	Q_{50}	Q_{75}	MIN	MAX	Q_{25}	Q_{50}	Q_{75}
28	59	33	39	45	3	35	11	16	21.5

233 Jugendliche (91.7%) waren seit der Übernahme der Klasse durch die Lehrkraft auch Klassenmitglied. Von den verbleibenden Jugendlichen waren nur zwei weniger als sechs Monate Klassenmitglied, so daß insgesamt eine ausreichende Beobachtungsbasis gegeben ist. Im Gegensatz zu den Lehrkräften der Begabungsstichprobe unterrichteten die Klassenlehrer der Leistungsstichprobe zum großen Teil (bei 85.4% der Jugendlichen) länger als ein Jahr in der Klasse der zu beurteilenden Jugendlichen (vgl. Tab. 3.25).

Tab. 3.25: Angabe, seit wann die beurteilten Schüler der Leistungsstichprobe Unterricht vom Klassenlehrer erhalten

UNTERRICHT SEIT	N	%
< 1 Jahr	37	14.6
< 2 Jahre	26	10.2
< 3 Jahre	142	55.9
> 3 Jahre	44	17.3
> 4 Jahre	5	2.0
GESAMT	254	100

Die Lehrkräfte unterrichteten die Jugendlichen in verschiedenen Fächern, mehrheitlich in zwei oder drei Fachgebieten (bei 66.5% der Schüler).

• Interview für Lehrkräfte und Fragebogen für Lehrkräfte

Tab. 3.26 enthält einen Überblick über die von der Datenquelle „Lehrer" erhobenen Informationen.

Tab. 3.26: Übersicht über die von der „Datenquelle Lehrkraft" erfragten Variablen, angegeben ist das mittlere Alter der Jugendlichen zum Erhebungszeitpunkt

INSTRUMENTE/VARIABLEN	BS		LS
	DLE	MLE	KLE
Interview für Lehrkräfte (I-L), Bereich „Sozialverhalten, Beziehung zu Mitschülern":			
- Beziehung zu Mitschülern[a]			
- Integration in der Klasse	15	--	15
- guter Freund in der Klasse			
- Klassensprecher			
Fragebogen für Lehrkräfte (F-L), Bereich „Sozialverhalten, Beziehung zu Mitschülern":			
- Integration in der Klasse	--	15	--
- guter Freund in der Klasse			
- Klassensprecher			

BS: Begabungsstichprobe; LS: Leistungsstichprobe; DLE: Deutschlehrer; MLE: Mathematiklehrer; KLE: Klassenlehrer; --: nicht vorgegeben; [a]: Auswertung nur für die Begabungsstichprobe

Die Information wurde im Rahmen des standardisierten *Interviews für Lehrkräfte* (I-L, projektinterne Entwicklung, vgl. Rost & Hanses 1995, 254–263; 1996, 259–268) oder des *Fragebogens für Lehrkräfte* (F-L, projektinterne Entwicklung, vgl. Rost & Hanses 1995, 264–278) erhoben. Beide Verfahren sind teilweise identisch: der F-L setzt sich aus den geschlossenen Fragen des I-L zusammen, das zusätzlich einige offene Fragen beinhaltet. Der F-L wurde ausschließlich bei der Befragung des Mathematiklehrers in der Begabungsstichprobe eingesetzt. Die Fragen waren in ihrer Formulierung dem Geschlecht des zu beurteilenden Schülers angepaßt. Das Interview wurde – bis auf wenige Ausnahmefälle, in denen die Lehrkraft dies ablehnte – auf Band aufgenommen, zusätzlich protokollierte der Interviewer die Antworten.

Beziehung zu Mitschülern. Nur im Lehrkraftinterview wurde eine offene Frage nach der Beziehung zu den Mitschülern gestellt (*Wie ist die Beziehung des Kindes zu seinen Mitschülern und Mitschülerinnen?*). Eine inhaltsanalytische Auswertung der Antworten auf diese Frage erfolgt in der vorliegenden Arbeit ausschließlich für die Begabungsstichprobe (zur Erläuterung vgl. Fußnote 39).

Integration in der Klasse. Allen befragten Lehrern wurden mehrere – im I-L und L-F identische – geschlossene Fragen bezüglich der Beziehung zu den Mitschülern gestellt, die jeweils auf einer fünfstufigen Zustimmungsskala (*nein / nie* bis *ja*) zu beantworten waren. Die folgenden Fragen konstituieren die Skala *Integration in der Klasse* (INTEG-L):

- Ist der Schüler / die Schülerin[42] bei den Jungen beliebt?
- Ist der Schüler / die Schülerin bei den Mädchen beliebt?
- Ist der Schüler / die Schülerin in der Klassengemeinschaft integriert?

Freund. Die Lehrkräfte wurden gebeten anzugeben, ob der Schüler *mindestens einen guten Freund (Mädchen: eine gute Freundin) in der Klasse hat* (FREUND-L). Diese Frage konnte mit *ja* oder *nein* beantwortet werden.

Klassensprecher. Hier wurde erfaßt, *ob der Schüler Klassensprecher / Klassensprecherin war oder ist* (KLSPR-L). Auch bei dieser Frage gab es lediglich die Möglichkeit, mit *ja* oder *nein* zu antworten.[43]

3.2.3.4 Zusammenfassende Übersicht

Die Fülle der erhobenen Variablen, die unterschiedliche Aspekte von Peer-Beziehungen ansprechen, erscheint auf den ersten Blick verwirrend. Allerdings lassen sich die Variablen nach Bereichen – angelehnt an die unter 2.1.3 dargelegte Systematisierung – ordnen (vgl. zur Übersicht Tab. 3.27):

- *Akzeptanz (in der Klasse)*,
- *subjektive Gefühle*,
- *Peer-Kontakte*:
  - Häufigkeit,
  - Netzwerk,
- *soziale Kompetenzen / Einstellungen*.

Auf einige Probleme möchte ich dabei hinweisen:

- Eine eindeutige Zuordnung von Variable zu Bereich ist nicht in jedem Fall leicht zu treffen, da die inhaltliche Abgrenzung häufig unscharf ist. Dies gilt insbesondere für *subjektive Gefühle* und *soziale Kompetenzen / Einstellungen*. Die Entscheidung ist daher stets auch subjektiv.
- Die Variablen sind nicht auf gleichen Ebenen angesiedelt: So bezieht sich beispielsweise die Angabe, wie oft jemand bei Freunden übernachtet, auf ein konkretes Verhalten. Andere Informationen, wie z.B. *Kontaktbereitschaft*, sind hingegen auf der Ebene der Persönlichkeitsbeurteilung anzusiedeln und anfälliger für Beurteilungstendenzen.
- Die vier Bereiche sind inhaltlich breit angelegt, entsprechend heterogen sind Variablen, die innerhalb eines Bereichs zusammenfaßt sind.

---

[42] Im I-L wurde für „der Schüler" bzw. „die Schülerin" jeweils der Name des Jugendlichen eingesetzt.

[43] Sowohl bei FREUND-L als auch bei KLSPR-L mußte zusätzlich die Antwort *weiß nicht* zugelassen werden, weil einige Lehrer glaubten, darüber keine verläßliche Auskunft geben zu können.

- Die vier Bereiche sind inhaltlich breit angelegt, entsprechend heterogen sind Variablen, die innerhalb eines Bereichs zusammengefaßt sind.
- Nicht alle Variablen sind von gleicher Relevanz, was die Beurteilung von Peer-Beziehungen angeht: So wiegt etwa die eigene Angabe, ob man einen guten Freund hat, gewiß schwerer als die Fremdbeurteilung des Lehrers, ob man bei seinen Klassenkameraden beliebt ist.

Tab. 3.27: Übersicht über die erhobenen Variablen zur Erfassung von „Peer-Beziehungen" nach Datenquelle und Bereichen

BEREICH	DATENQUELLE		
	JUGENDLICHE	ELTERN	LEHRER
Akzeptanz	AMT-J	INTEG-E	INTEG-L
			KLSPR-L
		(I-E)	(I-L)
subjektive Gefühle	EINSAM-J		
	ANDERS-J		
	BEWAND-J		
Peer-Kontakte (Häufig-keit)	FKONT-J	SLEEPOUT-E	
	FZEIT-J	SLEEPIN-E	
	FMEET-J		
Peer-Kontakte (Netzwerk)	FREUND-J	FREUND-E	FREUND-L
	FALT-J	FRANZ-E	(I-L)
	CLIQUE-J	FALTER-E	
	CLIQRO-J	VEREIN	
	VEREIN	(I-E)	
soziale Kompetenzen / Einstellungen	KB-J		(I-L)
	SIS-J		

(I-E): offene Frage nach Beziehung zu Mitschülern aus dem Elternin-terview; (I-L): offene Frage nach Beziehung zu Mitschülern aus dem In-terview für Lehrkräfte

Trotz der genannten Probleme scheint mir jedoch die vorgestellte „grobe" Syste-matisierung hilfreich zu sein, um die Einzelergebnisse zu ordnen und zu einem Ge-samtbild integrieren zu können. Insbesondere der Bereich der Kontakte wird hier stär-ker betrachtet. Zu *sozialen Kompetenzen /Einstellungen* und *subjektiven Gefühlen* ziehe ich bereits vorliegende Ergebnisse aus dem *Marburger Hochbegabtenprojekt* (Freund-Braier 2000; 2001; Rost & Hanses 2000) mit zur Interpretation heran.

Zusammenfassung zu 3.2

In diesem Abschnitt habe ich die verwendeten Verfahren zur Erfassung der intellektuellen Leistungsfähigkeit, des sozioökonomischen Status und zu unterschiedlichen Aspekten von Peer-Beziehungen vorgestellt. Zu letzterem Bereich wurden verschiedene Datenquellen (Eltern, Lehrer, Jugendliche) in der Begabungs- und Leistungsstichprobe herangezogen. Die Befragung erfolgte sowohl mit Fragebogen als auch auf der Basis von Interviews. In der Referenzstichprobe wurden lediglich die Schüler selbst anhand eines Fragebogens untersucht. Als Ordnungsprinzip für die diagnostische Information zu den Peer-Beziehungen Jugendlicher werden folgende, bereits im theoretischen Teil abgeleitete, Bereiche vorgeschlagen:

- *Akzeptanz* (in der Schulklasse),
- *subjektive Gefühle* des Jugendlichen,
- *Peer Kontakte* (hier können Informationen zum Netzwerk und Kontakthäufigkeit unterschieden werden) sowie
- *soziale Kompetenzen / Einstellungen.*

3.3 Auswertung

3.3.1 Datenaufbereitung und explorative Datenanalyse

Sämtliche Daten wurden vor der Analyse zunächst sorgfältig auf Eingabefehler kontrolliert. Im Anschluß habe ich die Rohwertverteilungen mittels explorativer Analysetechniken untersucht, um festzustellen, ob die Voraussetzungen für die weiterführenden statistischen Auswertungen gegeben sind.

3.3.2 Psychometrische Analysen

Da für die projektintern entwickelten Kurzskalen die psychometrischen Gütekriterien nicht bekannt sind, sollen diese zunächst ermittelt werden. In einem ersten Schritt wird überprüft, ob sich die Items entsprechend zu akzeptabel homogenen, voneinander möglichst unabhängigen Skalen zusammenfassen lassen (Datenreduktion). Dies erleichtert die nachfolgenden statistischen Analysen und die Interpretation der Befunde. Zu diesem Zweck werden Hauptkomponentenanalysen (PCA, Hotelling 1933) pro Instrument berechnet. Die PCA unterscheidet sich von den faktorenanalytischen Verfahren im engeren Sinne durch die fehlende Trennung von spezifischer und Fehlervarianz. Welches Verfahren angemessen ist, hängt vor allem auch vom Ziel der Analyse ab. Insbesondere wenn – wie in der vorliegenden Arbeit – der Fokus auf einer empirischen Zusammenfassung der Variablen liegt, ist die PCA vorzuziehen, da sie zu mathematisch eindeutigen Lösungen führt. Im übrigen weisen Velicer & Jackson (1990, 110) darauf hin, daß sich für die meisten Datensätze keine praktisch bedeutsamen Unterschiede zwischen den Methoden zeigen dürften.

Bei der Ermittlung einer interpretierbaren Hauptkomponentenlösung wird in Anlehnung an Rost (1987) vorgegangen. Nachfolgend werden nur die wichtigsten Punkte kurz aufgeführt:

Überprüfung der Voraussetzungen. Die Komponentenstruktur hängt naturgemäß von der zu faktorisierenden Korrelationsmatrix ab. Nur wenn essentielle lineare Zusammenhänge vorhanden sind, ist eine PCA sinnvoll. Um dies zu überprüfen, wird neben der Inspektion der Größe und Signifikanz der Einzelkorrelationen das Kaiser-Mayer-Olkin-Kriterium (*measure of sampling adequacy*, MSA) herangezogen. Diese zwischen 0 und 1 variierende Prüfgröße sollte nach Tabachnik & Fidell (1996) mindestens 0.6 betragen. Obwohl die PCA keine expliziten Voraussetzungen in bezug auf die Verteilung der Rohwerte macht, ist die Höhe der Korrelationen selbstverständlich verteilungsabhängig. Daher wird vor Durchführung der PCA die Itemrohwerteverteilung betrachtet, um extreme Items (z.B. Items, die praktisch keine Variabilität aufweisen) von der weiteren Auswertung auszuschließen.

Extraktion und Rotation. Die zu extrahierenden Komponenten werden nach drei Kriterien bestimmt: Verlauf der Eigenwerte, Anzahl der Markiervariablen und Varianzaufklärung pro Komponente.

* *Eigenwerteverlauf*: Nach den Ergebnissen von Zwick & Velicer (1986) erscheint eine Kombination von Scree-Test (Cattell 1966) und Parallelanalyse (Horn 1965) sinnvoll, um die Anzahl der zu extrahierenden Komponenten zu bestimmen. Die häufig zur Verwendung kommende Regel Eigenwerte > 1 (Kaiser-Guttman-Kriterium) scheint hingegen die Anzahl bedeutsamer Komponenten deutlich zu überschätzen. Die bei der Parallelanalyse zu schätzenden „Zufallseigenwerte" werden mit Hilfe des Programms *RanEigen* (Enzmann 1997) ermittelt, das auf den von Lautenschlager (1989) aufgrund von Monte-Carlo-Studien erstellten Tabellen basiert.
* *Anzahl der Markiervariablen*. Die zu extrahierenden Komponenten sollten mindestens durch drei Markiervariablen definiert werden. Markiervariablen auf einer Komponente müssen folgenden Anforderungen genügen:
  (a) absolute Ladungshöhe $a \geq 0.35$,
  (b) $a^2/h^2 \geq 0.50$ (Fürntratt 1969) und
  (c) $(a_1{}^2 - a_2{}^2)/h^2 \geq 0.25$ (Rost & Haferkamp 1979).
* *Varianzaufklärung pro Komponente*. Jede unrotierte Komponente sollte mindestens 3% der Gesamtvarianz binden.

Nach Bestimmung der Anzahl der zu extrahierenden Komponenten wird die gewählte Lösung orthogonal (VARIMAX) rotiert. Bei konkurrierenden Lösungsalternativen ziehe ich diejenige Lösung vor, die vor dem Hintergrund des zugrundeliegenden psychologischen Konzepts eine sinnvolle und gut zu interpretierende Zusammenfassung der Items zu Skalen gewährleistet. Die Kongruenz der Lösungen in den verschiedenen Stichproben wird durch den Komponentenkongruenzkoeffizienten r_c (Burt 1948; Tucker 1951) beschrieben. Dieser ist ein deskriptives Maß für die Übereinstimmung. Nach Harman (1967) kann bei $r_c \geq 0.90$ von kongruenten Komponenten ausgegangen werden.

Im Anschluß an die Bestimmung der Komponentenstruktur berechne ich testtheoretische Kennwerte der Skalen. Neben Mittelwerten (als Maß für die Schwierigkeit)[44] und Standardabweichungen der Skalenwerte werden Trennschärfen, mittlere Trennschärfen und die mittleren Interkorrelationen berichtet. Zusätzlich wird die Homogenität der Aufgabe (Lienert 1969, 118) mitgeteilt. Als Homogenitätsindex wird Cronbachs Koeffizient α herangezogen. Da α sowohl von der Interkorrelation der Items als auch von deren Anzahl abhängt, kann die Homogenität von Skalen, die auf einer unterschiedlichen Zahl von Items basieren, nicht miteinander verglichen werden. Daher wird zusätzlich α_{10} mitgeteilt: Dieses Maß gibt an, welche innere Konsistenz die Skala durch Verkürzung / Verlängerung auf 10 Items erreichen würde. Dieser Index wird auf Grundlage von Cronbachs α mit Hilfe der Spearman-Brown-Formel (Lienert & Raatz 1994, 100) ermittelt. Bei der Interpretation ist zu berücksichtigen, daß es sich bei α_{10} um eine *hypothetische* Größe handelt, die die aktuelle Homogenität der Skala nicht abbildet. Schließlich werden die Verteilungskennwerte der Skala berichtet.

Zur Beurteilung der psychometrischen Kennwerte. Nach Briggs & Cheek (1986, 115) sind mittlere Iteminterkorrelationen im Bereich von $r = 0.2$ bis $r = 0.4$ optimal für eine homogene und gleichzeitig nicht zu spezifische Skala: „Interkorrelationen im Bereich von .2 bis .4 bieten eine akzeptable Balance zwischen Bandbreite auf der einen und Fidelität auf der anderen Seite." Die Reliabilität für die Beurteilung von Gruppendifferenzen sollte nach Lienert (1969, 309) $r_{tt} \geq 0.5$ betragen. Auch bei der Beurteilung von Trennschärfekoeffizienten folge ich seiner Empfehlung, Koeffizienten der Größe $r_{it} \approx 0.3$ als gering, $r_{it} \approx 0.6$ als mittel und schließlich $r_{it} \approx 0.8$ als hoch zu bezeichnen.

3.3.3 Inhaltsanalyse

Inhaltsanalyse wird von Lissmann (1997, 21) in Anlehnung an Früh (1991) „als empirische, systematische und objektive Methode definiert, mit deren Hilfe inhaltliche oder formale Merkmale von Mitteilungen untersucht werden können." Mitteilungen können in Form von Texten, Bildern etc. vorliegen, allerdings bezieht sich die angewandte Inhaltsanalyse in den empirischen Sozialwissenschaften zumeist auf die Analyse von Texten. Nach Rustemeyer (1992, 13) kann „die intersubjektive Zuordnung bestimmter Textteile zu bestimmten Bedeutungsaspekten mit dem Ziel einer systematischen Gesamtbeschreibung der Bedeutung eines Textes" als generelles Prinzip inhaltsanalytischer Methodik gelten. Inhaltsanalyse will nach Mayring (2000, 13)

- „Kommunikation analysieren;
- fixierte Kommunikation analysieren;
- dabei systematisch vorgehen;
- das heißt regelgeleitet vorgehen;
- das heißt auch theoriegeleitet vorgehen;

---

[44] Der Begriff der Schwierigkeit wird in Anlehnung an Lienert (1969, 87) verwendet. Aufgaben mit einem hohen Anteil an Zustimmung im Sinne des Merkmals weisen einen hohen Schwierigkeitsindex, Aufgaben mit einem niedrigen Anteil an Zustimmung entsprechend einen niedrigen Schwierigkeitsindex auf.

- mit dem Ziel, Rückschlüsse auf bestimmte Aspekte der Kommunikation zu ziehen."

Mayring (2000) unterscheidet drei qualitative inhaltsanalytische Techniken: *Zusammenfassung, Explikation* und *Strukturierung*.[45] In dieser Arbeit werden die offenen Antworten aus den Lehrer- und Elterninterviews zur Frage nach der Beziehung des Jugendlichen zu den Mitschülern einer zusammenfassenden Inhaltsanalyse unterzogen. Deren Ziel ist „die sinnvolle Reduzierung umfangreichen Textmaterials. Durch Abstraktion soll Übersichtlichkeit erreicht werden" (Lissmann 1997, 40–41). Im Mittelpunkt steht die Entwicklung eines Kategoriensystems. Im Anschluß erfolgt eine statistisch-quantitative Auswertung der Codehäufigkeiten. Die zusammenfassende Inhaltsanalyse kann nach Mayring (2000, 60) in sieben Schritte unterteilt werden. Diese sollen für die durchzuführenden Analysen kurz erläutert werden. Dabei werden die von Mayring (2000, 59–76) beschriebenen Regeln bezüglich des konkreten Vorgehens zugrundegelegt, zusätzlich werde ich die Vorschläge von Rustemeyer (1992) – insbesondere in bezug auf Kategorienexplikation und Codiererschulung – aufgreifen. Für Eltern- und Lehreraussagen nehme ich jeweils separate Analysen vor.

Schritt 1: Analyseeinheit. Die semantisch definierte Analyseeinheit ist die Antwort auf die Frage des Interviewers nach der Beziehung zu Mitschülern und Mitschülerinnen. Vorhergehende und nachfolgende Äußerungen im Rahmen des Interviews gehören dann zur Analyseeinheit, wenn sie sich auf das Verhältnis zu Mitschülern beziehen. Die Interviews liegen in Form von transkribierten Tonbandaufnahmen vor. Wenn nicht, werde ich das Protokoll der Interviewer verwenden.

Schritte 2 bis 5: Reduktion. Die Aussagen einer zufällig ausgewählten Substichprobe der Interviews (ca. 10%) werden zur ersten Bildung eines Kategoriensystems paraphrasiert und abstrahiert.

Schritt 6: Zusammenstellung des Kategoriensystems. Die Definition der Kategorien erfolgt *induktiv*, d.h. diese werden direkt aus dem Material abgeleitet. Der Vorteil liegt dabei in einer möglichst unverzerrten „naturalistischen" Darstellung der in den Aussagen enthaltenen Bedeutungsaspekte. Das Kategoriensystem soll dabei sowohl erschöpfend als auch disjunkt sein. Zwar ist theoretisch eine Mehrfachkategorisierung jeder Einheit denkbar, damit wäre jedoch die fundamentale Voraussetzung für eine nachfolgende statistisch-quantitative Analyse (Unabhängigkeit der einzelnen Beobachtungen) verletzt. Das Abstraktionsniveau der Kategorien sollte weder zu hoch noch zu niedrig ausfallen, d.h. die Kategorien sollten weder überdifferenziert (in vielen Fällen niedrige Besetzungshäufigkeit) noch unterdifferenziert definiert werden. Um die Nachteile von Mehrfachkategorisierungen zu umgehen und dennoch zu gewährleisten, daß die Kategorien soviel Information als möglich abschöpfen, sind zwei Strategien denkbar:

---

[45] Auf die Debatte um das Verhältnis von quantitativen und qualitativen Ansätzen soll hier nicht näher eingegangen werden. Ich teile weitgehend die Auffassung von Mayring (2000) und Rustemeyer (1992), daß beide Ansätze nicht als dichotomes Gegensatzpaar zu verstehen sind, sondern unter bestimmten Voraussetzungen einander sinnvoll ergänzen können und sollen.

- *Bildung von Ober- und Unterkategorien.* So könnte z.b. die Oberkategorie „Schwierigkeiten mit Mitschülern" mehrere Unterkategorien enthalten, die explizieren, auf welche Mitschülergruppen sich die Schwierigkeiten beziehen (z.b. „wird von ganzer Klasse abgelehnt", „wird von einer Clique abgelehnt" etc.). Diese Unterkategorien können bei der Interpretation der Oberkategorien hilfreich sein.

- *Orientierung an Leitfragen.* Dieses Vorgehen ist bei Wescher (1992) näher dargestellt. Die eher allgemeine Frage nach der Beziehung zu Mitschülern wird in mehrere (hypothetische) Fragen unterteilt z.B. „Wie würden Sie die Integration in die Klasse allgemein einschätzen?", „Hat der Jugendliche außerhalb der Schule Kontakt zu seinen Mitschülern?", „Wie ist seine Stellung in der Klassengemeinschaft?". Jede Analyseeinheit wird dann hinsichtlich der unterschiedlichen Teilfragen einmal kategorisiert. So ist *innerhalb* jeder Ebene eine Unabhängigkeit der Beobachtungen gewährleistet.

Schritt 7: Rücküberprüfung. Nach Erstellung des Kategoriensystems erfolgt die Rücküberprüfung. Im ersten Schritt codieren zwei unabhängige Beurteiler eine weitere Teilstichprobe von ca. 10% der Interviewaussagen. Dieser erste Schritt dient der Optimierung des Kategoriensystems. Danach erfolgt gegebenenfalls eine Modifikation. Im Anschluß wird das verbesserte System im Hinblick auf die Urteilerübereinstimmung, quantifiziert durch Cohens κ, überprüft. Dabei sollten die Koeffizienten das Kriterium $\kappa \geq 0.75$ erfüllen. Koeffizienten dieser Größenordnung objektivieren nach Landis & Koch (1977) eine ausgezeichnete Übereinstimmung. Fällt die Übereinstimmung nicht für alle Kategorien zufriedenstellend aus, so werden die Beurteiler nachgeschult und / oder das Kategoriensystem entsprechend modifiziert.

Was die klassischen psychometrischen Gütekriterien anbetrifft, so sind bei der Inhaltsanalyse – genauso wie bei Beobachtungsverfahren – Objektivität und Reliabilität kaum voneinander zu trennen. Obwohl sich die quantifizierbare Urteilerübereinstimmung strenggenommen auf die Objektivität bezieht, wird der entsprechende Koeffizient häufig mit der Reliabilität gleichgesetzt (*inter-coder-reliability*).

3.3.4 Gruppenvergleiche

Im folgenden erläutere ich zunächst der Umgang mit Fragen der statistischen und praktischen Signifikanz innerhalb der vorliegenden Arbeit. Im Anschluß stelle ich kurz die angewandten inferenzstatistischen Verfahren zur Überprüfung von Gruppenunterschieden vor: Hinsichtlich quantitativer Variablen kommen in erster Linie varianzanalytische Techniken zur Anwendung, kategoriale Variablen werden mit Hilfe von *Logit*-Modellen analysiert.

3.3.4.1 Statistische und praktische Signifikanz

Bei einer Arbeit, die zur Klärung der vorliegenden Fragestellung multiple Indikatoren aus verschiedenen Datenquellen heranzieht, stellt sich unweigerlich die Frage, wie man mit dem Problem der „Inflationierung des Alpha-Fehlers" umzugehen gedenkt. Allison, Gorman & Primavera (1993) weisen darauf hin, daß vor der Frage, *wie* eine

Korrektur vorgenommen werden soll, zunächst die epistemologische Frage geklärt
werden muß, *ob überhaupt* eine Adjustierung vorgenommen werden soll: Dazu sind
die Meinungen keineswegs einheitlich. So kritisiert beispielsweise Saville (1990, 177)
das gängige Vorgehen, die Adjustierung *experimentwise* vorzunehmen: „Die natürliche konzeptuelle Einheit ist der Vergleich, nicht das Experiment. Ein Experiment ist
nicht mehr oder weniger eine natürliche Einheit als ein Projekt, das mehrere Experimente umfaßt oder ein Forschungsprogramm, das aus mehreren Projekten besteht. Es
ist eindeutig unbefriedigend, daß die Größe eines Experiments oder die Zahl der Experimente in einem Projekt die Wahrscheinlichkeit beeinflussen soll, eine bestimmte Differenz [zwischen zwei Variablen] zu entdecken." Oder wie Allison et al. (1993, 160)
dazu bemerken: „Mit anderen Worten: Die Veränderung von Wahrscheinlichkeiten
bezüglich der Testung einer bestimmten Hypothese, weil der Forscher auch andere
Hypothesen prüft, erscheint nicht nur irrelevant, sondern bestraft den Wissenschaftler,
der ambitionierte multifaktorielle Studien durchführt."

Die von den Autoren angesprochene „Strafe" bezieht sich auf den bekannten Verlust
an Teststärke bei strenger Kontrolle des α-Fehlers durch Adjustierung – gegeben die
Versuchspersonenzahl ist nicht beliebig erweiterbar. Die klassische Signifikanztestung
konzentriert sich allzuoft ausschließlich auf die Kosten des Fehlers I. Art (α), wobei je
nach Fragestellung die Kosten, die mit dem Fehler II. Art (β) verbunden sind (mögliche Unterschiede werden übersehen), durchaus gravierender sein können. Diese Kritik
am klassischen NHST (*Null Hypothesis Significance Testing*) ist eng verbunden mit
der Forderung, nicht nur die statistische Bedeutsamkeit, sondern auch die praktische
Bedeutsamkeit der Ergebnisse – quantifiziert durch Effektstärken (ES) – bei der Interpretation zu berücksichtigen (vgl. z.B. Bredenkamp 1972; Cohen 1988; 1990; 1992;
1994; Kirk 1996).
Insbesondere zwei Argumente erscheinen mir in diesem Zusammenhang bedeutsam:
Da statistische Signifikanz neben der ES (unter anderem) von der Stichprobengröße
abhängt, können zwei Studien, die unter Verwendung unterschiedlicher Stichproben-
größen gleiche Unterschiede finden, durch ausschließliche Konzentration auf die Ablehnung / Beibehaltung der H_{Null} zu *gegensätzlichen* Interpretationen kommen. Zusätzlich sind ES insbesondere für die angewandte Forschung nützlich, um abschätzen
zu können, ob ein ermittelter Unterschied zwar statistisch signifikant aber letztendlich
zu trivial ist, um daraus Forderungen für die Praxis ableiten zu können. Der Aussage
von Rosenthal & Rosnow (1991, 45) „Die essentielle Schlußfolgerung ist, daß ein
Signifikanztest ohne Angabe einer Effektgröße nur die halbe Wahrheit berichtet", ist
daher zuzustimmen.

Maße der Effektstärke werden von Rosenthal (1994) grob in zwei „Familien" unterteilt: die „d"-Familie (standardisierte Differenzen) und die „r"-Familie (Enge des Zusammenhangs). Kirk (1996) faßt andere ES wie das *odds ratio*, das relative Risiko
oder das *Binomial Effect Size Display* zu einer dritten Gruppe zusammen. Quadrierte
ES der „r"-Familie (wie R², eta², ω^2 oder ε^2) drücken die durch die unabhängige(n) Va-
riable(n) „erklärte" Varianz in der bzw. den abhängigen Variablen aus.
Welche Maße zur Quantifizierung des Effekts verwendet werden, ist in gewisser
Weise arbiträr, da sich die Maße ineinander überführen lassen. Während d-Maße zumindest für den mit Verteilungen vertrauten Psychologen oft intuitiv leichter zu erfas-

sen sind, kann d im Gegensatz zu r größere Werte als 1 annehmen, was den Vergleich von Effektstärken unterschiedlicher „Familien" erschwert. Das generellere Maß ist r, da es sowohl angewandt werden kann, wenn es um den Zusammenhang zweier Variablen (z.b. IQ und Beliebtheit) geht, als auch wenn zwei Gruppen verglichen werden (z.b. Hochbegabte und durchschnittlich Begabte in bezug auf Beliebtheit). In letzterem Fall läßt sich einfach der punktbiseriale Korrelationskoeffizient (r_{pb}) berechnen. Für die Kennzeichnung von ES als „klein" (d = 0.2), „mittel" (d = 0.5) oder „groß" (d = 0.8) wird häufig die Klassifikation von Cohen (1988) herangezogen, wobei diese lediglich als Konvention zu verstehen ist. Je nach Fragestellung können auch kleine Effekte als außerordentlich relevant eingeschätzt werden.

ES-Maße können einerseits deskriptiv als stichprobenspezifische Größe betrachtet, aber auch als Schätzung des Populationseffekts herangezogen werden. Die deskriptiven – an der Stichprobe gewonnen – ES-Maße sind dabei häufig keine erwartungstreuen Schätzer des Populationseffekts, sondern über- oder unterschätzen diesen systematisch. Die bislang entwickelten diesbezüglichen Korrekturen haben häufig den Nachteil, daß sie – im Gegensatz zu den rein deskriptiven Maßen – an bestimmte Voraussetzungen gebunden sind (Diehl & Arbinger 1990). Aus diesem Grund habe ich mich dafür entschieden, deskriptive ES-Maße zu verwenden. Dies ist bei der Interpretation zu berücksichtigen.[46]

Obwohl die Forderung nach stärkerer Beachtung der praktischen Bedeutsamkeit nicht neu ist, hat sie sich – insbesondere im Vergleich zum berühmten „p" – bislang noch nicht in angemessener Weise durchsetzen können. Erst in den letzten Jahren fordert auch die APA (1994) eine Angabe über die Effektstärke bei der Publikation von Forschungsresultaten. Kirk (1996) berichtet, daß von den im Jahr 1995 erschienenen Artikeln des *Journal of Educational Psychology* lediglich 55% eine oder mehr Angaben zur ES enthielten. Ein ähnliches Ergebnis erzielte Plucker (1997) bei seiner Analyse von Publikationen in drei führenden amerikanischen Zeitschriften auf dem Gebiet der Hochbegabungsforschung im Zeitraum von 1992 bis 1997. Seine Resultate verdeutlichen, daß ES nur in einer Minderheit der Publikationen berichtet werden, diesbezüglich unterscheiden sich die untersuchten Zeitschriften nicht von anderen psychologischen Fachzeitschriften.

3.3.4.2 Vorgehen bei der Überprüfung und Interpretation der Effekte

Vor dem Hintergrund der immer wieder diskutierten und wenig belegten Annahmen, Hochbegabte und Hochleistende hätten *defizitäre* Peer-Beziehungen, ist es von zentraler Wichtigkeit, mögliche Unterschiede *nicht* zu übersehen. Ich werde daher auf eine Adjustierung des α-Fehlers bewußt verzichten und liberal testen. Die Interpretation erfolgt in erster Linie *effektstärkenbasiert*, von Interesse ist vor allem die Größe und das Gesamtbild der gefundenen Effekte. Effekte, die kleiner als d = 0.25 (Über-

---

[46] Diehl & Arbinger (1990) weisen zu Recht darauf hin, daß man kein „falsches" Maß mitteilen kann, da es ein leichtes ist, bei Kenntnis eines ES-Maßes daraus andere zu berechnen.

lappungsbereich ca. 90%) sind, betrachte ich als trivial und interpretiere diese nicht weiter.

Die von mir verwendeten ES-Maße werden weiter unten jeweils im Kontext der verwendeten statistischen Verfahren diskutiert. Ich werde dabei nach Möglichkeit sowohl ein Maß der „r"- als auch der „d"-Familie mitteilen, so daß dem Leser die Umrechnung in sein präferiertes ES-Maß erspart bzw. erleichtert wird.

Gruppenvergleiche zwischen Ziel- und Vergleichsgruppe. Bei den statistischen Analysen prüfe ich zunächst, ob eine Wechselwirkung vorliegt. Wenn dies nicht der Fall ist, teste ich die Haupteffekte *Geschlecht* und *Begabung* bzw. *Leistung* (jeweils $p \leq 0.05$). Der Geschlechtseffekt ist dabei von untergeordneter Bedeutung, da hierzu keine Fragestellung formuliert wurde. Von Interesse ist lediglich, ob sich bekannte Geschlechtsunterschiede gleichermaßen in den betrachteten Gruppen zeigen. Gruppenvergleiche führe ich gemäß der formulierten Fragestellungen *innerhalb* der Leistungs- und Begabungsstichprobe durch. Vergleiche zwischen den beiden Stichproben (Begabungs- und Leistungsstichprobe) bleiben auf einer deskriptiven Ebene und beziehen sich auf die Befundmuster (Unterschiede zwischen der jeweiligen Ziel- und Vergleichsgruppe, vgl. auch 2.4).

„Normvergleiche". Bei der Interpretation der beobachteten Unterschiede zwischen den jeweiligen Ziel- und Vergleichsgruppen ist zu beachten, daß diese keine Aussagen darüber erlauben, wie sich die Peer-Beziehungen Hochbegabter und Hochleistender hinsichtlich des Durchschnitts der Population gleichaltriger Schüler einordnen lassen, da die jeweiligen Vergleichsgruppen nach bestimmten Kriterien ausgewählt wurden und nicht den „Durchschnitt" der Population repräsentieren. Daher werden – wenn die Möglichkeit besteht – Vergleiche der Zielgruppen mit einer unselegierten Stichprobe effektstärkenbasiert durchgeführt und entsprechende Maße berichtet. Dafür ziehe ich sowohl die unter 3.1.4 näher beschriebenen Teilstichproben der Shell Jugendstudie '92 als auch die Q-Referenzstichprobe (QRS) heran. Da sich die Zielgruppen und die zusätzlich berücksichtigten Vergleichsstichproben hinsichtlich der Geschlechtsanteiligkeiten unterscheiden, berechne ich, wenn das Geschlecht oder dessen Wechselwirkung mit dem Gruppenfaktor *Begabung* bzw. *Leistung* einen Einfluß hat, Effekte für Jungen und Mädchen separat. Dies gilt auch dann, wenn sich innerhalb der „Normgruppen" ein Geschlechtsunterschied dokumentiert.

„Ost-West-Vergleich". Bei einem Vergleich der Hochleistenden mit an der QRS ermittelten Kennwerten ist zu beachten, daß dies vor allem dann sinnvoll ist, wenn es keinen Hinweis auf „Ost-West-Unterschiede" (d.h. Unterschiede in bezug auf die Herkunft aus alten bzw. neuen Bundesländern) gibt. Zur Abschätzung der „Ost-West-Effekte" führe ich zwei Analysen durch: Zum einen werden Unterschiede zwischen zwei – aus Jugendlichen der VG-DB und VG-DL bestehenden – Substichproben „Ost" (VG-OST) und „West" (VG-WEST), die hinsichtlich Begabung, Leistung, besuchter Schulform, Geschlecht und sozioökonomischen Status vergleichbar sind (vgl. Tab. 3.28), deskriptiv betrachtet.

Tab. 3.28: Mittelwerte (M) und Standardabwei-
chungen (S), sozioökonomischer Status (BRSS),
Notendurchschnitt und Intelligenz (IQ) der
Vergleichsgruppen „Ost" (VG-OST) und „West"
(VG-WEST), die jeweils N = 20 Jugendliche (10
Mädchen und 10 Jungen) umfassen

VARIABLE	VG-WEST		VG-OST	
	M	S	M	S
BRSS (Rohwert)	15.1	4.7	15.2	4.6
Notendurchschnitt	3.1	0.4	3.1	0.3
IQ	108.0	6.6	109.1	6.9

Zusätzlich überprüfe ich – wenn möglich – ob sich die Stichproben SHELL-O und SHELL-W voneinander unterscheiden. Ein Effekt d > 0.3 gilt in beiden Fällen als bedeutsam, die Unterschiede zwischen Hochleistenden und QRS-Schülern sollten dann nur unter Vorbehalt interpretiert werden. Selbstverständlich erlaubt das skizzierte Vorgehen nicht, fundierte Aussagen über „Ost-West-Unterschiede" zu machen. Vergleiche zwischen „Ost"-Hochleistenden und einer „West"-Gruppe sollten daher immer mit einer gewissen Vorsicht interpretiert werden.

3.3.4.3 Inferenzstatistische Verfahren

Für alle nachfolgend beschriebenen Verfahren gilt, daß ich Ergebnisse hinsichtlich der Überprüfung statistischer Voraussetzungen nur bei deren Verletzung mitteilen werde.

• Varianzanalysen

Für die Begabungsstichprobe wird ein zweifaktorieller Plan mit den Faktoren *Begabung* (B) × *Geschlecht* (G) gewählt, für die Leistungsstichprobe entsprechend ein Plan mit den Faktoren *Leistung* (L) × *Geschlecht* (G). Liegen bezüglich einer Hypothese multiple Indikatoren vor, die substantielle Interkorrelationen aufweisen, werde ich diese zunächst gemeinsam einer multivariaten Analyse (MANOVA) unterziehen. Wenn sich ein Effekt multivariat absichern läßt, berechne ich univariate Nachfolge-ANOVAs, um zu überprüfen, welche Unterschiede sich auch univariat absichern lassen. Können multiple Indikatoren keiner multivariaten Analyse unterzogen werden bzw. erscheint dies nicht sinnvoll, werden univariate ANOVAs berechnet. Liegt keine statistisch signifikante Wechselwirkung vor, betrachte ich die Haupteffekte näher. Bei einer vorliegenden Wechselwirkung überprüfe ich zunächst, ob der Haupteffekt *Begabung* bzw. *Leistung* vor diesem Hintergrund überhaupt sinnvoll zu interpretieren ist. Sollte dies der Fall sein, wird auch dieser genauer analysiert.
Sowohl beim Begabungsgruppen- als auch beim Leistungsgruppenvergleich liegt ein nicht-orthogonales Design aufgrund ungleicher Zellbesetzungen vor. Um das daraus resultierende Problem abhängiger Haupt- und Interaktionseffekte (aufgrund überlappender Varianzquellen) zu lösen, wird der Regressionsansatz (Methode 1 nach Overall & Spiegel 1969) verwendet. Diese Lösung wird von Carlson & Timm (1974) als ad-

äquat für die Mehrheit nicht-orthogonaler Varianzanalysen empfohlen. Tabachnik & Fidell (1996) weisen darüber hinaus darauf hin, daß dieser Ansatz im Hinblick auf den Fehler I. Art eher als konservativ einzuschätzen ist.

Da sich sowohl in der Leistungs- als auch in der Begabungsstichprobe die Ziel- und Vergleichsgruppe hinsichtlich des bildungsrelevanten sozialen Status (BRSS) unterscheiden, überprüfe ich routinemäßig, ob ein Zusammenhang zwischen abhängiger Variable und dem BRSS zu objektivieren ist. Als kritisch sehe ich dabei eine Korrelation von $r > 0.15$ an. Sollte dies der Fall sein, wird kontrolliert, ob die Effekte auch nach kovarianzanalytischer Auspartialisierung des sozioökonomischen Status noch Bestand haben und von praktischer Bedeutsamkeit sind.

Voraussetzungen der Varianzanalyse. Bei der Berechnung uni- bzw. multivariater Varianzanalysen sollten folgende Voraussetzungen erfüllt sein:

* *Uni- bzw. multivariate Normalverteilung.* Nach Tabachnik & Fidell (1996) kann bei ausreichenden Zellbesetzungen ($N > 20$) sowohl bei uni- als auch multivariaten Varianzanalysen davon ausgegangen werden, daß der F-Test robust gegenüber Verletzungen der (uni- bzw. multivariaten) Normalverteilungsannahme ist. Dies gilt auch bei ungleicher Anzahl von Personen pro Zelle. Univariat wird die Normalverteilungsannahme mit Hilfe graphischer Verfahren, der Inspektion der Verteilungsparameter Exzeß und Schiefe sowie mittels Kolmogorov-Smirnov-Test überprüft.

* *Varianzhomogenität bzw. Homogenität der Varianz-Kovarianz-Matrizen.* Muß die Annahme gleicher Varianzen (bzw. gleicher Varianz-Kovarianz-Matrizen im multivariaten Fall) verworfen werden, kann im Falle ungleicher Zellbesetzungen ($N_{MAX}/N_{MIN} > 1.5$, Stevens 1996) nicht mehr davon ausgegangen werden, daß das nominale α-Niveau unbeeinflußt bleibt (Stevens 1996; Tabachnik & Fidell 1996). Multivariat überprüfe ich die Homogenität der Varianz-Kovarianz-Matrizen mit dem Box-M-Test. Dieser hat den Nachteil, daß er sensitiv auf Verletzungen der Normalverteilungsannahme reagiert und in diesem Fall progressiv zugunsten der H_1 entscheidet (Bortz 1999). Univariat wird die Varianzhomogenitätsannahme mit dem Levene-Test geprüft, der gegenüber dem häufig eingesetzten Bartlett-Test den Vorteil hat, relativ unempfindlich gegenüber Verletzungen der Normalverteilungsannahme zu sein. Sollte die Varianzheterogenität (bzw. Heterogenität der Varianz-Kovarianz-Matrizen) bei $p < 0.001$ gegeben sein, folge ich der Empfehlung von Tabachnik & Fidell (1996; vgl. auch Stevens 1996) und stelle durch zufälligen Ausschluß von Fällen gleiche Zellbesetzungen her.[47]

Voraussetzungen der Kovarianzanalyse. Neben den oben beschriebenen Voraussetzungen für Varianzanalysen müssen bei der Anwendung einer Kovarianzanalyse zusätzlich folgende Bedingungen erfüllt sein:

(a) Die Kovariate muß möglichst reliabel sein, da die Kovarianzanalyse unter der Voraussetzung einer meßfehlerfreien Kovariaten operiert.

---

[47] Mir ist bewußt, daß durch dieses Vorgehen die Testschärfe sinkt, dies wird bei der Beurteilung der Ergebnisse berücksichtigt.

(b) Die Beziehung zwischen der Kovariaten und der abhängigen Variable soll linear sein.

(c) Die Steigungskoeffizienten der Regressionsgeraden unter den verschiedenen Faktorstufen müssen homogen sein.

Voraussetzung (a) kann beim BRSS als gegeben angesehen werden. Die Linearitätsannahme wird durch Inspektion der bivariaten Scatterplots kontrolliert, und Voraussetzung (c) überprüfe ich nach dem von Stevens (1996) bzw. Tabachnik & Fidell (1996, 342) beschriebenen Vorgehen.

Nachfolgeanalysen. Im Anschluß an ein statistisch signifikantes Ergebnis in der MANOVA berechne ich univariate Nachfolge-ANOVAs. Bei der Interpretation ist zu berücksichtigen, daß mehrere Autoren (Bray & Maxwell 1982; Huberty & Morris 1989) darauf hinweisen, daß ein statistisch signifikanter multivariater Effekt keinen adäquaten Schutz gegen eine Inflationierung des Risikos, einen Fehler I. Art zu begehen, bietet. „Wir halten die Vorstellung, daß man den Fehler erster Art durch multiple univariate Nachfolgeanalysen im Anschluß an eine signifikante MANOVA kontrollieren kann, für einen Mythos" (Huberty & Morris 1989, 307).[48]

Effektstärken. Im multivariaten Fall berichte ich das auf Wilks Λ basierende eta^2_{multi}.[49] Daneben wird das aus den univariaten Nachfolgeanalysen ermittelte eta^2 mitgeteilt (im univariaten Fall ausschließlich). Dabei ist zu beachten, daß dieses Maß – im Gegensatz zu eta^2_{multi} – Interkorrelationen zwischen den abhängigen Variablen nicht berücksichtigt. Als Ergänzung wird daher aus dem *F-to-remove-Index* (Huberty 1984) eine quadrierten Semipartialkorrelation (sr_i^2) berechnet, die sich auf die Enge des Zusammenhangs zwischen abhängiger Variable und Diskriminanzfunktion bezieht (Tabachnik & Fidell 1996, 541).[50] Sind nur zwei abhängige Variablen zu berücksichtigen, wird jeweils die einfache quadrierte Semipartialkorrelation mitgeteilt. Zusätzlich zu den unterschiedlichen eta^2-Maßen teile ich für den Vergleich von zwei Gruppen die standardisierte Mittelwertsdifferenz d (Cohen 1988) mit. Dabei verwende zur Relativierung die *gepoolte* Standardabweichung zwischen Ziel- und Vergleichsgruppe, bei Vergleichen mit der Q-Referenzstichrobe deren Standardabweichung. Bei kovarianzanalytischen Auswertungen wird d aus eta^2 geschätzt ($\hat{d}$).

- **Logit-Modelle (Mehrdimensionale Kontingenztafeln)**

Logit-Modelle, die eine Untergruppe der loglinearen Modelle darstellen, bieten die Möglichkeit, Haupt- und Wechselwirkungseffekte bei kategorialen Daten zu analysieren: Mehrere Autoren (z.B. Langeheine 1980; Kennedy 1983; DeMaris 1992) ziehen Parallelen zwischen der Anwendung von *Logit*-Modellen bei kategorialen und vari-

---

[48] Dieser Einwand spielt im Rahmen des von mir gewählten Vorgehens (liberale Testung, Verzicht auf α-Adjustierung) allerdings eine untergeordnete Rolle.

[49] Alle berichteten eta^2-Maße sind Partialmaße, d.h. die nicht interessierenden Haupt- und Interaktionseffekte bleiben außer Betracht.

[50] $sr_i^2 = (F_i/df_{res}) \cdot (1-r^2_c)$, wobei $F_i = F\text{-}to\text{-}remove$ für die i-te Variable und r^2_c = quadrierte kanonische Korrelation

anzanalytischen bzw. regressionsanalytischen Techniken bei intervallskalierten Daten. Im loglinearen Modell für mehrdimensionale Häufigkeitstabellen wird der Logarithmus der erwarteten Zellhäufigkeiten durch eine lineare Gleichung von Parametern λ dargestellt. Jedem *Logit*-Modell entspricht ein log-lineares Modell: die *Logit*-Modellparameter τ lassen sich direkt aus den Parametern λ des entsprechenden loglinearen Modells ableiten und repräsentieren den Einfluß der Haupt- bzw. Interaktionseffekte. Während allgemeine loglineare Modelle nicht zwischen unabhängigen und abhängigen Variablen unterscheiden (symmetrische Beziehungen), wird in *Logit*-Modellen das Antwortverhalten bezüglich einer Variablen in Abhängigkeit von einer oder mehreren unabhängigen Variablen betrachtet (asymmetrische Beziehung). Dabei wird der Logarithmus der sogenannten *odds* – das *Logit* – der abhängigen Variable unter der Bedingung der im Modell enthaltenen Effekte vorhergesagt. Die *odds* („Wettquotienten") stellen eine andere Betrachtung zur Wahrscheinlichkeiten dar. Sie beziehen sich auf das Verhältnis von Wahrscheinlichkeit und Gegenwahrscheinlichkeit ($\pi_i/(1-\pi_i)$). Beträgt z.B. die Wahrscheinlichkeit bei einer Verlosung zu gewinnen 2/3, so sind die *odds* für einen Gewinn 2:1 bzw. 2 oder anders ausgedrückt: Auf zwei Gewinne kommt eine Niete.

Bei zwei unabhängigen Variablen (A_j, B_k) bezieht sich der Logarithmus der *odds* (ln O_2^C) auf das Verhältnis $\ln[(\pi_{i=1}|jk)/(\pi_{i=2}|jk)]$, wenn die abhängige Variable C_i zwei Ausprägungen (1, 2) aufweist (binäres *Logit*). Bei einem multinomialen *Logit*-Modell (polytome Antwortvariable) werden bei m = 1...M Stufen der Antwortvariablen M-1 unabhängige *Logits* berechnet, die sich auf das Verhältnis ($\pi_m|jk/\pi_{m*}|jk$) beziehen. Dabei ist m* die – frei zu wählende – Referenzkategorie. Enthält eine der Variablen zusätzlich ordinale Information, kann dies in die Analysen einbezogen werden. Für diesen Fall stehen mehrere Modelle (wie z.B. das *continuation ratio logit*, vgl. Agresti 1990) zur Verfügung.

Die Schwierigkeit bei der Arbeit mit *Logit*-Modellen besteht hauptsächlich in der Selektion eines adäquaten Modells. Häufig sind mehrere Modelle mit den Daten kompatibel. Für die Wahl eines Modells gibt es keine eindeutigen ausschließlich statistisch begründeten Kriterien. Allerdings sollte ein Modell (wenn möglich) folgenden fünf Kriterien (Wickens 1989, 200) genügen:

(a) Das Modell ist interpretierbar.
(b) Das Modell „erklärt" einen substantiellen Anteil der Variabilität der aggregierten Daten.
(c) Das Modell kann nicht durch einen Test auf Modellanpassung zurückgewiesen werden.
(d) Das Modell enthält keinen Parameter, der ohne substantielle Verschlechterung der Anpassung entfernt werden könnte.
(e) Es fehlt kein Parameter, der die Anpassung substantiell verbessern könnte.

Zusätzlich sollte das *Kriterium der Einfachheit* bedacht werden: bei konkurrierenden Alternativen ist das einfachere Modell (das die Daten mit weniger Parametern sparsamer erklärt) vorzuziehen.

Zur Beurteilung von Kriterium (b) wird der Likelihood Ratio Chi^2-Test verwendet, der von Kennedy (1983) auch als *residual chi^2* (G^2_{RES}) bezeichnet wird. Zur Einschätzung der Kriterien (c) und (d) kann man sich die Additivität von G^2_{RES} zunutze machen. Bei hierarchisch geschachtelten Modellen ist die Differenz zwischen den G^2_{RES}-Werten ebenfalls Chi^2 verteilt. Ist diese Differenz zwischen zwei Modellen M_k und M_{k-1} groß, so kann davon ausgegangen werden, daß die in M_k gegenüber M_{k-1} zusätzlich enthaltene Komponente k die Modellanpassung substantiell verbessert. Kennedy (1983) bezeichnet diese Differenzen daher als *component chi^2* (G^2_{COMP}) und zieht Parallelen zur Testung von Haupt- und Interaktionseffekten in der Varianzanalyse.

In der vorliegenden Arbeit wird im wesentlichen eine *„schrittweise Rückwärtsstrategie"* in Anlehnung an Kennedy (1983) bzw. Wickens (1989) gewählt. Zunächst berechne ich für die interessierenden hierarchisch geschachtelten Modelle G^2_{RES} und G^2_{COMP}. Am hierarchisch niedrigsten ist dabei das *Null-Modell* (M_{NULL}) anzusehen. Dieses ist das einfachste Modell und enthält nur einen zu schätzenden Parameter für die abhängige Variable (*Konstante*, α), die Parameter für die Haupt- und Interaktionseffekte werden Null gesetzt. Es wird lediglich in Rechnung gestellt, daß die a priori-Wahrscheinlichkeiten der abhängigen Variable nicht gleich sind. Das Modell, das alle Haupt- und Wechselwirkungseffekte enthält, steht in der Hierarchie am höchsten und wird als *saturiertes Modell* (M_{SAT}) bezeichnet. Da hier alle Effekte berücksichtigt und somit die empirischen Häufigkeiten der Kontingenztafel perfekt reproduziert werden ist G^2_{RES} gleich Null. Im Anschluß wird der Kreis möglicher Modelle durch Anwendung der beiden folgenden Regeln eingegrenzt:

- Vom saturierten Modell ausgehend werden die G^2_{RES} der Folgemodelle inspiziert. Überschreitet G^2_{RES} die kritische Grenze, werden das betreffende Modell und restriktivere (d.h. hierarchisch niedrigere) Modelle ausgeschlossen.
- Im Anschluß werden – wiederum beim saturierten Modell beginnend – die G^2_{COMP} Werte betrachtet. Überschreitet G^2_{COMP} die kritische Grenze, werden alle weniger restriktiven (d.h. hierarchisch höheren) Modelle ausgeschlossen.

Eine Schwierigkeit bei diesem Vorgehen besteht darin, daß Effekte einer hierarchischen Stufe (z.B. Haupteffekte) nicht orthogonal sind. Die Problematik soll für zwei Haupteffekte verdeutlicht werden: G^2_{RES} für das vollständige Haupteffektmodell (A und B) kann nicht einfach in zwei *unabhängige* Komponenten für A und B zerlegt werden. Wird beispielsweise zuerst der Haupteffekt A aufgenommen und im Folgemodell zusätzlich der Haupteffekt B, so setzt sich G^2_{RES} für das vollständige Haupteffektmodell aus G^2_{COMP} (A) und G^2_{COMP} (B|A) zusammen. D.h. die zweite Komponente bezieht sich auf den Effekt von B bei „Auspartialisierung" des Effekts von A. G^2_{COMP} (B|A) entspricht dabei der *partial association* bei symmetrischen loglinearen Analysen, G^2_{COMP} (B) – d.h. ohne Berücksichtigung des Faktors A – entsprechend der *marginal association*. Ist sowohl G^2_{COMP} (B|A) als auch G^2_{COMP} (B) als bedeutsam einzustufen, ist dies als Hinweis darauf zu werten, daß der Haupteffekt B für die Beschreibung der Daten relevant ist. Aus diesem Grund werde ich beides berichten (Kennedy 1983).

Weitere Beurteilungs- und Interpretationshilfen sind die Inspektion der Residuen und die Betrachtung der Effektparameter: Die korrigierten standardisierten Pearson-Residuen (z_p), sind approximativ normalverteilt und liefern Anhaltspunkte dafür, in welchen Zellen bedeutsame Abweichungen zwischen den (aufgrund des Modells) erwarteten und den empirisch beobachteten Häufigkeiten vorliegen. Als kritisch betrachte ich dabei $|z_p| > 1.96$. Die Effektparameter eines Modells geben Auskunft über den Einfluß des fraglichen Effekts in bezug auf das *Logit* (d.h. den Logarithmus der *odds*). Die Beziehung zum *odds ratio* wird weiter unten diskutiert. Die standardisierten Effektparameter $z(\lambda)$ sind ebenfalls approximativ normalverteilt. Große $z(\lambda)$ weisen auf einen bedeutsamen Effekt hin. Dabei ist zu beachten, daß diese keine unveränderliche Größe darstellen, sondern auch davon abhängen, welche weiteren Effekte im Modell berücksichtigt sind.[51]

Voraussetzungen. Loglineare Analysetechniken sind nicht zuletzt wegen ihrer „Voraussetzungsarmut" äußerst flexible statistische Verfahren. Lediglich drei fundamentale Voraussetzungen werden von Tabachnik & Fidell (1996) genannt:

• Unabhängigkeit der Beobachtungen.

• Das Verhältnis Anzahl Zellen / Stichprobengröße sollte mindestens 1:5 betragen.

• Die erwarteten Zellhäufigkeiten sollten nicht zu klein sein. Zur Kontrolle schlagen die Autorinnen vor, alle bivariaten Kontingenztafeln zu analysieren und sicherzustellen, daß alle erwarteten Häufigkeiten größer als eins und nicht mehr als 20% kleiner als fünf sind.

Effektstärken. Maße zur Beurteilung der Erklärungskraft eines Modells bzw. eines Effekts diskutiert Arminger (1987). Dabei ist zunächst zu unterscheiden, ob sich diese auf die Variabilität der Individualdaten (*Basisdevianz*) oder die der aggregierten Daten bezieht. Die *proportion of explained deviance* (PED) bezieht sich auf die individuelle Variation, im Gegensatz dazu bezieht sich die *proportion of explained deviance in aggregated Data* (PEDAD) auf die in der Häufigkeitstabelle aggregierten Daten. Auf Modellebene wird zur Berechnung der PED Chi^2_{RES} an der Basisdevianz relativiert, jedoch kann auch für einzelne Komponenten der Anteil von Chi^2_{COMP} an der Basisdevianz berechnet werden. Analog ist das Vorgehen für die Ermittlung von PEDAD, die Basis ist hier jedoch die Devianz des Nullmodells. Beide Maße schwanken zwischen Null und Eins. Für hierarchisch geschachtelte Modelle sind sowohl PED als auch PEDAD additiv.

Der auf dem Entropie-Konzept beruhende Koeffizient R_H (Magidson 1981) ist ein bekanntes PED-Maß. Dieser kann ähnlich wie eta^2 oder R^2 interpretiert werden. R_H für das saturierte Modell gibt an, welcher Anteil der Basisdevianz durch Einbeziehung aller Haupt- und Wechselwirkungseffekte der Prädiktoren insgesamt überhaupt „erklärbar" ist. Der *normed fit index* (NFI, Bonett & Bentler 1983) als PEDAD-Maß bezieht sich im Gegensatz dazu auf die Verbesserung der Anpassung gegenüber M_{NULL}. Er kann Werte zwischen 0 und 1 annehmen (0 für M_{NULL} und 1 für M_{SAT}) und läßt sich sowohl für geschachtelte als auch nicht geschachtelte Modelle berechnen. Bonnett & Bentler (1983) weisen darauf hin, daß trotz des naheliegenden Vergleichs mit R^2 oder eta^2 der NFI *kein* Maß für die „erklärte" Varianz ist, sondern lediglich die Verbesse-

---

[51] Dies ist im Prinzip die gleiche Problematik wie bei der Interpretation der standardisierten Regressionskoeffizienten in der multiplen Regression.

rung der formalen Modellanpassung quantifiziert. PEDAD kann immer nur relativ zur verwendeten Kontingenztabelle beurteilt werden.

Für die einzelnen Modelle teile ich beide Maße mit. Daneben werden auch die mit den einzelnen Effekten assoziierten Devianzanteile (PEDAD$_{Effekt}$ und PED$_{Effekt}$) dargestellt.[52] Da sich PED und PEDAD auf unterschiedliche Ebenen beziehen, können die Effekte stark differieren. So wird PED nur dann 1, wenn alle Personen unter einer bestimmten Prädiktorenkonstellation in eine Antwortkategorie fallen. Auch das saturierte Modell (welches die aggregierten Daten ja perfekt reproduziert) kann evtl. nur einen relativ geringen Anteil des individuellen Antwortverhaltens „aufklären". Die Größe der PED sollte man allerdings nicht analog zu R² interpretieren. Haberman (1982, 575) weist darauf hin, daß auch bei einem starken Zusammenhang zwischen abhängiger und unabhängiger Variable die PED relativ klein sein kann: „Eine intuitive Einschätzung der Größe von R_H and R_C Koeffizienten erwirbt man durch direkte Erfahrung und nicht durch eine Übertragung der Kenntnisse über R².“

Während sich die bislang dargestellten Effektmaße auf G²-Anteile beziehen, steht das *odds ratio* (vgl. z.B. Fleiss 1994; Haddock, Rindskopf & Shadish 1998; Rudas 1998) in direkter Verbindung zu den Effektparametern des *Logit*-Modells. Es ist ein Maß dafür, wie sich die *odds* unter der Bedingung eines bestimmten Effekts (z. B. Geschlecht) verändern. Sind die *odds* gleich, so ist $\Omega = 1$. Das *odds ratio* ist nicht additiv sondern multiplikativ symmetrisch: ist der Zähler kleiner als der Nenner, können Werte zwischen 0 und 1 auftreten, bei Zähler > Nenner liegt der Wertebereich zwischen 1 und ∞, dies erschwert die Interpretation. Haddock et al. (1998) geben an, daß ein Ω nahe 1 einen schwachen Zusammenhang indiziert, während ein Ω größer als 3 (bzw. kleiner als 1/3) eher auf einen starken Zusammenhang schließen läßt. Durch eine logarithmische Transformation von Ω (ln Ω)[53] erhält man ein symmetrisches Effektmaß, das zwischen $-\infty$ und ∞ variiert. Ln Ω ist weniger anschaulich als Ω, hat aber den Vorteil, daß der Vergleich verschiedener Effekte erleichtert wird.

Die τ-Parameter des *Logit*-Modells lassen sich direkt in *odds ratios* transformieren, diese beziehen sich dann auf die unter Modellgültigkeit erwarteten Häufigkeiten ($\hat{\Omega}$). Aus lnΩ kann ein d-Äquivalent ($\hat{d}$) geschätzt werden (Hasselblad & Hedges 1995; Haddock et al. 1998); dieses wird ebenfalls mitgeteilt.

---

[52] Die auf Modelle und Effekte bezogenen Maße sind teilweise identisch, der Übersichtlichkeit halber scheint mir diese Redundanz aber tolerabel zu sein.

[53] Dieser Ausdruck wird auch als logistische Differenz bezeichnet (Haddock et al. 1998) .

Zusammenfassung zu 3.3

Nach Datenaufbereitung und explorativer Datenanalyse werden die eingesetzten Skalen psychometrisch analysiert. Die offenen Fragen des Eltern- und Lehrerinterviews unterziehe ich zunächst einer qualitativen (zusammenfassenden) Inhaltsanalyse, im Anschluß erfolgt eine quantitative Auswertung auf der Basis der Häufigkeiten. Gruppenvergleiche führe ich innerhalb der Begabungs- und Leistungsstichprobe durch. Dabei werden varianzanalytische Techniken und *Logit*-Analysen eingesetzt. Auf eine Korrektur des Fehlers I. Art (α) verzichte ich, die Interpretation erfolgt in erster Linie effektstärkenbasiert. Unterschiede zwischen Hochbegabten bzw. Hochleistenden und den zusätzlich herangezogenen Vergleichsgruppen beschreibe ich anhand von Effektstärken. Zur Abschätzung möglicher Differenzen zwischen Jugendlichen aus „alten" und „neuen" Bundesländern („Ost-West-Effekte") verwende ich zwei Teilstichproben der durchschnittlich Leistenden (VG-OST) und durchschnittlich Begabten (VG-WEST). Diese umfassen jeweils N = 20 Jugendliche, die Gruppen sind hinsichtlich relevanter Hintergrundvariablen (Geschlecht, sozioökonomischer Hintergrund, besuchte Schulform, Intelligenz und Schulleistung) vergleichbar. Zusätzliche Hinweise zu „Ost-West-Effekten" können sich aus dem Vergleich der Teilstichproben SHELL-O und SHELL-W ergeben. Die Ergebnisse dieser Vergleiche können nur als Hinweis auf mögliche „Ost-West-Effekte" gewertet werden.

4   Ergebnisse

4.1   Psychometrische Analysen

In diesem Abschnitt stelle ich die Ergebnisse der psychometrischen Analysen der verwendeten Kurzskalen – getrennt nach Datenquellen – für die Begabungs-, Leistungs- und Referenzstichprobe vor. Dies betrifft die Skalen *Kontaktbereitschaft* und *Sozialinteresse bei Schülern*, die Skala *Kontakt zu Freunden*, die Kurzskala *Einsamkeit* sowie die Skala *Integration in der Klasse*. Dargestellt werden jeweils die Ergebnisse der Dimensionsanalysen und psychometrische Skalenkennwerte. Kennwerte auf Itemebene sowie Verteilungskennwerte auf Skalenebene finden sich im Anhang.

4.1.1   Datenquelle „Jugendliche"

4.1.1.1   Kontaktbereitschaft und Sozialinteresse bei Schülern

Itemverteilungen. Die Items von *Kontaktbereitschaft* und *Sozialinteresse bei Schülern* verteilen sich deutlich schief. Die Mehrzahl der Jugendlichen beschreibt sich als kontaktbereit und sozial an ihren Mitschülern interessiert. Insbesondere Item KB1 (*Freunde zu haben, ist mir sehr wichtig*) fällt durch extreme Verteilungscharakteristiken auf: Mehr als 80% der Jugendlichen (Begabungsstichprobe: 82.2%, Leistungsstichprobe: 84.8%, Referenzstichprobe: 83.6%) stimmen dieser Aussage *voll* zu. Aufgrund dieses starken „Deckeneffekts" und der damit verbundenen mangelnden Differenzierungsfähigkeit wird das Item von den nachfolgenden Auswertungen ausgeschlossen.

Hauptkomponentenanalysen. Unterzieht man die Items beider Skalen einer gemeinsamen Analyse, so sprechen die Ergebnisse der Parallelanalyse bzw. der Verlauf der Eigenwerte in allen drei Stichproben für die Extraktion von zwei Komponenten. Tab. 4.1 zeigt, daß sich die Items stichprobenunabhängig entsprechend der theoretischen Zuordnung gruppieren. Lediglich Item KB5 lädt in der Referenzstichprobe bedeutsam auf beiden Komponenten, jedoch höher auf der „Kontaktbereitschafts-Komponente". Die Zwei-Komponenten-Lösungen sind für die drei Stichproben kongruent $(0.98 \leq r_c \leq 0.99)$, ebenso für die beiden Geschlechter: Die Kongruenzkoeffizienten liegen – mit einer Ausnahme – durchweg über $r_c = 0.90$ (lediglich in der Begabungsstichprobe sinkt der Koeffizient auf $r_c = 0.85$, da Item KB5 bei den Mädchen eine Doppelladung aufweist). Die Ergebnisse der Dimensionsanalysen stützen also die theoretische Zuordnung der Items zu den beiden Skalen.

Tab. 4.1:   Rotierte Zwei-Komponenten-Lösungen der Items der Skalen „Kontaktbereitschaft" und „Sozialinteresse bei Schülern" für die Begabungsstichprobe (BS), die Leistungsstichprobe (BS) und die Referenzstichprobe (RS)

ITEM	BS (N = 214)			LS (N = 255)			RS (N = 695)		
	K1	K2	h²	K1	K2	h²	K1	K2	h²
Ich bin lieber alleine als mit anderen zusammen. (KB2)	0.02	_0.75_	0.56	0.00	_0.74_	0.54	-0.11	_0.75_	0.57
Es ist besser, sich nicht so vielen Mitschülern anzuvertrauen. (KB3)	0.08	_0.71_	0.51	0.05	_0.70_	0.49	0.10	_0.69_	0.48
Man sollte nicht zu viele Freundschaften haben. (KB4)	0.14	_0.67_	0.47	0.04	_0.69_	0.48	0.02	_0.77_	0.59
Ich mache gerne Sachen, bei denen viele mitmachen können. (KB5)	0.25	_-0.65_	0.48	0.27	_-0.68_	0.54	0.46	-0.53	0.50
Ich stelle mir oft vor, was in einem Mitschüler oder einer Mitschülerin vorgeht, der oder die von anderen ausgelacht wird. (SIS1)	_0.71_	0.04	0.55	_0.73_	0.09	0.55	_0.75_	0.03	0.57
Mir fällt meistens auf, wenn ein Mitschüler oder eine Mitschülerin Sorgen hat. (SIS2)	_0.69_	0.00	0.48	_0.73_	0.06	0.54	_0.73_	-0.14	0.56
Ich versuche zu verstehen, warum manche Jugendliche zu anderen grob sind. (SIS3)	_0.60_	0.14	0.38	_0.59_	-0.09	0.35	_0.59_	0.09	0.35
Ich kann am Gesicht eines anderen ziemlich genau ablesen, wie es ihm gerade geht. (SIS4)	_0.74_	-0.08	0.56	_0.58_	-0.14	0.35	_0.67_	-0.14	0.47
Ich stelle mir oft vor, was in einem Schüler oder einer Schülerin vorgeht, der oder die gerade eine schlechte Note bekommen hat. (SIS5)	_0.65_	-0.04	0.43	_0.66_	-0.03	0.43	_0.72_	-0.01	0.52
ERKLÄRTE VARIANZ (%)	26.7	21.9	48.6	25.2	22.4	47.6	29.5	21.7	51.2

a: Markiervariable auf der entsprechenden Komponente; KB: „Kontaktbereitschaft"; SIS: „Sozialinteresse bei Schülern"

Durch Ausschluß des Items KB1 verbleibt lediglich eine inhaltlich positive Aussage (im Sinne hoher Kontaktbereitschaft) in der gleichnamigen Skala, die restlichen Items dieser Skala werden für die weiteren Auswertungen invertiert.[54]

Skalenkennwerte. Die Trennschärfen der Items beider Skalen bewegen sich im unteren bis mittleren Bereich, was auch auf die hohen Schwierigkeitsindizes zurückzuführen sein dürfte. Die ermittelten Skalenkennwerte für *Kontaktbereitschaft* (KB-J) und *Sozialinteresse bei Schülern* (SIS-J) sind Tab. 4.2 zu entnehmen. Die Homogenitäten sind in den drei Stichproben als für Gruppenvergleiche ausreichend anzusehen. Beide Skalen sind in der Begabungs- und Leistungsstichprobe erwartungsgemäß voneinander unabhängig, (BS: $r_{KB-J,SIS-J} = -0.03$, LS: $r_{KB-J,SIS-J} = 0.09$). In der Referenzstichprobe ist eine – durch die Doppelladung von Item KB5 bedingte – etwas höhere, aber immer noch geringe Korrelation von $r_{KB-J,SIS-J} = 0.18$ zu beobachten.

Tab. 4.2:   Psychometrische Kennwerte der Skalen „Kontaktbereitschaft" (KB-J) und „Sozialinteresse bei Schülern" (SIS-J) für die Schüler der Begabungsstichprobe (BS), Leistungsstichprobe (LS) und Referenzstichprobe (RS)

KENN-WERT	KB-J			SIS-J		
	BS (N=214)	LS (N=255)	RS (N=697)	BS (N=214)	LS (N=255)	RS (N=695)
Items	4	4	4	5	5	5
r_{min}	0.21	0.26	0.17	0.20	0.12	0.20
r_{max}	0.41	0.47	0.39	0.50	0.50	0.54
$\bar{r}$	0.32	0.33	0.32	0.34	0.30	0.37
$r_{it(min)}$	0.36	0.43	0.36	0.40	0.34	0.39
$r_{it(max)}$	0.48	0.47	0.49	0.52	0.51	0.57
$\bar{r}_{it}$	0.43	0.44	0.43	0.47	0.44	0.51
α	0.64	0.66	0.65	0.71	0.67	0.74
α_{10}	0.82	0.83	0.82	0.83	0.80	0.85

r_{min}: minimale Iteminterkorrelation; r_{max}: maximale Iteminterkorrelation

Verteilungskennwerte. Die Verteilungscharakteristiken von *Kontaktbereitschaft* und *Sozialinteresse bei Schülern* fallen wiederum in allen Stichproben ähnlich aus. Erwartungsgemäß weichen beide Skalen hinsichtlich der Schiefe statistisch signifikant von der Normalverteilung ab: In jeder Stichprobe erreichen weniger als 25% der Ju-

---

[54] Ob die Invertierung von Items, die Zurückhaltung in sozialen Kontakten ansprechen, inhaltlich mit Kontaktbereitschaft gleichzusetzen ist, ist diskussionswürdig. Ich habe mich dennoch für dieses Vorgehen entschieden, da die Items einer konzeptuell begründeten und validierten Skala, die Kontaktbereitschaft erfassen will, entnommen sind.

gendlichen einen Wert, der unterhalb des theoretischen Skalenmittelwerts liegt, was die Differenzierungsfähigkeit im oberen und mittleren Bereich einschränkt.

4.1.1.2 Kontakt zu Freunden

Itemverteilungen. Auch bei den Items der Skala *Kontakt zu Freunden* liegt der empirische Mittelwert durchgängig über dem theoretischen Mittel von 2.5. Die befragten Jugendlichen geben also insgesamt eher häufiger an, den beschriebenen *Kontakt zu Freunden* zu haben. Wiederum sind keine gravierenden Unterschiede in den Rohwertverteilungen zwischen den Stichproben zu beobachten.

Hauptkomponentenanalysen. Bei vier Items genügt im Prinzip die Inspektion der Interkorrelationsmatrix, um zu überprüfen, ob die Bildung eines Summenwertes empirisch sinnvoll erscheint. Zur Illustration werden dennoch die Ergebnisse der Hauptkomponentenanalysen (Ladungen auf der ersten unrotierten Hauptkomponente) in Tab. 4.3 wiedergegeben. Die Varianzaufklärung von jeweils über 50% und durchschnittliche Ladungen um 0.75 rechtfertigen die Zusammenfassung aller Items zu einer Skala.

Tab. 4.3:   Ladungen der Items der Skala „Kontakt zu Freunden" auf der ersten unrotierten Hauptkomponente in der Begabungsstichprobe (BS), der Leistungsstichprobe (LS) und der Referenzstichprobe (RS)

ITEM	STICHPROBE		
	BS (N=214)	LS (N=256)	RS (N=697)
sich mit jemandem unterhalten, persönliche Probleme mit jemandem besprechen (FKONT1)	0.79	0.80	0.81
mit Freunden und Freundinnen telefonieren (FKONT2)	0.73	0.79	0.78
mit Freunden und Freundinnen zusammen sein (FKONT3)	0.72	0.69	0.75
mit Freunden bzw. Freundinnen rumhängen (FKONT4)	0.70	0.69	0.67
ERKLÄRTE VARIANZ (%)	53.9	55.2	56.7

Skalenkennwerte. Die Trennschärfen bewegen sich durchgängig im mittleren Bereich, was wiederum auch durch die erhöhten Schwierigkeitsindizes der Items mitbedingt sein dürfte. Tab. 4.4 gibt einen Überblick über die psychometrischen Kennwerte auf Skalenebene. Die Homogenität ist für Gruppenvergleiche ausreichend. Berücksichtigt man die Kürze der Skala, so kann diese sogar als gut bewertet werden.

Tab. 4.4: Psychometrische Kennwerte der Skala „Kontakt zu Freunden" für die Schüler der Begabungsstichprobe (BS), der Leistungsstichprobe (LS) und der Referenzstichprobe

KENNWERT	BS (N=214)	LS (N=255)	RS (N=697)
Items	4	4	4
r_{min}	0.21	0.35	0.31
r_{max}	0.48	0.58	0.61
$\bar{r}$	0.38	0.40	0.42
$\bar{a}$	0.74	0.75	0.76
$r_{it(min)}$	0.45	0.46	0.45
$r_{it(max)}$	0.56	0.59	0.61
$\bar{r}_{it}$	0.50	0.52	0.54
α	0.70	0.72	0.74
α_{10}	0.86	0.87	0.88

r_{min}: minimale Iteminterkorrelation; r_{max}: maximale Iteminterkorrelation

Verteilungskennwerte. In allen Stichproben verteilen sich die Skalenwerte rechtssteil, in der Begabungs- und Leistungsstichprobe ist diese Abweichung von der Normalverteilung statistisch signifikant. Insgesamt liegen höchstens 25% der Schüler unter dem theoretischen Mittelwert von 2.5. In der Leistungs- und Referenzstichprobe erweist sich die Verteilung zudem als „übernormal" d.h. breitgipfliger als unter der Annahme der Normalverteilung zu erwarten wäre. Auch bei *Kontakt zu Freunden* muß daher von einer suboptimalen Differenzierungsfähigkeit im oberen Skalenbereich ausgegangen werden.

4.1.1.3 Einsamkeit

Itemverteilungen. Erwartungsgemäß sind die Items der Kurzskala *Einsamkeit* ebenfalls schief verteilt. Die zentralen Tendenzen liegen im inhaltlich positiven Bereich der Skala, d.h. im Mittel berichten die befragten Jugendlichen wenig Einsamkeit. Bei den Items EINSAM03 (*Ich habe einen Freundeskreis*) und EINSAM10 (*Es gibt Menschen, mit denen ich reden kann*) zeigt sich ein Deckeneffekt: Mehr als 90% der Jugendlichen geben hier die Einschätzung *stimmt ziemlich* bzw. *stimmt völlig* ab. Daher werden diese Items bei der weiteren Auswertung nicht weiter berücksichtigt.

Hauptkomponentenanalysen. Der Verlauf der Eigenwerte weist auf unterschiedliche Strukturen in der Begabungs- und der Leistungsstichprobe hin. Während in der Leistungsstichprobe die Extraktion zweier Komponenten sinnvoll erscheint, deutet sich in der Begabungsstichprobe ein „Generalfaktor" an. Erzwingt man auch dort eine Zwei-Komponenten-Lösung, so markieren lediglich zwei Items die zweite Komponente (EINSAM06 und EINSAM07), während sich in der Leistungsstichprobe zusätzlich EINSAM04 und EINSAM05 zu diesen gruppieren (vgl. Tab. 4.5). Inhaltlich lassen sich die zwei Itemgruppen in der Leistungsstichprobe – im Sinne der von Weiss (1973a) vorgeschlagenen Differenzierung – als *Emotionale Einsamkeit* (EMOEIN-J) und *Soziale Einsamkeit* (SOZEIN-J) interpretieren.

Tab. 4.5: Rotierte Zwei-Komponenten-Lösungen der Items der Skala „Einsamkeit" in der Begabungsstichprobe (BS) und der Leistungsstichprobe (LS)

ITEM	BS (N=203)			LS (N=252)		
	K1	K2	h²	K1	K2	h²
Ich habe genug Gesellschaft. (EINSAM01)	-0.77	-0.13	0.61	-0.77	-0.12	0.61
Ich fühle mich allein. (EINSAM02)	0.70	0.28	0.56	0.86	0.08	0.75
Ich habe viel gemeinsam mit den Menschen um mich herum. (EINSAM04)	-0.63	-0.35	0.51	-0.26	-0.59	0.41
Die Leute um mich herum haben ganz andere Interessen als ich. (EINSAM05)	0.65	0.21	0.47	0.16	0.69	0.50
Niemand kennt mich wirklich. (EINSAM06)	0.38	0.76	0.72	0.15	0.76	0.60
Es gibt Menschen, die mich wirklich verstehen. (EINSAM07)	-0.08	-0.91	0.83	-0.04	-0.74	0.54
Ich bin zu viel allein. (EINSAM08)	0.83	0.07	0.70	0.84	0.19	0.74
Die anderen Menschen haben es schwer, an mich heranzukommen. (EINSAM09)	0.67	0.18	0.48	0.54	0.30	0.38
ERKLÄRTE VARIANZ (%)	39.8	21.2	61.0	30.7	26.1	56.7

a: Markiervariable auf der entsprechenden Komponente

Neben der – zumindest in der Leistungsstichprobe sinnvollen – möglichen Unterscheidung von *sozialer* und *emotionaler Einsamkeit* erscheint in beiden Stichproben die Bildung eines globalen Summenwertes *Einsamkeit* (EINSAM-J) ebenfalls statthaft: Die Ladungen auf der ersten unrotierten Hauptkomponente (vgl. Tab. 4.6) bewegen sich zwischen $0.50 < |a| < 0.77$ in der Begabungsstichprobe ($\bar{a} = 0.69$) sowie zwischen $0.49 < |a| < 0.78$ in der Leistungsstichprobe ($\bar{a} = 0.63$). Die erklärte Varianz beträgt 48.0% (BS) bzw. 39.7% (LS).

Tab. 4.6: Ladungen der Items der Skala „Einsamkeit"
auf der ersten unrotierten Hauptkomponente in der Begabungsstichprobe (BS) und der Leistungsstichprobe (LS)

ITEM	BS (N=203)	LS (N=252)
Ich habe genug Gesell-schaft. (EINSAM01)	-0.73	-0.67
Ich fühle mich allein. (EINSAM02)	0.74	0.72
Ich habe viel gemeinsam mit den Menschen um mich herum. (EINSAM04)	-0.72	-0.57
Die Leute um mich herum haben ganz andere Interessen als ich. (EINSAM05)	0.67	0.56
Niemand kennt mich wirk-lich. (EINSAM06)	0.70	0.59
Es gibt Menschen, die mich wirk-lich verstehen. (EINSAM07)	-0.51	-0.50
Ich bin zu viel allein. (EINSAM08)	0.76	0.77
Die anderen Menschen haben es schwer, an mich heranzukom-men. (EINSAM09)	0.67	0.61
ERKLÄRTE VARIANZ (%)	48.0	39.7

Die Befunde stimmen mit den unter 3.2.3.1 berichteten Ergebnissen von Bortz & Döring (1993) und Bilsky & Hosser (1998) überein, die für die Revidierte UCLA-LS sowohl die Bildung eines globalen Summenwertes als auch eine differenzierte Auswertung für gerechtfertigt halten. Letztere erscheint in der vorliegenden Untersuchung nur
für die Leistungsstichprobe sinnvoll. Die folgenden Analysen beziehen sich daher sowohl für die Begabungs- als auch für die Leistungsstichprobe auf die eindimensionale
Skala *Einsamkeit*, für die Leistungsstichprobe wird zusätzlich eine Differenzierung in
bezug auf *soziale Einsamkeit* und *emotionale Einsamkeit* vorgenommen.

Globalskala Einsamkeit. Die Trennschärfen bewegen sich in der Begabungsstichprobe im mittleren, in der Leistungsstichprobe im unteren bis mittleren Bereich. Die
Schwierigkeitsindizes fallen niedrig aus, die Homogenität ist in beiden Stichproben
zufriedenstellend (vgl. Tab. 4.7).

Wie zu erwarten, ist die Abweichung von der Normalverteilung signifikant. Etwa 75%
der Jugendlichen erzielen einen Wert, der unterhalb des theoretischen Skalenmittels
anzusiedeln ist, eine Differenzierung ist somit eher im oberen Bereich gegeben.

Tab. 4.7: Psychometrische Kennwerte der Skala „Einsamkeit" für die Jugendlichen der Begabungsstichprobe (BS) und der Leistungsstichprobe (LS)

KENNWERT	BS (N=203)	LS (N=252)
Items	8	8
r_{min}	0.19	0.16
r_{max}	0.60	0.67
$\bar{r}$	0.40	0.31
$\bar{a}$	0.69	0.63
$r_{it(min)}$	0.41	0.39
$r_{it(max)}$	0.63	0.60
$\bar{r}_{it}$	0.58	0.48
α	0.84	0.78
α_{10}	0.87	0.81

r_{min}: minimale Iteminterkorrelation; r_{max}: maximale Iteminterkorrelation

Tab. 4.8: Psychometrische Kennwerte der Skalen „Soziale Einsamkeit" (SOZEIN-J) und „Emotionale Einsamkeit" (EMOEIN-J) für N = 252 Jugendliche der Leistungsstichprobe

KENNWERT	SOZEIN-J	EMOEIN-J
Items	4	4
r_{min}	0.28	0.23
r_{max}	0.55	0.53
$\bar{r}$	0.48	0.35
$\bar{a}$	0.78	0.70
$r_{it(min)}$	0.43	0.41
$r_{it(max)}$	0.69	0.50
$\bar{r}_{it}$	0.60	0.46
α	0.77	0.68
α_{10}	0.89	0.84

Soziale Einsamkeit und emotionale Einsamkeit. Die Trennschärfen und Itemhomogenitäten der Items beider Skalen sind im mittleren Bereich anzusiedeln. Die psychometrischen Kennwerte beider Skalen sind Tab. 4.8 zu entnehmen. Insbesondere bei Berücksichtigung der Kürze beider Skalen sind die Homogenitäten als zufriedenstellend einzustufen.

In allen beobachteten Verteilungskennwerten weisen *Soziale* und *Emotionale Einsamkeit* eine große Ähnlichkeit auf.

4.1.2 Datenquelle „Lehrer"

Itemverteilungen. Die Jugendlichen werden von ihren Lehrkräften hinsichtlich aller angesprochenen Integrationsaspekte positiv beurteilt, die Items verteilen sich auch hier rechtssteil. Weniger als 25% der Schüler erhalten Beurteilungen unterhalb des theoretischen Skalenmittelwerts.

Tab. 4.9: Ladungen der Items der Skala „Integration in der Klasse" auf der ersten unrotierten Hauptkomponente in der Begabungsstichprobe (BS, N = 205) und der Leistungsstichprobe (LS, N = 254) für die Beurteilungen durch den Deutschlehrer (DLE), den Mathematiklehrer (MLE) und den Klassenlehrer (KLE)

	BS		LS
ITEM	DLE	MLE	KLE
Ist ... in die Klassengemein-schaft integriert? (LSOZ1)	0.89	0.85	0.86
Ist ... bei den Jungen be-liebt? (LSOZ2)	0.83	0.80	0.85
Ist ... bei den Mädchen be-liebt? (LSOZ3)	0.84	0.81	0.83
ERKLÄRTE VARIANZ (IN %)	73.2	67.4	72.0

Hauptkomponentenanalysen. Bereits die Interkorrelationen machen deutlich, daß die Items einen großen Teil gemeinsamer Varianz aufweisen. Zur Illustration sind wiederum die Ladungen auf der ersten unrotierten Hauptkomponente in Tab. 4.9 aufgeführt.

Skalenkennwerte. Für alle Beurteilergruppen erscheint die Bildung eines globalen Summenwertes gerechtfertigt. Die Homogenität um $\alpha \approx 0.8$ ist – insbesondere bei Berücksichtigung der Skalenlänge – als „gut" einzustufen. Die weiteren psychometrischen Kennwerte sind Tab. 4.10 zu entnehmen.

Verteilungskennwerte. In den Verteilungskennwerten der Skala sind weder nennenswerte Unterschiede zwischen den beurteilenden Lehrkraftgruppen noch zwischen Begabungs- und Leistungsstichprobe festzustellen.

Tab. 4.10: Psychometrische Kennwerte der Skala „Integration in der Klasse" für die Beurteilungen der Schüler der Begabungsstichprobe (BS, N = 205) und der Leistungsstichprobe (LS, N = 254) durch den Deutschlehrer (DLE), den Mathematiklehrer (MLE) und den Klassenlehrer (KLE)

KENN-WERT	BS		LS
	DLE	MLE	KLE
Items	3	3	3
r_{min}	0.51	0.46	0.55
r_{max}	0.64	0.56	0.61
$\bar{r}$	0.59	0.51	0.58
$\bar{a}$	0.86	0.82	0.85
$r_{it(min)}$	0.53	0.55	0.39
$r_{it(max)}$	0.73	0.63	0.46
$\bar{r}_{it}$	0.67	0.59	0.65
α	0.81	0.76	0.80
α_{10}	0.94	0.91	0.93

r_{min}: minimale Iteminterkorrelation;
r_{max}: maximale Iteminterkorrelation

Urteilerübereinstimmung. Was die Urteilerübereinstimmung zwischen Deutsch- und Mathematiklehrkraft angeht, so liegt diese, bezogen auf die Gesamtstichprobe, bei r = 0.44. Allerdings spielen offensichtlich sowohl Geschlecht als auch Zugehörigkeit zur Begabungsgruppe eine moderierende Rolle (vgl. Tab. 4.11). Sowohl bei durchschnittlich Begabten als auch bei Hochbegabten ist die Übereinstimmung bei der Beurteilung von Mädchen höher. Möglicherweise ist das Sozialverhalten der Mädchen in verschiedenen Unterrichtssituationen konsistenter oder leichter zu beobachten (oder beides). In der Gruppe der durchschnittlich Begabten ist der Geschlechtseffekt klein (q = 0.21), bei Hochbegabten groß (q = 0.44).

Bei hochbegabten Jungen besteht kein statistisch abzusichernder Zusammenhang zwischen beiden Beurteilungen. Denkbare Methodenartefakte (wie Varianzeinschränkung) wurden überprüft und sind als Ursache auszuschließen. Bislang sind mir keine Befunde bekannt, die eine plausible Interpretation des beobachteten Korrelationsmusters zulassen. Hier wäre eine Replikation und genauere Untersuchung vonnöten, um zu soliden Schlußfolgerungen zu kommen. Ich möchte diesen Befund daher nicht weiter interpretieren.

Tab. 4.11: Korrelationen zwischen
der Beurteilung der „Integration in
der Klasse" durch den Deutschlehrer
und den Mathematiklehrer in den
Teilgruppen der Begabungsstichprobe

GRUPPE		r^a
Gesamt	(N = 213)	0.44
ZG-HB	(N = 107)	0.26
VG-DB	(N = 106)	0.54
Ju	(N = 121)	0.35
Mä	(N = 92)	0.56
ZG-HB-Ju	(N = 62)	0.08
ZG-HB-Mä	(N = 45)	0.48
VG-DB-Ju	(N = 59)	0.49
VG-DB-Mä	(N = 47)	0.63

ZG-HB: Hochbegabte; VG-DB: durchschnittlich Begabte; Ju: Jungen;
Mä: Mädchen.
^{a}: Alle Korrelationen mit Ausnahme
von r = 0.08 sind mit p < 0.01 statistisch signifikant.

4.1.3 Explorativer Exkurs: Hinweise auf konvergente Validität der eingesetzten Verfahren

Hinweise auf konvergente Validität für die im vorhergehenden Abschnitt analysierten Instrumente möchte ich exemplarisch für die Jugendlichen der Begabungsstichprobe berichten. Dies bietet sich aufgrund der dort erhobenen Fülle an Variablen an. Zudem können in dieser Stichprobe auch Daten, die zeitlich vor und nach der Hauptuntersuchung erhoben wurden, einbezogen werden.

Die Ergebnisse sind selbstverständlich nur als Anhaltspunkte zu werten, da die Stichprobe einen selektiven Ausschnitt aus der Gesamtpopulation der Schüler darstellt.[55]

Die in Tab. 4.12 zusammengefaßten Ergebnisse fallen erwartungsgemäß aus. Vor allem die nennenswerten Bezüge von *Einsamkeit* zu Variablen, die in einem deutlichen zeitlichen Abstand erhoben wurden, sind hervorzuheben. So besteht zur *sechs Jahre zuvor* erhobenen Frage *Fühlst Du Dich oft einsam?* eine Korrelation von r = 0.26, bezüglich der im Alter von 14 Jahren abgegebenen Einschätzung, ob man viele Freunde habe, kann immerhin ein Koeffizient von r = −0.38 objektiviert werden. Diese Schätzungen markieren zudem eher die untere Grenze, bedenkt man die schiefen Verteilun-

---

[55] Eine Berechung getrennt nach Begabungsgruppen ergab keine Hinweise auf unterschiedliche Interkorrelationen, daher wird nur die Gesamtgruppe betrachtet.

gen und die (meist) mangelnde Reliabilität einzelner Items. Dies ist ein Hinweis darauf, daß *Einsamkeit* im frühen Erwachsenenalter kein reines Übergangsphänomen ist.[56]

Tab. 4.12: Korrelationskoeffizienten (nur Dezimalen) der verwendeten Skalen zur Erfassung von Peer-Beziehungen zu verwandten Konzepten aus dem sozialen Bereich (konvergente Validität) für die Jugendlichen der Begabungsstichprobe ($N_{MIN}=188$, $N_{MAX}=214$)

| | 14 JAHRE | | | | | | | | | | 18 JAHRE |
| | JEPQ | PH | PFK | | | | PB-SOKO | | | | SDQ |
SKALA	EIN	VF	BEL	MO2	MO4	VS4	M	V	DL	ML	SEG	SAG
KB-J	-31	51	50	-56	32	-34	26	19	21	15	29	28
SIS-J	06	02	03	08	16	-08	20	04	-01	-01	-06	24
FKONT-J	-02	46	38	-21	14	-35	26	20	10	16	16	36
EINSAM-J[a]	26	-38	-44	17	-18	27	-25	-28	-11	-10	-46	-40
INTEG-DL	-24	23	21	-17	10	-15	06	18	74	35	17	17
INTEG-ML	-21	21	21	-22	13	-19	15	26	34	70	15	19

r > 0.13: p ≤ 0.05; [a]: mittleres Alter zum Erhebungszeitpunkt 20 Jahre; JEPQ: Junior Eysenck Personality Questionnaire (Kurzform); PB-SOKO: Persönlichkeitsbeurteilung des Kindes (Kurzform) - Skala „Soziale Kompetenz"; PFK: Persönlichkeitsfragebogen für Kinder (Kurzform); PH: Piers-Harris Selbstkonzept-Skala für Kinder (Kurzform); SDQ: Selbstbeschreibungsfragebogen für Schüler und Studenten (Kurzform); BEL: Skala „Beliebtheit"; DL: Deutschlehrer; EIN: Item „Fühlst Du dich oft einsam?"; M: Mutter; ML: Mathematiklehrer; MO2: Skala „Bedürfnis nach Alleinsein"; MO4: Skala „Bereitschaft zu sozialem Engagement"; SAG: Skala „Beziehungen zum anderen Geschlecht"; SEG: Skala „Beziehungen zum eigenen Geschlecht"; V: Vater; VF: Item „Hast Du viele Freunde?"; VS4: „Geringe Kontaktbereitschaft";

EINSAM-J: „Einsamkeit"; FKONT-J: „Kontakt zu Freunden"; INTEG-DL: „Integration in der Klasse - Deutschlehrer"; INTEG-ML: „Integration in der Klasse - Mathematiklehrer"; KB-J: „Kontaktbereitschaft"; SIS-J: „Sozialinteresse bei Schülern";

Erwartungsgemäß sind die Beziehungen – zumindest numerisch – innerhalb einer Datenquelle höher als zwischen den Datenquellen. Besonders deutlich ist dies bei der Datenquelle „Lehrer": Ob mit den Lehrereinschätzungen der *Sozialen Kompetenz* und der *Integration in der Klasse* überhaupt unterschiedliche Phänomene erfaßt werden, ist bei Koeffizienten von r ≈ 0.70 fraglich. Teilweise ist dies sicherlich auf überlappende Iteminhalte zurückzuführen; darüber hinaus könnte es Lehrkräften der Sekundarstufe auch schwer fallen, innerhalb des sozialen Bereichs – d.h. über ein Globalurteil hinaus – weiter zu differenzieren. Auffällig ist, daß *Sozialinteresse bei Schülern* kaum

---

[56] Um die Beziehungen genauer abschätzen zu können, müßten multiple Regressionstechniken zum Einsatz kommen, da zwischen den „Validierungsskalen" selbstverständlich ebenfalls Zusammenhänge bestehen. Diesen Fragen soll hier nicht näher nachgegangen werden.

Verbindungen zu den anderen Variablen aufweist. Insgesamt können die Ergebnisse also als erste Belege für eine konvergente Validität der eingesetzten Verfahren gewertet werden.

Zusammenfassung zu 4.1

In allen untersuchten Stichproben ergeben sich ähnliche psychometrische Kennwerte. In dieser Hinsicht sind die eingesetzten Instrumente als stabil einzustufen. Sowohl für die Selbstbeurteilungsskalen als auch die Integration beurteilt durch die Lehrkraft gilt, daß – je nach Instrument mehr oder minder ausgeprägte – Deckeneffekte bzw. Bodeneffekte auftreten. Die Mehrheit der befragten Jugendlichen beschreibt sich als wenig einsam, kontaktbereit, sozial interessiert und gibt an, häufig Kontakt zu Freunden zu haben.

Die Dimensionalität der verwendeten Einsamkeitsskala ist in der Begabungs- und Leistungsstichprobe unterschiedlich. Während in beiden Stichproben die Bildung eines Globalwerts gerechtfertigt erscheint, ist in der Leistungsstichprobe zusätzlich eine Differenzierung in *soziale Einsamkeit* und *emotionale Einsamkeit* möglich. In der Literatur werden ebenfalls heterogene Befunden zur faktoriellen Struktur der UCLA-Einsamkeitsskala berichtet. Für die anderen Instrumente lassen sich die *a priori*-Strukturen nahezu perfekt replizieren.

Die Urteilerübereinstimmung der beiden Lehrkraftgruppen hinsichtlich der Skala *Integration in der Klasse* ist im mittleren Bereich anzusiedeln, wobei offensichtlich Geschlecht und Begabung als Moderatorvariablen wirken. Für die Gruppe der hochbegabten Jungen besteht praktisch keine Übereinstimmung. Dieses Ergebnis läßt sich vor dem Hintergrund des momentanen Erkenntnisstandes nicht interpretieren.

Auf explorativer Basis liegen erste Hinweise für die konvergente Validität der verwendeten Skalen vor.

4.2 Inhaltsanalysen

Zunächst erfolgt eine allgemeine Darstellung des Vorgehens bei der Auswertung der offenen Fragen des Eltern- und Lehrerinterviews. Im Anschluß stelle ich die entwickelten Kategoriensysteme kurz vor.

Zusammenstellung der Kategoriensysteme. Zur Entwicklung der Kategoriensysteme wurde jeweils eine (unterschiedliche) Zufallsauswahl von N = 21 Interviews verwendet. Dabei erschien eine Orientierung an Leitfragen bzw. eine Kategorisierung auf verschiedenen Ebenen – sowohl bei den Aussagen der Lehrer als auch der Eltern – sinnvoll, um die Information möglichst optimal auszuschöpfen. Die Restkategorie (*Nullcode*) wird jeweils dann vergeben, wenn keine Aussage zur jeweiligen Ebene (Teilfrage) im Interview enthalten ist bzw. die Aussage keiner Kategorie eindeutig zugeordnet werden kann.

Die Kategoriensysteme wurden jeweils in Form eines Manuals zusammengestellt. Diese enthalten für jede Ebene die Kategorien (*Codes*), deren Definition und Beispiele. Die Beispiele wurden selbst generiert und sprachlich dem ursprünglichen Material angenähert.

Schulung der Beurteilerinnen. Die Beurteilerinnen sollten sich zunächst mit dem jeweiligen Manual vertraut machen. Danach wurde ein Beispielinterview bearbeitet und die eigene Kategorisierung mit der eines fiktiven Beurteilers verglichen. Im Anschluß kategorisierten die Beurteilerinnen unabhängig voneinander vier Interviews, die sich auf nicht stabil hoch- bzw. durchschnittlich begabte Jugendliche bezogen. Die Kategorisierungen wurden im Anschluß miteinander verglichen, und auftretende Diskonkordanzen sowie etwaige Fragen wurden geklärt.

Überprüfung. Zwei unabhängige Beurteilerinnen überprüften im Anschluß die Brauchbarkeit der Kategoriensysteme an weiteren N = 20 Interviews. Auf dieser Basis wurden die Systeme optimiert (Verbesserung der Kategorienexplikation, überdifferenzierte Kategorien wurden zusammengelegt). Anschließend wurde eine erste Bestimmung der Urteilerübereinstimmung an einer *neuen* Teilstichprobe von N = 20 Interviews vorgenommen. Bei den Elterninterviews ergaben sich bereits bei diesem Teilschritt ausgezeichnete Koeffizienten, bei der Kategorisierung der Lehrerinterviews war eine weitere Überarbeitung des Manuals und anschließende Überprüfung der Urteilerübereinstimmung notwendig.

Kategorisierung. Nach Erarbeitung der endgültigen Systeme kategorisierten zwei unabhängige Beurteilerinnen jeweils einen Teil der Interviews. Die Aufteilung erfolgte zufällig. Den Beurteilerinnen war die Gruppenzugehörigkeit des jeweiligen Zieljugendlichen unbekannt, die Interviews waren lediglich mit einer Nummer versehen.

Erste quantitative Analysen. Nach Datenaufbereitung und Datenkontrolle habe ich zunächst überprüft, wie häufig für jede Ebene der Nullcode vergeben wurde. Inferenzstatistische Analysen werde ich nur durchführen, wenn in mehr als 90% der Fälle verwertbare Aussagen vorliegen. Für die restlichen Ebenen werde ich lediglich deskriptiv die Häufigkeiten mitteilen, und auch nur dann, wenn in mindestens 50% der Fälle ein inhaltlicher Code vergeben werden konnte. Teilfragen, zu denen in weniger als der Hälfte der Interviews Aussagen gemacht wurden, werden nicht weiter betrachtet. Zusätzlich überprüfe ich, ob die Vergabe des Nullcodes systematisch mit den Faktoren *Geschlecht* und *Begabung* variiert.

Im folgenden beschreibe ich kurz die Kategoriensysteme, die Urteilerübereinstimmung und die Ergebnisse der ersten quantitativen Analysen, und zwar getrennt für Lehrer- und Elterninterviews.

4.2.1 Lehrerinterview

Tab. 4.13: Übersicht über das Kategoriensystem zur zusammenfassenden Inhaltsanalyse des Lehrerinterviews (Antwort auf die Frage nach der Beziehung des Zieljugendlichen zu seinen Mitschülern und Mitschülerinnen)

	EBENE		CODE
A	Integration und soziale Position in der Klasse (κ =0.85)	a0	keine Aussage / Rest
		a1	normale bis gute Integration
		a2	problematische Integration
		a3	randständig / zurückgezogen
B	Sozialverhalten gegenüber Mitschülern (κ =0.80)	b0	keine Aussage / Rest
		b1	normal / positiv
		b2	problematisch
C	Soziales Netzwerk (κ =0.93)	c0	keine Aussage / Rest
		c1	Einzelperson
		c2	klein
		c3	groß
		c4	Größe unklar
		c5	kein Kontakt
D	Kontaktqualität (κ =0.79)	d0	keine Aussage / Rest
		d1	mind. eine enge Beziehung
		d2	nur lose / keine Beziehungen
E	Verhältnis zu Mitschülern des anderen Geschlechts (κ =1.0)	e0	keine Aussage / Rest
		e1	neutral / positiv
		e2	wechselhaft / negativ
F	Mitglied in einer Clique innerhalb der Klasse (κ =0.78)	f0	keine Aussage / Rest
		f1	ja
		f2	nein

κ: Cohens Kappa

Die Kategorisierung der Äußerungen der Lehrer erfolgt auf sechs Ebenen A–F:

A. *Integration und soziale Position in der Klasse* beinhaltet die allgemeine Charakterisierung der Integration in die Klassengemeinschaft.

B. *Sozialverhalten gegenüber Mitschülern* klassifiziert Aussagen des Lehrers über den sozialen Umgang des Jugendlichen mit seinen Klassenkameraden.

C. *Soziales Netzwerk* bezieht sich auf Beobachtungen zu Kontakten / Bezugspersonen des Schülers innerhalb der Klasse.

D. *Kontaktqualität* kodiert, ob nach Aussage des Lehrers *mindestens eine* intensivere Beziehung zu einem Mitschüler besteht.

E. *Verhältnis zu Mitschülern anderen Geschlechts.* Hier wird erfaßt, ob der Lehrer Schwierigkeiten des Zieljugendlichen mit Mitschülern des anderen Geschlechts thematisiert.

F. *Mitglied einer Clique innerhalb der Klasse* nimmt Bezug darauf, ob die Lehrkraft den Schüler als Mitglied einer festen Gruppe innerhalb der Klasse wahrnimmt.

Die Anzahl der Codes, die pro Ebene zur Verfügung stehen, variiert zwischen drei und fünf. Eine Übersicht über die den Ebenen zugeordneten Codes sowie die Koeffizienten für die Urteilerübereinstimmung sind Tab. 4.13 zu entnehmen.

Maximal traten zwei diskordante Zuordnungen auf (bei Ebene B und C). Dabei wurden *in keinem Fall* inhaltlich gegensätzliche Codes vergeben: Die Urteilerübereinstimmung kann mit $\kappa > 0.77$ für alle Kategorien als gut bis sehr gut betrachtet werden (Landis & Koch 1977).

Quantitative Überprüfungen. Insgesamt liegen von 213 Jugendlichen auswertbare Interviewaussagen vor. Wie aus Tab. 4.14 ersichtlich ist, sind lediglich zur allgemeinsten Ebene A in mehr als 90% der Fälle verwertbare Aussagen vorhanden. Auf den Ebenen D bis F konnten in weniger als 40% der Fälle inhaltliche Codes vergeben werden. Im folgenden werden daher nur noch die Ebenen A bis C berücksichtigt.

Tab. 4.14: Prozentualer Anteil des Nullcodes (% NULL) bei N = 213 Lehrerinterviews über die Zieljugendlichen der Begabungsstichprobe für die sechs Ebenen des Kategoriensystems

EBENE	% NULL
A Integration und soziale Position in der Klasse	7.9
B Sozialverhalten gegenüber Mitschülern	46.5
C Soziales Netzwerk	47.4
D Kontaktqualität	68.5
E Verhältnis zu Mitschülern anderen Geschlechts	79.3
F Mitglied einer Clique innerhalb der Klasse	85.5

Im zweiten Schritt habe ich überprüft, ob die Vergabe des Nullcodes von den Faktoren *Begabung* oder *Geschlecht* abhängt. Der Faktor *Begabung* hat ebensowenig wie die Wechselwirkung einen Einfluß darauf, ob verwertbare Aussagen vorliegen. Dies gilt für alle Ebenen. Allerdings kann sowohl für Ebene B als auch für Ebene C ein kleiner Geschlechtseffekt abgesichert werden, der jeweils etwa $|\hat{d}| = 0.30$ entspricht. Bei Jungen wird Sozialverhalten häufiger thematisiert als bei Mädchen (59.5% vs. 45.7%). Umgekehrt liegen für Mädchen häufiger Aussagen zu sozialen Kontakten zu Mitschülern vor als für Jungen (60.9% vs. 46.3%).

Der Zusammenhang zwischen Ebene B und den Ebenen A und C – operationalisiert über *Cramers Index* (CI, vgl. Bortz, Lienert & Boehnke 1990, 355) – liegt bei $CI_{A,C} = 0.23$ und $CI_{A,C} = 0.35$. Die Beziehung zwischen Ebene A und B fällt mit $CI_{A,B} = 0.67$ deutlich enger aus.[57]

4.2.2 Elterninterview

Tab. 4.15: Übersicht über das Kategoriensystem zur zusammenfassenden Inhaltsanalyse der Elterninterviews (Antwort auf die Frage nach der Beziehung des Zieljugendlichen zu seinen Mitschülern und Mitschülerinnen

	EBENE	CODE	
A	Beziehung zu Mitschülern ($\kappa = 1.0$)	a0	keine Aussage / Rest
		a1	normal bis gut
		a2	(teilweise) problematisch
B	außerschulische Kontakte zu Mitschülern ($\kappa = 0.92$)	b0	keine Aussage / Rest
		b1	Kontakt zu mehreren Mitschülern
		b2	Kontakt zu 1-2 Mitschülern
		b3	keine / seltene Kontakte
C	Kontakt zu Peers ($\kappa = 0.78$)	c0	keine Aussage / Rest
		c1	Kontakt zu mehreren Peers
		c2	Kontakt zu 1 - 2 Peers
		c3	keine / seltene Kontakte
D	Veränderung ($\kappa = 1.0$)	d0	keine Aussage / Rest
		d1	Verbesserung
		d2	Verschlechterung
		d3	keine Veränderung

Die freien Antworten der Eltern auf die Frage nach der Beziehung des Zieljugendlichen zu seinen Mitschülern werden auf vier Ebenen A–D kategorisiert:

A. *Beziehung zu Mitschülern.* Diese Ebene bezieht sich auf die allgemeine Einschätzung der Qualität der Beziehung zu Mitschülern durch die Eltern.

B. *Außerschulische Kontakte zu Mitschülern.* Hier werden Aussagen zu regelmäßigen außerschulischen Kontakten mit Klassenkameraden codiert.

C. *Kontakt zu Peers.* Auf dieser Ebene werden Aussagen der Eltern zu Kontakten zu anderen Jugendlichen betrachtet, wobei es unwesentlich ist, ob diese Mitschüler sind oder nicht.

D. *Veränderung.* Hier werden Veränderungen im Verhältnis zu den Mitschülern gegenüber früher codiert.

---

[57] Zu beachten ist, daß die Koeffizienten auf unterschiedlichen Fallzahlen ($N_{B,C} = 55$, $N_{A,C} = 106$, $N_{A,B} = 107$) beruhen.

Insbesondere die Ebenen B und C sind nicht unabhängig voneinander zu betrachten; vielmehr ist C die allgemeinere Ebene (Kontakte zu Peers, diese können auch Mitschüler sein) und B die speziellere Ebene (nur Kontakte zu Mitschülern). Die Trennung wurde vorgenommen, um Fälle zu berücksichtigen, in denen zwar kaum Kontakt zu Mitschülern besteht, aber ein Freundeskreis anderer Jugendlicher durchaus vorhanden ist.

Die Urteilerüberstimmung erwies sich auch für die Aussagen der Eltern auf allen Ebenen mit $\kappa > 0.77$ als gut bis sehr gut (vgl. Tab. 4.15). Wiederum wurden in keinem der wenigen diskordanten Fälle inhaltlich gegensätzliche Codes vergeben.

Für alle 214 Jugendlichen der Begabungsstichprobe lagen auswertbare Antworten vor. Lediglich für Ebene A, die einen geringen Anteil an Nullcodes aufweist, ist eine inferenzstatistische Auswertung sinnvoll (vgl. Tab. 4.16). Veränderungen im Verhältnis zu Mitschülern werden nur von einem geringen Teil der Eltern angesprochen, so daß ich diese Ebene nicht weiter betrachte.

Tab. 4.16: Prozentualer Anteil des Nullcodes (% NULL) bei N = 214 Elterninterviews über Zieljugendliche der Begabungsstichprobe für die vier Ebenen des Kategoriensystems

EBENE		% NULL
A	Beziehung zu Mitschülern	3.7
B	außerschulische Kontakte zu Mitschülern	34.6
C	Kontakt zu Peers	22.4
D	Veränderung	74.3

Die Anzahl verwertbarer Aussagen hängt auf keiner Ebene vom Geschlecht des Zieljugendlichen ab. Allerdings ergibt sich bei Ebene B (außerschulische Kontakte zu Mitschülern) ein statistisch signifikanter Einfluß des Faktors *Begabung*. Während Eltern bei 72% der hochbegabten Jugendlichen Kontakte zu Mitschülern thematisieren, ist dies bei durchschnittlich Begabten mit 58.9% weniger der Fall. Für Ebene C ist der Unterschied nicht so ausgeprägt und kann statistisch nicht mehr abgesichert werden. Bei Hochbegabten liegt der Anteil mit 82.2% verwertbarer Antworten etwas höher als bei durchschnittlich Begabten (72.9%).

Ebene A weist zu den Ebenen B und C Zusammenhänge mittlerer Höhe auf (CI = 0.41, CI = 0.57), während B und C erwartungsgemäß hoch miteinander korrelieren (CI = 0.71). Bei der Kreuztabellierung zeigt sich, daß nur wenige Jugendliche (N = 15) nach Aussagen ihrer Eltern mehr Kontakt zu anderen Jugendlichen als zu ihren Mitschülern haben. Ich werde der Vollständigkeit halber zwar für beide Ebenen die deskriptiven Häufigkeiten berichten, im wesentlichen sind hier aber die gleichen Informationen enthalten.

Zusammenfassung von 4.2

Bei der Inhaltsanalyse der Eltern- und Lehrerinterviews wurden die Aussagen auf mehreren Ebenen kategorisiert, um die Information möglichst optimal auszuschöpfen. Dabei ergeben sich für die Elterninterviews vier, für die Lehrerinterviews sechs Ebenen. Für jede Ebene wurde die Urteilerübereinstimmung an einer Teilstichprobe von Interviews bestimmt, die in allen Fällen $\kappa > 0.77$ ausfiel. Aufgrund der hohen Anzahl an Nullcodes wurden drei Ebenen des Lehrerinterviews und eine Ebene des Elterninterviews von den folgenden Auswertungen ausgeschlossen. Eine Überprüfung des Einflusses von Geschlecht und Begabung auf die Vergabe der Nullcodes zeigt, daß die Lehrer bei Jungen eher das Sozialverhalten ansprechen und bei Mädchen eher den Bereich der sozialen Kontakte. Eltern hochbegabter Schüler thematisieren im Interview häufiger außerschulische Kontakte zu Mitschülern als Eltern durchschnittlich begabter Schüler. Zwischen den Ebenen (jedoch nicht innerhalb jeder Ebene) bestehen – erwartungsgemäß – Abhängigkeiten. Dies ist bei der Interpretation zu berücksichtigen.

4.3 Gruppenvergleiche Begabungsstichprobe

In diesem Abschnitt berichte ich die Ergebnisse der Gruppenvergleiche für die Begabungsstichprobe. Die Variablen sind nach Bereichen und Datenquellen entsprechend der vorgenommenen Systematisierung unter 3.2.3 gruppiert. Zunächst werde ich auf Differenzen zwischen der Ziel- und Vergleichsgruppe eingehen. Liegen Vergleichswerte der zusätzlich herangezogenen Stichproben (Q-Referenzstichprobe, Shell-West) vor, werden diese im Anschluß berichtet. Am Ende des jeweiligen Bereichs gebe ich eine kurze Zusammenfassung. Um die Lesbarkeit zu erleichtern, werde ich zusammenfassende Tabellen für die *Logit*-Analysen nur berichten, wenn sich eine bedeutsame Wechselwirkung oder ein Begabungseffekt zeigt.

4.3.1 Subjektive Gefühle

Im folgenden stelle ich Ergebnisse für *Einsamkeit* und *Anderssein* (Datenquelle „Jugendliche") dar, wobei die Einsamkeitsdaten am Ende des Jugendalters (die Teilnehmer waren zu diesem Zeitpunkt 20 Jahre alt) erhoben wurden. Darüber hinaus werden Vergleiche zu den Ergebnissen von Rost & Hanses (2000) bezüglich des sozialen Selbstkonzepts gezogen.

Einsamkeit. Auf deskriptiver Ebene deutet sich zwar eine Wechselwirkung an, diese fällt jedoch mit eta² = 0.015 ($|\hat{d}| = 0.25$) klein aus und ist statistisch nicht gegen Null abzusichern. Ebenso gibt es weder einen Haupteffekt *Geschlecht* noch einen Einfluß des Faktors *Begabung*. Inwieweit es sich bei den fehlenden Daten, die fast ausschließlich durchschnittlich begabte junge Männer betrafen, um fragebogenspezifische Ausfälle handelt (im Sinne eines *turn away*-Effekts), bleibt im Bereich der Spekulation.

Die Ergebnisse fielen aber auch unter der Annahme extremer Antworten nicht deutlich anders aus.[58]

Tab. 4.17: Mittelwerte (M) und Streuungen (S) der Skala „Einsamkeit" für N = 204 Jugendliche der Begabungsstichprobe sowie die Ergebnisse der zweifaktoriellen Varianzanalyse „Begabung (B) × Geschlecht (G)"

GRUPPE	M	S
VG-DB-Ju (N= 52)	1.9	0.6
VG-DB-Mä (N= 46)	2.0	0.6
ZG-HB-Ju (N= 61)	2.2	0.7
ZG-HB-Mä (N= 45)	2.0	0.7
VG-DB (N= 98)	1.9	0.6
ZG-HB (N=106)	2.1	0.7
Jungen (N=113)	2.1	0.7
Mädchen (N= 91)	2.0	0.6

EFFEKT	p	eta²
B × G	0.083	0.015
B	0.124	0.012
G	0.287	0.006

ZG-HB: Hochbegabte; VG-DB: durchschnittlich Begabte; Ju: Jungen; Mä: Mädchen

Anderssein. Was das *Gefühl des Andersseins* (ANDERS-J) betrifft, lassen sich Unterschiede vor allem zwischen den beiden Jungengruppen beobachten (vgl. Tab. 4.18): 21.7% der durchschnittlich begabten Jungen, aber nur 4.8% der hochbegabten Jungen geben an, *nie* zu denken, daß sie anders als andere Jugendliche sind. 48.8% der hochbegabten Jungen antworten mit *häufig* oder *sehr häufig*, bei durchschnittlich begabten Jungen sind dies nur 30%.

In bezug auf die *Bewertung von Anderssein* (BEWAND-J) wählen 80.4% der hochbegabte Jugendlichen die positiven Kategorien *eher gut* und *gut* gegenüber 63.3% der durchschnittlich begabten Jugendlichen (vgl. Tab. 4.19).

---

[58] Entsprechende Simulationen extremer Antwortmuster für fehlende Daten (oberes oder unteres Quartil der Verteilung) wurden durchgeführt.

Tab. 4.18: Häufigkeiten (N) und prozentuale Anteile (%) der Antworten auf die Frage „Denkst Du manchmal, daß Du anders bist als andere Jugendliche in Deinem Alter? Wie häufig denkst Du das?" für die Jugendlichen der Begabungsstichprobe

	VG-DB				ZG-HB					
	JUNGEN		MÄDCHEN		JUNGEN		MÄDCHEN		Σ	
ANTWORT	N	%	N	%	N	%	N	%	N	%
nie	13	21.7	5	10.6	3	4.8	6	13.3	27	12.6
selten	29	48.3	27	57.4	29	46.8	21	46.7	106	49.6
häufig	16	26.7	13	27.7	24	38.7	16	35.6	69	32.2
sehr häufig	2	3.3	2	4.3	6	9.7	2	4.4	12	5.6
Σ	60	100.0	47	100.0	62	100.0	45	100.0	214	100.0

VG-DB: durchschnittlich Begabte; ZG-HB: Hochbegabte

Tab. 4.19: Häufigkeiten (N) und prozentuale Anteile (%) der Antworten auf die Frage „Findest Du es ‚schlecht', ‚weniger schlecht', ‚eher gut' oder ‚gut', wenn man anders ist?" für die Jugendlichen der Begabungsstichprobe

	VG-DB				ZG-HB					
	JUNGEN		MÄDCHEN		JUNGEN		MÄDCHEN		Σ	
ANTWORT	N	%	N	%	N	%	N	%	N	%
schlecht	2	3.3	2	4.2	0	0.0	1	2.2	5	2.3
weniger schlecht	22	36.7	13	27.7	12	19.3	8	17.8	55	25.7
eher gut	20	33.3	22	46.8	37	59.7	20	44.4	99	46.3
gut	16	26.7	10	21.3	13	21.0	16	35.6	55	25.7
Σ	60	100.0	47	100.0	62	100.0	45	100.0	214	100.0

VG-DB: durchschnittlich Begabte; ZG-HB: Hochbegabte; JU: Jungen; MÄ: Mädchen

Die Unterschiede auf deskriptiver Ebene dokumentieren sich teilweise ebenfalls beim simultanen Mittelwertsvergleich beider Variablen (vgl. Tab. 4.20). Es zeigt sich ein Begabungseffekt (p = 0.032, eta²$_{multi}$ = 0.032, $|\hat{d}|$ = 0.36), während die Wechselwirkung mit p = 0.102 (eta²$_{multi}$ = 0.022, $|\hat{d}|$ = 0.30) nicht statistisch signifikant wird. Die Interkorrelation (*pooled within cells*) beträgt r = 0.41: Wer sich häufiger anders fühlt, der bewertet dies auch positiver.

Da das *Gefühl des Andersseins* mit r = 0.23 einen bedeutsamen Zusammenhang zum sozioökonomischen Status aufweist, wurde überprüft, welchen Einfluß die Auspartialisierung des BRSS auf die Effekte hat. Nach Berücksichtigung des sozioökonomischen Status sinkt der Begabungseffekt auf eta² = 0.012 ($|\hat{d}|$ = 0.22, p = 0.120).

Im Vergleich zu den Jungen der Q-Referenzstichprobe heben sich hochbegabte Jungen *nicht* deutlich ab. Der Unterschied ist mit d$_{HB-QRS}$ = 0.22 praktisch nicht relevant. Die

Mädchen der Q-Referenzstichprobe fühlen sich in Relation zu den hochbegabten Mädchen nach eigener Angabe sogar etwas häufiger anders (d $_{HB\text{-}QRS}$ = −0.23), jedoch ist auch dieser Effekt vernachlässigbar klein.

Tab. 4.20: Mittelwerte (M) und Standardabweichungen (S) der Variablen ANDERS-J und BEWAND-J für N = 214 Jugendliche der Begabungsstichprobe sowie Ergebnisse der zweifaktoriellen univariaten Varianzanalysen „Begabung (B) × Geschlecht (G)"

GRUPPE		ANDERS-J		BEWAND-J	
		M	S	M	S
VG-DB-Ju	(N= 60)	2.1	0.8	2.8	0.9
VG-DB-Mä	(N= 47)	2.3	0.7	2.9	0.8
ZG-HB-Ju	(N= 60)	2.5	0.7	3.0	0.7
ZG-HB-Mä	(N= 45)	2.3	0.8	3.1	0.8
VG-DB	(N=107)	2.2	0.8	2.8	0.9
ZG-HB	(N=107)	2.4	0.8	3.1	0.7
Jungen	(N=122)	2.3	0.8	2.9	0.8
Mädchen	(N= 92)	2.3	0.7	3.0	0.8
EFFEKT		p	eta²	p	eta²
B × G		0.084	0.014	0.643	0.001
B		0.024[a]	0.024	0.031	0.022
G		0.691	0.001	0.530	0.002

[a] :Nach Auspartialisierung des BRSS p = 0.120; ANDERS-J: Gefühl des Andersseins; BEWAND-J: Bewertung des Andersseins; ZG-HB: Hochbegabte; VG-DB: durchschnittlich Begabte; Ju: Jungen; Mä: Mädchen

Die Begabungsgruppendifferenz bezüglich der *Bewertung des Andersseins* fällt mit d $_{HB\text{-}DB}$ = 0.30 klein aus. Vergleicht man die Hochbegabten mit der Q-Referenzstichprobe (QRS), so ergibt sich ein größerer Effekt zugunsten der Hochbegabten (d $_{HB\text{-}QRS}$ = 0.59, vgl. Abb. 4.1 zu prozentualen Häufigkeiten der Antwortkategorien).

Interessant ist der Vergleich mit den Auswertungen von Rost & Hanses (2000, 265) hinsichtlich der Aussage *Ich bin anders als andere*. Zunächst stellt sich die Frage nach der Korrelation zum *Gefühl des Andersseins*. Diese fällt mit r = 0.59 deutlich aus, insbesondere wenn man die Tatsache berücksichtigt, daß zwischen beiden Befragungen in den meisten Fällen etwa zwei bis sechs Monate lagen und die Reliabilität beider Angaben nicht bekannt ist. Die Beziehung von *Ich bin anders als andere* zur *Bewertung des Andersseins* liegt mit r = 0.37 in ähnlicher Höhe wie die zwischen dem *Gefühl des Andersseins* und der *Bewertung des Andersseins*.

Bei Rost & Hanses ergab sich ebenfalls keine Wechselwirkung zwischen *Begabung* und *Geschlecht* (p = 0.764, eta² < 0.001). Die Hochbegabten stimmten der Aussage häufiger zu, wobei der Effekt klein war (d_{HB-DB} = 0.31). Dieser sinkt zudem bei Berücksichtigung der Korrelation zum sozioökonomischen Status deutlich ab (d_{HB-DB} = 0.21) und kann dann weder als praktisch noch als statistisch signifikant eingestuft werden.

Die Differenz zwischen hochbegabten Jugendlichen und den Jugendlichen der QRS, denen dieses Item ebenfalls vorgegeben wurde, ist etwas ausgeprägter (d_{HB-QRS} = 0.50). Zieht man allerdings die Zustimmungsrate heran, so liegt diese mit 43% bei hochbegabten Jugendlichen nicht dramatisch über der von 31.6% bei den Schülern der QRS.

Betrachtet man die Prozentsätze derjenigen, die dem Item *Ich bin anders als andere* deutlich zustimmen und vergleicht sie mit dem Anteil der Schüler, die sich *häufig* oder *sehr häufig* anders fühlen, zeigt sich nur bei durchschnittlich begabten Jungen eine deutlichere Diskrepanz. Sie stimmen der Aussage *Ich bin anders als andere* eher zu als über ein entsprechendes häufiges oder sehr häufiges Gefühl des *Andersseins* zu berichten (30% / 40%).

Am Ende dieses Abschnitts möchte ich noch einmal auf die Ergebnisse von Rost & Hanses (2000) zum *sozialen Selbstkonzept* im Alter von 15 bzw. 18 Jahren verweisen. Hier ergab sich lediglich im Alter von 15 Jahren ein kleiner Unterschied von d_{HB-DB} = −0.31 auf der Skala *Beliebtheit* der Kurzform der *Piers-Harris-Selbstkonzeptskala für Kinder*. Diese wurde ebenfalls von den Jugendlichen der Q-Referenzstichprobe bearbeitet. Hochbegabte Jugendliche unterscheiden sich diesbezüglich *nicht* von den Jugendlichen der QRS (d_{HB-QRS} = 0.12).

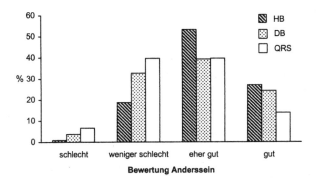

Abb. 4.1: Prozentuale Anteile der Antwortkategorien der Frage nach der *Bewertung des Andersseins* für Hochbegabte (HB, N = 107), durchschnittlich Begabte (DB, N = 107) und die Schüler der Q-Referenzstichprobe (QRS, N = 361)

Zusammenfassung „Subjektive Gefühle". Hochbegabte Jugendliche präsentieren sich am Ende der Adoleszenz nicht deutlich einsamer als durchschnittlich begabte Jugendliche. Insgesamt beschreiben sich die Jugendlichen aller Gruppen als wenig einsam. Die Ergebnisse zur Frage nach dem *Gefühl des Andersseins* lassen insgesamt – auch unter Einbeziehung der von Rost & Hanses (2000) berichteten Resultate – ebenfalls nicht den Schluß zu, hochbegabte Jugendliche würden sich deutlich anders fühlen. In keinem Fall ist es die Mehrheit der Hochbegabten, die sich *häufig* oder *sehr häufig* anders fühlt bzw. der Aussage *Ich bin anders als andere* zustimmt.

Die meisten Jugendlichen bewerten *Anderssein* eher positiv, insbesondere die Hochbegabten: 80.4% wählen die Antwortkategorien *eher gut* oder *gut* gegenüber 63.6% der durchschnittlich Begabten und 53.8% der QRS. Die positiven Interkorrelationen zwischen dem *Gefühl des Andersseins* und der *Bewertung des Andersseins* (ZG-HB r = 0.41, VG-DB r = 0.36 und QRS r = 0.23) machen zusätzlich deutlich: Wer sich in diesem Alter häufiger anders fühlt, bewertet *Anderssein* auch positiver.

Auch Rost & Hanses (2000) konnten keine nennenswerten Unterschiede zwischen Hoch- und durchschnittlich Begabten hinsichtlich des zu zwei verschiedenen Meßzeitpunkten erhobenen *sozialen Selbstkonzepts* finden. Der kleine Unterschied in der selbstperzipierten *Beliebtheit* zuungunsten der Hochbegabten, der im Alter von 15 Jahren feststellbar ist, relativiert sich beim Vergleich mit den Jugendlichen der QRS, von denen sich die Hochbegabten nicht in nennenswerter Weise abheben.

Als Fazit läßt sich festhalten, daß die Ergebnisse insgesamt nicht den Schluß zulassen, daß hochbegabte Jugendliche ihre sozialen Beziehungen zu Peers negativer bewerten als die Jugendlichen der herangezogenen Vergleichsgruppen.

4.3.2 Soziale Kompetenzen / Einstellungen

4.3.2.1 Datenquelle „Jugendliche"

Kontaktbereitschaft und Sozialinteresse bei Schülern. Da *Kontaktbereitschaft* und *Sozialinteresse bei Schülern* praktisch unkorreliert sind (vgl. 4.1.1.1), wird auf eine multivariate Analyse verzichtet (vgl. Tab. 4.21 für die Ergebnisse der univariaten Analysen).

Eine Wechselwirkung ist weder bei *Kontaktbereitschaft* noch bei *Sozialinteresse* zu beobachten. Eine statistisch signifikante Differenz zwischen den Begabungsgruppen ergibt sich nur bezüglich der eigenen Einschätzung der *Kontaktbereitschaft*. Dieser Effekt fällt aber mit eta² = 0.025 bzw. d$_{\text{HB-DB}}$ = −0.32 klein aus und verliert weiter an inhaltlicher Bedeutung, berücksichtigt man, daß die Mittelwerte *aller* Gruppen weit im positiven Bereich liegen.

Vergleicht man die Mittelwerte der Hochbegabten deskriptiv mit denen der Q-Referenzstichprobe (QRS), fällt auf, daß sich die Hochbegabten nicht wesentlich von den Schülern der QRS abheben. Für *Kontaktbereitschaft* liegt der Effekt bei d$_{\text{HB-QRS}}$ = 0.13. Die – getrennt nach Geschlecht bestimmten – Effektstärken für *Sozialinteresse bei Schülern* fallen mit $d_{HB-QRS} = 0.25$ für Jungen und $d_{HB-QRS} = 0.19$ für Mädchen ebenfalls nur unwesentlich zugunsten der Hochbegabten aus.

Tab. 4.21: Mittelwerte (M) und Standardabweichungen (S) von „Kontaktbereitschaft" (KB-J) und „Sozialinteresse bei Schülern" (SIS-J) für N = 214 Jugendliche der Begabungsstichprobe sowie Ergebnisse zweifaktorieller univariater Varianzanalysen „Begabung (B) × Geschlecht (G)"

		KB-J		SIS-J	
GRUPPE		M	S	M	S
VG-DB-Ju	(N= 60)	4.8	1.0	4.3	0.9
VG-DB-Mä	(N= 47)	4.8	0.9	4.9	0.7
ZG-HB-Ju	(N= 62)	4.4	0.9	4.3	0.6
ZG-HB-Mä	(N= 45)	4.6	0.7	4.7	0.7
VG-DB	(N=107)	4.8	0.9	4.5	0.9
ZG-HB	(N=107)	4.5	0.8	4.5	0.7
Jungen	(N=122)	4.6	1.0	4.3	0.8
Mädchen	(N= 92)	4.7	0.8	4.8	0.7
EFFEKT		p	eta²	p	eta²
B × G		0.414	0.003	0.282	0.006
B		0.021	0.025	0.470	0.002
G		0.646	0.010	<0.001	0.097

VG-DB: durchschnittlich Begabte; ZG-HB: Hochbegabte; Ju: Jungen; Mä: Mädchen

Ein Geschlechtsunterschied mittlerer Größenordung zugunsten der Mädchen dokumentiert sich für *Sozialinteresse bei Schülern* sowohl in der Begabungsstichprobe ($d_{JU-MÄ} = -0.66$) als auch in der Q-Referenzstichprobe ($d_{JU-MÄ} = -0.47$), wobei die leicht höhere Ausprägung von d in der Begabungsstichprobe auf die geringere (gepoolte) Standardabweichung zurückzuführen ist.

Freund-Braier (2001) berichtet in ihrer Analyse der Kurzform des *Persönlichkeitsfragebogens für Kinder* (PFK-K) ebenfalls keine bedeutsamen Effekte für die Skalen *Bedürfnis nach Alleinsein* und *Bereitschaft zu sozialem Engagement*. Einen Effekt zuungunsten der Hochbegabten gibt es bei *Geringer Kontaktbereitschaft* ($d_{HB-DB} = 0.54$) Hier sollen zusätzlich noch die standardisierten Mittelwertsdifferenzen zu den Jugendlichen der Q-Referenzstichprobe betrachtet werden, die den PFK-K ebenfalls bearbeitet haben. Hochbegabte berichten im Vergleich zu diesen im Mittel etwas weniger *Bedürfnis nach Alleinsein* ($d_{HB-QRS} = -0.36$) und mehr *Bereitschaft zum Sozialen Engagement* (Jungen: $d_{HB-QRS} = 0.45$, Mädchen: $d_{HB-QRS} = 0.31$). Letzteres entspricht dem leicht höheren *Sozialinteresse* der Hochbegabten gegenüber den Jugendlichen der QRS, wobei beide Konzepte positiv – aber nur gering – interkorrelieren (vgl. 3.3.2).

Hochbegabte Jugendliche beschreiben sich auf der entsprechenden PFK-K-Skala *nicht* wesentlich weniger kontaktbereit als die Schüler der QRS (d $_{HB\text{-}QRS}$ = 0.14). Dieses Ergebnis – Unterschiede zwischen Hoch- und durchschnittlich Begabten, aber nicht zur Q-Referenzstichprobe – entspricht den Resultaten für die hier analysierte Skala *Kontaktbereitschaft* des SFS-Ü.

4.3.2.2 Datenquelle „Lehrer"

Sozialverhalten. Aus den in Tab. 4.22 dargestellten Häufigkeiten wird ersichtlich, daß die befragten Lehrer am ehesten bei durchschnittlich begabten Jungen problematisches Sozialverhalten thematisieren. Von den insgesamt abgegebenen negativen Charakterisierungen entfallen 65% auf diese Teilgruppe. Wird Sozialverhalten angesprochen, so ist dies bei hochbegabten Schülern in 91.4% der Fälle der Kategorie *positiv / neutral* zuzuordnen, gegenüber 73.2% bei durchschnittlich begabten Schülern. Dies ist offensichtlich vor allem auf Unterschiede zwischen hoch- und durchschnittlich begabten Jungen zurückzuführen. Daß die Lehrkräfte Mädchen kaum negativ in ihrem sozialen Verhalten beschreiben, entspricht den üblichen Beobachtungen, daß Schülerinnen im Schulalltag im allgemeinen wenig durch offene (d.h. der Beobachtung durch den Lehrer zugängliche) negative Verhaltensweisen auffallen. Allerdings muß dieses Ergebnis vor dem Hintergrund betrachtet werden, daß der Gesamtanteil der Codes in der Kategorie problematisches Sozialverhalten mit 17.5% insgesamt gering ausfällt.

Tab. 4.22: Häufigkeiten (N) und prozentuale Anteile (%) der Aussagen der Deutschlehrer zur inhaltsanalytischen Ebene B „Sozialverhalten" für N = 114 Schüler der Begabungsstichprobe

	VG-DB				ZG-HB					
	JUNGEN		MÄDCHEN		JUNGEN		MÄDCHEN		Σ	
CODE	N	%	N	%	N	%	N	%	N	%
POS	23	63.9	18	90.0	32	88.9	21	95.5	94	82.5
NEG	13	36.1	2	10.0	4	11.1	1	4.5	20	17.5
Σ	36	100.0	20	100.0	36	100.0	22	100.0	114	100.0

POS: positive / neutrale Charakterisierung des Sozialverhaltens; NEG: negative Charakterisierung des Sozialverhaltens; VG-DB: durchschnittlich Begabte; ZG-HB: Hochbegabte

Zusammenfassung „Soziale Kompetenzen / Einstellungen". Insgesamt ist nur in den Selbstbeurteilungen ein kleiner Effekt hinsichtlich der eigenen Wahrnehmung der *Kontaktbereitschaft* festzustellen. Hochbegabte schätzen sich im Vergleich zu durchschnittlich Begabten als etwas weniger kontaktbereit ein. Die Hochbegabten heben sich diesbezüglich allerdings *nicht* von der Q-Referenzstichprobe ab, die Mittelwerte *aller* Gruppen liegen weit im positiven Bereich. In der freien Beschreibung der Beziehung zu Mitschülern sprechen Lehrer in etwa der Hälfte der Fälle *Sozialverhalten* an, dabei werden nur selten problematische Verhaltensweisen thematisiert. Bereits auf deskriptiver Ebene wird deutlich, daß hochbegabte Schüler in der Wahrnehmung ihrer Deutschlehrer keinesfalls häufiger als durchschnittlich Begabte entsprechend negativ auffallen. Die Gruppe mit der höchsten Anzahl entsprechender Nennungen besteht aus durchschnittlich leistenden Jungen.

4.3.3 Peer-Kontakte (Netzwerk)

4.3.3.1 Datenquelle „Jugendliche"

Existenz eines guten Freundes. Häufigkeiten und prozentuale Anteile der Angabe, ob der Jugendliche einen guten Freund hat, sind Tab. 4.23 zu entnehmen. Sowohl bei hoch- als auch bei durchschnittlich begabten Jugendlichen ist das Fehlen eines guten Freundes ein ausgesprochen seltenes Ereignis. Aufgrund der Voraussetzungsverletzungen – bedingt durch die geringen Zellbesetzungen bei *nein* – wird auf weiterführende *Logit*-Analysen der mehrdimensionalen Kontingenztabelle verzichtet.

Tab. 4.23: Häufigkeiten (N) und prozentuale Anteile (%) der Angabe über die „Existenz eines guten Freundes" (Selbstbeurteilung) für die Jugendlichen der Begabungsstichprobe

	VG-DB				ZG-HB				Σ	
ANT-	JUNGEN		MÄDCHEN		JUNGEN		MÄDCHEN			
WORT	N	%	N	%	N	%	N	%	N	%
nein	1	1.7	2	4.3	4	6.5	1	2.2	8	3.7
ja	59	98.3	45	95.7	58	93.5	44	97.8	206	96.3
Σ	60	100.0	47	100.0	62	100.0	45	100.0	214	100.0

VG-DB: durchschnittlich Begabte; ZG-HB: Hochbegabte

Auf deskriptiver Ebene entfällt der größte Anteil in der Kategorie *nein* auf hochbegabte Jungen, die beiden Mädchengruppen unterscheiden sich nur geringfügig. Der Anteil der Schülerinnen ohne Freundin ist bei hochbegabten Mädchen etwas niedriger als bei durchschnittlich begabten Mädchen. Mit Hilfe des exakten Tests nach Fisher wurde überprüft, ob sich hoch- und durchschnittlich begabte Jungen hinsichtlich der Existenz eines guten Freundes überzufällig unterscheiden. Dies ist mit p = 0.365 bei zweiseitiger Prüfung *nicht* der Fall.

In der Q-Referenzstichprobe liegt der Anteil Jugendlicher ohne Freund bei 2.5% (Jungen: 0.6%, Mädchen: 4.4%) und in der Stichprobe SHELL-W bei 6.5% (Jungen: 8.2%, Mädchen: 4.3%). Je nach Vergleichsstichprobe erscheint also deskriptiv der Anteil der Jungen ohne guten Freund bei Hochbegabten etwas erhöht (Vergleich QRS) oder etwas niedriger (Vergleich SHELL-W). Bei hochbegabten Mädchen ist das Ergebnis dagegen eindeutig: der Anteil an Mädchen ohne gute Freundin liegt immer leicht (aber nicht wesentlich) niedriger als der in der jeweils betrachteten Vergleichsgruppe.

Inwieweit die Variation in der Formulierung (*wirklicher Freund* in der Shell-Studie oder *guter Freund* in den eigenen Erhebungen, vgl. 3.2.3.1) einen Einfluß auf die gefundene größere Variabilität der Prozentsätze bei den Jungen hat, kann hier nicht beantwortet werden.

Insgesamt sprechen die Ergebnisse *nicht* dafür, hochbegabte Jungen in bezug auf diese Variable als Risikogruppe anzusehen. Auch für hochbegabte Mädchen ist kein praktisch relevanter Unterschied zu normal begabten Mädchen sowie zu den zusätzlichen Vergleichsstichproben festzustellen.

Alter des guten Freundes. Was das *Alter des guten Freundes* anbetrifft, so kann die Annahme, daß hochbegabte Jugendliche häufiger ältere Freunde hätten, schon aufgrund der in Tab. 4.24 berichteten Werte zurückgewiesen werden. 19.4% der durchschnittlich Begabten geben an, daß ihr guter Freund älter sei, dies gilt nur für 8.7% der Hochbegabten.

Tab. 4.24: Häufigkeiten (N) und prozentuale Anteile (%) der Angaben zum „Alter des guten Freundes" für die Jugendlichen der Begabungsstichprobe

	VG-DB				ZG-HB					
	JUNGEN		MÄDCHEN		JUNGEN		MÄDCHEN		Σ	
	N	%	N	%	N	%	N	%	N	%
jünger	4	6.9	2	4.4	1	1.7	1	2.2	8	3.9
gleich-altrig	42	72.4	35	77.8	54	91.5	38	86.4	169	14.1
älter	12	20.7	8	17.8	4	6.8	5	11.4	29	82.0
Σ	58	100.0	45	100.0	59	100.0	44	100.0	206	100.0

VG-DB: durchschnittlich Begabte; ZG-HB: Hochbegabte

Für die *Logit*-Analysen erschien es sinnvoll, die Alterskategorien *jünger* und *gleichaltrig* zusammenzufassen, da zum einen die erstere Kategorie sehr geringe Zellhäufigkeiten aufweist und zum anderen vor allem interessiert, ob der deskriptiv dokumentierte Unterschied im Anteil älterer Freunde zwischen hoch- und durchschnittlich Begabten statistisch gegen Null abzusichern ist.

Tab. 4.25: Ergebnisse der Logit-Analysen für die dichotomisierte Angabe zum „Alter des guten Freundes" („gleichaltrig" vs. „nicht gleichaltrig") mit den Prädiktoren „Begabung" (B) und „Geschlecht" (G) für N =206 Jugendliche der Begabungsstichprobe

MODELL			G^2_{RES}	df	p	PED	PEDAD
(1) Null	[BG]	[A]	5.76	3	0.124		
(2) HE B	[BG]	[BA]	0.79	2	0.672	0.030	0.86
(3) HE G	[BG]	[GA]	5.72	2	0.057	<0.001	0.01
(4) HE B, HE G	[BG]	[BA] [GA]	0.76	1	0.381	0.030	0.87
(5) Saturiert	[BGA]					0.031	

EFFEKT	DIFFERENZ	G^2_{COMP}	df	p	PED_{EFFEKT}	$PEDAD_{EFFEKT}$
B	(1)-(2)	4.96	1	0.026	0.030	0.86
B|G	(3)-(4)	4.96	1	0.026	0.030	0.86
G	(1)-(3)	0.04	1	0.849	<0.001	0.01
B × G	(4)-(5)	0.76	1	0.382	0.005	0.13

HE: Haupteffekt; A: „Alter des guten Freundes"

In Tab. 4.25 sind die Ergebnisse dargestellt. Zwar kann das Nullmodell nicht eindeutig zurückgewiesen werden, es treten aber Residuen nahe der Signifikanzgrenze ($|z_{p(max)}|$ =1.91) auf. Zudem ist die Verbesserung der Anpassung durch Aufnahme des Parameters *Begabung* bedeutsam: Der Faktor *Begabung* bindet nahezu den Gesamtanteil der durch die Prädiktorenkombination aufklärbaren Variabilität (der mit PED = 0.031 allerdings gering ausfällt). Der Effekt entspricht einem *odds ratio* von $\hat{\Omega}_{HB/DB}$ = 0.4 (ln$\hat{\Omega}_{HB/DB}$ = −0.92, $\hat{d}_{HB-DB}$ = −0.51). Während 89.3% der Hochbegabten einen gleichaltrigen guten Freund haben, gilt dies für 74.7% der durchschnittlich Begabten. Der Anteil der Schüler der Q-Referenzstichprobe liegt bei 80%. In *allen* Gruppen überwiegen also eindeutig *gleichaltrige* gute Freunde.

Clique. Über die Verteilung der Häufigkeiten der *Zugehörigkeit zu einer Clique* in der Begabungsstichprobe informiert Tab. 4.26. 65.4% aller Jugendlichen der Begabungsstichprobe geben an, einer Clique anzugehören. Bei den durchschnittlich Begabten ist dieser Anteil mit 68.2% nicht wesentlich höher als in der Gruppe der Hochbegabten (62.6%).

Die *Logit*-Analysen zeigen keinen Effekt des Faktors *Begabung*, ebenso keine Interaktion mit dem Faktor *Geschlecht*. Das Nullmodell paßt die Daten gut an. Insgesamt ist nur ein geringer Anteil Variabilität durch die Prädiktoren erklärbar (PED = 0.011). Die Aufnahme des Parameters *Geschlecht*, der den größten Teil der maximal aufklärbaren Devianz bindet, führt zu keiner bedeutsamen Verbesserung der Anpassung.

Tab. 4.26: Häufigkeiten (N) und prozentuale Anteile (%) der „Zugehörigkeit zu einer Clique" für die Jugendlichen der Begabungsstichprobe

ANT-WORT	VG-DB				ZG-HB				Σ	
	JUNGEN		MÄDCHEN		JUNGEN		MÄDCHEN			
	N	%	N	%	N	%	N	%	N	%
nein	17	28.3	17	36.2	20	32.3	20	44.4	74	34.6
ja	43	71.7	30	63.8	42	67.7	25	55.6	140	65.4
Σ	60	100.0	47	100.0	62	100.0	45	100.0	214	100.0

VG-DB: durchschnittlich Begabte; ZG-HB: Hochbegabte

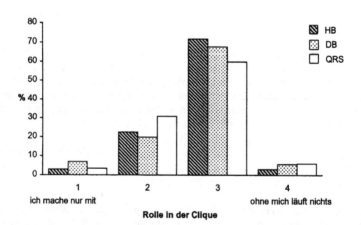

Abb. 4.2:　Prozentuale Anteile der Antwortkategorien der Frage nach der *Rolle in der Clique*
für Hochbegabte (HB, N = 67), durchschnittlich Begabte (DB, N = 71) und die
Schüler der Q-Referenzstichprobe (QRS, N = 246)

Während die Anteiligkeiten in der Q-Referenzstichprobe (65.1%) denen in der Begabungsstichprobe ähneln, ist der Prozentsatz an *ja*-Antworten bei Shell-West mit 77.3%
höher. Dies ist möglicherweise auf die unterschiedlichen Antwortmöglichkeiten zurückzuführen. Während die Jugendlichen in der Shell-Studie zwischen *nein, ja, regelmäßig* und *ja, öfter* wählen konnten, standen in den eigenen Erhebungen nur die Kategorien *ja* und *nein* zur Verfügung.

Am Ende dieses Abschnitts soll noch deskriptiv auf die Ergebnisse zur Frage nach der
Rolle in der Clique eingegangen werden. Diese wurde nur denjenigen Schülern gestellt, die angaben, Mitglied einer Clique zu sein.

Abb. 4.2 gibt die Verteilung der Antworten auf der vierstufigen Ratingskala für hoch- und durchschnittlich Begabte sowie für die Jugendlichen der Q-Referenzstichprobe wieder.

Aus der Abbildung wird ersichtlich, daß keine nennenswerten Unterschiede zwischen den Begabungsgruppen existieren (vgl. auch Tab. 4.27). Der Mittelwert der hochbegabten Mädchen liegt etwas unter dem der durchschnittlich begabten Mädchen ($d_{HB-DB} = -0.29$), bei den Jungen ist das Gegenteil der Fall ($d_{HB-DB} = 0.21$). Allerdings ordnen sich mehr als zwei Drittel der Jugendlichen aller betrachteten Gruppen auf der vierstufigen Skala bei *drei* oder *vier* ein, so daß die geringen Mittelwertsunterschiede nicht weiter interpretiert werden sollen.

Die hochbegabten Jugendlichen differieren im Mittel nicht bedeutsam von der Q-Referenzstichprobe (Jungen: $d_{HB-QRS} = 0.16$, Mädchen: $d_{HB-QRS} = 0.02$). Insgesamt kann man also festhalten, daß sich hochbegabte Jugendliche weder hinsichtlich der selbstberichteten Mitgliedschaft in einer Clique noch in bezug auf die wahrgenommene eigene Position von „normalen" Jugendlichen unterscheiden.

Tab. 4.27: Mittelwerte (M) und Standardabweichungen (S) der Angaben zur „Rolle in der Clique" für N = 138 Jugendliche der Begabungsstichprobe

GRUPPE		M	S
VG-DB-Ju	(N= 42)	2.6	0.8
VG-DB-Mä	(N= 29)	2.9	0.5
ZG-HB-Ju	(N= 42)	2.8	0.6
ZG-HB-Mä	(N= 25)	2.7	0.5
VG-DB	(N= 71)	2.7	0.7
ZG-HB	(N= 67)	2.8	0.5
Jungen	(N= 84)	2.7	0.7
Mädchen	(N= 54)	2.8	0.5

VG-DB: durchschnittlich Begabte; ZG-HB: Hochbegabte; Ju: Jungen; Mä: Mädchen

4.3.3.2 Datenquelle „Eltern"

Existenz eines guten Freundes. Die Übereinstimmung zwischen Eltern und Kindern hinsichtlich der Frage, ob der Sohn bzw. die Tochter mindestens einen guten Freund hat, fällt mit κ = 0.18 gering aus, die prozentuale Übereinstimmung liegt bei

93%.[59] In drei der vier nach Geschlecht und Begabung zu unterscheidenden Gruppen sind *keine* konkordanten Beurteilungen bezüglich der *nein*-Antworten zu beobachten, lediglich in der Gruppe der hochbegabten Jungen gibt es konkordante Beurteilungen.

Tab. 4.28: Häufigkeiten (N) und prozentuale Anteile (%) der Angabe über die „Existenz eines guten Freundes" (Elternbeurteilung) für N = 213 Jugendliche der Begabungsstichprobe

ANT-WORT	VG-DB JUNGEN		VG-DB MÄDCHEN		ZG-HB JUNGEN		ZG-HB MÄDCHEN		Σ	
	N	%	N	%	N	%	N	%	N	%
nein	3	5.0	3	6.5	5	8.1	0	0.0	11	5.2
ja	57	95.0	43	93.5	57	91.9	45	100.0	202	94.8
Σ	60	100.0	46	100.0	62	100.0	45	100.0	213	100.0

VG-DB: durchschnittlich Begabte; ZG-HB: Hochbegabte

Nein-Antworten sind in allen Gruppen sehr selten, so daß kaum von praktisch relevanten Unterschieden die Rede sein kann (vgl. Tab. 4.28). Daher wurde ebenfalls darauf verzichtet *Logit*-Analysen zu berechnen. Statt dessen wurde – getrennt nach Geschlecht – Fishers exakter Test gewählt. Nach diesen Ergebnissen (zweiseitige Prüfung) sind die geringen Unterschiede zwischen hoch- und durchschnittlich begabten Jungen (p = 0.717) und zwischen hoch- und durchschnittlich begabten Mädchen (p = 0.242) statistisch ebenfalls *nicht* relevant.

Anzahl Freunde. Was die Anzahl der den Eltern bekannten Freunde anbetrifft, so wird aus Abb. 4.3 deutlich, daß eine bimodale Verteilung vorliegt, daher erscheint ein Vergleich der zentralen Tendenz wenig sinnvoll.

Hinzu kommt, daß die psychologischen Unterschiede im unteren Bereich größer sein dürften: Ob man Kontakt zu nur einem oder zu drei Freunden hat, ist sicherlich anders zu bewerten als die Tatsache, ob man sieben oder neun Freunde hat. Die Daten werden daher für weitere statistische Analysen zunächst gruppiert (vgl. Tab. 4.29).

---

[59] Im Gegensatz zur prozentualen Übereinstimmung werden bei der Berechnung von Cohens Kappa die *a priori*-Wahrscheinlichkeiten, mit *ja* oder *nein* zu antworten, bei der Schätzung der Urteilerübereinstimmung berücksichtigt (Zufallskorrektur).

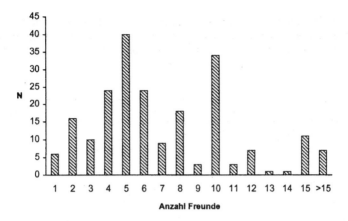

Abb. 4.3: *Anzahl der den Eltern bekannten Freunde* für N = 214 Jugendliche der Begabungsstichprobe

Das Nullmodell paßt die Daten gut an, die Anteile der erklärbaren Devianz, die auf die Haupteffekte bzw. die Wechselwirkung zurückgehen, sind äußerst gering. Entsprechend gibt es keinen Hinweis auf statistisch bedeutsame Verbesserungen der Anpassung durch Aufnahme weiterer Parameter. Auch bei Berücksichtigung der ordinalen Information der abhängigen Variablen (*continuation ratio analysis*) sind statistisch keine Effekte der unabhängigen Variablen abzusichern.

Tab. 4.29: Häufigkeiten (N) und prozentuale Anteile (%) der Angabe der Eltern, wie viele Freunde des Zieljugendlichen ihnen persönlich bekannt sind, für N = 214 Jugendliche der Begabungsstichprobe

	VG-DB				ZG-HB				Σ	
	JUNGEN		MÄDCHEN		JUNGEN		MÄDCHEN			
ANZAHL	N	%	N	%	N	%	N	%	N	%
1- 2	6	10.0	4	8.5	9	14.5	3	6.7	22	10.3
3- 5	16	26.7	18	38.3	22	35.5	18	40.0	74	34.6
6-10	28	46.7	19	40.4	23	37.1	18	40.0	88	41.1
>10	10	16.6	6	12.8	8	12.9	6	13.3	30	14.0
Σ	60	100.0	47	100.0	62	100.0	45	100.0	214	100.0

VG-DB: durchschnittlich Begabte, ZG-HB: Hochbegabte

Alter der Freunde. Nach Angabe der Eltern ist es keineswegs so, daß sich hochbegabte Jugendliche vorwiegend in einem aus älteren Jugendlichen zusammengesetzten
Freundeskreis bewegen. Diese Annahme kann schon aufgrund der in Tab. 4.30 dargestellten Häufigkeiten zurückgewiesen werden.

Tab. 4.30: Häufigkeiten (N) und prozentuale Anteile (%) des vorwiegenden Alters der Freunde des Jugendlichen (Elternurteil) für N = 214
Jugendliche der Begabungsstichprobe

	VG-DB				ZG-HB					
	JUNGEN		MÄDCHEN		JUNGEN		MÄDCHEN		Σ	
ALTER	N	%	N	%	N	%	N	%	N	%
jünger	0	0.0	2	4.3	0	0.0	0	0.0	2	0.9
gleichalt.	39	65.0	33	70.2	46	74.2	39	86.6	157	73.4
jüng./ält.	15	25.0	12	25.5	14	22.6	3	6.7	44	20.6
älter	5	8.3	0	0.0	1	1.6	3	6.7	9	4.2
unbekannt	1	1.7	0	0.0	1	1.6	0	0.0	2	0.9
Σ	60	100.0	47	100.0	62	100.0	45	100.0	214	100.0

VG-DB: durchschnittlich Begabte; ZG-HB: Hochbegabte; jünger: vorwiegend jünger; gleichalt.: vorwiegend gleichaltrig; jüng./ält.: sowohl
jünger als auch älter; älter: vorwiegend älter

Tab. 4.31: Ergebnisse der Logit-Analysen der Variable „Alter der
Freunde"[a] (Angabe der Eltern) mit den Prädiktoren „Begabung" (B) und
„Geschlecht" (G) für N = 212 Jugendliche der Begabungsstichprobe

MODELL			G^2_{RES}	df	p	PED	PEDAD
(1) Null	[BG]	[A]	6.52	3	0.089		
(2) HE B	[BG]	[BA]	2.34	2	0.310	0.017	0.64
(3) HE G	[BG]	[GA]	5.01	2	0.082	0.006	0.23
(4) HE B, HE G	[BG]	[BA] [GA]	0.70	1	0.403	0.024	0.89
(5) Saturiert	[BGA]					0.027	

EFFEKT	DIFFERENZ	G^2_{COMP}	df	p	PED_{EFFEKT}	$PEDAD_{EFFEKT}$
B	(1)-(2)	4.18	1	0.041	0.017	0.64
B|G	(3)-(4)	4.31	1	0.038	0.018	0.66
G	(1)-(3)	1.51	1	0.219	0.006	0.23
B × G	(4)-(5)	0.70	1	0.403	0.003	0.11

[a]: binäre Kodierung („vorwiegend gleichaltrig" vs. „vorwiegend nicht
gleichaltrig"); HE: Haupteffekt; A: „Alter der Freunde"

Dichotomisiert man – aufgrund der geringen Zellbesetzungen in den Kategorien *vorwiegend jünger* und *vorwiegend älter* – in *vorwiegend gleichaltrig* vs. *vorwiegend
nicht gleichaltrig*, so ergibt sich ein kleiner statistisch bedeutsamer Effekt (vgl. Tab.

4.31). Hochbegabte Jugendliche bewegen sich demnach eher in einem Freundeskreis von Gleichaltrigen (80.2%) als durchschnittlich begabte Jugendliche (67.9%). Dies entspricht einem *odds ratio* von $\hat{\Omega}_{HB/DB} = 1.9$ ($\ln \hat{\Omega}_{HB/DB} = 0.65$, $\hat{d}_{HB\text{-}DB} = 0.36$). Praktisch ist dieser Unterschied wenig relevant, vielmehr wird deutlich, daß in *beiden* Begabungsgruppen *Gleichaltrige* den Freundeskreis dominieren, ähnliches zeigte sich bereits beim *Alter des guten Freundes* (Angabe der Jugendlichen).

Verein. Wie aus Tab. 4.32 ersichtlich ist, sind die meisten Jugendlichen der Begabungsstichprobe Mitglied in mindestens einem Verein (82.2%).

Tab. 4.32: Häufigkeiten (N) und prozentuale Anteile (%) der „Mitgliedschaft in (mindestens) einem Verein" für N = 214 Jugendliche der Begabungsstichprobe (Angabe der Eltern)

	VG-DB				ZG-HB					
	JUNGEN		MÄDCHEN		JUNGEN		MÄDCHEN		Σ	
	N	%	N	%	N	%	N	%	N	%
nein	10	16.7	10	21.3	7	11.3	11	24.4	38	17.8
ja	50	83.3	37	78.7	55	88.7	34	75.6	176	82.2
Σ	60	100.0	47	100.0	62	100.0	45	100.0	214	100.0

VG-DB: durchschnittlich Begabte; ZG-HB: Hochbegabte

Ein bedeutsamer Einfluß des Faktors *Begabung* auf die Verteilung der Häufigkeiten ist nicht feststellbar, ebensowenig eine Interaktion mit dem Geschlecht. Tendenziell ist der Anteil an Mädchen (77.2%), die nach Angabe der Eltern Mitglied in einem Verein sind, gegenüber Jungen (86.1%) etwas erniedrigt. Der Effekt ist jedoch klein ($\hat{\Omega}_{JU/MÄ} = 1.8$, $\ln \hat{\Omega}_{JU/MÄ} = 0.6$, $\hat{d}_{JU\text{-}MÄ} = 0.33$) und nicht statistisch abzusichern, zumal auch die Residuen nicht für eine Ablehnung des Nullmodells sprechen. Der sozioökonomische Status korreliert mit $r_{pb} = 0.18$ positiv mit der Vereinszugehörigkeit. Da es keine statistisch bedeutsamen Gruppenunterschiede zwischen hoch- und durchschnittlich Begabten gibt, ist eine weitere Berücksichtigung dieses Zusammenhangs nicht erforderlich.

Der Anteil an Jugendlichen, die Mitglied eines Vereins sind, variiert beträchtlich zwischen der Begabungsstichprobe und den zusätzlichen Vergleichsstichproben: Während der Prozentsatz bei den Schülern der Q-Referenzstichprobe 75.9% beträgt, sind es bei den Jugendlichen der Stichprobe Shell-West (SHELL-W) lediglich 47.1%. Eine mögliche Ursache für diese Variation ist der Einfluß soziodemographischer Variablen (z.B. Herkunft Stadt / Land). Ob die unterschiedlichen Anteiligkeiten auf die Variationen der Informationsquelle (Befragung der Eltern oder der Jugendlichen) oder des Befragungsmodus (Interview / Fragebogen) zurückzuführen sind, ist so nicht zu beantworten, erscheint aber wenig plausibel. Interessant ist allerdings, daß sich trotz der unterschiedlichen *absoluten* Anteiligkeiten auch in den Vergleichsstichproben die in der Begabungsstichprobe beobachteten Geschlechtsunterschiede in ähnlicher Höhe dokumentieren (QRS: $\hat{d}_{JU\text{-}MÄ} = 0.44$, SHELL-W: $\hat{d}_{JU\text{-}MÄ} = 0.28$).

Kontakte zu Mitschülern / anderen Jugendlichen. Es liegen jeweils Aussagen für N = 140 Jugendliche (Ebene B, 65.4%) bzw. N = 166 Jugendliche (Ebene C, 77.6%) vor. Nur 14.3% der Kodierungen betreffen keinen oder nur seltenen *außerschulischen Kontakt zu Mitschülern* (vgl. Tab. 4.33), noch weniger keinen oder nur seltenen *Kontakt zu Jugendlichen* (5.4%, vgl. Tab. 4.34).

Tab. 4.33: Häufigkeiten (N) und prozentuale Anteile (%) der inhalts-analytischen Ebene B des Elterninterviews („außerschulische Kontakte zu Mitschülern") für N = 140 Jugendliche der Begabungsstichprobe

| | VG-DB | | | | ZG-HB | | | | | |
| | JUNGEN | | MÄDCHEN | | JUNGEN | | MÄDCHEN | | Σ | |
CODE	N	%	N	%	N	%	N	%	N	%
b1	25	69.4	21	77.8	28	65.1	27	79.4	101	72.1
b2	5	13.9	2	7.4	9	20.9	3	8.8	19	13.6
b3	6	16.7	4	14.8	6	14.0	4	11.8	20	14.3
Σ	36	100.0	44	100.0	43	100.0	34	100.0	140	100.0

VG-DB: durchschnittlich Begabte; ZG-HB: Hochbegabte; b1: Kontakt zu mehreren Mitschülern; b2: Kontakt zu 1-2 Mitschülern; b3: seltenen / keinen Kontakt zu Mitschülern

Weder auf der allgemeineren Ebene der regelmäßigen Kontakte zu anderen Jugendlichen noch was die spezielle Gruppe der Mitschüler anbetrifft, sind deskriptiv Unterschiede zwischen hoch- und durchschnittlich begabten Jugendlichen zu verzeichnen. Dies entspricht dem Gesamtbild der Befunde für die Datenquelle „Eltern".

Tab. 4.34: Häufigkeiten (N) und prozentuale Anteile (%) der inhalts-analytischen Ebene C des Elterninterviews („Kontakt zu Peers") für N = 166 Jugendliche der Begabungsstichprobe

| | VG-DB | | | | ZG-HB | | | | | |
| | JUNGEN | | MÄDCHEN | | JUNGEN | | MÄDCHEN | | Σ | |
CODE	N	%	N	%	N	%	N	%	N	%
c1	36	83.7	31	88.6	43	84.3	32	86.5	142	85.5
c2	3	7.0	2	5.7	7	13.7	3	8.1	15	9.0
c3	4	9.3	2	5.7	1	2.0	2	5.4	9	5.4
Σ	43	100.0	35	100.0	51	100.0	37	100.0	140	100.0

VG-DB: durchschnittlich Begabte; ZG-HB: Hochbegabte; c1: Kontakt zu mehreren Jugendlichen; c2: Kontakt zu 1-2 Jugendlichen; c3: keinen / seltenen Kontakt

4.3.3.3 Datenquelle „Lehrer"

Guter Freund in der Klasse. Bei der Beurteilung, ob der Zieljugendliche mindestens einen guten Freund in der Klasse hat, stimmen beide Lehrkräfte mit $\kappa = 0.20$ (prozentuale Übereinstimmung 79%) relativ wenig überein. Die Zugehörigkeit zur Begabungsgruppe scheint dabei als Moderator zu wirken: Während in der Gruppe hochbegabter Schüler mit $\kappa = 0.0$ keine Übereinstimmung jenseits des Zufallsniveaus besteht, liegt die Übereinstimmung für durchschnittlich begabten Schülern bei $\kappa = 0.31$. Die insgesamt geringe Konkordanz geht einerseits möglicherweise auf – durch unterschiedliche Unterrichtsstrukturen bedingte – Variabilität in den Beobachtungsmöglichkeiten zurück: Im Deutschunterricht dürfte wahrscheinlich mehr Zeit mit Diskussion und Gruppenarbeit verbracht werden als im Mathematikunterricht. Darüber hinaus variiert vermutlich die Auffassung, was ein „guter Freund" ist, zwischen den Lehrkräften beträchtlich. Was den Einfluß des Faktors *Begabung* anbetrifft, so ist die mangelnde Übereinstimmung auf die Kategorie *nein* zurückzuführen: hier liegt der Anteil konkordanter Antworten bezogen auf die Gesamtheit abgegebener *nein*-Antworten bei lediglich 5% (dies bezieht sich auf ein konkordantes Urteil!).

Aufgrund der geringen Konkordanz werden für beide Lehrkraftgruppen getrennt *Logit*-Analysen berechnet. Tab. 4.35 zeigt zunächst die beobachteten Häufigkeiten und prozentualen Anteile für das Urteil der Deutschlehrer. 23.2% der durchschnittlich Begabten haben in deren Wahrnehmung keinen guten Freund in der Klasse, bei den Hochbegabten sind es 14.9%.

Tab. 4.35: Häufigkeiten (N) und prozentuale Anteile (%) der Angabe zum „Freund in der Klasse - Deutschlehrer" für die Jugendlichen der Begabungsstichprobe

ANT- WORT	VG-DB				ZG-HB				Σ	
	JUNGEN		MÄDCHEN		JUNGEN		MÄDCHEN			
	N	%	N	%	N	%	N	%	N	%
nein	16	31.4	6	13.6	12	20.7	3	7.0	37	18.9
ja	35	68.6	38	86.4	46	79.3	40	93.0	159	81.1
Σ	51	100.0	44	100.0	58	100.0	43	100.0	196	100.0

VG-DB: durchschnitlich Begabte; ZG-HB: Hochbegabte

Der deskriptive kleine Unterschied in den Anteiligkeiten zwischen Hoch- und durchschnittlich Begabten (DB: 23.3%, HB: 14.9%) kann statistisch nicht abgesichert werden. Deutlich ist hingegen, daß es eher die Jungen sind, von denen die beurteilenden Deutschlehrer glauben, daß sie keinen guten Freund haben (Jungen: 25.7%, Mädchen: 10.3%). Dies entspricht einem *odds ratio* von $\hat{\Omega}_{HB/DB} = 3.0$ ($\ln \hat{\Omega}_{HB/DB} = 1.1$, $\hat{d}_{HB-DB} = 0.60$).

Bereits die Inspektion der in Tab. 4.36 dargestellten Häufigkeiten macht deutlich, daß die Tendenz zugunsten der Hochbegabten bei der Beurteilung durch die Mathematiklehrer stärker ausgeprägt ist. Nur 7.8% der Hochbegabten haben in deren Wahrnehmung keinen guten Freund in der Klasse gegenüber 19.2% der durchschnittlich Begabten. Dieser mittlere Effekt ($\hat{\Omega}_{HB/DB} = 2.8$, $\ln \hat{\Omega}_{HB/DB} = 1.04$, $\hat{d}_{HB\text{-}DB} = 0.57$) erweist sich auch statistisch als bedeutsam (vgl. Tab. 4.37).

Tab. 4.36: Häufigkeiten (N) und prozentuale Anteile (%) der Angaben zum „Freund in der Klasse – Mathematiklehrer" für die Jugendlichen der Begabungsstichprobe

	VG-DB				ZG-HB				Σ	
	JUNGEN		MÄDCHEN		JUNGEN		MÄDCHEN			
ANT-WORT	N	%	N	%	N	%	N	%	N	%
nein	12	21.8	7	15.9	4	6.9	4	8.9	27	13.4
ja	43	78.2	37	84.1	54	93.1	41	91.1	175	86.6
Σ	55	100.0	44	100.0	58	100.0	45	100.0	202	100.0

VG-DB: durchschnittlich Begabte; ZG-HB: Hochbegabte

Tab. 4.37: Ergebnisse der Logit-Analysen der Variable „Freund in der Klasse – Mathematiklehrer" (F) mit den Prädiktoren „Begabung" (B) und „Geschlecht" (G) für N = 202 Jugendlichen der Begabungsstichprobe

MODELL				G^2_{RES}	df	p	PED	PEDAD
(1) Null	[BG]	[F]		6.52	3	0.089		
(2) HE B	[BG]	[BF]		0.70	2	0.706	0.037	0.89
(3) HE G	[BG]	[GF]		6.38	2	0.041	0.001	0.02
(4) HE B, HE G	[BG]	[BF]	[GF]	0.54	1	0.463	0.038	0.91
(5) Saturiert	[BGF]					0.041		

EFFEKT	DIFFERENZ	G^2_{COMP}	df	p	PED_{EFFEKT}	$PEDAD_{EFFEKT}$
B	(1)-(2)	5.82	1	0.016	0.037	0.89
B|G	(3)-(4)	5.84	1	0.016	0.037	0.90
G	(1)-(3)	0.14	1	0.708	0.001	0.02
B × G	(4)-(5)	0.54	1	0.463	0.003	0.08

HE: Haupteffekt

Das Geschlecht des Schülers hat – im Gegensatz zu den berichteten Ergebnissen bei Deutschlehrern – keinen relevanten Einfluß auf die Einschätzungen der Mathematiklehrkräfte. Die Anteiligkeiten der Jugendlichen ohne guten Freund fallen mit 15.5% der Jungen und 11.1% der Mädchen nicht deutlich unterschiedlich aus. Immerhin sind es auch hier die Jungen, die zu einem numerisch etwas höheren Prozentsatz betroffen sind.

Aus den Analysen geht eindeutig hervor, daß hochbegabte Schüler weder in der Wahrnehmung ihrer Deutschlehrer noch nach der Beobachtung der Mathematiklehrer häufiger als durchschnittlich Begabte keinen guten Freund in der Klasse haben. Die Übereinstimmung zwischen beiden Lehrkraftgruppen ist allerdings gering und die Faktoren *Begabung* und *Geschlecht* sind – je nach Lehrkraftgruppe – unterschiedlich gute Prädiktoren. Inwieweit verschiedene Unterrichtsstrukturen in sprachlichen und naturwissenschaftlichen Fächern zu verschiedenen Beobachtungsgrundlagen beitragen oder auch Persönlichkeitsmerkmale der Lehrer – z.B. unterschiedliche Geschlechteranteiligkeiten in den beiden Lehrkraftgruppen – diesbezüglich systematische Einflußfaktoren darstellen, bleibt offen.

Soziale Beziehungen in der Klasse. Zu dieser Ebene liegen für 112 Jugendliche (52.6%) inhaltlich verwertbare Äußerungen aus den Lehrerinterviews vor. Wie aus Tab. 4.38 hervorgeht, ist der Anteil der Jugendlichen, die laut Aussage des Deutschlehrers keine Beziehungen zu ihren Mitschülern haben, in allen Gruppen außerordentlich gering. Auch für die restlichen Codes sind auf deskriptiver Ebene keine relevanten Unterschiede zwischen den Begabungsgruppen zu beobachten. Bei hochbegabten Schülern kommen Aussagen über ein kleines Netzwerk (C1 oder C2) nicht häufiger vor (ZG-HB: 31.1%, VG-DB: 33.9%).

Tab. 4.38: Häufigkeiten (N) und prozentuale Anteile (%) der inhaltsanalytischen Ebene C des Lehrerinterviews („soziales Netzwerk") für die Jugendlichen der Begabungsstichprobe

| | VG-DB | | | | ZG-HB | | | | | |
| | JUNGEN | | MÄDCHEN | | JUNGEN | | MÄDCHEN | | Σ | |
CODE	N	%	N	%	N	%	N	%	N	%
c1	6	18.8	5	18.5	2	8.3	4	13.8	17	15.2
c2	3	9.4	6	22.2	3	12.5	8	27.6	20	17.8
c3	5	15.6	4	14.8	8	33.4	8	27.6	25	22.3
c4	17	53.1	11	40.8	9	37.5	9	31.0	46	41.1
c5	1	3.1	1	3.7	2	8.3	0	0.0	4	3.6
Σ	32	100.0	27	100.0	24	100.0	29	100.0	112	100.0

VG-DB: durchschnittlich Begabte; ZG-HB: Hochbegabte; c1: Einzelperson; c2: 1-2 Beziehungen; c3: mehrere Beziehungen; c4: Beziehungen vorhanden; Anzahl unklar; c5: keine Beziehungen

Zusammenfassung Peer-Kontakte (Netzwerk). Es können *keine relevanten Unterschiede* zwischen hoch- und durchschnittlich Begabten festgestellt werden. Dies gilt gleichermaßen für die erhobenen Selbsturteile als auch für die von den Eltern erfragten Angaben. Nur beim *Alter des guten Freundes* und dem *vorwiegenden Alter im Freundeskreis* des Jugendlichen zeigt sich ein kleiner Effekt: Danach sind es keineswegs die Hochbegabten, die sich eher älteren Jugendlichen zuwenden, sondern der Anteil ist bei durchschnittlich Begabten höher. Allerdings dominieren in beiden Begabungsgruppen Gleichaltrige die freundschaftlichen Beziehungen. Zwischen Eltern- und Selbsturteil hinsichtlich der Existenz eines guten Freundes ist die Konkordanz äußerst gering. Insbesondere bei den *nein*-Antworten sind kaum konkordante Urteile zu verzeichnen.

Lediglich in der Beurteilung durch die Lehrer gibt es – je nach Lehrkraftgruppe unterschiedlich ausgeprägt – eine Tendenz zugunsten der Hochbegabten, was die *Existenz eines guten Freundes in der Klasse* angeht. Auch bei dieser Angabe ist die niedrige Übereinstimmung der beiden beurteilenden Lehrkraftgruppen augenfällig. Die deskriptiv berichteten Ergebnisse der inhaltsanalytischen Auswertungen der Lehrerinterviews (*Soziales Netzwerk*) und Elterninterviews (*Kontakte zu Mitschülern, Kontakte zu anderen Jugendlichen*) ergeben ebenfalls keine Hinweise auf Gruppenunterschiede.

4.3.4 Peer-Kontakte (Häufigkeit)

4.3.4.1 Datenquelle „Jugendliche"

Kontakt zu Freunden. Bei der univariaten Varianzanalyse der Skala *Kontakt zu Freunden* dokumentiert sich ein kleiner Begabungseffekt ($d_{HB-DB} = -0.35$), eine Interaktion mit dem Faktor *Geschlecht* ist statistisch nicht nachweisbar (vgl. Tab. 4.39). Hochbegabte sind demnach etwas seltener in die in der Skala zusammengefaßten Aktivitäten involviert. Der Geschlechtsunterschied ist mit $d_{JU-MÄ} = -0.57$ gegenüber dem Begabungseffekt stärker ausgeprägt. Auch bei den Schülern der QRS findet sich ein Effekt nahezu identischer Größenordnung ($d_{JU-MÄ} = -0.59$). Da sich zwei Items der aus vier Aussagen bestehen Skala auf Gespräche / Telefonate mit Freunden beziehen, ist dies erwartungsgemäß. Die Mittelwerte aller Gruppen sind oberhalb des theoretischen Skalenmittels anzusiedeln, was in Kombination mit der rechtssteilen Verteilung deutlich macht, daß die befragten Jugendlichen *aller* Subgruppen eher häufiger die angesprochenen Aktivitäten ausüben. Auch bei dieser Variable läßt sich kein praktisch relevanter Unterschied zwischen den Hochbegabten und der Q-Referenzstichprobe beobachten (Jungen: $d_{HB-QRS} = -0.18$, Mädchen: $d_{HB-QRS} = -0.25$).

Tab. 4.39: Mittelwerte (M) und Standardabweichungen (S) der Skala „Kontakt zu Freunden" sowie Ergebnisse der zweifaktoriellen univariaten Varianzanalyse „Begabung" (B) × „Geschlecht" (G) für N = 214 Jugendliche der Begabungsstichprobe

GRUPPE		M	S
VG-DB-Ju	(N= 60)	3.0	0.5
VG-DB-Mä	(N= 47)	3.3	0.6
ZG-HB-Ju	(N= 62)	2.8	0.5
ZG-HB-Mä	(N= 45)	3.1	0.6
VG-DB	(N=107)	3.2	0.5
ZG-HB	(N=107)	3.0	0.6
Jungen	(N=122)	2.9	0.5
Mädchen	(N= 92)	3.2	0.6

EFFEKT	p	eta²
B × G	0.995	<0.001
B	0.012	0.030
G	<0.001	0.076

VG-DB: durchschnittlich Begabte; ZG-HB: Hochbegabte; Ju: Jungen; Mä: Mädchen

Kontakt zum besten Freund.

Die Häufigkeiten des *Kontakts zum besten Freund bzw. zur besten Freundin* sind für beide Begabungsgruppen sowie für die Q-Referenzstichprobe in Abb. 4.4 (Jungen) und Abb. 4.5 (Mädchen) dargestellt.

Über 90% der Jugendlichen *aller* Gruppen geben an, ihren besten Freund häufig oder sehr häufig zu treffen. Von besonderem Interesse ist wiederum, ob Hochbegabte in den Kategorien *nie* bzw. *selten* überrepräsentiert sind. Daher wurde eine Dichotomisierung nach *nie / selten* und *häufig / sehr häufig* vorgenommen (vgl. Tab. 4.40) und im Anschluß *Logit*-Analysen berechnet.

Das Nullmodell kann nicht zurückgewiesen werden. Es deutet sich zwar eine Wechselwirkung an, die den größten Teil der geringen aufzuklärenden Variabilität bindet; diese ist jedoch statistisch nicht abzusichern. Auch die zusätzlich herangezogenen Informationen (Effektparameter des saturierten Modells, standardisierte Residuen) rechtfertigen die Ablehnung des Nullmodells nicht.

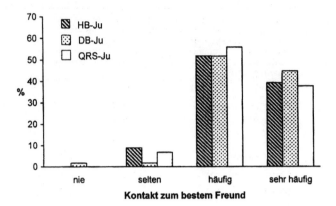

Abb. 4.4: Prozentuale Anteile der Antwortkategorien der Frage nach der *Häufigkeit des Kontakts zum besten Freund* für hochbegabte Jungen (HB-Ju, N = 56), durchschnittlich begabte Jungen (DB-Ju, N = 58) und männliche Schüler der Q-Referenzstichprobe (QRS-Ju, N = 177)

Die Anteile bei hochbegabten Jungen und den Jungen der QRS sind praktisch nicht bedeutsam verschieden (QRS-Jungen: 6.8% *nie / selten*, $\hat{d}_{HB\text{-}QRS} = -0.16$). Hochbegabte Mädchen heben sich beim Vergleich mit den Schülerinnen der QRS positiv ab (QRS-Mädchen: 9.4% *nie / selten*, $\hat{d}_{HB\text{-}QRS} = 0.43$). Für alle Jugendlichen ist also erwartungsgemäß der beste Freund eine Person, zu der sie häufig Kontakt haben. Hochbegabte verhalten sich in dieser Beziehung nicht anders als andere Jugendliche.

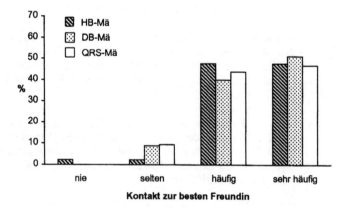

Abb. 4.5: Prozentuale Anteile der Antwortkategorien der Frage nach der *Häufigkeit des Kontakts zur besten Freundin* für hochbegabte Mädchen (HB-Mä, N = 44), durchschnittlich begabte Mädchen (DB-Mä, N = 45) und die Schülerinnen der Q-Referenzstichprobe (QRS-Mä, N = 171)

Tab. 4.40: Häufigkeiten (N) und prozentuale Anteile (%) für die „Häufigkeit des Kontakts zum besten Freund"[a] für die Jugendlichen der Begabungsstichprobe

ANT-WORT	VG-DB JUNGEN		MÄDCHEN		ZG-HB JUNGEN		MÄDCHEN		Σ	
	N	%	N	%	N	%	N	%	N	%
0	2	3.4	4	8.9	5	8.9	2	4.5	13	6.4
1	56	96.6	41	91.1	51	91.1	42	95.5	130	93.6
Σ	58	100.0	45	100.0	56	100.0	56	100.0	203	100.0

[a]: dichotomisiert, 0 : nie / selten, 1: häufig / sehr häufig

Zeit mit Freunden. Abb. 4.6 gibt die *absoluten Stundenangaben* für die N = 214 Jugendlichen der Begabungsstichprobe wieder. Etwa 50% der Angaben liegen zwischen 5 und 20 Stunden (Mittelwert: 14.5 Stunden), die Standardabweichung fällt mit 11 Stunden relativ hoch aus.

Für den nachfolgenden Mittelwertvergleich wurden extreme Angaben (2.5 Standardabweichungen über dem Mittelwert, dies betraf vier Beobachtungen, die über der Angabe von 40 Stunden lagen) „normalisiert".[60] Höhere Stundenangaben erscheinen auch angesichts der Tatsache, daß bundesdeutschen Jugendlichen etwa sechs Stunden Freizeit täglich zur Verfügung stehen (vgl. Silbereisen & Schmitt-Rodermund 1998), eher unrealistisch.

Die Varianzanalyse führt zu einem statistisch signifikanten Begabungseffekt mittlerer Größe ($d_{HB-DB} = -0.49$) bei fehlender Wechselwirkung (vgl. Tab. 4.41). Unter Berücksichtigung der mit r = −0.17 bestehenden Korrelation zum BRSS sinkt der Effekt leicht, bleibt aber erhalten (p = 0.006, eta² = 0.036, $\hat{d}_{HB-DB} = -0.39$).

Das Bild ändert sich erwartungsgemäß nicht, wenn statt der *absoluten Stundenzahl*, der *relative Anteil* an den abgefragten Freizeitaktivitäten, der in Abb. 4.7 für hoch- und durchschnittlich Begabte dargestellt ist, als abhängige Variable in die Analyse eingeht.

---

[60] Zuweisung des nächstniedrigeren Extremwertes.

Tab. 4.41: Mittelwerte (M) und Streuungen (S)
der „Zeit mit Freunden" (Stunden pro Woche)
sowie die Ergebnisse der zweifaktoriellen Varianzanalyse „Begabung (B) × Geschlecht (G)"
für N = 214 Jugendliche der Begabungsstichprobe

GRUPPE	M	S
VG-DB-Ju (N= 52)	19.0	11.7
VG-DB-Mä (N= 46)	14.2	11.4
ZG-HB-Ju (N= 61)	12.3	9.3
ZG-HB-Mä (N= 45)	11.1	8.5
VG-DB (N= 98)	16.9	11.8
ZG-HB (N=106)	11.8	8.9
Jungen (N=113)	15.6	11.1
Mädchen (N= 91)	12.7	10.1

EFFEKT	p	eta²
B × G	0.201	0.008
B	0.001	0.053
G	0.036	0.021

VG-DB: durchschnittlich Begabte; ZG-HB: Hochbegabte; Ju: Jungen; Mä: Mädchen

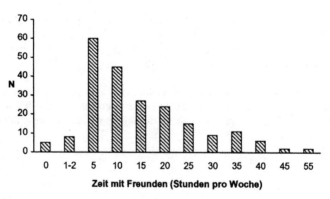

Abb. 4.6: *Zeit mit Freunden (Stunden pro Woche)* für N =214 Jugendliche der Begabungsstichprobe

In Abb. 4.8 ist der *Anteil der Zeit mit Freunden an der dominanten Freizeitaktivität* – getrennt für hoch- und durchschnittlich Begabte – dargestellt. Für 45% der durchschnittlich Begabten und für immerhin ein Drittel der Hochbegabten stellen gemeinsame Aktivitäten / gemeinsam verbrachte Zeit mit Freunden die dominante Freizeitaktivität dar.

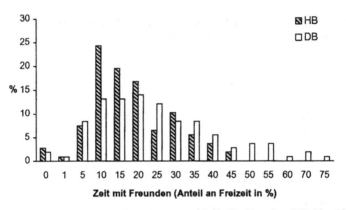

Abb. 4.7:   *Zeit mit Freunden (Anteil an Freizeit in %)* für Hochbegabte (HB, N = 107) und durchschnittlich Begabte (DB, N = 107)

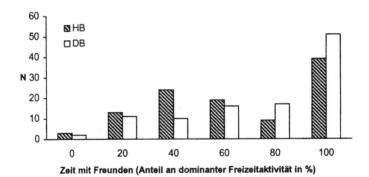

Abb. 4.8:   *Zeit mit Freunden (Anteil an dominanter Freizeitaktivität in %)* für Hochbegabte (HB, N = 107) und durchschnittlich Begabte (DB, N = 107)

Die hier durchgeführten Vergleiche schöpfen selbstverständlich im wesentlichen die gleiche Information ab, die identische Variable wird – nur aus unterschiedlichen

Blickwinkeln – betrachtet. Festzuhalten bleibt, daß Hochbegabte unabhängig vom Geschlecht etwas weniger Zeit mit Freunden verbringen als durchschnittlich Begabte. Dabei muß allerdings berücksichtigt werden, daß hochbegabte Jugendliche bedeutsam mehr feste wöchentliche Termine haben als durchschnittlich Begabte.

4.3.4.2 Datenquelle „Eltern"

Übernachtung bei Freunden. Die Angaben der Eltern zur Häufigkeit der *Übernachtung bei Freunden* verteilen sich rechtsschief (vgl. Abb. 4.9).

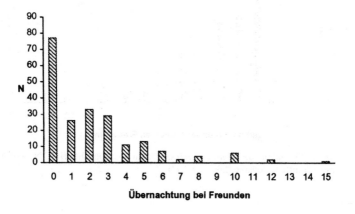

Abb. 4.9: Häufigkeit der *Übernachtung bei Freunden* für N = 214 Jugendliche der Begabungsstichprobe

In 36.5% der Fälle hat der Jugendliche in den letzten drei Monaten nicht bei einem Freund übernachtet. Die restlichen Fälle sind hauptsächlich im Bereich von ein bis drei Übernachtungen lokalisiert, wobei darüber hinaus noch eine beträchtliche Streuung existiert (maximal wurden 15 Übernachtungen angegeben).
In einem ersten Schritt habe ich die Daten daher gruppiert, aufgrund der Verteilung erschien die Bildung dreier Kategorien sinnvoll: *keine Übernachtung, ein bis drei Übernachtungen* und *mehr als drei Übernachtungen* (vgl. Tab. 4.42).

Bereits auf deskriptiver Ebene sind praktisch keine Unterschiede zwischen den Begabungsgruppen zu beobachten, die Verteilungen der hoch- und durchschnittlich begabten Jungen sind sogar exakt identisch (vgl. Tab. 4.42). Die Ergebnisse der *Logit*-Analysen (*continuation ratio logit*) bestätigen dies. Es läßt sich lediglich ein tendenzieller Geschlechtseffekt feststellen, der vor allem auf Unterschiede zwischen *keiner Übernachtung* und *ein oder mehr Übernachtungen* zurückzuführen ist: Mädchen übernachten seltener nicht bei Freunden als Jungen (27.5% vs. 43.3%).

Tab. 4.42: Häufigkeiten (N) und prozentuale Anteile (%) der „Übernachtungen des Jugendlichen bei Freunden" (Angabe der Eltern) für die Jugendlichen der Begabungsstichprobe

	VG-DB				ZG-HB				Σ	
	JUNGEN		MÄDCHEN		JUNGEN		MÄDCHEN			
ANZAHL	N	%	N	%	N	%	N	%	N	%
Keine	26	43.3	12	25.5	26	43.3	13	29.5	77	36.5
1 - 3	23	38.3	24	51.1	23	38.3	18	41.0	88	41.7
> 3	11	18.4	11	23.4	11	18.4	13	29.5	46	21.8
Σ	60	100.0	47	100.0	60	100.0	44	100.0	211	100.0

VG-DB: durchschnittlich Begabte; ZG-HB: Hochbegabte

Übernachtung von Freunden. Ein ähnliches Bild zeigt sich bei der Frage nach der *Übernachtung von Freunden*, was angesichts der hohen Interkorrelation von $r = 0.68$ zur *Übernachtung bei Freunden* nicht verwunderlich ist: Die Verteilung ist extrem schief (vgl. Abb. 4.10), bei vielen Familien (39.7%) hat in den letzten drei Monaten vor dem Befragungszeitpunkt kein Freund des Jugendlichen übernachtet.

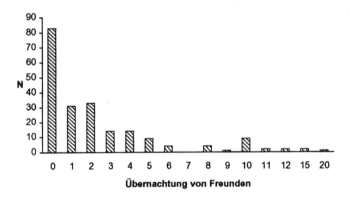

Abb. 4.10: Häufigkeit der *Übernachtung von Freunden* (Angabe der Eltern) für N = 214 Jugendliche der Begabungsstichprobe

Auch hier habe ich die Daten in drei Kategorien zusammengefaßt (vgl. Tab. 4.43). Wiederum ist der Vergleich zwischen *keiner Übernachtung* und *einer oder mehr Übernachtungen* von besonderem Interesse. Das *Geschlecht* ist dabei als Prädiktor bedeutsam.

Tab. 4.43: Häufigkeiten (N) und prozentuale Anteile (%) der „Übernachtungen von Freunden des Jugendlichen" (Angabe der Eltern) für
die Jugendlichen der Begabungsstichprobe

	VG-DB				ZG-HB					
	JUNGEN		MÄDCHEN		JUNGEN		MÄDCHEN		Σ	
ANZAHL	N	%	N	%	N	%	N	%	N	%
Keine	24	40.7	12	25.5	30	50.8	17	38.6	83	39.7
1 - 3	21	35.6	20	42.6	21	35.6	16	36.4	78	37.3
> 3	14	23.7	15	31.9	8	13.6	11	25.0	48	23.0
Σ	59	100.0	47	100.0	59	100.0	44	100.0	209	100.0

VG-DB: durchschnittlich Begabte, ZG-HB: Hochbegabte

Mädchen haben seltener keinen Übernachtungsbesuch als Jungen (31.9% vs. 45.8%).
Dies entspricht einem *odds ratio* von $\hat{\Omega}_{JU/MÄ} = 1.8$ ($\ln\hat{\Omega}_{JU/MÄ} = 0.59$, $\hat{d}_{JU\text{-}MÄ} = 0.33$),
also einem kleinen Effekt. Bei der Analyse der gesamten $3 \times 2 \times 2$ Kontingenztabelle
(*continuation ratio logit*) ergibt sich ein ähnlicher Trend, allerdings fallen die Parameter auch für den Einfluß des Geschlechts deutlich kleiner aus und sind nicht mehr
abzusichern.

Zusammenfassung Peer-Kontakte (Häufigkeit). Hochbegabte Jugendliche
verbringen weniger Zeit mit ihren Freunden (mittlerer Effekt) und geben an, (etwas)
weniger Kontakt zu Freunden zu haben (kleiner Effekt). Was Übernachtungsbesuche
von und bei Freunden betrifft, sind lediglich kleine Unterschiede zwischen den Geschlechtern aber keine Begabungseffekte zu verzeichnen. Die beiden Faktoren *Begabung* und *Geschlecht* haben keinen Einfluß auf die Angabe, wie häufig man seinen besten Freund trifft.

4.3.5 Akzeptanz in der Klasse

4.3.5.1 Datenquelle „Jugendliche"

Amt in der Schule. Insgesamt gaben 50.5% der befragten Jugendlichen der Begabungsstichprobe im Alter von 20 Jahren an, während ihrer Schulzeit (seit der 9.
Klasse) ein *Amt in der Schule* bekleidet zu haben (vgl. Tab. 4.44). Bei 95% der positiven Antworten wurden Sprecherämter (z.B. Klassensprecher, Schulsprecher, Stufen-
sprecher) oder Mitarbeit in der Schülervertretung genannt.

Tab. 4.44: Häufigkeiten (N) und prozentuale Anteile (%) der Angabe
zum „Amt in der Schule" für die Jugendlichen der Begabungsstichprobe

ANT-WORT	VG-DB				ZG-HB				Σ	
	JUNGEN		MÄDCHEN		JUNGEN		MÄDCHEN			
	N	%	N	%	N	%	N	%	N	%
nein	26	50.0	27	58.7	27	44.3	23	51.1	103	50.5
ja	26	50.0	19	41.3	34	55.7	22	48.9	101	49.5
Σ	52	100.0	46	100.0	61	100.0	45	100	204	100

VG-DB: durchschnittlich Begabte; HB: Hochbegabte

Insgesamt klären die Gruppierungsvariablen *Begabung* und *Geschlecht* nur wenig der
gesamten Variabilität auf (PED = 0.008). Betrachtet man lediglich die Häufigkeiten,
so geben hochbegabte Jugendliche im Vergleich zu durchschnittlich begabten
Jugendlichen zwar etwas häufiger an, ein Amt in der Schule gehabt zu haben (52.8%
vs. 45.9%), dieser Effekt ist jedoch gering und statistisch nicht abzusichern. Auch hier
wurde explorativ überprüft, ob die Ergebnisse durch den selektiven Ausfall bei männlichen durchschnittlich Begabten beeinträchtigt sind. Zu diesem Zweck wurden Analysen unter der Annahme extremer Antwortverteilungen der fehlenden Daten durchgeführt. Die Ergebnisse ändern sich auch unter diesen Bedingungen nicht wesentlich.

4.3.5.2 Datenquelle „Lehrer"

Klassensprecher. Da sowohl der Mathematik- als auch der Deutschlehrer gefragt
wurden, ob der Zieljugendliche in der 9. Klasse *Klassensprecher war oder ist*, interessiert zunächst die Urteilerübereinstimmung. Die Tabellen Tab. 4.45 und Tab. 4.46 geben zunächst die Antwortverteilungen für beide Lehrkraftgruppen (Antwortkategorien
ja und *nein*) wieder.

Tab. 4.45: Häufigkeiten (N) und prozentuale Anteile (%) der Angabe
„ist / war Klassensprecher" im Urteil des Mathematiklehrers für die
Jugendlichen der Begabungsstichprobe

ANT-WORT	VG-DB				ZG-HB				Σ	
	JUNGEN		MÄDCHEN		JUNGEN		MÄDCHEN			
	N	%	N	%	N	%	N	%	N	%
nein	45	83.3	36	85.7	42	77.8	28	66.7	151	78.6
ja	9	16.7	6	14.3	12	22.2	14	33.3	41	21.4
Σ	54	100.0	42	100.0	54	100.0	42	100.0	192	100.0

VG-DB: durchschnittlich Begabte; ZG-HB: Hochbegabte

Die für beide Lehrkraftbeurteilungen reduzierte Fallzahl ist vor allem auf *weiß nicht*-Angaben zurückzuführen.

Berechnet man für die Gesamtgruppe Übereinstimmungskoeffizienten (Cohens κ) der N = 164 Fälle, bei denen eindeutige Antworten (*ja* oder *nein*) vorlagen, so ergibt sich ein κ = 0.54.
Die vergleichsweise geringe Übereinstimmung überrascht zunächst, würde man doch eher davon ausgehen, daß ein Lehrer zuverlässig über ein entsprechend salientes Merkmal wie den Status des Klassensprechers Auskunft geben kann. Berechnet man für die beiden Begabungsgruppen getrennte κ-Koeffizienten, wird deutlich, daß insbesondere bei der Gruppe der Hochbegabten die Übereinstimmung mangelhaft ausfällt (ZG-HB: κ =0.39, VG-DB: κ =0.71). Dabei muß man allerdings berücksichtigen, daß im Urteil beider Lehrkraftgruppen ein höherer Prozentsatz an Hochbegabten (DLE 25.3% vs. 11.2%, MLE: 28.0% vs. 15.7%) das Klassensprecheramt inne hatte, so daß die Chancen für Diskordanzen bei hochbegabten Jugendlichen höher sind.

Tab. 4.46: Häufigkeiten (N) und prozentuale Anteile (%) der Angabe „ist / war Klassensprecher" im Urteil des Deutschlehrers für die Jugendlichen der Begabungsstichprobe

| ANT- | VG-DB | | | | ZG-HB | | | | Σ | |
| | JUNGEN | | MÄDCHEN | | JUNGEN | | MÄDCHEN | | | |
WORT	N	%	N	%	N	%	N	%	N	%
nein	48	84.2	37	88.1	36	80.0	24	66.7	151	80.6
ja	9	15.8	5	11.9	9	20.0	12	33.3	41	19.4
Σ	57	100.0	42	100.0	45	100.0	36	100.0	180	100.0

VG-DB: durchschnittlich Begabte; ZG-HB: Hochbegabte

Vermutlich haben die divergenten Antwortmuster ihre Ursache vor allem in der unterschiedlichen Informationsbasis der Lehrer: So unterrichteten die Lehrer beispielsweise unterschiedlich lange in der Klasse des Zieljugendlichen, und die Frage bezog sich nicht auf einen klar umrissenen Zeitraum, sondern war allgemein formuliert (*ist oder war*). Die relativ hohen Prozentsätze an *weiß nicht*-Antworten (DLE: 14.7%, MLE: 8.1%) sprechen dafür, daß ein Lehrer nicht notwendigerweise über diese Information in allen Klassen, in denen er wenige Stunden in der Woche ein Fach unterrichtet, verfügt. Da sich für die Problematik der mangelnden Übereinstimmung verschiedene Lösungswege anbieten, wurden unterschiedliche Auswertungen vorgenommen.

(a) Getrennte Auswertung für die Angaben des Deutsch- und Mathematiklehrers. *Weiß nicht*-Angaben werden jeweils als fehlende Daten ausgeschlossen.

(b) Die nicht-übereinstimmenden Angaben (Kombinationen: *ja / nein* und *nein / ja*) werden von der Analyse ausgeschlossen. Für die restlichen Kombinationen wird ein Wert gebildet. Antwortet nur ein Lehrer mit *weiß nicht*, wird das Urteil des anderen Lehrers übernommen, die fünf Urteilspaare *weiß nicht / weiß nicht* werden als fehlende Daten behandelt.

(c) Bei dieser Strategie wird ebenfalls pro Paar ein Wert gebildet. Die *ja*-Antwort dominiert dabei die *nein*-Antwort, d.h. bei divergierenden Einschätzungen wird davon ausgegangen, daß der Lehrer, der *ja* antwortet, über mehr Information als sein mit *nein* urteilender Kollege verfügt. *Weiß nicht*-Angaben werden wie unter (b) behandelt.

Die vergleichsweise „liberale" Auswertung (c) ist zu rechtfertigen, wenn man davon ausgeht, daß die Urteilssicherheit bei positiven Antworten höher ist als bei negativen. Zumindest aus den Interviews gibt es Hinweise, daß diese Annahme eine gewisse Berechtigung hat. *Nein*-Anworten werden häufig von Kommentaren wie „meines Wissens nicht" begleitet. Auch unterrichten bei den *ja / nein*- Paaren die mit *ja* antwortenden Lehrer etwas häufiger (in 16 von 24 Fällen) länger in der Klasse und / oder sind Klassenlehrer, während der umgekehrte Fall nur zweimal vorkam.

Tab. 4.47: Häufigkeiten (N) und prozentuale Anteile (%) der Angabe „ist / war Klassensprecher" im Lehrerurteil (KLSPR-C)[a] für die Jugendlichen der Begabungsstichprobe

	VG-DB				ZG-HB				Σ	
	JUNGEN		MÄDCHEN		JUNGEN		MÄDCHEN			
	N	%	N	%	N	%	N	%	N	%
nein	48	80.0	38	82.6	40	69.0	26	59.1	152	73.1
ja	12	20.0	8	17.4	18	31.0	18	40.9	56	26.9
Σ	60	100.0	46	100.0	58	100.0	44	100.0	208	100.0

[a]: Kodierung Klassensprecher nach Methode (c), vgl. Text; VG-DB: durchschnittlich Begabte; ZG-HB: Hochbegabte

Die Ergebnisse der *Logit*-Analysen für Auswertung (c) stellt Tab. 4.48 dar, die Häufigkeiten und prozentualen Anteile sind Tab. 4.47 zu entnehmen.

Bei fehlender Wechselwirkung ist demnach ein Begabungseffekt von mittlerer Größe ($\hat{\Omega}_{HB/DB} = 2.3$, $\ln \hat{\Omega}_{HB/DB} = 0.83$, $\hat{d}_{HB-DB} = 0.47$) abzusichern. Bei getrennter Betrachtung nach Fachlehrer fällt der Effekt etwas geringer aus (DLE: $\hat{\Omega}_{HB/DB} = 2.1$, $\hat{d}_{HB-DB} = 0.42$; MLE: $\hat{\Omega}_{HB/DB} = 2.0$, $\hat{d}_{HB-DB} = 0.38$). Bei Ausschluß der nicht-übereinstimmenden Aussagen (b) sinkt der Effekt auf $\hat{\Omega}_{HB/DB} = 1.7$ ($\hat{d}_{HB-DB} = 0.28$). Der kritische Wert von $p(G^2_{COMP}) < 0.05$ wird für Mathematiklehrer knapp ($p = 0.052$), bei Auswertung (b) eindeutig verfehlt ($p = 0.186$). Dabei ist die „Devianzaufklärung" – innerhalb der gegebenen Prädiktorenkombination – unabhängig von der Auswertung sowohl auf aggregierter als auch auf Individualebene nahezu ausschließlich auf den Faktor *Begabung* zurückzuführen.

Tab. 4.48: Ergebnisse der Logit-Analysen der Variable „ist / war Klassensprecher" (KLSPR-C) mit den Prädiktoren „Begabung" (B) und „Geschlecht" (G) für N = 208 Jugendliche der Begabungsstichprobe

MODELL			$G^2{}_{RES}$	df	p	PED	PEDAD
(1) Null	[BG]	[K]	8.38	3	0.039		
(2) HE B	[BG]	[BK]	1.18	2	0.554	0.030	0.86
(3) HE G	[BG]	[GK]	8.07	2	0.018	0.001	0.04
(4) HE B, HE G	[BG]	[BK] [GK]	0.85	1	0.356	0.031	0.90
(5) Saturiert	[BGK]				0.033		

EFFEKT	DIFFERENZ	$G^2{}_{COMP}$	df	p	PED_{EFFEKT}	$PEDAD_{EFFEKT}$
B	(1)-(2)	7.20	1	0.007	0.030	0.86
B|G	(3)-(4)	7.21	1	0.007	0.030	0.86
G	(1)-(3)	0.31	1	0.577	0.001	0.04
B × G	(4)-(5)	0.85	1	0.356	0.002	0.10

HE: Haupteffekt; K: KLSPR-C (Codierung Klassensprecher nach Methode [c], vgl. Text)

Es bleibt festzuhalten, daß die Größe des Effekts – je nach Auswertungsstrategie – variiert. Allerdings bleibt die Tendenz gleich: Hochbegabte sind unabhängig vom Geschlecht nach Aussage ihrer Lehrer eher häufiger Klassensprecher als durchschnittlich Begabte.

Integration in der Klasse. Die simultane Analyse der beiden Lehrerbeurteilungen zur *Integration in der Klasse* führt zu einem statistisch signifikanten kleinen Begabungseffekt (p = 0.01, eta^2_{multi} = 0.043, $|\hat{d}|$ = 0.42), bei fehlendem Geschlechtseffekt (p = 0.496, eta^2_{multi} = 0.007, $|\hat{d}|$ = 0.17) und fehlender Interaktion (p = 0.886, eta^2_{multi} = 0.001, $|\hat{d}|$ = 0.06).

Der Unterschied zwischen den Begabungsgruppen geht gleichermaßen auf beide Urteile zurück (sr_i^2 = 0.01 für beide Variablen). Tab. 4.49 informiert über die univariaten Nachfolgeanalysen. Beide Lehrergruppen beurteilen Hochbegabte im Vergleich zu durchschnittlich Begabten als etwas besser in die Klassengemeinschaft integriert (DLE: d_{HB-DB} = 0.37, MLE: d_{HB-DB} = 0.36).

Tab. 4.49: Mittelwerte (M) und Standardabweichungen (S) der „Integration in der Klasse"
beurteilt durch den Deutschlehrer (INTEG-DLE)
und den Mathematiklehrer (INTEG-MLE) sowie Ergebnisse der zweifaktoriellen univariaten Varianzanalysen „Begabung (B) × Geschlecht (G)"
für N = 213 Jugendliche der Begabungsstichprobe

GRUPPE		INTEG-DLE		INTEG-MLE	
		M	S	M	S
VG-DB-Ju	(N= 59)	3.5	1.0	3.6	0.8
VG-DB-Mä	(N= 47)	3.5	1.0	3.5	0.7
ZG-HB-Ju	(N= 62)	3.8	0.7	3.9	0.7
ZG-HB-Mä	(N= 45)	3.7	0.8	3.7	0.8
VG-DB	(N=106)	3.5	1.0	3.5	0.8
ZG-HB	(N=107)	3.8	0.7	3.8	0.7
Jungen	(N=121)	3.6	0.9	3.9	0.8
Mädchen	(N= 92)	3.6	0.9	3.7	0.8
EFFEKT		p	eta²	p	eta²
B × G		0.623	0.001	0.809	<0.001
B		0.011	0.030	0.001	0.031
G		0.806	<0.001	0.006	0.248

VG-DB: durchschnittlich Begabte; ZG-HB: Hochbegabte; Ju: Jungen; Mä: Mädchen

Integration / soziale Position in der Klasse. Der berichtete Haupteffekt *Begabung* spiegelt sich auch in der Häufigkeitsanalyse der inhaltsanalytisch gewonnenen
Kategorie *Integration / soziale Position in der Klasse* wieder. Die Korrelation zwischen dieser inhaltsanalytischen Ebene und der standardisierten Beurteilung durch den
Deutschlehrer (INTEG-DLE) beträgt r = 0.61[61].

Die überwiegende Mehrzahl aller Jugendlichen (75%) wird von dem befragten
Deutschlehrer als *normal bis gut integriert* beschrieben (vgl. Tab. 4.50). Auf deskriptiver Ebene ist ein kleiner Vorteil der Hochbegabten festzustellen, der allerdings nicht
statistisch abzusichern ist. Die in den relativen Anteilen erkennbare deskriptive Tendenz größerer Differenzen zwischen hoch- und durchschnittlich begabten Jungen im
Vergleich zur Differenz zwischen beiden Mädchengruppen, kann ebenfalls statistisch
nicht abgesichert werden.

---

[61] Für die Berechnung der Korrelation wurde Ebene A dichotomisiert, d.h. Code zwei und
drei wurden zusammengefaßt.

Tab. 4.50: Häufigkeiten (N) und prozentuale Anteile (%) der inhaltsanalytischen Ebene A des Lehrerinterviews („Integration und soziale
Position in der Klasse") für die Jugendlichen der Begabungsstichprobe

| | VG-DB | | | | ZG-HB | | | | | |
| | JUNGEN | | MÄDCHEN | | JUNGEN | | MÄDCHEN | | Σ | |
CODE	N	%	N	%	N	%	N	%	N	%
a1	35	63.6	30	73.2	49	87.5	33	75.0	147	75.0
a2	11	20.0	4	9.7	5	8.9	5	11.4	25	12.8
a3	9	16.4	7	17.1	2	3.6	6	13.6	24	12.2
Σ	55	100.0	41	100.0	56	100.0	44	100.0	196	100.0

VG-DB: durchschnittlich Begabte; ZG-HB: Hochbegabte; a1: normal bis
gut integriert; a2: problematische Position / Integration; a3: rand-
ständig / zurückgezogen

4.3.5.3 Datenquelle „Eltern"

Integration in der Klasse. Fast alle Eltern beschreiben die *Integration* ihrer Kinder *in der Klasse* als *normal* oder *gut*, Probleme mit der Integration werden nur in 13 Fällen (6.3%) angesprochen, so daß eine weiterführende statistische Analyse überflüssig ist (vgl. Tab. 4.51).

Tab. 4.51: Häufigkeiten (N) und prozentuale Anteile (%) der inhaltsanalytischen Ebene A des Elterninterviews („Integration in der Klasse") für die Jugendlichen der Begabungsstichprobe

| | VG-DB | | | | ZG-HB | | | | | |
| | JUNGEN | | MÄDCHEN | | JUNGEN | | MÄDCHEN | | Σ | |
CODE	N	%	N	%	N	%	N	%	N	%
a1	51	89.5	43	95.6	59	96.7	40	93.0	193	93.7
a2	6	10.5	2	4.4	2	3.3	3	7.0	13	6.3
Σ	57	100.0	44	100.0	61	100.0	44	100.0	208	100.0

VG-DB: durchschnittlich Begabte, ZG-HB: Hochbegabte, a1: normal bis
gut, a2: (teilweise) schwierig

Dieser Befund wird durch die standardisierten Einschätzungen der Eltern im Eltern-Fragebogen gestützt. Auf einer Skala von 1 bis 5 schätzen 84.7% ihre Kinder bei vier oder fünf, also als integriert, ein. Lediglich 3.4% glauben eher nicht, daß ihr Kind in seine Klasse integriert ist. Dabei gibt es ebenfalls keinen Hinweis auf einen Begabungseffekt (vgl. Abb. 4.11).

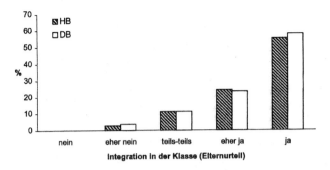

Abb. 4.11: Prozentuale Anteile der Antwortkategorien auf die Frage nach der *Integration in der Klasse* (Elternurteil) für Hochbegabte (HB, N = 107) und durchschnittlich Begabte (DB, N = 107)

Die standardisierte Aussage korreliert mit den inhaltsanalytischen Codes der Ebene A zu $r_{pb} = 0.35$, was aufgrund der Varianzeinschränkung sicherlich eher die untere Grenze des Zusammenhangs markiert.

Zusammenfassung „Akzeptanz". In keiner der betrachteten Aussagen zur Akzeptanz des Zieljugendlichen in seiner Klasse schneiden Hochbegabte schlechter ab als durchschnittlich Begabte. Im Elternurteil zur *Integration in der Klasse* sind keine Unterschiede festzustellen, die Jugendlichen werden insgesamt sehr positiv beschrieben. Ein kleiner Effekt zugunsten der Hochbegabten manifestiert sich in beiden Lehrerurteilen zur *Integration in der Klasse*. In den Augen ihrer Deutschlehrer nehmen Hochbegabte ebenfalls nicht häufiger problematische Positionen in der Klassengemeinschaft ein als durchschnittlich Begabte. Hochbegabte sind ferner etwas häufiger Klassensprecher, wobei die Urteilerübereinstimmung der Fachlehrkräfte, die um diese Information gebeten wurden, niedrig ausfällt. Der Effekt ist zwar konsistent, jedoch klein und damit – je nach Auswertungsstrategie – nicht immer abzusichern. Keine praktisch relevanten Unterschiede zwischen hoch- und durchschnittlich Begabten finden sich hingegen bei der Frage nach einem *Amt in der Schule* zwischen der 9. Klasse und dem Ende der Schulzeit.

Zusammenfassung zu 4.3

Die Daten belegen, daß die Gemeinsamkeiten der beiden Begabungsgruppen eindeutig die Unterschiede dominieren. In weniger als der Hälfte der vorgenommenen Vergleiche sind relevante Effekte feststellbar. Wenn Unterschiede auftreten, sind diese klein und fallen nur in wenigen Fällen zuungunsten der Hochbegabten aus: Hochbegabte beschreiben sich als etwas weniger kontaktbereit und haben etwas seltener Kontakt zu Freunden. In beiden Variablen heben sie sich allerdings *nicht* von den Jugendlichen der Q-Referenzstichprobe ab. Ein kleiner Effekt zuungunsten der Hochbegabten tritt ebenfalls bei der Zeit, die mit Freunden verbracht wird, auf. Hochbegabte fühlen sich nicht häufiger anders als andere, aber sie bewerten Anderssein positiv. In dieser Beziehung heben sie sich sowohl von durchschnittlich Begabten als auch von der Q-Referenzstichprobe ab.

Demgegenüber werden hochbegabte Schüler von ihren Lehrern eher positiv wahrgenommen, was ihre soziale Position in der Klasse und ihre Beziehung zu Mitschülern anbetrifft. Sie scheinen in der 9. Klasse auch etwas häufiger das Amt des Klassensprechers zu übernehmen. Die Berichte der Eltern deuten in die gleiche Richtung: Hochbegabte Jugendliche sind also nach den vorliegenden Daten mindestens genauso gut in ihre Klasse integriert wie die Schüler der Vergleichsgruppe.

In keiner Variablen läßt sich ein Wechselwirkungseffekt statistisch absichern. Allerdings finden sich die üblicherweise zu erwartenden Geschlechtsunterschiede (z.B. bezüglich des Sozialinteresses oder der Vereinszugehörigkeit) in gleicher Form bei Hochbegabten wie bei den verschiedenen herangezogenen Vergleichsgruppen, was für die Validität der Daten spricht.

Insgesamt gestalten sich die Peer-Beziehungen in beiden Begabungsgruppen offensichtlich recht positiv, so daß von einer erhöhten Vulnerabilität oder behandlungsbedürftigen sozialen Auffälligkeiten Hochbegabter keinesfalls die Rede sein kann.

4.4   Gruppenvergleiche Leistungsstichprobe

Die Auswertungen in der Leistungsstichprobe nehme ich grundsätzlich analog zur Begabungsstichprobe vor. Falls sich zusätzliche Differenzierungen anbieten, berichte ich diese Ergebnisse ebenfalls. Für die Variablen, bei denen Vergleichswerte der Q-Referenzstichprobe verfügbar sind, überprüfe ich explorativ, ob Hinweise auf „Ost-West-Unterschiede" vorliegen. Mögliche Differenzen zwischen Hochleistenden und der QRS sollten vor diesem Hintergrund interpretiert werden.

4.4.1   Subjektive Gefühle

Einsamkeit. Da sich aufgrund der Ergebnisse der psychometrischen Analysen eine differenzierte Auswertung bezüglich der beiden Skalen *Soziale Einsamkeit* und *Emotionale Einsamkeit* anbietet,[62] stelle ich diese ausführlicher dar. Darüber hinaus gehe ich kurz auf Unterschiede im Globalwert ein.

---

[62] Nur in der Leistungsstichprobe war eine Trennung beider Dimensionen sinnvoll möglich (vgl. 3.1.1.3).

In der MANOVA über *soziale Einsamkeit* und *emotionale Einsamkeit* ist keine Interaktion nachweisbar (p = 0.285, eta²$_{multi}$ = 0.01, $|\hat{d}|$ = 0.20). Ein multivariater Leistungseffekt (p = 0.005, eta²$_{multi}$ = 0.042, $|\hat{d}|$ = 0.42) sowie ein Effekt des Faktors *Geschlecht* (p = 0.012, eta²$_{multi}$ = 0.035, $|\hat{d}|$ = 0.38) sind abzusichern. Tab. 4.52 verdeutlicht, daß sich der Leistungseffekt auf Unterschiede in der *Sozialen Einsamkeit* bezieht (SOZEIN-J: sr$_i^2$ = 0.04, EMOEIN-J: sr$_i^2$ < 0.01). Hochleistende sind in der späten Adoleszenz demnach etwas sozial einsamer als durchschnittlich Leistende (d$_{HL-DL}$ = 0.40). Berücksichtigt man kovarianzanalytisch die Beziehung von SOZEIN-J zum BRSS (r = 0.16), sinkt der Effekt allerdings auf eta² = 0.019 (p = 0.028, $\hat{d}_{HL-DL}$ = 0.28). Gegen die praktische Relevanz der beobachteten Differenz spricht auch, daß sich beide Gruppen im Mittel in homogener Weise (geringe Standardabweichung) als wenig einsam beschreiben.

Tab. 4.52: Mittelwerte (M) und Standardabweichungen (S) der Skala „soziale Einsamkeit" (SOZEIN-J) und der Skala „emotionale Einsamkeit" (EMOEIN-J) sowie Ergebnisse der zweifaktoriellen univariaten Varianzanalysen „Leistung (L) × Geschlecht (G)" für N = 251 Schüler der Leistungsstichprobe

GRUPPE		SOZEIN-J M	S	EMOEIN-J M	S
VG-DL-Ju	(N= 48)	1.8	0.7	2.2	0.8
VG-DL-Mä	(N= 69)	1.8	0.7	2.1	0.6
ZG-HL-Ju	(N= 55)	2.1	0.8	2.4	0.6
ZG-HL-Mä	(N= 79)	2.0	0.7	2.0	0.6
VG-DL	(N=117)	1.8	0.7	2.1	0.7
ZG-HL	(N=134)	2.0	0.7	2.2	0.6
Jungen	(N=103)	2.0	0.8	2.3	0.7
Mädchen	(N=148)	1.9	0.7	2.1	0.6
EFFEKT		p	eta²	p	eta²
L × G		0.393	0.003	0.117	0.010
L		0.001	0.042	0.284	0.005
G		0.304	0.004	0.003	0.035

VG-DL: durchschnittlich Leistende; ZG-HL: Hochleistende; Ju: Jungen; Mä: Mädchen

Wird lediglich der Globalwert *Einsamkeit* betrachtet, zeigt sich zunächst auch ein statistisch signifikanter Leistungseffekt zuungunsten der Hochleistenden (p = 0.008, eta² = 0.028, d$_{HL-DL}$ = 0.30). Dieser verschwindet jedoch fast gänzlich bei Auspartialisierung des BRSS, der eine Beziehung von r = 0.18 zum Globalwert aufweist (p = 0.180, eta² = 0.007, $\hat{d}_{HL-DL}$ = 0.17).

Geschlechtsunterschiede sind sowohl hinsichtlich der *Emotionalen Einsamkeit* ($d_{JU-MÄ}$ = −0.39) als auch in bezug auf den Globalwert *Einsamkeit* (p = 0.02, eta^2 = 0.022, $d_{JU-MÄ}$ = 0.31) festzustellen, und zwar zuungunsten der Jungen.

Anderssein. Wie Tab. 4.53 zu entnehmen ist, scheinen Hochleistende etwas häufiger das Gefühl zu haben, „anders zu sein": 35.8% der Hochleistenden wählen die Kategorie *häufig* oder *sehr häufig* gegenüber 24.6% der Vergleichsgruppe. Auf deskriptiver Ebene lassen sich keine divergenten Antwortmuster in Abhängigkeit vom Geschlecht beobachten.

Tab. 4.53: Häufigkeiten (N) und prozentuale Anteile (%) der Antworten auf die Frage „Denkst Du manchmal, daß Du anders bist als andere Jugendliche in Deinem Alter? Wie häufig denkst Du das?" für die Schüler der Leistungsstichprobe

	VG-DL				ZG-HL					
	JUNGEN		MÄDCHEN		JUNGEN		MÄDCHEN		Σ	
ANTWORT	N	%	N	%	N	%	N	%	N	%
nie	14	27.5	12	16.9	8	14.6	12	15.2	46	18.0
selten	24	47.0	42	59.2	24	43.6	42	53.2	132	51.5
häufig	11	21.6	13	18.3	16	29.1	17	21.5	57	22.3
sehr häufig	2	3.9	4	5.6	7	12.7	8	10.1	21	8.2
Σ	51	100.0	71	100.0	55	100.0	79	100.0	256	100.0

VG-DL: durchschnittlich Leistende; ZG-HL: Hochleistende

Bei der *Bewertung des Andersseins* ist der Trend weniger deutlich: 67.2% der Hochleistenden finden dies *eher gut* oder *gut* gegenüber 58.2% der durchschnittlich Leistenden (vgl. Tab. 4.54).

Beim simultanen Vergleich der Mittelwerte beider Variablen dokumentiert sich lediglich ein kleiner statistisch signifikanter Haupteffekt *Leistung* (p = 0.044, eta^2_{multi} = 0.025, $|\hat{d}|$ =0.32). Die Wechselwirkung (p = 0.398, eta^2_{multi} = 0.007, $|\hat{d}|$ = 0.17) ist ebensowenig abzusichern wie der Haupteffekt *Geschlecht* (p = 0.430, eta^2_{multi} = 0.007, $|\hat{d}|$ = 0.17). Die Interkorrelation beider Variablen (*pooled within cells*) ist positiv (r = 0.30): Wie in der Begabungs- und Q-Referenzstichprobe gehen häufigere *Gefühle des Andersseins* eher mit einer positiven *Bewertung von Anderssein* einher.

Tab. 4.54: Häufigkeiten (N) und prozentuale Anteile (%) der Antworten auf die Frage „Findest Du es ‚schlecht‘, ‚weniger schlecht‘, ‚eher gut‘ oder ‚gut‘, wenn man anders ist?" für die Schüler der Leistungsstichprobe

	VG-DL				ZG-HL					
	JUNGEN		MÄDCHEN		JUNGEN		MÄDCHEN		Σ	
ANTWORT	N	%	N	%	N	%	N	%	N	%
schlecht	2	3.9	3	4.2	3	5.4	4	5.1	12	4.7
weniger schlecht	20	39.2	26	36.6	18	32.7	19	24.0	83	32.4
eher gut	23	45.1	29	40.9	25	45.5	38	48.1	115	44.9
gut	6	11.8	13	18.3	9	16.4	18	22.8	46	18.0
Σ	51	100.0	71	100.0	55	100.0	79	100.0	256	100.0

VG-DL: durchschnittlich Leistende; ZG-HL: Hochleistende

Tab. 4.55: Mittelwerte (M) und Standardabweichungen (S) der Variablen ANDERS-J und BEWAND-J sowie Ergebnisse der zweifaktoriellen univariaten Varianzanalysen „Leistung (L) × Geschlecht (G)" für N = 256 Schüler der Leistungsstichprobe

GRUPPE	ANDERS-J		BEWAND-J	
	M	S	M	S
VG-DL-Ju (N= 51)	2.0	0.8	2.6	0.7
VG-DL-Mä (N= 71)	2.1	0.8	2.7	0.8
ZG-HL-Ju (N= 55)	2.4	0.9	2.7	0.8
ZG-HL-Mä (N= 79)	2.3	0.8	2.9	0.8
VG-DL (N=122)	2.1	0.8	2.7	0.8
ZG-HL (N=134)	2.3	0.9	2.8	0.8
Jungen (N=106)	2.2	0.9	2.7	0.8
Mädchen (N=150)	2.2	0.8	2.8	0.8
EFFEKT	p	eta²	p	eta²
L × G	0.251	0.005	0.717	0.001
L	0.014	0.024	0.250	0.005
G	0.897	<0.001	0.230	0.006

VG-DL: durchschnittlich Leistende; ZG-HL: Hochleistende; Ju: Jungen; Mä: Mädchen; ANDERS-J: Gefühl des Andersseins; BEWAND-J: Bewertung des Andersseins

Wie den univariaten Nachfolgeanalysen zu entnehmen ist (vgl. Tab. 4.55), geht der Leistungseffekt vor allem auf ANDERS-J zurück (sr_i^2 =0.02, BEWAND-J: sr_i^2 < 0.01). Der Unterschied ist klein (d $_{HL-DL}$ = 0.29) und daher praktisch von geringer Relevanz. Hochleistende bewerten *Anderssein* allerdings nicht signifikant besser als durchschnittlich Leistende (d $_{HL-DL}$ = 0.16).

Auch für die Leistungsstichprobe soll ein Vergleich in bezug auf die Aussage *Ich bin anders als andere* (Rost & Hanses 2000, 265) gezogen werden. Die Korrelation zwischen diesem Selbstkonzept-Item und der Häufigkeit des *Gefühls des Andersseins* ist mit r = 0.59 nahezu deckungsgleich mit der in der Begabungsstichprobe ermittelten Beziehung. Die Korrelation zur *Bewertung des Andersseins* fällt mit r = 0.34 ebenfalls positiv aus und liegt in der gleichen Höhe wie zwischen dem *Gefühl des Andersseins* und der *Bewertung des Andersseins*.

Bei Rost & Hanses ergab sich eine Wechselwirkung zwischen *Leistung* und *Geschlecht*: Während sich hochleistende Jungen von ihren durchschnittlich leistenden Geschlechtsgenossen abheben (d $_{HL-DL}$ = 0.59), gilt dies nicht für hochleistende Mädchen.[63] Ein Vergleich der „Extreme" ist aufschlußreich. Betrachtet man die Prozentsätze derer, die sich *häufig* oder *sehr häufig* anders fühlen sowie derer, die der Aussage *Ich bin anders als andere* deutlich zugestimmt haben, ergeben sich deutliche Parallelen. Lediglich durchschnittlich leistende Mädchen (23.9% / 35.2%) geben zu einem niedrigeren Prozentsatz an, sich häufiger anders zu fühlen gegenüber der Zustimmung zur Aussage *Ich bin anders als andere*.

Bei einem Vergleich der Hochleistenden mit den Jugendlichen der Q-Referenzstichprobe muß bedacht werden, daß womöglich „Ost-West-Unterschiede" existieren (*Gefühl des Andersseins*: d_{O-W} = −0.72, *Bewertung des Andersseins*: d_{O-W} = −0.44). Jugendliche aus den neuen Bundesländern fühlen sich im Mittel seltener anders als andere und bewerten *Anderssein* etwas weniger positiv.

Hochleistende unterscheiden sich wenig von den Jugendlichen der QRS in bezug auf das *Gefühl des Andersseins* (d $_{HL-QRS}$ = −0.15), ebenso hinsichtlich der *Bewertung des Andersseins* (d $_{HL-QRS}$ = 0.25). Für die Selbstkonzeptfacette *Beliebtheit* der *Piers-Harris-Selbstkonzeptskala für Kinder* ist ebenfalls ein Vergleich mit der QRS möglich: Hochleistende Schüler differieren demnach nicht in relevanter Weise von der „Norm" (d $_{HL-QRS}$ = −0.20), ebenso kann mit d_{O-W} = −0.22 keine Hinweis auf einen „Ost-West-Effekt" objektiviert werden.

---

[63] Die Stichprobe von Rost & Hanses war gegenüber der hier betrachteten leicht reduziert (vgl. Rost 2000b, 44). Es wurde überprüft, ob sich durch die zusätzlich einbezogenen Fälle wesentliche Veränderungen ergeben haben. Dies war nicht der Fall.

Zusammenfassung „Subjektive Gefühle". Auch zwischen Hochleistenden und durchschnittlich Leistenden gibt es keine praktisch relevanten Differenzen hinsichtlich der selbstberichteten Einsamkeit in der späten Adoleszenz. Der kleine Effekt in der Skala *Soziale Einsamkeit* sinkt bei Auspartialisierung des sozioökonomischen Status unter d = 0.30, dies gilt entsprechend, wenn lediglich der Globalwert *Einsamkeit* analysiert wird. Was das *Anderssein* betrifft, dokumentiert sich nur ein geringer Effekt bezüglich der Häufigkeit des *Gefühls des Andersseins*, die Mehrheit der Hochleistenden fühlt sich nicht *häufig* oder *sehr häufig anders*. Im Gegensatz zur Begabungsstichprobe heben sich Hochleistende in bezug auf ihrer Vergleichsgruppe nicht positiv ab, was die *Bewertung des Andersseins* anbetrifft. Auf deskriptiver Ebene ergeben sich zwar etwas höhere Anteile, der Unterschied ist aber gering. Die Differenzen zwischen Hochleistenden und der QRS fallen für jeden Vergleich minimal aus. Offensichtlich unterscheiden sich also auch hochleistende Schüler – zumindest in den hier betrachteten Konzepten – nicht wesentlich von verschiedenen Vergleichsgruppen, was die subjektive Bewertung der sozialen Beziehungen anbetrifft.

4.4.2 Soziale Kompetenzen / Einstellungen

Kontaktbereitschaft und Sozialinteresse bei Schülern. In Tab. 4.56 sind die Ergebnisse der univariaten Varianzanalysen wiedergegeben. Weder die Wechselwirkung noch der Faktor *Geschlecht* haben einen nennenswerten Einfluß, lediglich in der Skala *Kontaktbereitschaft* zeigt sich ein kleiner Leistungseffekt: Hochleistende Jugendliche beschreiben sich als etwas weniger kontaktbereit als durchschnittlich leistende Jugendliche (d_{HL-DL} = -0.38). Bei Auspartialisierung des sozioökonomischen Status ($r_{KB-J,BRSS}$ = -0.17) sinkt der Effekt leicht auf $\hat{d}_{HL-DL}$ = -0.31 (p = 0.017, eta² = 0.023). Dieser kleine Unterschied ist jedoch von geringer Bedeutung: Alle Jugendlichen beschreiben sich als sehr kontaktbereit (theoretisches Mittel: 3.5). Im Vergleich zur Q-Referenzstichprobe heben sich hochleistende Jugendliche mit d_{HL-QRS} = -0.04 *nicht* ab. Dieser Vergleich erscheint zulässig, da mit d_{O-W} = 0.14 keine Hinweise auf relevante Unterschiede zwischen VG-OST und VG-WEST zu beobachten sind.

Der „Ost-West-Vergleich" verdeutlicht, daß die Mittelwerte der Jugendlichen aus den neuen Bundesländern bezüglich des *Sozialinteresses* etwas niedriger liegen (d_{O-W} = -0.49). Hochleistende Mädchen unterscheiden sich dennoch praktisch nicht von den Schülerinnen der QRS (d_{HL-QRS} = -0.10). Der Mittelwert der hochleistenden Jungen liegt sogar leicht über dem Durchschnitt der QRS-Jungen (d_{HL-QRS} = 0.31). Die Effekte müssen wiederum vor dem Hintergrund interpretiert werden, daß sich alle Gruppen eher als sozial interessiert beschreiben.

Tab. 4.56: Mittelwerte (M) und Standardabweichungen (S) von „Kontaktbereitschaft" (KB-J) und „Sozialinteresse bei Schülern" (SIS-J) sowie Ergebnisse der zweifaktoriellen univariaten Varianzanalysen „Leistung (L) × Geschlecht (G)" für N = 256 Jugendliche der Leistungsstichprobe

GRUPPE		KB-J		SIS-J	
		M	S	M	S
VG-DL-Ju	(N= 51)	4.6	1.0	4.1	0.9
VG-DL-Mä	(N= 71)	4.4	1.0	4.5	0.7
ZG-HL-Ju	(N= 55)	4.1	1.0	4.4	0.6
ZG-HL-Mä	(N= 79)	4.2	0.9	4.4	0.7
VG-DL	(N=122)	4.5	1.0	4.4	0.9
ZG-HL	(N=134)	4.1	0.9	4.4	0.7
Jungen	(N=106)	4.3	1.0	4.3	0.8
Mädchen	(N=150)	4.3	0.9	4.5	0.7
EFFEKT		p	eta²	p	eta²
L × G		0.214	0.006	0.089	0.011
L		0.002	0.038	0.340	0.004
G		0.663	0.001	0.068	0.013

VG-DL: durchschnittlich Leistende; ZG-HL: Hochleistende

Ähnliche Effekte berichtet Freund-Braier (2000; 2001) für die von ihr analysierten PFK-K-Skalen. Hochleistende unterscheiden sich dort ebenfalls auf der Skala *Geringe Kontaktbereitschaft* von durchschnittlich Leistenden ($d_{HL-DL} = 0.50$), der Effekt in bezug auf die Schüler der QRS fällt etwas niedriger aus ($d_{HL-QRS} = 0.33$), wobei keine Hinweise auf einen deutlichen „Ost-West-Effekt" vorliegen. Bei *Bereitschaft zu sozialem Engagement* und dem *Bedürfnis nach Alleinsein* konnte Freund-Braier hingegen keine relevanten Unterschiede feststellen.

Zusammenfassung „Soziale Kompetenzen / Einstellungen". Für *Sozialinteresse bei Schülern* läßt sich festhalten, daß es keine eindeutigen Effekte gibt. Hochleistende beschreiben sich als etwas weniger kontaktbereit im Vergleich zu durchschnittlich Leistenden, allerdings unterscheiden sie sich nicht von den Schülern der QRS. Wie in der Begabungsstichprobe sind also keine wesentlichen Unterschiede zwischen Ziel- und Vergleichsgruppe(n) festzustellen.

4.4.3 Peer-Netzwerk

4.4.3.1 Datenquelle „Jugendliche"

Existenz eines guten Freundes. Bereits bei Betrachtung der Häufigkeiten in Tab. 4.57 wird deutlich, daß in der Leistungsstichprobe im Vergleich zur Begabungsstichprobe mehr Jugendliche angeben, keinen guten Freund zu haben (8.2% vs. 3.7%). Die ähnlichen Tendenzen beim Vergleich zwischen SHELL-O und SHELL-W ($\hat{d}_{O\text{-}W}$ = – 0.67, $\ln\hat{\Omega}_{O\text{-}W}$ = –1.22) sowie zwischen den Gruppen VG-OST und VG-WEST ($\hat{d}_{O\text{-}W}$ = –0.41, $\ln\hat{\Omega}_{O\text{-}W}$ = –0.75) deuten darauf hin, daß hier möglicherweise Unterschiede zwischen den neuen und alten Bundesländern bestehen.

Tab. 4.57: Häufigkeiten (N) und prozentuale Anteile (%) der Angabe über die „Existenz eines guten Freundes" (Selbstbeurteilung) für die Schüler der Leistungsstichprobe

| | VG-DL | | | | ZG-HL | | | | | |
| | JUNGEN | | MÄDCHEN | | JUNGEN | | MÄDCHEN | | Σ | |
	N	%	N	%	N	%	N	%	N	%
nein	6	11.8	6	8.5	6	10.9	3	3.8	21	8.2
ja	45	88.2	65	91.5	49	89.1	76	96.2	235	91.8
Σ	51	100.0	71	100.0	55	100.0	79	100.0	256	100.0

VG-DL: durchschnittlich Leistende; ZG-HL: Hochleistende

Nach den Ergebnissen der *Logit*-Analysen kann das Nullmodell nicht abgelehnt werden. Der Prädiktor *Leistung* hat keinen nennenswerten Einfluß, ein Effekt des Faktors *Geschlecht* ist ebenfalls statistisch nicht abzusichern.
Die Anteile der Jugendlichen ohne guten Freund liegen in beiden Leistungsgruppen deutlich über der Q-Referenzstichprobe (QRS: 2.5%), was aufgrund der möglichen „Ost-West-Unterschiede" nicht weiter interpretiert werden sollte. Im Vergleich zu den Jugendlichen SHELL-O (ohne Freund: 19%), geben allerdings weniger Jugendliche der Leistungsstichprobe an, keinen guten Freund zu haben. An dieser Stelle sei noch einmal daran erinnert, daß die Formulierung der Frage in der Shell-Jugendstudie eine andere war, mögliche Implikationen wurden bereits unter 4.3.3.1 diskutiert.

Alter des guten Freundes. Die meisten Jugendlichen der Leistungsstichprobe haben einen gleichaltrigen guten Freund (86%), entsprechend kommen die Angaben *jünger* oder *älter* selten vor.

Tab. 4.58: Häufigkeiten (N) und prozentuale Anteile (%) der Angaben
zum „Alter des guten Freundes" für die Schüler der Leistungsstichprobe

	VG-DL				ZG-HL					
	JUNGEN		MÄDCHEN		JUNGEN		MÄDCHEN		Σ	
ALTER	N	%	N	%	N	%	N	%	N	%
jünger	3	6.7	4	6.2	1	2.1	3	4.0	11	4.7
gleich-altrig	37	82.2	55	84.6	45	91.8	65	85.5	202	86.0
älter	5	11.1	6	9.2	3	6.1	8	10.5	22	9.3
Σ	45	100.0	65	100.0	49	100.0	76	100.0	235	100.0

VG-DL: durchschnittlich Leistende; ZG-HL: Hochleistende

Nach den in Tab. 4.58 dargestellten Häufigkeiten, ist kaum zu erwarten, daß es Unterschiede im *Alter des guten Freundes* zwischen den Leistungsgruppen gibt. Die Ergebnisse der *Logit*-Analysen, die – analog zum Vorgehen bei der Begabungsstichprobe – hinsichtlich der binären Kodierung *gleichaltrig / jünger* vs. *älter* berechnet wurden, bestätigen dies. Hoch- und durchschnittlich Leistende unterscheiden sich nicht, wenn man sie nach dem *Alter des guten Freundes* fragt.

Clique. Nur hochleistende Jungen geben häufiger an, nicht Mitglied einer Clique zu sein (vgl. Tab. 4.59). Die *Logit*-Analysen verweisen entsprechend auf eine bedeutsame disordinale Wechselwirkung zwischen *Leistung* und *Geschlecht* (vgl. Tab. 4.60) bei einer allerdings geringen maximalen Devianzaufklärung (PED = 0.016).

Tab. 4.59: Häufigkeiten (N) und prozentuale Anteile (%) der „Zugehörigkeit zu einer Clique" für die Schüler der Leistungsstichprobe

	VG-DL				ZG-HL					
	JUNGEN		MÄDCHEN		JUNGEN		MÄDCHEN		Σ	
ANT-WORT	N	%	N	%	N	%	N	%	N	%
nein	17	33.3	35	49.3	31	56.4	37	46.8	120	46.9
ja	34	66.7	36	50.7	24	43.6	42	53.2	136	53.1
Σ	51	100.0	71	100.0	55	100.0	79	100.0	256	100.0

VG-DL: durchschnittlich Leistende; ZG-HL: Hochleistende

Während sich hoch- und durchschnittlich leistende Mädchen praktisch nicht unterscheiden ($\hat{\Omega}_{HL/DL}$ = 1.1, $\ln\hat{\Omega}_{HL/DL}$ = 0.10, $\hat{d}_{HL-DL}$ = 0.05), ergibt sich zwischen hoch- und durchschnittlich leistenden Jungen eine Differenz mittlerer Größenordnung ($\hat{\Omega}_{HL/DL}$ = 0.4, $\ln\hat{\Omega}_{HL/DL}$ = −0.95, $\hat{d}_{HL-DL}$ = −0.52). In der Gruppe der Hochleistenden sind Mädchen etwas häufiger Mitglied einer Clique als Jungen, in der Gruppe der durchschnittlich Leistenden ist das Verhältnis umgekehrt und etwas stärker ausgeprägt.

Tab. 4.60: Ergebnisse der Logit-Analysen der Variable „Zugehörigkeit zu einer Clique" (C) mit den Prädiktoren „Leistung" (L) und „Geschlecht" (G) für N = 256 Schüler der Leistungsstichprobe

MODELL			G^2_{RES}	df	p	PED	PEDAD
(1) Null	[LG]	[C]	6.0	3	0.112		
(2) HE L	[LG]	[LC]	4.31	2	0.116	0.005	0.28
(3) HE G	[LG]	[GC]	5.82	2	0.055	0.001	0.03
(4) HE L, HE G	[LG] [LC]	[GC]	4.13	1	0.042	0.005	0.31
(5) Saturiert	[LGC]					0.016	

EFFEKT	DIFFERENZ	G^2_{COMP}	df	p	PED_{EFFEKT}	$PEDAD_{EFFEKT}$
L	(1)-(2)	1.70	1	0.193	0.005	0.28
L|G	(3)-(4)	1.69	1	0.194	0.005	0.28
G	(1)-(3)	0.18	1	0.668	0.001	0.03
L × G	(4)-(5)	4.13	1	0.042	0.011	0.69

HE: Haupteffekt

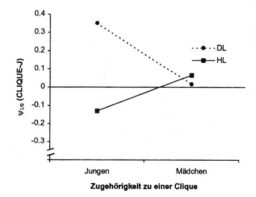

Zugehörigkeit zu einer Clique

Abb. 4.12: Binomiale Logits der *Zugehörigkeit zu einer Clique* (Kodierung: 1 = Cliquenmitglied, 0 = nicht Cliquenmitglied) für N =256 Jugendliche der Leistungsstichprobe getrennt nach Leistung (DL: durchschnittlich Leistende, HL: Hochleistende) und Geschlecht

Die disordinale Wechselwirkung ist zur Veranschaulichung in Abb. 4.12 dargestellt, in der die *binomialen Logits* ($\psi_{1/0}$) abgetragen sind.[64]

---

[64] $\Psi_{1/0}^{L G \overline{C}} = \ln(f_{jk1}^{L G \overline{C}} / f_{jk0}^{L G \overline{C}})^{1/2}$ (vgl. Kennedy 1983, 174)

Beim Vergleich der Substichproben SHELL-O und SHELL-W ergibt sich nur ein „Ost-West-Unterschied" zuungunsten der Jugendlichen aus den neuen Bundesländern ($\hat{d}_{O-W}$ = −0.42), ebenso bei Gegenüberstellung von VG-OST und VG-WEST ($\hat{d}_{O-W}$ = −0.32). Daher wird auf einen Vergleich mit den Schülern der Q-Referenzstichprobe verzichtet.

In der Stichprobe SHELL-O berichten – im Vergleich zum Gesamtanteil in der Leistungsstichprobe – mehr Jugendliche, Mitglied einer Clique zu sein (65.5%), was – wie bereits unter 4.3.3.1 diskutiert wurde – möglicherweise auf unterschiedliche Antwortvorgaben zurückgeführt werden kann. Bei den Jungen beträgt der Anteil 61.4% und liegt damit ähnlich hoch wie bei durchschnittlich leistenden Jungen. 70% der SHELL-O-Mädchen bejahen die Cliquenmitgliedschaft, der Anteil ist damit höher als in beiden Mädchengruppen der Leistungsstichprobe.

Die Verteilung der Antworten auf die Frage nach der *Rolle in der Clique* für die Jugendlichen der beiden Leistungsgruppen und die Schüler der QRS, die angaben, Mitglied einer Clique zu sein, ist in Abb. 4.13 dargestellt.

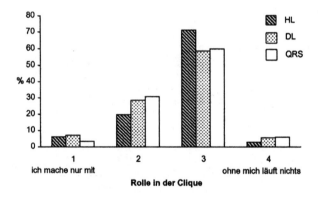

Abb. 4.13: Prozentuale Anteile der Antwortkategorien der Frage nach der *Rolle in der Clique* für Hochleistende (HL, N = 66), durchschnittlich Leistende (DL, N = 70) und die Schüler der Q-Referenzstichprobe (QRS, N = 234)

Sowohl die Unterschiede zwischen den Geschlechtern als auch zwischen den Leistungsgruppen sind kleiner als d = 0.25 und somit vernachlässigbar gering. Hochleistende heben sich mit d_{HL-QRS} = 0.05 ebenfalls nicht von der Q-Referenzstichprobe ab. Dabei liegen keine Hinweise auf mögliche „Ost-West-Effekte" vor.

4.4.3.2 Datenquelle „Eltern"

Existenz eines guten Freundes. Zunächst interessiert wiederum die Urteilerübereinstimmung zwischen Eltern und Kindern, die in der gesamten Leistungsstichprobe mit $\kappa = 0.30$ nur unwesentlich höher als in der Begabungsstichprobe ausfällt. In drei der vier Subgruppen fallen die Koeffizienten ähnlich aus ($0.44 < \kappa < 0.30$), lediglich bei durchschnittlich leistenden Jungen übersteigt die Übereinstimmung nicht das Zufallsniveau ($\kappa = 0.03$). Wie in der Begabungsstichprobe ist die mangelnde Übereinstimmung auf die in beiden Urteilergruppen selten vergebene Kategorie *nein* zurückzuführen. In 92.6% der Fälle glauben die Eltern, daß ihr Kind einen guten Freund hat (vgl. Tab. 4.61).

Tab. 4.61: Häufigkeiten (N) und prozentuale Anteile (%) der Angabe über die „Existenz eines guten Freundes" (Elternbeurteilung) für die Schüler der Leistungsstichprobe

| | VG-DL | | | | ZG-HL | | | | Σ | |
| | JUNGEN | | MÄDCHEN | | JUNGEN | | MÄDCHEN | | | |
	N	%	N	%	N	%	N	%	N	%
nein	7	13.7	3	4.2	6	10.9	3	3.8	19	7.4
ja	44	86.3	68	95.8	49	89.1	76	96.2	237	92.6
Σ	51	100.0	71	100.0	55	100.0	79	100.0	256	100.0

VG-DL: durchschnittlich Leistende; ZG-HL: Hochleistende

Zwischen den Leistungsgruppen sind keine Unterschiede zu verzeichnen, die *Logit*-Analysen weisen allerdings den Faktor *Geschlecht* als signifikant aus: Bei Jungen glauben 12.3% der Eltern, daß diese keinen guten Freund haben (Mädchen: 4%). Dies entspricht einem *odds ratio* von $\hat{\Omega}_{JU/MÄ} = 0.3$ ($\ln \hat{\Omega}_{JU/MÄ} = -1.2$, $\hat{d}_{JU-MÄ} = -0.67$), also einem größeren Effekt.

Anzahl Freunde. Die Verteilung der Anzahl der den Eltern bekannten Freunde des Jugendlichen gestaltet sich ähnlich wie in der Begabungsstichprobe (vgl. Abb. 4.14).

Die gruppierten Häufigkeiten in Tab. 4.62 verdeutlichen, daß den meisten Eltern zwischen drei und zehn Freunde ihrer Kinder persönlich bekannt sind.

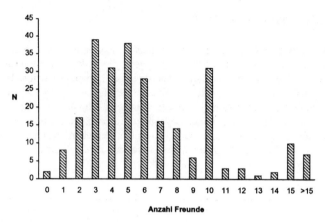

Abb. 4.14: *Anzahl der den Eltern bekannten Freunde* für N = 256 Jugendliche der Leistungsstichprobe

Tab. 4.62: Häufigkeiten (N) und prozentuale Anteile (%) der Angabe
der Eltern, wie viele Freunde des Zieljugendlichen ihnen persönlich
bekannt sind, für die Schüler der Leistungsstichprobe

| | VG-DL | | | | ZG-HL | | | | Σ | |
| | JUNGEN | | MÄDCHEN | | JUNGEN | | MÄDCHEN | | | |
ANZAHL	N	%	N	%	N	%	N	%	N	%
1- 2	8	16.0	5	7.0	6	10.9	6	7.7	25	9.8
3- 5	19	38.0	30	42.3	27	49.1	32	41.0	108	42.5
6-10	19	38.0	29	40.8	16	29.1	31	39.8	95	37.4
>10	4	8.0	7	9.9	6	10.9	9	11.5	26	10.3
Σ	50	100.0	71	100.0	55	100.0	78	100.0	254	100.0

VG-DL: durchschnittlich Leistende; ZG-HL: Hochleistende

Die multinomialen *Logit*-Analysen weisen nicht auf einen statistisch signifikanten Effekt des *Geschlechts* bzw. der *Leistung* hin. Auch bei Berücksichtigung der ordinalen
Information in der abhängigen Variable (*continuation ratio logit*) ergibt sich kein An-
haltspunkt für einen bedeutsamen Einfluß beider Prädiktoren oder deren Wechselwirkung.

Alter der Freunde. In der Leistungsstichprobe berichten die Eltern ebenfalls sehr
selten, daß sich der Zieljugendliche in einem *vorwiegend älteren* oder *vorwiegend jüngeren* Freundeskreis bewegt (vgl. Tab. 4.63). Daher wird die Variable für die weiteren
Analysen dichotomisiert (*vorwiegend gleichaltrig* vs. *vorwiegend nicht gleichaltrig*).

Tab. 4.63: Häufigkeiten (N) und prozentuale Anteile (%) des vorwiegenden Alters der Freunde des Jugendlichen (Elternurteil) für die
Schüler der Leistungsstichprobe

	VG-DL				ZG-HL				Σ	
	JUNGEN		MÄDCHEN		JUNGEN		MÄDCHEN			
ALTER	N	%	N	%	N	%	N	%	N	%
jünger	0	0.0	1	1.4	0	0.0	0	0.0	1	0.4
gleichalt.	34	66.7	59	83.1	51	92.7	67	84.8	211	82.4
jüng./ält.	16	31.4	10	14.1	4	7.3	9	11.4	39	15.2
älter	1	1.9	1	1.4	0	0.0	2	2.5	4	1.6
unbekannt	0	0.0	0	0.0	0	0.0	1	1.3	1	0.4
Σ	51	100.0	71	100.0	55	100.0	79	100.0	256	100.0

VG-DL: durchschnittlich Leistende; ZG-HL: Hochleistende; jünger: vorwiegend jünger; gleichalt.: vorwiegend gleichaltrig; jüng./ält.: sowohl jünger als auch älter; älter: vorwiegend älter

Wie Tab. 4.64 zu entnehmen ist, erweist sich der Effekt des Prädiktors *Leistung* als bedeutsam, ebenso die Wechselwirkung *Leistung* × *Geschlecht* (vgl. Abb. 4.15).

Tab. 4.64: Ergebnisse der Logit-Analysen der Variable „Alter der
Freunde" mit den Prädiktoren „Leistung" (L) und „Geschlecht" (G) für
die Schüler der Leistungsstichprobe

MODELL			G^2_{RES}	df	p	PED	PEDAD
(1) Null	[LG]	[A]	12.98	3	0.005		
(2) HE L	[LG]	[LA]	5.95	2	0.051	0.030	0.54
(3) HE G	[LG]	[GA]	12.16	2	0.002	0.004	0.06
(4) HE L, HE G	[LG]	[LA] [GA]	5.13	1	0.024	0.033	0.60
(5) Saturiert	[LGA]					0.055	
EFFEKT	DIFFERENZ	G^2_{COMP}	df	p	PED_{EFFEKT}	$PEDAD_{EFFEKT}$	
L	(1)-(2)	7.03	1	0.008	0.030	0.54	
L|G	(3)-(4)	7.03	1	0.008	0.030	0.54	
G	(1)-(3)	0.82	1	0.364	0.004	0.06	
L × G	(4)-(5)	5.13	1	0.024	0.022	0.40	

HE: Haupteffekt; A: „Alter der Freunde" (binäre Kodierung: „gleichaltrig" vs. „nicht gleichaltrig")

Für die Relevanz der Interaktion spricht ebenfalls, daß bei Modell (2) bedeutsame Re-
siduen der Größe $|z_{p(max)}| = 3.4$ auftreten.

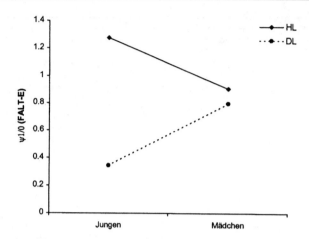

Abb. 4.15: Binomiale Logits für das *vorwiegende Alter im Freundeskreis* des Jugendlichen
(Codierung: 1 = vorwiegend gleichaltrig, 0 = nicht vorwiegend gleichaltrig) für
N = 256 Jugendlichen der Leistungsstichprobe getrennt nach *Leistung* (DL:
durchschnittlich Leistende, HL: Hochleistende) und *Geschlecht*

Sowohl Mädchen als auch Jungen der Zielgruppe der Hochleistenden haben zu einem
höheren Prozentsatz einen *vorwiegend gleichaltrigen* Freundeskreis als die Jugendlichen der Vergleichsgruppe durchschnittlich Leistender. Zwischen den Jungen der Ziel-
und Vergleichsgruppe ist diese Differenz deutlicher ausgeprägt als zwischen beiden
Mädchengruppen, die sich nur unwesentlich unterscheiden. In bezug auf das *Geschlecht* ist die Wechselwirkung disordinal. Der Anteil hochleistender Jungen mit
vorwiegend gleichaltrigem Freundeskreis ist höher als der hochleistender Mädchen, in
der Vergleichsgruppe ist es umgekehrt. Die Ergebnisse müssen vor dem Hintergrund
betrachtet werden, daß die Jugendliche *aller* Gruppen zum größten Teil einen vorwiegend gleichaltrigen Freundeskreis haben.

Verein. Die Schüler der Leistungsstichprobe sind zu einem geringeren Anteil *Mitglied
eines Vereins* als die Schüler der Begabungsstichprobe (vgl. Tab. 4.65). Sowohl beim
Vergleich SHELL-O mit SHELL-W als auch bei dem der Substichproben VG-OST
und VG-WEST ergeben sich Hinweise auf einen „Ost-West-Effekt", dieser fällt mit
$\hat{d}_{O\text{-}W} = -0.53$ bzw. $\hat{d}_{O\text{-}W} = -0.49$ jeweils ähnlich aus.

Tab. 4.65: Häufigkeiten (N) und prozentuale Anteile (%) der „Mitgliedschaft in (mindestens) einem Verein" für die Schüler der Leistungsstichprobe (Angabe der Eltern)

	VG-DL				ZG-HL				Σ	
	JUNGEN		MÄDCHEN		JUNGEN		MÄDCHEN			
	N	%	N	%	N	%	N	%	N	%
nein	17	33.3	36	50.7	13	23.6	25	31.6	91	35.5
ja	34	66.7	35	49.3	42	76.4	54	68.4	165	64.5
Σ	51	100.0	71	100.0	55	100.0	79	100.0	256	100.0

VG-DL: durchschnittlich Leistende; ZG-HL: Hochleistende

Sowohl das Geschlecht als auch die Leistungsgruppe haben im Sinne zweier Haupteffekte Einfluß auf die Verteilung der Häufigkeiten. Jungen sind mit 71.7% etwas häufiger Mitglied in einem Verein als Mädchen mit 59.3% (vgl. Tab. 4.66). Dies entspricht einem *odds ratio* von $\hat{\Omega}_{JU/M\ddot{A}} = 1.8$ (ln $\hat{\Omega}_{JU/M\ddot{A}} = 0.57$, $\hat{d}_{JU-M\ddot{A}} = 0.32$). Ein ähnlicher Effekt zeigt sich beim Vergleich hoch- und durchschnittlich leistender Jugendlicher mit $\hat{\Omega}_{HL/DL} = 2.0$ (ln $\hat{\Omega}_{HL/DL} = 0.66$, $\hat{d}_{HL-DL} = 0.37$). Während 71.6% der Hochleistenden Mitglied in einem Verein sind, trifft dies nur auf 56.6% der durchschnittlich Leistenden zu. Dieser Effekt sinkt allerdings unter die Signifikanzgrenze (ln $\hat{\Omega}_{HL/DL} = 0.38$, $\hat{d}_{HL-DL} = 0.21$), wenn zuvor die Beziehung der Vereinszugehörigkeit zum sozioökonomischen Status ($r_{pb} = 0.20$) berücksichtigt wird.

Tab. 4.66: Ergebnisse der Logit-Analysen der Variable „Mitgliedschaft in (mindestens) einem Verein" (V) mit den Prädiktoren „Leistung" (L) und „Geschlecht" (G) für N = 256 Schüler der Leistungsstichprobe

MODELL			G^2_{RES}	df	p	PED	PEDAD
(1) Null	[LG]	[V]	11.08	3	0.011		
(2) HE L	[LG]	[LV]	4.72	2	0.094	0.019	0.57
(3) HE G	[LG]	[GV]	6.88	2	0.032	0.013	0.38
(4) HE L, HE G	[LG]	[LV] [GV]	0.33	1	0.564	0.032	0.97
(5) Saturiert	[LGV]					0.033	

EFFEKT	DIFFERENZ	G^2_{COMP}	df	p	PED_{EFFEKT}	$PEDAD_{EFFEKT}$
L	(1)-(2)	6.36	1	0.012	0.019	0.57
L|G	(3)-(4)	6.55	1	0.010	0.020	0.59
G	(1)-(3)	4.20	1	0.040	0.013	0.38
L × G	(4)-(5)	0.33	1	0.564	0.001	0.03

HE: Haupteffekt

In der Vergleichsstichprobe SHELL-O dokumentiert sich ein Geschlechtseffekt gleicher Richtung und ähnlicher Höhe ($\ln \hat{\Omega}_{JU/M\ddot{A}}$ =0.5, $\hat{d}_{JU\text{-}M\ddot{A}}$ = 0.28). Insgesamt sind dort mit einem Anteil von 47.1% weniger Jugendliche Vereinsmitglieder als in der Leistungsstichprobe (64.5%). Aufgrund der Hinweise auf „Ost-West-Unterschiede" ist es nicht weiter verwunderlich, daß der Anteil an Vereinsmitgliedern in der Q-Referenzstichprobe mit 75.9% deutlich über dem der Leistungsstichprobe liegt.

4.4.3.3 Datenquelle „Lehrer"

Guter Freund in der Klasse. Ähnlich wie in der Begabungsstichprobe glauben die befragten Lehrer nur von einem geringen Prozentsatz der Zieljugendlichen, daß diese keinen guten Freund in der Klasse hätten (vgl. Tab. 4.67).

Tab. 4.67: Häufigkeiten (N) und prozentuale Anteile (%) der Angabe zum „Freund in der Klasse - Klassenlehrer" für die Schüler der Leistungsstichprobe

ANT- WORT	VG-DL				ZG-HL				Σ	
	JUNGEN		MÄDCHEN		JUNGEN		MÄDCHEN			
	N	%	N	%	N	%	N	%	N	%
nein	13	25.5	14	20.3	12	22.6	10	13.0	49	19.6
ja	38	74.5	55	79.7	41	77.4	67	87.0	201	80.4
Σ	51	100.0	69	100.0	53	100.0	77	100.0	250	100.0

VG-DL: durchschnittlich Leistende; ZG-HL: Hochleistende

Weder *Leistung* noch *Geschlecht* haben einen relevanten Einfluß auf die Beurteilungen der Lehrkräfte. Rein numerisch fällt die Tendenz ähnlich wie beim Vergleich hoch- und durchschnittlich Begabter aus.

Zusammenfassung „Peer-Kontakte (Netzwerk)". Insgesamt belegen die Ergebnisse in diesem Bereich erneut mehr Gemeinsamkeiten als Unterschiede zwischen beiden Leistungsgruppen. Bei der Frage nach einem guten Freund gibt es weder aus Sicht der Jugendlichen noch aus der Sicht der Eltern oder aus der des Klassenlehrers nennenswerte Unterschiede zwischen den Leistungsgruppen. Hoch- und durchschnittlich Leistende unterscheiden sich ebenfalls nicht hinsichtlich der Rolle, die sie in ihrer Clique spielen, und in der Anzahl der Freunde, die ihren Eltern persönlich bekannt sind. Ebenso wählen Hochleistende nicht häufiger als durchschnittlich Leistende ältere Freunde gegenüber gleichaltrigen oder jüngeren. Hochleistende haben – ähnlich wie Hochbegabte – eher einen vorwiegend gleichaltrigen Freundeskreis als durchschnittlich Leistende, dieser Unterschied ist bei Jungen besonders deutlich. Allerdings rekrutieren sich Freunde in beiden Leistungsgruppen vorzugsweise aus der Gruppe der Gleichaltrigen.

Interessant sind die Unterschiede bezüglich der Mitgliedschaft in einer Clique, die zu*un*gunsten der hochleistenden *Jungen* ausfallen. Diese sind die einzige Gruppe, bei der die Wahrscheinlichkeit, einer Clique *nicht* anzugehören, höher ist als die, Mitglied zu sein. Positiv heben sich Hochleistende von ihrer Vergleichsgruppe ab, was die Mitgliedschaft in einem Verein angeht. Bei konservativer Betrachtung (vorherige Berücksichtigung des sozioökonomischen Status) sinkt der Effekt und kann nicht mehr als praktisch und statistisch relevant angesehen werden.

4.4.4 Bereich Peer-Kontakte (Häufigkeit)

4.4.4.1 Datenquelle „Jugendliche"

Kontakt zu Freunden. In der zweifaktoriellen Varianzanalyse der Skala *Kontakt zu Freunden* ergeben sich statistisch signifikante Haupteffekte und eine statistisch abzusichernde Wechselwirkung (vgl. Tab. 4.68). Die kleine Wechselwirkung ist vor allem auf den vergleichsweise niedrigen Mittelwert der hochleistenden Jungen zurückzuführen, der knapp über dem theoretischen Mittel der Skala liegt.

Wie aus Abb. 4.16 ersichtlich ist, berichten Hochleistende eher weniger Kontakt zu Freunden als durchschnittlich Leistende: Diese Differenz ist zwischen den beiden Jungengruppen mit $d_{HL-DL} = -0.99$ deutlich ausgeprägter als zwischen den beiden Mädchengruppen ($d_{HL-DL} = -0.20$). Mädchen haben – wie in der QRS bzw. in der Begabungsstichprobe – häufiger den in den Items der Skala beschriebenen Kontakt zu Freunden. Wiederum ist dabei der Unterschied in der Zielgruppe mit $d_{JU-MÄ} = -0.81$ größer als in der Vergleichsgruppe ($d_{HL-DL} = -0.15$).

Sowohl Jungen als auch Mädchen der Zielgruppe liegen unterhalb des Mittelwerts der Q-Referenzstichprobe (Mädchen: $d_{HL-QRS} = -0.42$, Jungen: $d_{HL-QRS} = -0.67$). Dies ist auch deshalb bemerkenswert, da beim Vergleich VG-OST / VG-WEST ein kleiner Unterschied zugunsten der VG-OST auftritt ($d_{O-W} = 0.27$).

Tab. 4.68: Mittelwerte (M) und Standardabweichungen (S) der Skala „Kontakt zu Freunden"
sowie Ergebnisse der zweifaktoriellen univariaten Varianzanalyse „Leistung (L) × Geschlecht (G)" für N = 256 Schüler der Leistungsstichprobe

GRUPPE	M	S
VG-DL-Ju (N= 51)	3.1	0.6
VG-DL-Mä (N= 71)	3.2	0.6
ZG-HL-Ju (N= 55)	2.6	0.5
ZG-HL-Mä (N= 79)	3.0	0.6
VG-DL (N=122)	3.1	0.6
ZG-HL (N=134)	2.8	0.6
Jungen (N=106)	2.8	0.6
Mädchen (N=150)	3.1	0.6

EFFEKT	p	eta²
L × G	0.012	0.025
L	<0.001	0.066
G	<0.001	0.052

VG-DL: durchschnittlich Leistende; ZG-HL:
Hochleistende; Ju: Jungen; Mä: Mädchen

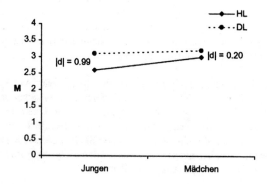

Abb. 4.16: Mittelwert (M) von *Kontakt zu Freunden* getrennt nach Leistung (DL:
durchschnittlich Leistende, N = 122; HL: Hochleistende, N = 134) und nach Ge-
schlecht, sowie Effektstärken (|d|) getrennt nach Geschlecht

Kontakt zum besten Freund. Bereits aus Abb. 4.17 und Abb. 4.18, die die Häufigkeit des *Kontakts zum besten Freund* (Gruppen: ZG-HL, VG-DL und QRS), getrennt für Jungen und Mädchen, darstellen, wird deutlich, daß Hochleistende häufiger die Antwort *selten* ankreuzen als beide Vergleichsgruppen. Auch bei dieser Angabe gibt es Hinweise auf einen „Ost-West-Effekt", und zwar zugunsten der Jugendlichen aus den neuen Bundesländern. Diese wählen zu einem größeren Anteil die Kategorie *sehr häufig*, der Anteil bei *selten* ist geringer. Beim Vergleich auf Mittelwertsebene resultiert $d_{O-W} = 0.66$.

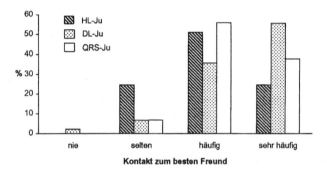

Abb. 4.17: Prozentuale Anteile der Antwortkategorien der Frage nach der Häufigkeit des *Kontakts zum besten Freund* für hochleistende Jungen (HL-Ju, N = 49), durchschnittlich leistende Jungen (DL-Ju, N = 45) und männliche Schüler der Q-Referenzstichprobe (QRS-Ju, N = 177)

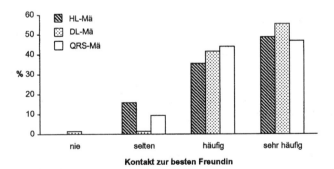

Abb. 4.18: Prozentuale Anteile der Antwortkategorien der Frage nach der Häufigkeit des *Kontakts zur besten Freundin* für hochleistende Mädchen (HL-Mä, N = 76), durchschnittlich leistende Mädchen (DL-Mä, N = 65) und Schülerinnen der Q-Referenzstichprobe (QRS-Mä, N = 171)

Analog zur Begabungsstichprobe soll ein Vergleich hoch- und durchschnittlich Leistender hinsichtlich der dichotomisierten Variable (*nie / selten* vs. *häufig / sehr häufig*) vorgenommen werden. Deren Häufigkeiten und prozentuale Anteile sind Tab. 4.69 zu entnehmen.

Tab. 4.69: Häufigkeiten (N) und prozentuale Anteile (%) für die „Häufigkeit der Treffen mit dem besten Freund"[a] für die Schüler der Leistungsstichprobe

	VG-DL				ZG-HL					
	JUNGEN		MÄDCHEN		JUNGEN		MÄDCHEN		Σ	
ANT-WORT	N	%	N	%	N	%	N	%	N	%
0	4	8.9	2	3.1	12	24.5	12	15.8	30	12.8
1	41	91.1	63	96.9	37	75.5	64	84.2	205	87.2
Σ	45	100.0	65	100.0	49	100.0	76	100.0	235	100.0

VG-DL: durchschnittlich Leistende; ZG-HL: Hochleistende; [a]: dichotomisiert; 0 =nie / selten, 1 = häufig / sehr häufig

Tab. 4.70: Ergebnisse der Logit-Analysen der dichotomisierten Variable „Kontakt zum besten Freund" mit den Prädiktoren „Leistung" (L) und „Geschlecht" (G) für N = 235 Jugendliche der Leistungsstichprobe

MODELL				G^2_{RES}	df	p	PED	PEDAD
(1) Null	[LG]	[F]		13.79	3	0.003		
(2) HE L	[LG]	[LF]		3.14	2	0.208	0.059	0.77
(3) HE G	[LG]	[GF]		11.29	2	0.004	0.014	0.18
(4) HE L, HE G	[LG]	[LF]	[GF]	0.34	1	0.559	0.075	0.98
(5) Saturiert	[LGF]						0.077	

EFFEKT	DIFFERENZ	G^2_{COMP}	df	p	PED_{EFFEKT}	$PEDAD_{EFFEKT}$
L	(1)-(2)	10.65	1	0.001	0.059	0.77
L|G	(3)-(4)	10.65	1	0.001	0.061	0.79
G	(1)-(3)	2.50	1	0.114	0.014	0.18
L × G	(4)-(5)	0.34	1	0.559	0.002	0.02

HE: Haupteffekt; F: „Kontakt zum besten Freund" (dichotomisiert: „nie / selten" vs. „häufig / sehr häufig")

Ein Effekt des Prädiktors *Leistung* läßt sich statistisch sichern (vgl. Tab. 4.70). Hochleistende geben mit 19.2% häufiger an, ihren besten Freund selten zu sehen als durchschnittlich Leistende (5.5%). Dies entspricht einem größeren Effekt von $\hat{\Omega}_{HL/DL} = 0.2$ ($\ln \hat{\Omega}_{HL/DL} = -1.4$, $\hat{d}_{HL-DL} = -0.78$). Hochleistende heben sich ebenfalls negativ von den Jugendlichen der Q-Referenzstichprobe ab, bei denen der Anteil der Angabe *nie / selten* 8% beträgt. Diese Differenz ist mit $\hat{d}_{HL-QRS} = -0.55$ ($\hat{\Omega}_{HL/QRS} =$

0.4, $\ln \hat{\Omega}_{HL/QRS} = -1.0$) im mittleren Bereich anzusiedeln. Dabei darf nicht übersehen werden, daß auch in der Zielgruppe Hochleistender 80% der Jugendlichen ihren besten Freund *häufig* oder *sehr häufig* treffen.

Zeit mit Freunden. Die Verteilung der absoluten Angaben zur Zeit, die der Jugendliche in der letzten normalen Woche mit Freunden verbracht hat, ist der in der Begabungsgruppe recht ähnlich (siehe Abb. 4.19).

Abb. 4.19: *Zeit mit Freunden* (Stunden pro Woche) für N = 256 Jugendliche der Leistungsstichprobe

Extreme Angaben (mehr als 40 Stunden) wurden „normalisiert". Die Ergebnisse der zweifaktoriellen Varianzanalyse über die absolute Stundenzahl sind Tab. 4.71 zu entnehmen.

Der Haupteffekt *Leistung* erreicht statistische Signifikanz, die Wechselwirkung verfehlt knapp die statistische Signifikanzgrenze, ein Effekt des *Geschlechts* ist nicht zu beobachten. Da die Varianzen heterogen sind, wurde überprüft, ob der Leistungseffekt bei zufälligem Ausschluß von Fällen (proportionale Zellbesetzungen) stabil bleibt. Dies ist der Fall.

Betrachtet man statt der absoluten Stundenzahl den *Anteil der Stunden mit Freunden an der Freizeit* als abhängige Variable, wird die Wechselwirkung etwas größer (und ist hier auch mit p = 0.05 statistisch abzusichern). Durchschnittlich leistende Jungen sind die Gruppe mit dem höchsten Anteil (23.2%) hochleistende Jungen weisen mit 13.8% den niedrigsten Anteil auf (vgl. Tab. 4.72).

Tab. 4.71: Mittelwerte (M) und Streuungen (S)
der „Zeit mit Freunden" (Stunden pro Woche)
sowie die Ergebnisse der zweifaktoriellen univariaten Varianzanalyse „Leistung (L) × Geschlecht (G)" für N = 256 Schüler der Leistungsstichprobe

GRUPPE	M	S
VG-DL-Ju (N= 51)	16.7	11.5
VG-DL-Mä (N= 71)	14.0	11.4
ZG-HL-Ju (N= 55)	8.8	7.2
ZG-HL-Mä (N= 79)	10.0	8.2
VG-DL (N=122)	15.1	11.4
ZG-HL (N=134)	9.5	7.8
Jungen (N=106)	12.6	10.3
Mädchen (N=150)	11.9	10.0

EFFEKT	p	eta²
L × G	0.109	0.010
L	<0.001	0.086
G	0.526	0.010

VG-DL: durchschnittlich Leistende; ZG-HL:
Hochleistende; Ju: Jungen; Mä: Mädchen

Abb. 4.20 und Abb. 4.21 zeigen – getrennt für Jungen und Mädchen – den Anteil, den
in der Ziel- und Vergleichsgruppe die Zeit mit Freunden an der dominanten Freizeitaktivität hat. Auch bei dieser Auswertung wird deutlich, daß sich die Unterschiede vor
allem zwischen hoch- und durchschnittlich leistenden Jungen manifestieren. Bei fast
40% der hochleistenden Jungen nimmt die Zeit mit Freunden höchstens ein Viertel der
Zeit für die dominante Freizeitaktivität in Anspruch und sie fallen auch im oberen Bereich (75 – 100% der dominanten Freizeitaktivität) gegenüber den anderen Gruppen
deutlich ab.

Hochleistende haben – ähnlich wie Hochbegabte – mehr feste Termine in der Woche,
so daß auch hier die Vermutung naheliegt, daß der Leistungseffekt zum Teil möglicherweise auch darauf zurückzuführen ist.

Tab. 4.72: Mittelwerte (M) und Streuungen (S)
der „Zeit mit Freunden" relativiert an der Ge-
samtzeit für Freizeitaktivitäten sowie Ergebnisse der zweifaktoriellen Varianzanalyse
„Leistung (L) × Geschlecht (G)" für N = 256
Schüler der Leistungsstichprobe

GRUPPE		M	S
VG-DL-Ju	(N= 51)	23.2	12.3
VG-DL-Mä	(N= 71)	20.9	14.4
ZG-HL-Ju	(N= 55)	13.8	10.2
ZG-HL-Mä	(N= 79)	17.7	11.3
VG-DL	(N=122)	21.8	13.6
ZG-HL	(N=134)	16.1	11.0
Jungen	(N=106)	18.3	12.2
Mädchen	(N=150)	19.2	12.9

EFFEKT	p	eta²
L × G	0.050	0.015
L	<0.001	0.061
G	0.609	0.001

VG-DL: durchschnittlich Leistende; ZG-HL:
Hochleistende; Ju: Jungen; Mä: Mädchen

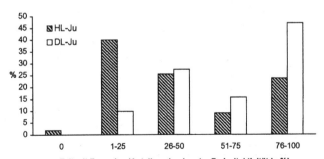

Zeit mit Freunden (Anteil an dominanter Freizeitaktivität in %)

Abb. 4.20: *Zeit mit Freunden (Anteil an dominanter Freizeitaktivität in %)* für hochleistende
Jungen (HL-Ju, N = 55) und durchschnittlich leistende Jungen (DL-Ju, N = 51)

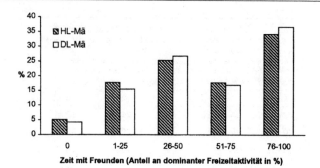

Abb. 4.21: *Zeit mit Freunden (Anteil an dominanter Freizeitaktivität in %)* für hochleistende Mädchen (HL-Mä, N = 79) und durchschnittlich leistende Mädchen (DL-Mä, N = 71)

4.4.4.2 Datenquelle „Eltern"

Übernachtung bei Freunden. Jugendliche der Leistungsstichprobe haben häufiger keinen Übernachtungsbesuch als Jugendliche der Begabungsstichprobe (59.8% vs. 29.5%). Nur in 6.3% der Fälle haben Freunde in den letzten drei Monaten häufiger als dreimal übernachtet (vgl. Tab. 4.73), so daß hier lediglich ein Vergleich zwischen *keine Übernachtung* und *Übernachtung* erfolgen soll.

Tab. 4.73: Häufigkeiten (N) und prozentuale Anteile (%) der „Über-nachtungen des Jugendlichen bei Freunden" (Angabe der Eltern) für die Schüler der Leistungsstichprobe

	VG-DL				ZG-HL				Σ	
	JUNGEN		MÄDCHEN		JUNGEN		MÄDCHEN			
ANZAHL	N	%	N	%	N	%	N	%	N	%
Keine	34	66.7	40	56.4	43	78.2	36	45.6	153	59.8
1 – 3	14	27.4	27	38.0	10	18.2	36	45.6	87	34.0
>3	3	5.9	4	5.6	2	3.6	7	8.8	16	6.2
Σ	51	100.0	71	100.0	55	100.0	79	100.0	256	100.0

VG-DL: durchschnittlich Leistende, ZG-HL: Hochleistende

Die Zugehörigkeit zur Ziel- oder Vergleichsgruppe spielt keine Rolle bei der Verteilung der Häufigkeiten, allerdings gibt es einen mittleren Effekt des Prädiktors *Geschlecht*. Auch in der Leistungsstichprobe sind es die Mädchen, die mit 49.3% häufiger als Jungen Übernachtungsbesuche machen (27.4%). Dieser Effekt entspricht einem *odds ratio* von $\hat{\Omega}_{JU/MÄ} = 0.4$ (ln $\hat{\Omega}_{JU/MÄ} = -0.95$, $\hat{d}_{JU-MÄ} = -0.52$). Die Wechselwirkung ist statistisch nicht signifikant.

Übernachtung von Freunden. Mit 61.3% hat bei der Mehrheit der Jugendlichen der Leistungsstichprobe in den letzten drei Monaten vor dem Befragungszeitpunkt kein Freund übernachtet. Dieser Anteil ist höher als der in der Begabungsstichprobe (39.7%). Häufigkeiten und prozentuale Anteile der Leistungsgruppen, getrennt nach Geschlecht, sind in Tab. 4.74 dargestellt. Da lediglich 5.9% der Jugendlichen häufiger als dreimal Übernachtungsbesuch hatten, wird im folgenden nur auf Unterschiede zwischen *Übernachtung / keine Übernachtung* eingegangen.

Tab. 4.74: Häufigkeiten (N) und prozentuale Anteile (%) der „Übernachtungen von Freunden des Jugendlichen" (Angabe der Eltern) für die Schüler der Leistungsstichprobe

| | VG-DL | | | | ZG-HL | | | | Σ | |
| | JUNGEN | | MÄDCHEN | | JUNGEN | | MÄDCHEN | | | |
ANZAHL	N	%	N	%	N	%	N	%	N	%
Keine	36	70.6	32	45.1	46	83.6	43	54.5	157	61.3
1 - 3	15	29.4	32	45.1	6	10.9	31	39.2	84	32.8
>3	0	0.0	7	9.8	3	5.5	5	6.3	15	5.9
Σ	51	100.0	71	100.0	55	100.0	79	100.0	256	100.0

VG-DL: durchschnittlich Leistende; ZG-HL: Hochleistende

Analog zur *Übernachtung bei Freunden* gibt es einen mittleren Geschlechtseffekt: 50% der Mädchen hatten im betreffenden Zeitraum Übernachtungsbesuch gegenüber 22.6% der Jungen. Dieser Unterschied entspricht einem mittleren Effekt von $\hat{\Omega}_{JU/MÄ} = 0.3$ ($\ln \hat{\Omega}_{JU/MÄ} = -1.2$, $\hat{d}_{JU\text{-}MÄ} = -0.68$). Der Leistungseffekt sowie die Wechselwirkung sind statistisch nicht abzusichern.

Zusammenfassung „Peer-Kontakte (Häufigkeit)". Bei nahezu allen Variablen, die die Kontakthäufigkeit erfassen, gibt es – zumindest deskriptiv – Effekte zuungunsten der Hochleistenden, wobei das Geschlecht als Moderator häufiger eine Rolle spielt. Beim selbstberichteten *Kontakt zu Freunden* läßt sich eine statistisch abzusichernde Wechselwirkung beobachten: Der Unterschied zwischen hoch- und durchschnittlich leistenden Jungen ist ausgeprägter als der zwischen hoch- und durchschnittlich leistenden Mädchen. Eine ähnliche, aber nicht abzusichernde Tendenz, ist bei der verbrachten *Zeit mit Freunden* und der *Übernachtung bei Freunden* zu beobachten.

Während in den Elternberichten über Übernachtungsbesuche von und bei Freunden das Geschlecht als Prädiktor die dominante Rolle spielt und keine statistisch und praktisch signifikanten Effekte des Faktors *Leistung* auftreten, sind die Leistungseffekte in allen Variablen des Selbsturteils (*Kontakt zu Freunden, Kontakt zum besten Freund, Zeit mit Freunden*) von mindestens mittlerer Größenordnung. Bei Vergleichen mit der Q-Referenzstichprobe (*Kontakt zu Freunden, Kontakt zum besten Freund*) fallen die Werte der Hochleistenden ebenfalls niedriger aus, obwohl Hinweise auf „Ost-West-Effekte" zugunsten der „Ost"-Jugendlichen existieren.

4.4.5 Bereich Akzeptanz

4.4.5.1 Datenquelle „Jugendliche"

Amt in der Schule. Insgesamt gaben 77 Jugendliche (30.4%) positive Antworten ab (vgl. Tab. 4.75). In den meisten Fällen (81.8% der positiven Angaben) wurde das Amt des Klassensprechers genannt, die restlichen Fälle verteilen sich auf andere Sprecherämter, acht Jugendliche berichteten, sich in anderer Form (z.B. Redakteur Schülerzeitung, Mitarbeit Schulradio) engagiert zu haben.

Tab. 4.75: Häufigkeiten (N) und prozentuale Anteile (%) der Angabe zum „Amt in der Schule" für die Schüler der Leistungsstichprobe

	VG-DL				ZG-HL				Σ	
	JUNGEN		MÄDCHEN		JUNGEN		MÄDCHEN			
	N	%	N	%	N	%	N	%	N	%
nein	40	81.6	61	87.1	27	49.1	48	60.8	176	69.6
ja	9	18.4	9	12.9	28	50.9	31	39.2	77	30.4
Σ	49	100.0	70	100.0	55	100.0	79	100.0	253	100.0

VG-DL: durchschnittlich Leistende; ZG-HL: Hochleistende

Tab. 4.76: Ergebnisse der Logit-Analysen der Variable „Amt in der Schule" (A) mit den Prädiktoren „Leistung" (L) und „Geschlecht" (G) für N = 253 Schüler der Leistungsstichprobe

MODELL				G^2_{RES}	df	p	PED	PEDAD
(1) Null	[LG]	[A]		28.43	3	<0.001		
(2) HE L	[LG]	[LA]		2.46	2	0.292	0.084	0.91
(3) HE G	[LG]	[GA]		26.24	2	<0.001	0.007	0.08
(4) HE L, HE G	[LG]	[LA]	[GA]	0.01	1	0.934	0.091	>0.99
(5) Saturiert	[LGA]						0.091	

EFFEKT	DIFFERENZ	G^2_{COMP}	df	p	PED_{EFFEKT}	$PEDAD_{EFFEKT}$
L	(1) - (2)	25.97	1	<0.001	0.084	0.91
L|G	(3) - (4)	26.23	1	<0.001	0.084	0.92
G	(1) - (3)	2.19	1	0.139	0.007	0.08
L × G	(4) - (5)	0.01	1	0.934	<0.001	<0.01

HE: Haupteffekt

Die *Logit*-Analysen in Tab. 4.76 weisen auf einen ausgeprägten Leistungseffekt hin: 44% der hochleistenden Schüler waren Klassensprecher oder hatten ein anderes Amt inne, dies betraf lediglich 15.1% der durchschnittlich leistenden Schüler. Dies entspricht einem *odds ratio* von $\hat{\Omega}_{HL/DL}$ = 4.4 (ln $\hat{\Omega}_{HL/DL}$ = 1.48, $\hat{d}_{HL\text{-}DL}$ = 0.82). Zum BRSS besteht eine Korrelation von r_{pb} = 0.17. Mittels einer logistischen Regressionsanalyse wurde überprüft, ob der Effekt *Leistung* auch bei vorheriger Einbeziehung des BRSS ein bedeutsamer Prädiktor der abhängigen Variablen bleibt. Die Berücksichtigung des sozioökonomischen Status hat nur geringe Auswirkungen, der Effekt sinkt unwesentlich auf $\hat{\Omega}_{HL/DL}$ = 4 (ln $\hat{\Omega}_{HL/DL}$ = 1.38, $\hat{d}_{HL\text{-}DL}$ = 0.76).

4.4.5.2 Datenquelle „Lehrer"

Klassensprecher. Bereits die in Tab. 4.77 dargestellten Häufigkeiten verdeutlichen, daß Hochleistende auch nach Aussage ihrer Klassenlehrer häufiger Klassensprecher sind bzw. waren (ZG-HL: 42.0%, VG-DL: 5.8%).

Tab. 4.77: Häufigkeiten (N) und prozentuale Anteile (%) der Angabe „ist / war Klassensprecher" im Urteil des Klassenlehrers für die Schüler der Leistungsstichprobe

ANT-WORT	VG-DL				ZG-HL				Σ	
	JUNGEN		MÄDCHEN		JUNGEN		MÄDCHEN			
	N	%	N	%	N	%	N	%	N	%
nein	45	88.2	68	98.6	29	52.7	47	61.8	189	75.3
ja	6	11.8	1	1.4	26	47.3	29	38.2	62	24.7
Σ	51	100.0	69	100.0	55	100.0	76	100.0	251	100.0

VG-DL: durchschnittlich Leistende; ZG-HL: Hochleistende

Dieser große Effekt ($\hat{\Omega}_{HL/DL}$ = 11.7, ln $\hat{\Omega}_{HL/DL}$ = 2.5, $\hat{d}_{HL\text{-}DL}$ = 1.36) schlägt sich auch in den Ergebnissen der *Logit*-Analysen nieder. Der Prädiktor *Leistung* bindet mit PED = 0.175 fast den gesamten Anteil der aufklärbaren individuellen Devianz, der zudem mit 0.20 relativ hoch ausfällt (vgl. Tab. 4.78).

Dabei ist ersichtlich, daß Modell (3) die Daten nicht ganz optimal anpaßt. Für die Gruppe der durchschnittlich Leistenden treten Residuen der Größe $z_{(p)}$ = 2.38 auf. Diese weisen auf eine kleine Interaktion hin: Der Unterschied zwischen den beiden Geschlechtern ist in der Vergleichsgruppe etwas stärker ausgeprägt als bei den Hochleistenden. Der Zugewinn an aufklärbarer Variabilität ist aber nur gering, weshalb von einer Interpretation Abstand genommen wird. Festzuhalten bleibt, daß Jugendliche mit sehr guter Schulleistung auf dem Gymnasium häufiger Klassensprecher sind als Schüler, die lediglich durchschnittliche Leistungen erbringen. Daran ändert erwartungsgemäß auch die Berücksichtigung des BRSS nichts, der zu r_{pb} = 0.21 mit der Variable *Klassensprecher* korreliert. Dieser beeinträchtigt die Prädiktionskraft der Leistungsvariable praktisch nicht, der Effekt sinkt nur unwesentlich ($\hat{\Omega}_{HL/DL}$ = 10.5, ln $\hat{\Omega}_{HL/DL}$ = 2.4, $\hat{d}_{HL\text{-}DL}$ = 1.3).

Tab. 4.78: Ergebnisse der Logit-Analysen der Variable „ist/war Klassensprecher" (K) im Urteil des Klassenlehrers mit den Prädiktoren
„Leistung" (L) und „Geschlecht" (G) für N = 251 Jugendliche der Leistungsstichprobe

MODELL			G^2_{RES}	df	p	PED	PEDAD
(1) Null	[LG]	[K]	56.10	3	<0.001		
(2) HE L	[LG]	[LK]	7.05	2	0.029	0.175	0.87
(3) HE G	[LG]	[GK]	53.15	2	<0.001	0.010	0.05
(4) HE L, HE G	[LG]	[LK] [GK]	3.31	1	0.069	0.188	0.94
(5) Saturiert	[LGK]					0.200	

EFFEKT	DIFFERENZ	G^2_{COMP}	df	p	PED_{EFFEKT}	$PEDAD_{EFFEKT}$
L	(1)-(2)	49.04	1	<0.001	0.175	0.87
L|G	(3)-(4)	49.84	1	<0.001	0.178	0.89
G	(1)-(3)	2.95	1	0.086	0.010	0.05
L × G	(4)-(5)	3.31	1	0.069	0.012	0.06

HE: Haupteffekt

Tab. 4.79: Mittelwerte (M) und Standardabweichungen (S) der „Integration in der Klasse"
beurteilt durch den Klassenlehrer sowie Ergebnisse der zweifaktoriellen univariaten Varianzanalyse „Leistung (L) × Geschlecht (G)"
für N = 254 Schüler der Leistungsstichprobe

GRUPPE		M	S
VG-DL-Ju	(N= 51)	3.7	1.0
VG-DL-Mä	(N= 70)	3.6	0.8
ZG-HL-Ju	(N= 55)	4.1	0.9
ZG-HL-Mä	(N= 78)	4.1	0.7
VG-DL	(N=121)	3.7	0.9
ZG-HL	(N=133)	4.1	0.8
Jungen	(N=106)	3.9	0.9
Mädchen	(N=148)	3.9	0.8

EFFEKT	p	eta²
L × G	0.412	0.003
L	<0.001	0.066
G	0.626	0.001

VG-DL: durchschnittlich Leistende; ZG-HL:
Hochleistende; Ju: Jungen; Mä: Mädchen

Integration in der Klasse. Hochleistende Schüler sind in den Augen ihrer Klassenlehrer besser in die Klasse integriert als durchschnittlich leistende Schüler (d_{HL-DL} = 0.55), vgl. Tab. 4.79. Das Geschlecht spielt hingegen keine Rolle, auch nicht in Wechselwirkung mit dem Faktor *Leistung*. Der Leistungseffekt läßt sich auch im nonparametrischen Vergleich, der aufgrund heterogener Varianzen durchgeführt wurde, mit $p < 0.001$ statistisch absichern.

4.4.5.3 Datenquelle „Eltern"

Integration in der Klasse. Die Eltern der Schüler der Leistungsstichprobe sind überwiegend der Meinung, ihr Kind sei gut in seiner Klasse integriert (87.8%). Die Verteilung der Antworten – getrennt nach Leistungsgruppe – ist in Abb. 4.22 dargestellt. Da sich bei Inspektion der Verteilungen keine Hinweise auf eine mögliche Wechselwirkung ergeben haben, wurde nonparametrisch überprüft, ob der angedeutete kleine Effekt zugunsten der Hochleistenden statistisch abgesichert werden kann. Dies ist mit $p = 0.009$ der Fall (eta² = 0.028, $\hat{d}_{HL-DL}$ = 0.34).

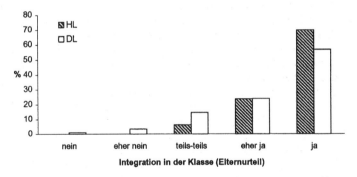

Abb. 4.22: Prozentuale Anteile der Antwortkategorien zur *Integration in der Klasse* (Elternurteil) für Hochleistende (HL, N = 134) und durchschnittlich Leistende (DL, N = 122)

Zusammenfassung „Akzeptanz". In fast allen erhobenen Variablen zum Bereich *Akzeptanz* schneiden Hochleistende besser ab als durchschnittlich leistende Schüler. Besonders ausgeprägt sind die Unterschiede bei der Frage nach dem Amt des Klassensprechers bzw. einem anderen Amt innerhalb der Schule. Leistungsstarke Schüler auf dem Gymnasium haben offensichtlich häufiger entsprechende Ämter inne als Schüler mit durchschnittlicher Schulleistung. Auch die Integration in die Klassengemeinschaft wird bei Hochleistenden vom Klassenlehrer besser beurteilt als bei durchschnittlich Leistenden, wobei die Mittelwerte aller Gruppen im positiven Bereich der Skala liegen. Ähnliches gilt für das Urteil der Eltern, die die Integration ihrer Kinder überwiegend positiv bewerten, wobei ein kleiner Effekt zugunsten der Hochleistenden abzusichern ist.

Zusammenfassung von 4.4

Beim Vergleich beider Leistungsgruppen treten mehr Differenzen zutage als bei der Gegenüberstellung beider Begabungsgruppen. Dennoch gilt auch hier, daß sich häufiger Ähnlichkeiten als Unterschiede beobachten lassen.

Durchgängig positive Effekte ergeben sich im Bereich *Akzeptanz in der Klasse*: Sowohl Eltern als auch Klassenlehrer beschreiben die Hochleistenden als etwas besser integriert. Hochleistende haben ebenfalls zu einem deutlich höheren Anteil in ihrer Schullaufbahn ein Amt in der Klasse inne. Parallel zur Begabungsstichprobe beschreiben sich Hochleistende als etwas weniger kontaktbereit, dies gilt allerdings wiederum nicht beim Vergleich mit den Schülern der Q-Referenzstichprobe. Darüber hinaus haben Hochleistende beiderlei Geschlechts seltener Kontakt zu ihrem guten Freund als die Vergleichsgruppe. Kleine Effekte zuungunsten der Zielgruppe sind auch bezüglich der *Einsamkeit* zu verzeichnen, und zwar insbesondere in der Facette *Soziale Einsamkeit* (fehlende Sozialkontakte). Allerdings besteht eine Konfundierung mit dem sozioökonomischen Status, die Effektstärken sind klein und die Mittelwerte deuten ebenfalls nicht auf besonders ausgeprägte Einsamkeitsgefühle bei Hochleistenden hin. Schüler der Zielgruppe fühlen sich darüber hinaus etwas häufiger anders (kleiner Effekt), interessanterweise bewerten sie *Anderssein* aber nicht positiver als ihre durchschnittlich leistenden Mitschüler. Aber auch in der Leistungsstichprobe gilt die Beziehung, daß *Gefühle des Andersseins* eher mit einer positiven Bewertung einhergehen. Hochleistende haben nach Angaben der Eltern eher einen vorwiegend gleichaltrigen Freundeskreis, Dies gilt insbesondere für die Jungen. Ein ähnliches Ergebnis war bereits beim Vergleich hochbegabter und durchschnittlich begabter Schüler zu beobachten.

Nur bei wenigen Variablen treten Wechselwirkungen auf, die zu*ungunsten* der hochleistenden *Jungen* ausfallen: Diese sind weniger häufig Mitglied einer Clique, verbringen am wenigsten Zeit mit Freunden und haben seltener Kontakt zu Freunden. Es gibt also *keinen Hinweis* darauf, daß insbesondere für Mädchen exzellente Schulleistung mit Nachteilen in Beziehungen zu (gleichgeschlechtlichen) Peers einhergeht. Bezüglich einiger Variablen deuten sich „Ost-West-Unterschiede" an. Der Anteil Jugendlicher ohne guten Freund scheint in den neuen Bundesländern etwas höher zu sein, ebenso fühlen sich „Ost"-Jugendliche weniger häufig anders und bewerten *Anderssein* weniger positiv. Erwartungsgemäß ist der Anteil an Vereinsmitgliedern in den neuen Bundesländern etwas niedriger.

5 Diskussion

Die Diskussion bezieht sich im Kern auf die Fragestellungen:

- Gibt es Unterschiede zwischen hoch- und durchschnittlich Begabten in verschiedenen Aspekten ihrer Peer-Beziehungen?
- Lassen sich ähnliche Befundmuster beim Vergleich hoch- und durchschnittlich Leistender beobachten?

Darüber hinaus gehe ich auf folgende Punkte ein:

- Generalisierbarkeit der Ergebnisse,
- Eignung der eingesetzten Instrumente,
- Übereinstimmung zwischen den Beurteilergruppen,
- praktische Relevanz der Resultate.

Generalisierbarkeit der Ergebnisse. Im *Marburger Hochbegabtenprojekt* wurde durch die Anlage der Untersuchung versucht, eine möglichst hohe interne und externe Validität zu gewährleisten. Zentral ist die *Auslese der Ziel- und Vergleichsgruppen aus einer großen Grundgesamtheit von Schülern nach einem klar definierten und objektivierbaren Kriterium.* In der Begabungsstichprobe wurde nach der allgemeinen Intelligenz selegiert, für die Leistungsgruppe wurden die Jahrgangsbesten ihrer Schulen und durchschnittliche Vergleichsschüler nach Zensuren ausgewählt. Zwar genügen Zensuren nicht den üblichen Gütekriterien psychometrischer Verfahren, nichtsdestotrotz sind sie ökologisch hoch valide, da sie (ob zu Recht oder zu Unrecht soll hier nicht diskutiert werden) das Lebensschicksal der Schüler bestimmen (sie dienen z.B. als gängige Auswahlkriterien für die Aufnahme eines Studiums oder einer beruflichen Ausbildung). Leistungsexzellenz und Leistungsversagen in der Schule kovariieren darüber hinaus mit einer Reihe psychologisch relevanter Variablen, wie z.B. dem Selbstkonzept der eigenen Leistungsfähigkeit. Auch aktuelle politische Diskussionen zu Fördermaßnahmen für *Hochbegabte* (z.B. „D-Zug-Klassen") konzentrieren sich im Kern eher auf die Förderung besonders *leistungsstarker* Schüler. Begabung im Sinne eines latenten Potentials spielt dabei, man mag dies bedauern oder auch nicht, nur eine untergeordnete Rolle. Das zentrale Problem der mangelnden Vergleichbarkeit von Zensuren wurde dadurch relativiert, daß für die Zielgruppe die „Jahrgangsstufenbesten" (und nicht beispielsweise die Klassenbesten) ausgewählt wurden. So sollte die Vergleichbarkeit hinsichtlich des Rangplatzes des Schülers innerhalb seiner Jahrgangsstufe weitestgehend gewährleistet sein. Die sich bereits zum Erhebungszeitpunkt 1998 abzeichnenden unterschiedlichen Lebenswege der jeweiligen Ziel- und Vergleichsgruppen in bezug auf Aufnahme einer Berufsausbildung oder Aufnahme eines Studiums sind Hinweise auf die Validität der Gruppenauswahl. Dies gilt gleichermaßen für die deutlichen Effekte in leistungs- und begabungsnahen Variablen (z.B. bei eigenen und Fremdbeurteilungen der kognitiven Leistungsfähigkeit vgl. dazu Rost 2000a).

Weiterhin wurden relevante Störvariablen (sozioökonomischer Status und Geschlecht) kontrolliert, was immer dann, wenn keine echte Zufallszuweisung auf die Gruppen erfolgen kann (quasi-experimentelles Vorgehen), von großer Relevanz ist. Leider ist die

Parallelisierung hinsichtlich des sozialen Hintergrundes nicht vollständig gelungen. Daher wurde, wenn es Hinweise auf mögliche Konfundierungen mit Gruppenunterschieden in der abhängigen Variablen gab, überprüft, ob der Unterschied auch nach Auspartialisierung des Sozialstatus von Bestand ist. Diese Methode ist als konservativ einzustufen, wird doch auf diese Weise immer auch ein Teil der durch den gruppenstiftenden Faktor (*Leistung* oder *Begabung*) bedingten Varianz „entfernt".

Zwei weitere Punkte verdienen Erwähnung: Das *Marburger Hochbegabtenprojekt* imponiert vor allem durch *sorgfältige Datenerhebung, genaue Datenkontrolle und die intensive Pflege der Längsschnittstudie*. Bislang sind in der Begabungsstichprobe lediglich vier (!) von 287 Teilnehmern innerhalb eines Zeitraums von über 10 Jahren abgesprungen. Auch bei den postalischen Erhebungen werden außerordentlich hohe Rücklaufquoten (über 95%) erreicht. Hinzu kommt, daß die Haupterhebungen ausschließlich von geschultem Fachpersonal durchgeführt wurden. Alle Daten wurden mehrfach auf Eingabefehler kontrolliert. Zwar sollte Sorgfalt bei Datenerhebung und -auswertung eigentlich eine Selbstverständlichkeit darstellen, ruft man sich aber beispielsweise die Rücklaufquoten bei einigen im theoretischen Teil skizzierten Studien ins Gedächtnis, scheint dies leider nicht immer zu gelten.

Inwieweit die Herkunft der Leistungsstichprobe (ausschließlich Gymnasien aus den neuen Bundesländern wurden in die Auswahl einbezogen) bei der Generalisierbarkeit der Befunde eine Rolle spielt, muß sicher von Fall zu Fall entschieden werden. Einige Hinweise auf „Ost-West-Effekte" liegen vor, allerdings nur bei bestimmten Variablen. Zum Zeitpunkt der Erhebung waren bereits fünf Jahre seit der Wiedervereinigung vergangen, aus größeren Jugendstudien (wie den Shell-Studien) gibt es Anhaltspunkte dafür, daß sich die Lebenswelten Jugendlicher in „Ost" und „West" einander rasch angleichen. Dennoch sollte man gerade bei sozialen Variablen, die stark von gesellschaftlichen Strukturen, wie etwa der Verfügbarkeit institutionalisierter Freizeittreffs, mitgeprägt werden, Vorsicht bei der Verallgemeinerung walten lassen. Dies gilt aber ebenso für die Übertragbarkeit von Befunden aus anderen Ländern – wie den USA – wo vom Stellenwert schulischer Sportmannschaften bis zum Schulsystem wahrscheinlich weitaus mehr auf die „Peer-Kultur" wirkende Unterschiede bestehen als zwischen alten und neuen Bundesländern.

Insgesamt können die vorliegenden Ergebnisse daher m.E. nach als generalisierbar angesehen werden.

Relevanz der Referenzstichprobe. Unterschiede zwischen der jeweiligen Ziel- und Vergleichsgruppe sind ein Hinweis darauf, daß die Effekte auf den gruppenstiftenden Faktor (*Begabung* oder *Leistung*) zurückzuführen sind. Jedoch fällt es – insbesondere im Hinblick auf praktische Implikationen – schwer, diese einzuordnen, repräsentieren beide Vergleichsgruppen (durchschnittlich Begabte bzw. durchschnittlich Leistende) doch einen selektiven Ausschnitt aus der Schülerpopulation. So liegt der Verdacht nahe, daß es sich insbesondere bei den durchschnittlich Begabten um eine besonders gut angepaßte Gruppe handelt: Dies zeigt sich beispielsweise darin, daß – trotz eher durchschnittlicher Befähigung – ein hoher Prozentsatz (52.3%) das Gymnasium besucht. Daher erschien es sinnvoll (und hat sich m.E. nach bewährt), ergänzend eine große nicht vorausgelesene Gruppe von Schülern zu befragen, um abschätzen zu können, wie sich Hochbegabte bzw. Hochleistende von dieser „Norm" abheben. Darüber hinaus konnten dadurch weitere Erkenntnisse zur Einsetzbarkeit der verwendeten Instrumente gewonnen werden. Im Rahmen dieser Arbeit war es nicht möglich, eine im strengen Sinne repräsentative Stichprobe zu erheben, jedoch sind Schulen aus unterschiedlichen Gebieten Hessens und Nordrhein-Westfalens vertreten. Hauptschüler fehlen weitgehend, allerdings dürfte in den befragten Gesamtschulen ein deutlicher Prozentsatz des entsprechenden Schülerklientels vertreten gewesen sein. Darauf deuten zumindest die ZVT-Ergebnisse hin. Insbesondere im Vergleich zu manchen publizierten Testnormen ist die Größe der Referenzstichprobe hervorzuheben. So war es möglich, eine sekundäre Quotenstichprobe zu ziehen, die nach Geschlecht und besuchter Schulform der hessischen Schülerpopulation (ohne Haupt- und Sonderschüler) entsprach. Gerade gegenüber den Schülern dieser quotierten Stichprobe dokumentiert sich die „Normalität" der Hochbegabten. Beim Vergleich der Q-Referenzstichprobe mit hochleistenden Schülern können allerdings Interpretationsschwierigkeiten aufgrund möglicher „Ost-West-Effekte" auftreten. Optimal wäre es gewesen, auch eine entsprechende Vergleichsgruppe ostdeutscher Schüler heranziehen zu können, was aber im gegebenen zeitlichen und finanziellen Rahmen nicht zu realisieren war. Immerhin bestand für manche Variablen die Möglichkeit, Vergleiche zu kleineren Teilstichproben der Shell-Studie '92 zu ziehen, in deren Rahmen sowohl ost- als auch westdeutsche Schüler befragt wurden.

Eignung der Instrumente. Im Rahmen von Längsschnittuntersuchungen muß immer die Frage bedacht werden, ob ein Instrument in verschiedenen Entwicklungsphasen das gleiche Konstrukt erfaßt. Der *Sozialfragebogen für Schüler* sowie die hier betrachteten Ausschnitte der Fremdbeurteilungsinstrumente (Fragebogen und Interview) wurden nach sorgfältiger Überlegung sowohl bei Neunjährigen als auch bei Fünfzehnjährigen eingesetzt. Dafür wurden Items ausgewählt, die auch für eine Befragung Jugendlicher sinnvoll erschienen. Die weiteren Fragen und Items sind spezifisch für dem Einsatz im Jugendalter konzipiert, die UCLA-Einsamkeitsskala wurde insbesondere an studentischen Populationen erprobt und schien daher für Neunzehnjährige bzw. Zwanzigjährige angemessen zu sein.

Ein prinzipielles Problem bei der Erfassung von Peer-Beziehungen im Jugendalter ist der Mangel an entsprechenden Verfahren, die empirisch *validiert* und theoretisch *begründet* – möglichst ökonomisch – Informationen zu *verschiedenen* relevanten Aspekten erfassen. Eher scheint es, daß Peer-Beziehungen „irgendwie" unter unterschiedlichen Etiketten (*soziales Selbstkonzept, Kontaktbereitschaft* etc.) in vielen Bereichen (mit) angesprochen werden. Da nicht auf ein entsprechend konzipiertes Instrument (oder Instrumente) zurückgegriffen werden konnte, hat das *Marburger Hochbegabtenprojekt* versucht, insbesondere durch die Aufnahme relevanter Fragen in die projektintern entwickelten Verfahren, einen möglichst breiten Einblick in diesen Lebensbereich der Jugendlichen zu erhalten. Die verwendeten Fragen hatten sich zum größten Teil entweder in der zweiten Phase des Projekts oder im Rahmen anderer Studien (Shell '92) bereits bewährt. Die von mir vorgenommene Einteilung in verschiedene Bereiche ist daher nur als Ordnungsprinzip, nicht als „Modell" zu verstehen. Die Entwicklung einer theoriebasierten, empirisch validierten diagnostischen Strategie insbesondere für das Jugendalter bleibt eine (noch) ungelöste Aufgabe.

Die eingesetzten Skalen haben sich in verschiedenen Stichproben (insbesondere auch in der unausgelesenen Referenzstichprobe) insgesamt als stabil erwiesen: In allen untersuchten Stichproben ergaben sich recht ähnliche psychometrische Kennwerte. Die nicht eindeutige Dimensionalität der Items der Kurzskala *Einsamkeit* (Globalwert oder voneinander abgrenzbare Einsamkeitsaspekte) ist kein neues Phänomen, sondern wird in der einschlägigen Literatur häufiger berichtet. Zumindest auf explorativer Basis gibt es Hinweise auf konvergente Validität der Skalen. Bei allen Instrumenten ergaben sich mehr oder minder starke Decken- bzw. Bodeneffekte, was insbesondere die Interpretation der Interkorrelationen zwischen den Variablen erschwert und die Differenzierungskraft im (inhaltlich) positiven Bereich einschränkt. Für die Fragestellung ob Hochbegabte besonders *problembehaftete* Peer-Beziehungen haben, ist dies allerdings weniger relevant. Außerdem dokumentierten sich auch bei stark schief verteilten Variablen (z.B. *Kontaktbereitschaft* oder *Sozialinteresse bei Schülern*) kleine Unterschiede zwischen den Begabungs- bzw. Leistungsgruppen oder auch Differenzen zwischen den Geschlechtern. Zudem muß man die Frage stellen, ob die schiefen Verteilungen lediglich auf Mängel der Instrumente zurückgehen oder in Besonderheiten der Entwicklungsphase der Adoleszenz wurzeln. So kann z.B. wahrscheinlich davon ausgegangen werden, daß für die meisten Jugendlichen der *Kontakt zu Freunden* eine prominente Rolle in ihrer Freizeitgestaltung einnimmt. Positiv zu vermerken ist der Einsatz verschiedener Befragungsmethoden: Den Eltern und Lehrern wurde im Rahmen des Interviews Gelegenheit gegeben, offen ihre Meinungen und Gedanken zu äußern. So bestand die Möglichkeit auch solchen „hochbegabungsspezifischen" Problemen auf die Spur zu kommen, die mit standardisierten Items nur schwer zu erfassen sind. Daß sich sowohl Eltern als auch Lehrer im persönlichen und in offener Atmosphäre geführten Interview nur relativ kurz und im allgemeinen positiv zu der Beziehung des Jugendlichen zu Mitschülern äußerten, ist ein Beleg dafür, daß von den Beurteilern keine entsprechenden Probleme wahrgenommen werden.

Im Mittelpunkt meiner Arbeit standen vor allem Fragen, die sich auf relativ konkreter Ebene mit Kontakten der Jugendlichen beschäftigen, z.B. ob sie einen Freund haben, wie häufig sie diesen sehen, ob sie Mitglied einer Clique sind etc. Diese wurden durch andere Angaben (z.B. zur Integration in der Klasse) ergänzt. Weitere Informationen – z.B. zum Freundschaftskonzept der Jugendlichen – hätten das Befundmuster sicher bereichert und manche Interpretationen erleichtert. Im Rahmen eines umfangreichen Forschungsprojektes ist dies aber nur in eingeschränkter Weise möglich: Peer-Beziehungen repräsentieren nur einen Ausschnitt aus den verfolgten Fragestellungen und pro „Datenquelle" standen nur in begrenztem Ausmaß Zeit und Ressourcen zur Verfügung. Dennoch denke ich, daß es gelungen ist, die Peer-Beziehungen Hochbegabter und Hochleistender – umfassender als dies bislang erfolgt ist – unter verschiedenen Aspekten zu beleuchten.

Übereinstimmung der „Datenquellen". Die Nutzung unterschiedlicher „Datenquellen" hat – wie unter 2.1.3 dargelegt wurde – unbestreitbare Vorteile: Sowohl
ähnliche als auch divergierende Einschätzungen können diagnostisch von Nutzen sein.
Da von differenten Quellen – mit Ausnahme der beiden Lehrergruppen in der Begabungsstichprobe – unterschiedliche Informationen erhoben wurden, verwundert es
auch angesichts der massiven Variabilitätseinschränkungen bei vielen Variablen nicht,
daß die Interkorrelationen insgesamt eher niedrig ausfallen oder ganz fehlen. Bei den
wenigen inhaltlich ähnlichen Variablen lassen sich konsistente Beziehungen objektivieren. So korreliert etwa *Kontakt zu Freunden* und *Zeit mit Freunden* (Datenquelle „Jugendliche") um $r \approx 0.30$ mit den Elternangaben zu *Übernachtungen bei und
von Freunden*. Die mäßige Konkordanz zwischen den Eltern und Jugendlichen bei der
Frage nach einem guten Freund macht deutlich, daß trivialerweise immer dann, wenn
es um die Beurteilung einer *Beziehungsqualität* geht, eine Befragung der betroffenen
Person unerläßlich ist. Aussagen der Eltern reichen – zumindest im Jugendalter – offensichtlich nicht aus, um dies zu beurteilen. Kritisch anzumerken ist, daß die Formulierungen bei einigen Fragen sicher verbessert werden könnten. So hätte man beispielsweise die Eltern statt nach der „Anzahl bekannter *Freunde*" danach fragen
können, wie viele Jugendliche sie kennen, mit denen sich ihr Sohn bzw. ihre Tochter
regelmäßig trifft. Dadurch würde vermieden, daß eigene Vorstellungen der Beziehungsqualität „Freund" die Antwort beeinflussen. Gleiches gilt für die entsprechende
an die Lehrer gerichtete Frage: Auch hier wäre eine verhaltensnähere Formulierung
vielleicht von Vorteil gewesen. Zumindest bei den Eltern dürften entsprechende
Effekte aber nicht dramatisch sein, da davon ausgegangen werden kann, daß die meisten Eltern wahrscheinlich recht gut wissen, wen der Jugendliche ihnen gegenüber als
„Freund" bezeichnet und wen nicht.

Die Übereinstimmung zwischen beiden Lehrern in der Begabungsstichprobe fällt mäßig aus; interessanterweise scheinen die Urteile insbesondere bei der Beurteilung der
Integration hochbegabter Jungen keinen Zusammenhang aufzuweisen. Auf der Basis
des momentanen Kenntnisstandes kann dieser Befund nicht interpretiert werden, bietet
aber Ansatzpunkte für künftige Untersuchungen:

- Worauf gründen Lehrkräfte ihr Urteil, ob ein Jugendlicher in der Klasse integriert
  ist oder nicht?
- Welchen Einfluß haben Persönlichkeits- und Leistungsvariablen?
- Welche Rolle spielen Merkmale des Unterrichts und der beurteilenden Lehrkraft?

„Ist der hochbegabte Jugendliche sozial isoliert?" Diese – in Anlehnung an
Grace & Booth (1958) – formulierte Frage kann nach den vorliegenden Befunden eindeutig mit *nein* beantwortet werden. In *keiner* der betrachteten Variablen, die mit unterschiedlichen Methoden von verschiedenen Datenquellen erhoben wurden, zeigen
sich Effekte, die darauf schließen lassen, Hochbegabte seien besonders problematisch,
was ihre Peer-Beziehungen anbetrifft. In Variablen, die auf das Peer-Netzwerk abheben – Anzahl der Freunde im Elternurteil, Zugehörigkeit zu einer Clique und Existenz
eines guten Freundes – dokumentiert sich *kein* Effekt herausragender intellektueller
Leistungsfähigkeit – weder in positiver noch negativer Richtung. Hochbegabte fühlen
sich – entgegen anderslautender Annahmen – ebenfalls nicht häufiger „anders" als

durchschnittlich Begabte, aber sie bewerten *Anderssein* etwas positiver. Insgesamt ergibt sich in allen Gruppen ein positiver Zusammenhang zwischen *Gefühlen des Andersseins* und der Bewertung dieses Zustandes. *Anderssein* hat also nicht nur negative Aspekte („ich gehöre nicht dazu"), sondern kann eventuell für Jugendliche auch Ausdruck einer eigenständigen Identität und erreichter Autonomie sein. Es wäre in diesem Zusammenhang interessant, die Beziehung zwischen Aussagen zum *Anderssein* und dem Prozeß der Identitätsfindung näher zu analysieren.

Kleine – aber statistisch abzusichernde Effekte – zu*un*gunsten der Hochbegabten lassen sich bezüglich der Variablen *Kontaktbereitschaft* konstatieren. Diese sind konsistent mit den von Freund-Braier (2000; 2001) berichteten Ergebnissen zu sozialen Aspekten der Persönlichkeit und den von Rost & Hanses (2000) dargestellten Unterschieden im sozialen Selbstkonzept, was sicher auch darauf zurückzuführen ist, daß die Items der betreffenden Skalen inhaltlich teilweise stärkere Überlappungen aufweisen, so daß ähnliches erfaßt wird. Bevor ich auf diese Unterschiede näher eingehe, sei noch einmal darauf hingewiesen, daß sich Hochbegabte in *keiner* dieser Variablen negativ von den Jugendlichen der Q-Referenzstichprobe abheben.

In der Skala *Kontaktbereitschaft* zeigen sich aufschlußreiche Antwortmuster: Beide Begabungsgruppen liegen bezüglich dcs Items „Freunde zu haben ist mir sehr wichtig" zu über 95% im positiven Bereich der Antwortskala (HB: 97.3%, DB: 96.3%). Im Gegensatz dazu ist der Anteil Hochbegabter, die das Item „Man sollte *nicht zu viele Freundschaften* haben" bejahen, mit 20.6% gegenüber 14% bei durchschnittlich Begabten erhöht. Ähnliches gilt für die Aussagen in der von Freund-Braier verwendeten Skala *(Geringe) Kontaktbereitschaft*. So stimmen 80% der durchschnittlich Begabten dem Item: „Ich schließe *schnell und oft eine Freundschaft*" zu, aber nur 53% der Hochbegabten. Auch bei den Fragen zum Sozialen Selbstkonzept (Skala *Beliebtheit*) zeigt sich ein entsprechendes Antwortmuster. So lehnen Hochbegabte die Äußerung „Meine Mitschülerinnen und Mitschülerinnen machen sich über mich lustig" ebenso häufig ab wie durchschnittlich Begabte (89.7% vs. 88.8%), auch bei den restlichen Items der Skala sind – betrachtet man die Zustimmungs- und Ablehnungsquote – keine prägnanten Differenzen zu beobachten (z.B. „Ich bin unbeliebt": Ablehnung bei HB: 86.9%, DB: 91.5%). Der einzige *deutlichere* Unterschied in den Zustimmungs- bzw. Ablehnungsquoten auf Itemebene dokumentiert sich wiederum bei einem Item, das das Knüpfen von Freundschaften thematisiert: „Es ist *schwierig für mich, Freundschaften zu schließen*" (Antwort *nein*: DB: 83.2%, HB: 65.4%). Haben Hochbegabte möglicherweise ein *reiferes Freundschaftskonzept*, das zeitliches und (evtl. risikoreiches) emotionales Investment als „Kostenfaktor" enger freundschaftlicher Beziehungen in Rechnung stellt und sind deshalb vorsichtiger, was das Eingehen von Freundschaften angeht? Oder ist ihre diesbezügliche Einschätzung kritischer und „realitätsnäher" – wer zu viele gute Freunde hat, kann die einzelnen Freundschaften nicht adäquat pflegen? Ob diese Vermutungen zutreffen, kann anhand der vorliegenden Daten nicht eindeutig beantwortet werden. Es liegt jedoch nahe, an dieser Stelle eine Parallele zu den im theoretischen Teil kurz skizzierten Befunden von Kovaltchouk (1998, 143) zu ziehen. Dort stellten die befragten Hochbegabten höhere Ansprüche an die Qualität sozialer Beziehungen. „Bei Hochbegabten [scheint] die Neigung, hohe Standards bei der

Freundeswahl und bei der Beurteilung der Qualität sozialer Kontakte anzulegen, stärker ausgeprägt zu sein als bei durchschnittlich begabten Jugendlichen. Es wäre wünschenswert, zukünftig systematischer zu untersuchen, welche Ansprüche und Wünsche Hochbegabte in bezug auf ihre sozialen Beziehungen haben.

Bei der Interpretation der Befunde zum *Kontakt zu Freunden* gilt ebenfalls zu beachten, welche Angaben unter der Skalenbezeichnung zusammengefaßt sind. Die dort enthaltenen Items umfassen nur bestimmte Aspekte des Freundschaftskontakts zwischen Jugendlichen, die offensichtlich – wie die Geschlechtsunterschiede zeigen – eher für Mädchenfreundschaften typisch sind. Betrachtet man auch hier die Items einzeln und dichotomisiert nach „seltener" bzw. „häufiger", so läßt sich der deutlichste Unterschied zwischen hoch- und durchschnittlich Begabten beim Item „mit Freunden und Freundinnen rumhängen" beobachten (Antwort in Richtung „häufiger": VG-DB 68%, ZG-HB 51%). Bei „mit Freunden und Freundinnen zusammen sein" oder „mit dem besten Freund oder der besten Freundin zusammen sein" gibt es hingegen zwischen den Begabungsgruppen keine bedeutsamen Differenzen. Vom Mittelwert der Q-Referenzstichprobe heben sich Hochbegabte ebenfalls nicht deutlich ab. Hochbegabte verbringen – auch in Relation zu anderen Freizeitaktivitäten – etwas weniger *Zeit mit ihren Freunden*, allerdings sehen sie ihren besten Freund nicht seltener als durchschnittlich Begabte. Dieser rein quantitative Aspekt sollte nicht überbewertet werden, insbesondere wenn man in Betracht zieht, daß Hochbegabten einen „volleren Terminkalender" – mehr feste wöchentliche Termine als durchschnittlich Begabte – haben.

Aufschlußreich in Hinblick auf häufig in der Literatur anzutreffende Behauptungen sind die Ergebnisse zum *Alter der Freunde* bzw. des *besten Freundes*. Hochbegabte suchen – entgegen der vor allem in Ratgebern und der populärwissenschaftlichen Literatur verbreiteten, aber so gut wie nie belegten Annahme – offensichtlich *nicht* bevorzugt Freunde unter älteren Jugendlichen. Anderslautende Behauptungen stützen sich zumeist ausschließlich auf Untersuchungen an Kindern oder auf die Ergebnisse der Terman-Längsschnittstudie. Dabei darf man nicht vergessen, daß die dort untersuchten Kinder und Jugendlichen zu einem nicht unerheblichen Teil zu den Jüngsten ihrer Klassenstufe zählten. Wenn sich Freundschaften auch (und möglicherweise vorwiegend) unter Schulkameraden bilden, so ist es nicht weiter verwunderlich, daß sich die jugendlichen „Termiten" diese in ihrer älteren Peergruppe gesucht hatten, da Jüngere oder Gleichaltrige in diesen Klassen bzw. Kursen kaum vorhanden waren.

Das eher auf Empathie und die Fähigkeit zur Perspektivenübernahme bezogene *Sozialinteresse bei Schülern* differenziert ebenfalls nicht zwischen den Begabungsgruppen. Annahmen über einen besonderen Mangel an Sensibilität oder überdurchschnittlich ausgeprägte Empathiefähigkeit hochbegabter Jugendlicher können nicht bestätigt werden. Die Skala zeigt außerdem kaum Querbeziehungen zu anderen sozialen Variablen. Mehrere Erklärungen sind hier möglich. Zum einen sind die Items dieser Skala relativ verhaltensfern: es wird lediglich gefragt, ob man sich öfter in andere hineinversetzt oder sich in andere einfühlt. Ob daraus eine Verhaltenskonsequenz (z.B. trösten eines Mitschülers mit schlechter Note) folgt, wird nicht erhoben. Zum anderen hängen Ausprägungen auf dieser Variable eventuell enger mit spezifischen – hier nicht erhobenen – sozialen Verhaltensweisen (wie altruistischem Verhalten) zusammen.

Im Lehrkrafturteil zur *Integration in der Klasse* gibt es Effekte zugunsten Hochbegabter. Auch Freund-Braier (2000; 2001) fand entsprechende Unterschiede hinsichtlich der lehrerseitig beurteilten *sozialen Kompetenz*. Der enge Zusammenhang beider Skalen wurde bereits angesprochen. Inwieweit hier Halo-Effekte – begründet im „Glorienschein" guter Schulleistungen – eine Rolle spielen, kann nicht eindeutig beantwortet werden. Immerhin besteht eine Korrelation von $r = -0.15$ des Notendurchschnitts in der 9. Klasse mit beiden Lehrkrafturteilen in der Begabungsstichprobe. Bei kovarianzanalytischer Berücksichtigung dieses Zusammenhangs läßt sich der Unterschied zwischen den beiden Begabungsgruppen nicht mehr absichern; dies gilt auch, wenn die Noten lediglich aus dem Lehrkrafturteil auspartialisiert werden. Hier kann durchaus kritisch gefragt werden, wie gut Lehrer sich als Informationsquelle eignen, will man etwas über soziale Kontakte Jugendlicher erfahren. Zumindest im Interview äußerten Lehrer häufiger, daß es ihnen eher schwer falle, die sozialen Kontakte einzelner Schüler zu beurteilen, da sie mehr die Klasse als Sozialgefüge im Blick haben. In diesem Sinne könnte man vorsichtig schlußfolgern, daß es (Fach-)Lehrern eventuell schwerer fällt im „Normalbereich" der sozialen Anpassung zu differenzieren, ihnen extreme Gruppenpositionen (Randständige, Meinungsführer, Außenseiter) aber auffallen. Äußerungen wie „ein Außenseiter ist er nicht, das wüßte ich" kommen entsprechend häufig in den Interviews vor. Auch aus den Aussagen der Eltern ergab sich kein Hinweis, der eine schlechtere Integration Hochbegabter vermuten ließe. Zwar kann man kritisch anmerken, daß Eltern vielleicht wenig darüber wissen, was in der Klasse passiert; sie haben dafür aber recht gute Kenntnisse über außerschulische Kontakte zu Mitschülern (z.B. wie häufig man sich trifft, ob man auf Parties eingeladen wird, ob Mitschüler anrufen etc.) und können sich dazu in den meisten Fällen auch differenziert äußern. Diese außerschulischen Kontakte gestalten sich – legt man die Interviewdaten zugrunde – zumindest in der Wahrnehmung ihrer Eltern für hochbegabte Schüler nicht schlechter als für durchschnittlich Begabte. Um die Integration in die Schulklasse besser beurteilen zu können, wäre es sicher wünschenswert gewesen, soziometrische Urteile der Klassenkameraden zu erheben. Der Untersuchungsaufwand war allerdings im Rahmen des *Marburger Hochbegabtenprojekts* nicht zu leisten: Hätte dies doch bedeutet, neben den 536 untersuchten Jugendlichen beider Stichproben mehr als 10000 Schüler zusätzlich zu befragen! Eine überproportionale Häufung sozialer Auffälligkeiten, die Lehrkräften und Eltern nicht verborgen bleiben dürften, ist aber nach den dargelegten Ergebnissen eher unwahrscheinlich.

Nach Aussagen ihrer Lehrer sind Hochbegabte etwas häufiger Klassensprecher (in der 9. Klasse), in den folgenden Schuljahren kann ein entsprechender Unterschied (nach Angaben der Jugendlichen) nicht mehr abgesichert werden. Dazu ist anzumerken, daß solche „sozialen Führungspositionen" nicht notwendigerweise mit allgemeiner erhöhter Beliebtheit einhergehen – man muß den Klassensprecher nicht lieben, sondern ihm zutrauen, daß er sich für Belange der Klasse einsetzen und diese auch durchsetzen kann. Allerdings ist es sehr unwahrscheinlich, daß ausgesprochen unbeliebte Schüler eine solche Position einnehmen. Perleth und Sierwald (1992, 325) berichten über eine

Interviewstudie mit 20 Schülern des Münchner Hochbegabtenprojekts, bei denen aufgrund der erhobenen Fragebogendaten Probleme vermutet wurden: „Erstaunlich ist der Befund, wonach einige Schüler zwar in der sozialen Führerrolle (Klassensprecher) anerkannt waren, sich jedoch dennoch bezüglich der Integration in Gruppen isoliert gefühlt haben." Dies trifft aber sicher nicht auf die Mehrheit der hochbegabten Schüler – auch nicht in der Münchner Studie – zu: „Alles in allem fanden wir nicht allzu viele Hochbegabte, die zu den 5 – 10 Prozent der Intelligentesten gehörten und von denen wir aufgrund ihrer Antworten in den diesbezüglichen Fragebögen annahmen, daß sie Probleme haben."

Schulleistung – im Schnitt sind Hochbegabte auch bessere Schüler, für die Unterschiede zwischen hochleistenden und durchschnittlich leistenden Jugendlichen gilt dies sowieso – spielt für die Anerkennung als Klassensprecher sicher eine wesentliche Rolle: So kann es sich ein leistungsstarker Schüler eher „leisten" Konflikte mit den Lehrern auszutragen. Darüber hinaus trägt gerade bei Gymnasiasten angenommene „Intelligenz" (gute Zensuren bei nicht übermäßiger Anstrengung) zur Anerkennung bei. Man könnte vermuten, daß dies – zumindest bei den Hochbegabten – auch eine Rolle spielen könnte.[65]

In der Begabungsstichprobe hat sich keinerlei Hinweis darauf ergeben, daß hochbegabte Mädchen gegenüber hochbegabten Jungen im Nachteil sind. Auf *keiner* untersuchten Variable ließ sich ein Wechselwirkungseffekt beobachten. Auch Kovaltchouk (1998) konnte in Hinblick auf Peer-Beziehungen keine besonderen Schwierigkeiten hochbegabter Mädchen belegen. Es ist durchaus vorstellbar, daß sich die in der Literatur postulierten Rollenkonflikte erst später manifestieren, wenn die eigene Wahl (z.B. bezüglich Beruf, Karriere und Familiengründung) stärker als in der Schulzeit im Vordergrund steht und romantische Beziehungen zum *anderen Geschlecht* an Bedeutung gewinnen.

Hochbegabte und Hochleistende. Die Interpretation von Ähnlichkeiten und Unterschieden bei diesen beiden Gruppen sollte mit aller Vorsicht und eher im hypothesengenerierenden Sinn erfolgen, da es mit dem vorliegenden Untersuchungsdesign schwierig sein dürfte, eine *Aussage in bezug auf den spezifischen Anteil von Leistungsbzw. Begabungsvarianz* an den gefundenen Effekten abzugeben.[66] Bei einer anzunehmenden mittleren Korrelation zwischen *Begabung* und *Leistung* ist es erwartungstreu, daß sich unter den hochleistenden Schülern auch Hochbegabte und unter diesen auch hochleistende Schüler finden lassen. Wollte man eine im varianzanalytischem Sinne klare faktorielle Trennung beider Konzepte (Leistung hoch / durchschnittlich und Begabung hoch / durchschnittlich) realisieren, müßte eine sehr große Stichprobe untersucht werden, um in den „erwartungswidrigen" Zellen (Leistung hoch / Begabung durchschnittlich bzw. Leistung durchschnittlich / Begabung hoch) eine ausreichende Zellbesetzung zu erhalten, insbesondere wenn man potentielle Störvariablen wie das

---

[65] Aber auch Hochleistende sind im Schnitt intelligenter als durchschnittlich leistende Schüler (vgl. 2.1.2.2).

[66] Zusätzlich erschweren die systematischen Herkunftsunterschiede zwischen Leistungs- und Begabungsstichprobe (alte vs. neue Bundesländer) die Interpretation.

Geschlecht oder den soziökonomischen Status kontrollieren wollte. In internen Analysen – auf die im Rahmen dieser Arbeit nicht näher eingegangen wurde – habe ich explorativ überprüft, ob sich innerhalb der Leistungsstichprobe *Overachiever* (durchschnittliche Begabung, exzellente Leistung) von erwartungsgemäß Hochleistenden (überdurchschnittliche Begabung, exzellente Leistung) und erwartungsgemäß durchschnittlich Leistenden (durchschnittliche Begabung, durchschnittliche Leistung) systematisch unterscheiden. Die Gruppen wurden so hergestellt, daß sie sich hinsichtlich der Zusammensetzung nach Geschlecht und im sozialen Status nicht unterschieden. Wie zu erwarten war, fanden sich nur wenige *Overachiever* (N = 24), mehrheitlich Mädchen (N = 16). Aufgrund der im theoretischen Teil dargelegten Annahmen zur negativen Bewertung von schulischer Anstrengung hätte man annehmen können, daß *Overachiever* eventuell am ehesten dem Stereotyp des unbeliebten „Strebers" entsprechen, da davon ausgegangen werden muß, daß sie mangelnde Begabung durch erhöhten Einsatz ausgleichen. Bei den Vergleichen ergeben sich allerdings keine konsistenten Effekte, die *Overachiever* liegen mal näher an den (erwartungsgemäß) Hochleistenden mal ähneln sie eher den (erwartungsgemäß) durchschnittlich Leistenden. In keiner Variable heben sich *Overachiever* deutlich negativ ab.

Auch Hochleistende werden – ähnlich wie Hochbegabte – von ihren Lehrern und von ihren Eltern positiv eingeschätzt, was die Integration in der Klasse anbetrifft. Dabei fallen die Effekte größer aus. Die Diskrepanzen im Engagement für schulische Ämter sind zwischen Hochleistenden und durchschnittlich Leistenden ebenfalls stärker ausgeprägt. Beachtenswert ist, daß der absolute Anteil an Hochleistenden, die angeben, seit der 9. Klasse ein entsprechendes Amt inne gehabt zu haben, nicht höher ausfällt als der der hochbegabten Schüler (ZG-HL: 44 %, ZG-HB: 52.8%). Die Effekte in der Leistungsstichprobe fallen aufgrund des niedrigen Anteils an durchschnittlich leistenden Schülern (15%) entsprechend groß aus, während der Anteil bei durchschnittlich Begabten in der Höhe dem der Hochleistenden entspricht (45.9%). Man könnte vermuten, daß hier die gezeigte Leistung eine größere Rolle spielt als die Begabung; da aber keine direkte Vergleichbarkeit der Befunde gegeben ist, bleibt dies eine durch zukünftige Untersuchungen zu überprüfende Hypothese.

Wie bei Hochbegabten scheinen Hochleistende beim Knüpfen von Freundschaften etwas zurückhaltender zu sein. Die Effekte sind ähnlich ausgeprägt. Für den Bereich des Peer-Netzwerkes zeigen sich beim Vergleich beider Leistungsgruppen ebenfalls kaum Diskrepanzen, aber eine Interaktion zu*un*gunsten hochleistender *Jungen*, was die Mitgliedschaft in einer Clique anbetrifft. Hochleistende Jungen heben sich auch hinsichtlich anderer Variablen negativ von ihren durchschnittlich leistenden Klassenkameraden ab: Sie haben seltener Kontakt zu Freunden und verbringen relativ wenig Zeit mit ihnen. Die genannten Variablen korrelieren zwischen r = 0.21 und r = 0.51 miteinander. Zumindest teilweise dürfte also ähnliches erfaßt werden („Kontakthäufigkeit"). Auch in einer Facette des Sozialen Selbstkonzepts – *Soziale Beziehungen zum eigenen Geschlecht* – ergeben sich im Alter von 16 Jahren nur für hochleistende Jungen ungünstige Effekte. Die Wechselwirkungen fallen allerdings klein aus. Hinzu kommt, daß im allgemeinen bei der Interpretation von Interaktionen – aufgrund der bekannten Instabilität – Vorsicht angebracht ist. Dennoch sind diese Ergebnisse eventuell ein Hinweis darauf, daß sehr gute Schulleistungen im Jugendalter möglicherweise eher für Jungen als für Mädchen ein Handicap darstellen. Die Vermutung von Specht (1982) sowie von Schneider und Coutts (1985), daß „schulangepaßtes" leistungsorientiertes Verhalten eher mit der „Schülerinnenrolle" kompatibel sei und von Jungen vielleicht eher eine gewisse Demonstration von Opposition und Schuldistanz erwartet werde, erfährt hier eine gewisse Unterstützung. Bevor weitergehende Überlegungen angestellt werden, wäre eine Replikation der Ergebnisse allerdings unbedingt erforderlich. Ob *Overachievement* für Jungen ein besonderer Gefährdungsfaktor ist, muß ebenfalls fraglich bleiben: eine Stichprobe der Größe N = 8 in den internen Analysen reicht auch für hypothesengenerierende explorative Überprüfungen nicht aus.

Die Diskussion der ermittelten Unterschiede soll nicht davon ablenken, daß insgesamt die Nulleffekte sowohl in der Begabungs- als auch in der Leistungsstichprobe deutlich überwiegen. Wäre zur Kontrolle des α-Fehlers eine Korrektur des Signifikanzniveaus (z.B. „bereichsweise") durchgeführt worden, hätte mit Sicherheit keiner der kleinen Effekte statistisch Bestand gehabt. Hier zeigt sich der Vorteil einer effektstärkenbasierten Sichtweise: interessante Befundmuster wären bei alleiniger Konzentration auf die statistische Signifikanz übersehen worden, zugleich schützt sie vor einer Überbewertung „signifikanter" Effekte, die aber praktisch von geringer Relevanz sind. Insgesamt bestätigen sich in dieser Arbeit einmal mehr die zentralen Befunde aus der Marburger Studie: Hochbegabte sind in vielen Bereichen nicht anders als durchschnittlich begabte Jugendliche. Dies zeigt sich sowohl bei Interessen als auch bei den nicht-kognitiven Aspekten der Persönlichkeit und des Selbstkonzepts. Aus recht „normalen" Grundschulkindern (Rost 1993b) sind offensichtlich „normale" gut angepaßte Jugendliche geworden (Rost 2000a). Aufgrund der Befunde läßt sich auch die Hypothese, im Extrembereich der Intelligenz ließe sich ein negativer Zusammenhang zur psychosozialen Anpassung beobachten, zurückweisen. Hohe Ausprägungen der Intelligenz wirken sich offensichtlich nicht negativ in sozialer Hinsicht aus. Ob dies auch für sehr extreme Ausprägungen gilt, läßt sich nicht beantworten. Entsprechende Personen (etwa mit einem IQ > 160) sind aber so selten, daß es fraglich ist, ob hier überhaupt allgemeine Aussagen getroffen werden können.

Implikationen für die Praxis. Insgesamt zeigen die Ergebnisse vor allem: Das Bild des „Strebers" oder „Eierkopfs", der als bedauernswerter Anti-Held vieler US-amerikanischer *High-School*-Komödien die Adoleszenz einsam und ohne Freunde durchleidet, ausgegrenzt und gehänselt von seinen Mitschülern, konnte *nicht* bestätigt werden. Warum hält sich dieses Bild dennoch so hartnäckig in den Köpfen vieler Pädagogen und Psychologen? Eine naheliegende Erklärung ist, daß spektakuläre Einzelfälle und Stereotype unzulässig verallgemeinert werden. Dennoch sollte man nicht die Augen davor verschließen, daß es auch unter Hochbegabten Jugendliche gibt, die sicherlich unter gravierenden sozialen Problemen leiden. Allerdings sollte man sich hüten, diese vorschnell mit der Begabung in Zusammenhang zu bringen, sondern sorgfältig diagnostisch überprüfen, welche Bedingungen zu diesen Schwierigkeiten beitragen: Mangelt es dem Jugendlichen an soziale Kompetenzen? Trägt die Umwelt verstärkt dazu bei, z.B. durch Signale seitens der Lehrer oder Eltern, daß soziale Auffälligkeiten zwangsläufig mit der außergewöhnlichen Begabung einhergehen und daher toleriert werden müßten? Es ist nicht davon auszugehen, daß hohe Begabung oder Leistung quasi automatisch zu Problemen mit Peers führt. In diesem Sinne tut man gut daran, einen (von mir recht frei übersetzten) Satz von Brown (1990) im Kopf zu behalten: „Es braucht mehr als gute Noten oder einen hellen Kopf, um als Streber oder Sonderling zu gelten." Für die Peers spielt es wahrscheinlich eine weitaus größere Rolle, ob ein Mitschüler ein umgänglicher Zeitgenosse ist, ob er weiß, welche Kleidung und Musik „angesagt" sind und ob man gemeinsame Interessen (z.b. für Sportarten) teilt. Hochbegabte Jugendliche unterscheiden sich in dieser Hinsicht nicht wesentlich von anderen. Wahrscheinlich sind Jugendliche, wenn die genannten Voraussetzungen gegeben sind, durchaus tolerant gegenüber kleineren „Merkwürdigkeiten" wie z.b. einem zusätzlichen ausgefallenen Interessensgebiet oder exzellenten Leistungen in Mathematik. Vielleicht müssen vor allem wir Erwachsenen uns von liebgewonnenen Stereotypen verabschieden, wie dem sozial ungeschickten „vergeistigten Jüngling" mit Interesse für klassische Musik und Sokrates. Selbst wenn einige hochbegabte Jugendliche häufiger solche Vorlieben pflegen sollten, schließt das aus, daß sie *auch* Spaß daran haben, in der Schulband Gitarre oder im Verein Fußball zu spielen oder mit ihren Freunden eine „ganz normale" Party zu feiern? Es wäre äußerst wünschenswert und hilfreich, in Schule und Elternhaus und in der Beratungspraxis einen offenen, vorurteilslosen Umgang mit hochbegabten Jugendlichen zu pflegen und sie als das zu sehen, was sie in erster Linie sind: Individuelle Persönlichkeiten mit Vorzügen und Schwächen, von denen manche – wie auch nicht Hochbegabte – Hilfe und Unterstützung bei der Bewältigung individueller Probleme benötigen.

Ausblick. Manche Fragen bleiben vor allem in Hinblick auf die Entwicklung im jungen und späteren Erwachsenenalter offen:

• Wie gestalten sich die romantischen Beziehungen Hochbegabter im jungen und späteren Erwachsenenalter?

• Haben Hochbegabte im weiteren Entwicklungsverlauf intensivere und stabilere Freundschaftsbeziehungen oder sind sie diesbezüglich unzufriedener, weil kritischer?

• Bleibt das positive Bild, das von den sozialen Beziehungen hochbegabter Mädchen gezeichnet wurde, bestehen?

Es bleibt zu hoffen, daß künftige Ergebnisse aus dem *Marburger Hochbegabtenprojekt* zur Klärung dieser Punkte beitragen werden.

6   Zusammenfassung

Vermutungen, Hochbegabte hätten unter defizitären Peer-Beziehungen zu leiden, sind weit verbreitet. Insbesondere in der Entwicklungsphase des Jugendalters sollen Konflikte auftreten: So wird behauptet, hochbegabte Jugendliche seien „anders" als ihre Altersgenossen, und dieses „Anderssein" würde negativ sanktioniert. Erschwerend käme hinzu, daß hervorragende schulische Leistungen ebenfalls die Gefahr bergen würden, als „Streber" oder „Eierkopf" abgestempelt und ausgegrenzt zu werden. Dabei sollen Unterschiede zwischen den Geschlechtern zum Tragen kommen. Häufig wird postuliert, insbesondere hochbegabte Mädchen litten verstärkt unter Rollenkonflikten, da Erfolge im schulischen Leistungsbereich der sozialen Reputation von Frauen eher abträglich seien. Andere Autoren äußern hingegen die Überzeugung, daß angepaßtes schulisches Leistungsverhalten nicht der männlichen Geschlechtsrolle entspräche.

Bislang liegen allerdings nur wenige empirische Arbeiten zum Thema vor, von denen die meisten zudem mit deutlichen Problemen behaftet sind. Häufig wird mit selektiven Stichproben gearbeitet, der Stichprobenumfang ist klein, Vergleichsgruppen fehlen oft gänzlich und relevante Kovariaten (z.b. Geschlecht, sozialer Status) werden nicht kontrolliert.

Im Rahmen des *Marburger Hochbegabtenprojekts* – das längsschnittlich die psychosoziale Entwicklung hoch- und durchschnittlich Begabter seit der 3. Klasse verfolgt – wurde untersucht, ob sich stabil Hochbegabte (N = 107) im Alter von 15 Jahren von einer gleichaltrigen Vergleichsgruppe stabil durchschnittlich Begabter (N = 107) hinsichtlich ihrer Peer-Beziehungen unterscheiden. Hochbegabung wird dabei als herausragende breite intellektuelle Leistungsfähigkeit im Sinne des Spearmanschen Generalfaktors „g" definiert. Zusätzlich wurde überprüft, ob Unterschiede zwischen hoch- und durchschnittlich (schul-)leistenden Gymnasiasten bestehen. Dafür wurden die Jahrgangsstufenbesten der 9. Jahrgangsstufe aus Gymnasien der neuen Bundesländer ausgewählt (N = 134) und mit lediglich durchschnittlich leistenden Mitschülern (N = 122) verglichen. Von Interesse war, ob sich beim Vergleich hoch- und durchschnittlich leistender Schüler ähnliche Befundmuster ergeben wie beim Vergleich hoch- und durchschnittlich begabter Schüler. Neben Unterschieden zwischen der jeweiligen Ziel- und Vergleichsgruppe interessierte zudem, ob das Geschlecht als Moderatorvariable einen Einfluß auf die Gestaltung möglicher Unterschiede hat. Folgende Prinzipien gelten für beide Untersuchungen:

- umfassende Befragung mehrerer Datenquellen (Eltern, Lehrer, Jugendliche),
- Erhebung durch geschultes Fachpersonal,
- Kontrolle potentieller Störquellen (Geschlecht, sozioökonomischer Status),
- Rückgriff auf eine unausgelesene Grundgesamtheit.

Zusätzlich wurde ein Teil der Instrumente einer großen Referenzstichprobe (N = 734) hessischer und nordrhein-westfälischer Schüler der 9. Jahrgangsstufe vorgegeben, um die psychometrische Brauchbarkeit der eingesetzten Instrumente einschätzen zu können und Vergleichswerte im Sinne einer „Norm" zu gewinnen.

Es liegen Daten zu verschiedenen Facetten von Peer-Beziehungen vor:

- Akzeptanz in der Schulklasse,
- subjektive Einschätzungen der sozialen Beziehungen durch die Jugendlichen, Beurteilungen sozialer Kompetenzen,
- Angaben zum Peer-Netzwerk und zur
- Kontakthäufigkeit.

Beim Vergleich hoch- und durchschnittlich Begabter mit adäquaten statistischen Verfahren ergeben sich kaum Unterschiede. Ein konsistentes Befundmuster bei Fragen nach Freundschaften gibt Anlaß zur Vermutung, daß Hochbegabte eventuell eher vorsichtiger sind, was das Eingehen enger freundschaftlicher Beziehungen betrifft. Außerdem verbringen Hochbegabte etwas weniger Zeit mit Freunden, wobei berücksichtigt werden muß, daß sie mehr feste Termine haben als durchschnittlich Begabte. Insbesondere bei Angaben zum Peer-Netzwerk gibt es keine Differenzen zwischen beiden Gruppen. Das Lehrerurteil zur Integration in der Klasse fällt für Hochbegabte positiver aus als für die Vergleichsgruppe, dies gilt auch für den Vergleich hoch- und durchschnittlich leistender Schüler.

Hochleistende scheinen beim Eingehen enger Freundschaften ebenfalls etwas vorsichtiger zu sein. Während beim Vergleich Hochbegabter und durchschnittlich Begabter kein moderierender Einfluß des Faktors *Geschlecht* zu beobachten war, heben sich hochleistenden Jungen insbesondere was die Häufigkeit von Kontakten und die Angabe, ob man Mitglied einer Clique ist, betrifft, negativ von durchschnittlich leistenden Jungen ab. Allerdings sind die Effekte klein und werden daher vorsichtig bewertet. Hochleistende übernehmen eher soziale Verantwortung in der Schule (z.B. Mitarbeit in der Schülervertretung, Amt des Klassensprechers) als durchschnittlich Leistende. Beim Vergleich hoch- und durchschnittlich Begabter ergibt sich ein ähnlicher Trend, die Effekte sind jedoch geringer und nicht immer statistisch abzusichern.

Insgesamt können in den meisten Aspekten keine statistisch und praktisch relevanten Unterschiede zwischen der jeweiligen Ziel- und Vergleichsgruppe objektiviert werden. Die Peer-Beziehungen Hochbegabter oder Hochleistender gestalten sich nicht besonders problematisch.

Literatur

Ablard, K.E. (1997). Self-perceptions and needs as a function of type of academic ability and gender. Roeper Review, 20, 110–115.

Achenbach, T.M. & Edelbrock, C. (1983). Manual for the Child Behavior Checklist and Revised Child Behavior Profile. Burlington: University of Vermont.

Agresti, A. (1990). Categorical data analysis. New York: Wiley.

Allerbeck, K. & Hoag, W.J. (1985). Jugend ohne Zukunft? München: Piper.

Allison, D.B., Gorman, B.S. & Primavera, L.H. (1993). Some of the most common questions asked of statistical consultants: our favorite responses and recommended readings. Genetic, Social and General Psychology Monographs, 119, 153–185.

Amelang, M. (1995). Intelligenz. In Amelang, M. (Hrsg.). Verhaltens- und Leistungsunterschiede. Enzyklopädie der Psychologie (Themenbereich C, Serie VIII, Bd. 2). Göttingen: Hogrefe, 245–328.

American Psychological Association (1994). Publication manual of the American Psychological Association. 4th ed. Washington, DC: APA.

Amthauer, R. (1970). Intelligenz-Struktur-Test (I-S-T 70). Göttingen: Hogrefe.

Arminger, G. & Küsters, U. (1987). Statistische Verfahren zur Analyse qualitativer Daten. 2. Aufl. Forschungsberichte der Bundesanstalt für Straßenwesen, Bereich Unfallforschung. Bergisch Gladbach: Bundesanstalt für Straßenwesen,

Asher, S. & Coie, J. (1990). Peer rejection in childhood. New York: Cambridge University Press.

Austin, A.B. & Draper, D.C. (1981). Peer relationships of the academically gifted: A review. Gifted Child Quarterly, 25, 129–133.

Backman, C.W. & Secord, P.F. (1972). Sozialpsychologie der Schule. Weinheim: Beltz.

Bauer, A. (1972). Ein Verfahren zur Messung des für das Bildungsverhalten relevanten Sozialen Status (BRSS). Frankfurt a. M.: Institut für Internationale Pädagogische Forschung.

Belser, H., Anger, H. & Bargmann, R. (1965). Frankfurter Analogietest FAT 7–8. Begabungstest für 7. bis 8. Klassen. Weinheim: Beltz.

Belser, H., Anger, H. & Bargmann, R. (1972). Frankfurter Analogietest FAT 4–6. Begabungstest für 4. bis 6. Klassen. Weinheim: Beltz.

Berndt, T.J. (1979). Developmental changes in conformity to peers and parents. Developmental Psychology, 15, 608–616.

Berndt, T.J. (1982). The features and effects of friendship in early adolescence. Child Development, 53, 1447–1460.

Berndt, T.J. (1999). Friends' influence on students' adjustment to school. Educational Psychologist, 34, 15–28.

Berndt, T.J. & Burgy, L. (1996). Social self-concept. In Bracken, B.A. (Ed.). Handbook of self-concept: developmental, social and clinical considerations. New York: Wiley, 171–209.

Berndt, T.J. & Hestenes, S.L. (1996). The developmental course of social support: family and peers. In Smolak, L., Levine, M.P. & Striegel-Moore, R. (Eds.). The developmental psychopathology of eating disorders: Implications for research, prevention, and treatment. Mawah, NJ: Erlbaum, 77–106.

Berndt, T.J. & Keefe, K. (1995). Friends' influence on adolescents' adjustment to school. Child Development, 66, 1312–1329.

Berndt, T.J. & Savin-Williams, R.C. (1993). Variations in friendships and peer-group relationships in adolescence. In Tolan, P. & Cohler, B. (Eds.). Handbook of clinical research and practice with adolescents. New York: Wiley, 203–219.

Betts, G.T. (1986). Development of the emotional and social needs of gifted individuals. Journal of Counseling and Development, 64, 587–589.

Billhardt, J. (1998). Das hochbegabte Kind in der heutigen Schule und im Elternhaus. Eine Information für Lehrer und Eltern (8. Aufl.). Bochum: Hochbegabtenförderung e.V.

Bilsky, W. & Hosser, D. (1998). Soziale Unterstützung und Einsamkeit: Psychometrischer Vergleich zweier Skalen auf der Basis einer bundesweiten Repräsentativbefragung. Zeitschrift für Differentielle und Diagnostische Psychologie, 19, 130–144.

Blackburn, A.C. & Erickson, D.B. (1986). Predictable crises of the gifted student. Journal of Counseling and Development, 64, 552–555.

Block, J.H. & Block, J. (1980). The role of ego-control and ego-resiliency in the organization of behavior. In Collins, W.A. (Ed.). Minnesota symposium on child psychology (Vol. 13). Hillsdale, NJ: Erlbaum, 39–101.

Bonett, D.G. & Bentler, P.M. (1983). Goodness-of-fit procedures for the evaluation and selection of log-linear models. Psychological Bulletin, 93, 149–166.

Borland, J.H. (1997). The construct of giftedness. Peabody Journal of Education, 72, 6–20.

Bortz, J. (1999). Statistik für Sozialwissenschaftler. 5. vollst. üb. u. erg. Aufl. Berlin: Springer.

Bortz, J., Lienert, G.A. & Boehnke, K. (1990). Verteilungsfreie Methoden in der Biostatistik. Berlin: Springer.

Brand, C. (1996). The g-factor. General intelligence and its implications. Chichester: Wiley & Sons.

Bray, J.J. & Maxwell, S.E. (1982). Analyzing and interpreting significant MANOVAs. Review of Educational Research, 52, 340–367.

Bredenkamp, J. (1972). Der Signifikanztest in der psychologischen Forschung. Frankfurt/Main: Akademische Verlagsanstalt.

Briggs, S.R. & Cheek, J.M. (1986). The role of factor analysis in the development and evaluation of personality scales. Journal of Personality, 54, 106–148.

Brody, L.E. & Benbow, C.P. (1986). Social and emotional adjustment of adolescents extremely talented in verbal or mathematical reasoning. Journal of Youth and Adolescence, 15, 1–18.

Brounstein, P.J., Holahan, W. & Dreyden, J. (1991). Change in self-concept and attributional styles among academically gifted adolescents. Journal of Applied Social Psychology, 21, 198–218.

Brown, B.B. (1989). The role of peer groups in adolescents' adjustment to secondary school. In Berndt, T.J. & Ladd, G.W. (Eds.). Peer relationships in child development. New York: Wiley, 188–215.

Brown, B.B. (1990). Peer groups and peer culture. In Feldman, S.S. & Elliott, G. (Eds.). At the threshold: The developing adolescent. Cambridge: Cambridge University Press, 171–196.

Brown, B.B. (1999). Measuring the peer environment of American adolescents. In Friedman, S.L. (Ed.). Measuring environment across the life span: Emerging methods and concepts. Washington, DC: APA, 59–90.

Brown, B.B., Clasen, D.R. & Eicher, S.A. (1986a). Perceptions of peer pressure, peer conformity dispositions and self-reported behavior among adolescents. Developmental Psychology, 22, 521–530.

Brown, B.B., Eicher, S.A. & Petrie, S. (1986b). The importance of peer-group (crowd) affiliation in adolescence. Journal of Adolescence, 9, 73–95.

Brown, B.B. & Steinberg, L. (1990). Skirting the „brain-nerd" connection: academic achievement and social acceptance. The Education Digest, 55, 57–60.

Brown, L.T. & Anthony, R.G. (1990). Continuing the search for social intelligence. Personality and Individual Differences, 11, 463–470.

Buescher, T.M. & Higham, S.J. (1989). A developmental study of adjustment among gifted adolescents. In VanTassel-Baska, J.L. & Olszewski-Kubilius, P. (Eds.). Patterns of influence on gifted learners: The home, the self, and the school. New York: Teachers College Press, 102–124.

Buhrmester, D. (1990). Intimacy of friendship, interpersonal competence and adjustment during preadolescence and adolescence. Child development, 61, 1101–1111.

Buhrmester, D. & Furman, W. (1987). The development of companionship and intimacy. Child Development, 58, 1101–1113.

Bukowski, W.M. & Hoza, B. (1989). Popularity and friendship: Issues in theory, measurement, and outcome. In Berndt, T.J. & Ladd, G.W. (Eds.). Peer relationships in child development. New York, NY: Wiley, 15–45.

Bukowski, W.M., Hoza, B. & Boivin, M. (1993). Popularity, friendship, and emotional adjustment during early adolescence. In Laursen, B. (Ed.). Close friendships in adolescence. San Francisco, CA: Jossey-Bass, 23–37.

Bundesministerium für Bildung und Forschung (1999). Begabte Kinder finden und fördern. Ein Ratgeber für Eltern und Lehrer. Bonn: BMBF.

Burks, B.S., Jensen, D.W. & Terman, L.M. (1930). The promise of youth. Genetic studies of genius III. Stanford: Stanford University Press.

Burt, C. (1948). The factorial study of temperamental traits. British Journal of Psychology Statistical Section, 1, 178–203.

Butler-Por, N. (1987). Underachievers in school. Chichester: Wiley.

Byrne, B.M. & Schneider, B.H. (1986). Student-teacher concordance on dimensions of student social competence: A multitrait-multimethod analysis. Journal of Psychopathology and Behavioral Assessment, 8, 263–279.

Callahan, C.M. (2000). Intelligence and giftedness. In Sternberg, R.J. (Ed.). Handbook of intelligence. Cambridge: Cambridge University Press, 159–175.

Callahan, C.M., Cunningham, C.M. & Plucker, J.A. (1994). Foundations for the future: The socio-emotional development of gifted, adolescent women. Roeper Review, 17, 99–105.

Carlson, J.E. & Timm, N.H. (1974). Analysis of nonorthogonal fixed-effects designs. Psychological Bulletin, 81, 563–570.

Carrington, N. (1996). I'm gifted, is that OK? The social rules of being gifted in Australia. Gifted and Talented International, 11, 11–15.

Carroll, J.B. (1993). Human cognitive abilities: a survey of factor analytic studies. Cambridge: Cambridge University Press.

Cattell, R.B. (1966). The scree test for the number of factors. Multivariate Behavioral Research, 1, 245–276.

Cattell, R.B. (1971). Abilities: Their structure, growth and action. Englewood Cliffs, NJ: Prentice-Hall.

Chan, L.K. (1988). The perceived competence of intellectually talented students. Gifted Child Quarterly, 32, 310–314.

Chan, L.K. (1996). Motivational orientations and metacognitive abilities of intellectually gifted students. Gifted Child Quarterly, 40, 184–193.

Clasen, D.R. & Brown, B.B. (1985). The multidimensionality of peer pressure in adolescence. Journal of Youth and Adolescence, 14, 451–468.

Clasen, D.R. & Clasen, R.E. (1995). Underachievement of highly able students and the peer society. Gifted and Talented International, 10, 67–76.

Cohen, J. (1988). Statistical power analysis for the behavioral sciences. New York: Erlbaum.

Cohen, J. (1990). Things I have learned (so far). American Psychologist, 45, 1304–1312.

Cohen, J. (1992). A power primer. Psychological Bulletin, 112, 155–159.

Cohen, J. (1994). The earth is round (p < 0.05). American Psychologist, 49, 997–1003.

Coie, J., Dodge, K. & Coppotelli, H. (1982). Dimensions and types of social status: A cross-age perspective. Developmental Psychology, 18, 557–570.

Colangelo, N., Kelly, K.R. & Schrepfer, R.M. (1987). A comparison of gifted, general, and special learning needs students on academic and social self-concept. Journal of Counseling and Development, 66, 73–77.

Coleman, J.C. (1974). Relationships in adolescence. Boston: Routledge and Kegan Paul.

Coleman, J.C. (1980). Friendship and the peer group in adolescence. In Adelson, J. (Ed.). Handbook of adolescent psychology. New York: Wiley, 408–431.

Coleman, J.S. (1960). The adolescent subculture and academic achievement. American Journal of Sociology, 65, 337–347.

Coleman, J.S. (1961). The adolescent society. New York: Free Press.

Coleman, L.J. & Cross, T.L. (1988). Is being gifted a social handicap? Journal for the Education of the Gifted, 11, 41–56.

Coleman, L.J. & Cross, T.L. (2000). Social-emotional development and the personal experience of giftedness. In Heller, K.A., Mönks, F.J., Sternberg, R.J. & Subotnik, R.F. (Eds.). International handbook of giftedness and talent (2nd ed.). Amsterdam: Elsevier, 203–212.

Conger, J.J. & Petersen, A.C. (1984). Adolescence and youth (3rd ed.). New York: Harper & Row.

Constanzo, P.R. & Shaw, M.E. (1966). Conformity as a function of age-level. Child Development, 37, 967–975.

Covington, M.V. & Omelich, C.L. (1979). Effort: The double-edged sword in school achievement. Journal of Educational Psychology, 77, 446–459.

Cross, T.L., Coleman, L.J. & Stewart, R.A. (1993). The social cognition of gifted adolescents: An exploration of the stigma of giftedness paradigm. Roeper Review, 16, 37–40.

Cross, T.L., Coleman, L.J. & Stewart, R.A. (1995). Psychosocial diversity among gifted adolescents: An exploratory study of two groups. Roeper Review, 17, 181–185.

Cross, T.L., Coleman, L.J. & Terhaar-Yonkers, M. (1991). The social cognition of gifted adolescents in schools: Managing the stigma of giftedness. Journal for the Education of the Gifted, 15, 44–55.

Csikszentmihalyi, M. & Larson, R. (1984). Being adolescent: Conflict and growth in the teenage years. New York: Basic Books.

Czeschlik, T. & Rost, D.H. (1988). Hochbegabte und ihre Peers. Zeitschrift für Pädagogische Psychologie, 2, 1–23.

Czeschlik, T. & Rost, D.H. (1995). Sociometric types and children's intelligence. British Journal of Developmental Psychology, 13, 177–189.

Damico, S.B. (1975). The relation of clique membership to achievement self-concept, social acceptance and school attitude. Adolescence, 10, 93–100.

Daniels, J.C. (1962). Figure Reasoning Test. London: Crosby, Lockwood and Son.

Dauber, S.L. & Benbow, C.P. (1990). Aspects of personality and peer relations of extremely talented adolescents. Gifted Child Quarterly, 34, 10–15.

Davis, G.A. & Rimm, S.B. (1985). Education of the gifted and talented. Englewood-Cliffs, NJ: Prentice-Hall.

DeMaris, A. (1992). Logit modeling: practical applications (Sage University paper series on quantitative applications in the social sciences, 07–86). Newbury Park, CA: Sage Publications.

Deusinger, I.M. (1986). Die Frankfurter Selbstkonzeptskalen. Göttingen: Hogrefe.

Diehl, J.M. & Arbinger, R. (1990). Einführung in die Inferenzstatistik. Frankfurt / Main: Klotz.

Deutsche Gesellschaft für das hochbegabte Kind e.V. (1984). Hochbegabung und Hochbegabte. Eine Informationsbroschüre für Lehrer und Eltern. Hamburg: DGhK.

Dollase, R. (2001). Soziometrie. In Rost, D.H. (Hrsg.). Handwörterbuch Pädagogische Psychologie (2. üb. u. erw. Aufl). Weinheim: Psychologie Verlags Union, 679–685.

Döring, N. & Bortz, J. (1993). Psychometrische Einsamkeitsforschung: Deutsche Neukonstruktion der UCLA Loneliness Scale. Diagnostica, 39, 224–239.

Dunphy, D.C. (1963). The social structure of urban adolescent peer groups. Sociometry, 26, 230–246.

Eccles, A.L., Bauman, E. & Rotenberg, K.J. (1989). Peer acceptance and self-esteem in gifted children. Journal of Social Behavior and Personality, 4, 401–409.

Eder, D. (1985). The cycle of popularity: Interpersonal relations among female adolescents. Sociology of Education, 154–165.

Elbing, E. (1988). Einsamkeit. Psychologische Konzepte, Forschungsbefunde und Treatmentansätze. Göttingen: Hogrefe.

Elbing, E. & Heller, K.A. (1996). Beratungsanlässe in der Hochbegabtenberatung. Psychologie in Erziehung und Unterricht, 43, 57–69.

Enzmann, D. (1997). RanEigen: A program to determine the parallel analysis criterion for the number of principal componentes. Applied Psychological Measurement, 21, 232.

Erikson, E. (1965). Kindheit und Gesellschaft. Stuttgart: Klett.

Erikson, E. (1968). Identity: youth and crisis. London: Faber.

Ewert, O. (1983). Entwicklungspsychologie des Jugendalters. Stuttgart: Kohlhammer.

Feger, B. (1988). Hochbegabung. Chancen und Probleme. Bern: Huber.

Feger, B. & Prado, T.M. (1998). Hochbegabung: Die normalste Sache der Welt. Darmstadt: Primus Verlag.

Fels, C. (1998). Zur Fördersituation der Hochbegabten in den Schulen der Bundesrepublik Deutschland. Pädagogisches Handeln, 1, 49–55.

Fend, H. (1989). „Pädagogische Programme" und ihre Wirksamkeit. Das Beispiel der Umdeutung schulischer Normen und Erwartungen in der Altersgruppe. In Breyvogel, W. (Hrsg.). Pädagogische Jugendforschung. Opladen: Leske + Budrich, 187–209.

Fend, H. (1990). Vom Kind zum Jugendlichen: Der Übergang und seine Risiken. Bern: Huber.

Fend, H. (1991). „Soziale Erfolge" im Bildungswesen – die Bedeutung der sozialen Stellung in der Schulklasse. In Pekrun, R. & Fend, H. (Hrsg.). Schule und Persönlichkeitsentwicklung. Ein Resümee der Längsschnittforschung. Stuttgart: Enke, 217–238.

Fend, H. (1997). Der Umgang mit der Schule in der Adoleszenz. Bern: Huber.

Fend, H. (1998). Eltern und Freunde. Soziale Entwicklung im Jugendalter. Entwicklungspsychologie der Moderne. Bd. V. Bern: Huber.

Ferdinand, W. (1961). Wie beurteilen Eltern die Intelligenz ihrer Kinder. Schule und Psychologie, 8, 239–246.

Fischer, H. (1958). Ein Vergleich zwischen dem I-S-T von Amthauer und dem PMA von Thurstone. Diagnostica, 4, 25–32.

Fleiss, J.L. (1994). Measures of effect size for categorical data. In Cooper, H. & Hedges, L.V. (Eds.). The handbook of research synthesis. New York, NY: Russel Sage Foundation, 245–260.

Flynn, J.R. (1984a). The mean IQ of Americans: Massive gains 1932 to 1978. Psychological Bulletin, 95, 29–51.

Flynn, J.R. (1984b). IQ gains and the Binet decrements. Journal of Educational Measurement, 21, 283–290.

Flynn, J.R. (1987). Massive IQ gains in 14 nations: What IQ tests really measure. Psychological Bulletin, 101, 171–191.

Ford, M.E. & Tisak, M.S. (1983). A further search for social intelligence. Journal of Educational Psychology, 75, 196–206.

Freeman, J. (1979). Gifted children. Their identification and development in a social context. Lancaster, England: MTP Press Limited.

Freund-Braier, I. (2000). Persönlichkeitsmerkmale. In Rost, D.H. (Hrsg.). Hochbegabte und hochleistende Jugendliche: neue Ergebnisse aus dem Marburger Hochbegabtenprojekt. Münster: Waxmann, 161–210.

Freund-Braier, I. (2001). Hochbegabung, Hochleistung, Persönlichkeit. Münster: Waxmann.

Frey, D.E. (1991). Psychosocial needs of the gifted adolescent. In Bireley, M. & Genshaft, J. (Eds.). Understanding the gifted adolescent: Educational, developmental, and multicultural issues. Education and psychology of the gifted series. New York: Teachers College Press, 35–49.

Früh, W. (1991). Inhaltsanalyse. Theorie und Praxis (3. üb. Aufl.). München: Ölschläger.

Furman, W. & Buhrmester, D. (1992). Age and sex differences in perceptions of networks and personal relationships. Child Development, 53, 103–115.

Fürntratt, E. (1969). Zur Bestimmung der Anzahl interpretierbarer gemeinsamer Faktoren in Faktorenanalysen psychologischer Daten. Diagnostica, 15, 62–75.

Gagné, F. (1985). Giftedness and talent: Reexamining a reexamination of the definitions. Gifted Child Quarterly, 29, 103–112.

Gagné, F. (1991). Toward a differentiated model of giftedness and talent. In Colangelo, N. & Davis, G.A. (Eds.). Handbook of gifted education. Needham Heights, MA: Allyn and Bacon, 65–80.

Gagné, F. (1992). A synthesis of research data from project PAIRS. Unpublished paper. Montréal: Université du Québéc à Montréal.

Gagné, F., Begin, J. & Talbot, L. (1993). How well do peers agree among themselves when nominating the gifted or talented? Gifted Child Quarterly, 37, 39–45.

Gallucci, N.T., Middleton, G. & Kline, A. (1999). Intellectualy superior children and behavior problems and competence. Roeper Review, 22, 18–21.

Gardner, H. (1985). „Frames of mind". The theory of multiple intelligences. New York, NY: Basic Books.

Gardner, H. (1991). Abschied vom IQ: die Rahmentheorie der vielfachen Intelligenzen. Stuttgart: Klett-Cotta.

Gardner, H. (1993). Multiple intelligences: the theory in practice. New York, NY: Basic Books.

Gavin, L.A. & Furman, W. (1989). Age differences in adolescents' perceptions of their peer groups. Developmental Psychology, 25, 827–834.

Göttert, R. & Asendorpf, J. (1989). Eine deutsche Version des California-Child-Q-Sort. Kurzform. Zeitschrift für Entwicklungspsychologie und Pädagogische Psychologie, 21, 70–82.

Grace, H.A. & Booth, N.-L. (1958). Is the „gifted" child a social isolate? Peabody Journal of Education, 35, 195–196.

Graf, S., Hanses, P., Pruisken, C., Rost, D.H. & Schilling, S. (2001). *BRAIN*: Begabungsdiagnostische Beratungsstelle. Bericht 2000. Marburg: Fachbereich Psychologie, Philipps-Universität.

Gross, M.U. (1989). The pursuit of excellence or the search for intimacy? The forcedchoice dilemma of gifted youth. Roeper Review, 11, 189–194.

Gross, M.U. (1998). The „me" behind the mask: intellectually gifted students and the search for identity. Roeper Review, 20, 167–174.

Grossberg, I.N. & Cornell, D.G. (1988). Relationship between personality adjustment and high intelligence: Terman versus Hollingworth. Exceptional Children, 55, 266–272.

Grossman, B. & Wrighter, J. (1948). The relationship between selection-rejection and intelligence, social status, and personality amongst sixth grade children. Sociometry, 11, 346–355.

Guilford, J.P. (1967). The nature of human intelligence. New York: McGraw-Hill.

Guskin, S.L., Okolo, C., Zimmerman, E. & Peng, C.J. (1986). Being labeled gifted or talented: Meanings and effects perceived by students in special programs. Gifted Child Quarterly, 30, 61–65.

Haberman, S.J. (1982). Analysis of dispersion of multinominal responses. Journal of the American Statistical Association, 77, 568–580.

Häcker, H. (1998). Kreativität, Kreativitätsforschung. In Häcker, H. & Stapf, K.H. (Hrsg.). Dorsch Psychologisches Wörterbuch. 13. üb. u. erw. Aufl. Göttingen: Huber, 467–468.

Haddock, C.K., Rindskopf, D. & Shadish, W.R. (1998). Using odds ratios as effect sizes for meta-analysis of dichotomous data: a primer on methods and issues. Psychological Methods, 3, 339–353.

Hagen, E. (1989). Die Identifizierung Hochbegabter. Grundlagen der Diagnose außergewöhnlicher Begabungen. Heidelberg: Asanger.

Hallinan, M.T. (1980). Patterns of cliquing among youth. In Foot, H.C., Chapman, A.J. & Smith, J.R. (Eds.). Friendship and social relations in children. Chichester: Wiley, 321–342.

Hanses, P. (1998). Wahlen und Zahlen – Methodische Probleme, paradoxe Effekte und Artefakte bei der Korrelierung von Nominierungsdaten. Zeitschrift für Pädagogische Psychologie, 12, 167–178.

Hanses, P. (2000). Stabilität von Hochbegabung. In Rost, D.H. (Hrsg.). Hochbegabte und hochleistende Jugendliche: Neue Ergebnisse aus dem Marburger Hochbegabtenprojekt. Münster: Waxmann, 93–159.

Hanses, P. & Rost, D.H. (1998a). Das „Drama" der hochbegabten Underachicver – „Gewöhnliche" oder „außergewöhnliche" Underachiever? Zeitschrift für Pädagogische Psychologie, 12, 53–71.

Hanses, P. & Rost, D.H. (1998b). Wie definiere ich die eigene Zielgruppe weg? Über die Problematik multidimensionaler Extregruppendefinitionen. Vortrag auf der Tagung der Arbeitsgruppe Empirische Pädagogische Forschung (AEPF). Mannheim, 25. September 1998.

Hany, E.A. (1987). Psychometrische Probleme bei der Identifikation Hochbegabter. Zeitschrift für Differentielle und Diagnostische Psychologie, 8, 173–191.

Hany, E.A. (1991). Sind Lehrkräfte bei der Identifikation hochbegabter Schüler doch besser als Tests? Eine Untersuchung mit neuen Methoden. Psychologie in Erziehung und Unterricht, 38, 37–50.

Hany, E.A. (1992). Identifikation von Hochbegabten im Schulalter. In Heller, K.A. (Hrsg.). Hochbegabung im Kindes- und Jugendalter. Göttingen: Hogrefe, 37–163.

Hany, E.A. & Heller, K.A. (1991). Gegenwärtiger Stand der Hochbegabungsforschung. Replik zum Beitrag Identifizierung von Hochbegabung. Zeitschrift für Entwicklungspsychologie und Pädagogische Psychologie, 23, 241–249.

Harman, H.H. (1967). Modern factor analysis (2nd rev. ed.). Chicago, IL: The University of Chicago Press.

Hartup, W.W. (1970). Peer interaction and social organization. In Mussen, P.H. (Ed.). Carmichael's Manual of Child Psychology (3rd ed.). New York: Wiley,

Hartup, W.W. (1983). Peer relations. In Hetherington, E.M. (Ed.). Socialization, personality and social development. Handbook of child psychology. Vol. 4. New York: Wiley, 103–196.

Hartup, W.W. (1989). Social relationships and their developmental significance. American Psychologist, 44, 120–126.

Hartup, W.W. (1993). Adolescents and their friends. In Laurssen, B. (Ed.). Close friendships in adolescence. San Francisco, CA: Jossey Bass, 3–22.

Hasselblad, V. & Hedges, L.V. (1995). Meta-analysis of screening and diagnostic tests. Psychological Bulletin, 117, 167–178.

Havighurst, R.J. (1982). Developmental tasks and education. (1st ed. 1948). New York, NY: Longman.

Hayvren, M. & Hymel, S. (1984). Ethical issues in sociometric testing: Impact of sociometric measures on interactive behavior. Developmental Psychology, 20, 844–849.

Heilmann, K. (1999). Begabung, Leistung, Karriere: Die Preisträger im Bundeswettbewerb Mathematik 1971–1995. Göttingen: Hogrefe.

Helbig, P. (1988). Begabung im pädagogischen Denken. Weinheim: Juventa.

Heller, K.A. (1987). Perspektiven einer Hochbegabungsdiagnostik. Zeitschrift für Differentielle und Diagnostische Psychologie, 8, 159–172.

Heller, K.A. (1990). Zielsetzung, Methode und Ergebnisse der Münchner Längs-schnittstudie zur Hochbegabung. Psychologie in Erziehung und Unterricht, 37, 85–100.

Heller, K.A. (Hrsg.) (1992a). Hochbegabung im Kindes- und Jugendalter. Göttingen: Hogrefe.

Heller, K.A. (1992b). Projektziele, Untersuchungsergebnisse und praktische Konse-quenzen. In Heller, K.A. (Hrsg.). Hochbegabung im Kindes- und Jugendalter. Göttingen: Hogrefe, 17–36.

Heller, K.A. & Geisler, H.-J. (1983). Kognitiver Fähigkeits-Test (Grundschulform) (KFT 1–3). Weinheim: Beltz.

Heller, K.A., Gaedike, A.-K. & Weinläder, H. (1985). Kognitiver Fähigkeits-Test (KFT 4–13+). 2. Aufl. Weinheim: Beltz.

Hershey, M. & Oliver, E. (1988). The effects of the label gifted on students identified for special programs. Roeper Review, 11, 33–34.

Hocevar, D. (1981). Measurement of creativity: Review and critique. Journal of Per-sonality Assessment, 45, 450–464.

Hocevar, D. & Bachelor, P. (1989). A taxonomy and critique of measurements used in the study of creativity. In Glover, J.A., Ronning, R.R. & Reynolds, C.R. (Eds.). Handbook of creativity research. New York: Plenum Press, 53–75.

Hoge, R.D. & McSheffrey, R. (1991). An investigation of self-concept in gifted chil-dren. Exceptional Children, 57, 238–245.

Holahan, C.K. & Sears, R.R. (1995). The gifted group in later maturity. Stanford, CA: Stanford University Press.

Holahan, W. (1988). The relationship between domains of self-concept and attribu-tional patterns inacademically gifted and competent adolescents. Dissertation Abstracts International, 48, 2286A.

Hollingworth, L.S. (1942). Children above 180 IQ Stanford-Binet: Origin and de-velopment. Yonkers: World Books.

Horn, J.L. (1965). A rationale and test for the number of factors in factor analysis. Psychometrika, 30, 179–185.

Horn, W. (1962). Leistungsprüfsystem L-P-S (1. Aufl.). Göttingen: Hogrefe.

Horn, W. (1983). Leistungsprüfsystem L-P-S (2. erw. u. verb. Aufl.). Göttingen: Hogrefe.

Hotelling, H. (1933). Analysis of a complex of statistical variables into principal com-ponents. Journal of Educational Psychology, 24, 417–441.

Huberty, C.J. (1984). Issues in the use and interpretation of discriminant analysis. Psy-chological Bulletin, 95, 156–171.

Huberty, C.J. & Morris, J.D. (1989). Multivariate analysis versus multiple univariate analysis. Psychological Bulletin, 105, 302–308.

Hunter, F. & Youniss, J. (1982). Changes in the functions of three relations during adolescence. Developmental Psychology, 18, 806–811.

Hymel, S., Wagner, E. & Butler, L.J. (1990). Reputational bias: View from the peer group. In Asher, S.R. & Coie, J.D. (Eds.). Peer rejection in childhood. New York, NY: Cambridge University Press, 156–186.

Inderbitzen, H.M. (1994). Adolescent peer social competence: A critical review of assessment methodologies and instruments. Advances in Clinical Child Psychology, 16, 227–259.

Ingenkamp, K. (1971). Die Fragwürdigkeit der Zensurengebung. Weinheim: Beltz.

Ingenkamp, K. (1989). Forschungsstand und „Restauration" der Zensurengebung. In Ingenkamp, K. (Hrsg.). Diagnostik in der Schule. Weinheim: Beltz, 55–94.

Ishiyama, F.I. & Chabassol, D.J. (1985). Adolescents' fear of social consequences of academic success as a function of age and sex. Journal of Youth and Adolescence, 14, 37–46.

Jäger, R.S. (1982). Mehrmodale Klassifikation von Intelligenztestsleistungen: Experimentell kontrollierte Weiterentwicklung eines deskriptiven Intelligenzstrukturmodells. Diagnostica, 28, 195–225.

Janos, P.M. & Robinson, N.M. (1985). Psychosocial development in intellectually gifted children. In Horowitz, F.D. & O'Brien, M. (Eds.). The gifted and talented: Developmental perspectives. Washington: American Psychological Association, 149–195.

Jensen, A.R. (1998). The g-factor. London: Praeger.

Joswig, H. (1995). Begabung und Motivation. Frankfurt am Main: Peter Lang.

Jugendwerk der deutschen Shell (Hrsg.) (1992). Jugend '92: Lebenslagen, Orientierungen und Entwicklungsperspektiven im vereinigten Deutschland. Bd. 4. Methodenberichte, Tabellen, Fragebogen. Opladen: Leske + Budrich.

Juvonen, J. (1996). Self-presentation tactics promoting teacher and peer approval: The function of excuses and other clever explanations. In Juvonen, J. & Wentzel, K. (Eds.). Social motivation: understanding children's school adjustment. Cambridge: Cambridge University Press, 43–65.

Juvonen, J. & Murdock, T.B. (1993). How to promote social approval: Effects of audience and achievement outcome on publicly communicated attributions. Journal of Educational Psychology, 85, 365–376.

Juvonen, J. & Murdock, T.B. (1995). Grade-level differences in the social value of effort: Implications for self-presentation tactics of early adolescents. Child Development, 66, 1694–1705.

Kaiser, C.F. & Berndt, D.J. (1985). Predictors of loneliness in the gifted adolescent. Gifted Child Quarterly, 29, 74–77.

Kaiser, H.J. (1998). Soziale Intelligenz. In Roth, E. (Hrsg.). Intelligenz. Stuttgart: Kohlhammer, 216–244.

Kandel, D.B. (1978). Similarity in real-life adolescent friendship pairs. Journal of Personality and Social Psychology, 36, 306–312.

Keating, D.P. (1978). A search for social intelligence. Journal of Educational Psychology, 70, 218–223.

Keislar, E.R. (1955). Peer group rating of high school pupils with high and low school marks. Journal of Experimental Education, 23, 369–373.

Keller, K. & Lamm, H. (1998). Beziehungsspezifische Einsamkeit: Reliabilität und Validität der ins Deutsche übertragenen Differential Loneliness Scale von Schmidt und Sermat (1983). Zeitschrift für Sozialpsychologie, 29, 51–55.

Kelly, J.A. & Hansen, D.A. (1987). Social interactions and adjustment. In Van Hasselt, V.B. & Hersen, M. (Eds.). Handbook of adolescent psychology. New York: Pergamon Press, 131–146.

Kelly, K.R. & Colangelo, N. (1984). Academic and social self-concepts of gifted, general, and special students. Exceptional Children, 50, 551–554.

Kelly, K.R. & Jordan, L.K. (1990). Effects of academic achievement and gender on academic and social self-concept: A replication study. Journal of Counseling and Development, 69, 173–177.

Kennedy, J.J. (1983). Analyzing qualitative data: introductory log-linear analysis for behavioral research. New York: Praeger.

Kerr, B., Colangelo, N. & Gaeth, J. (1988). Gifted adolescents' attitudes toward their giftedness. Gifted Child Quarterly, 32, 245–247.

Kerr, B.A. (1994). Smart girls two: a new psychology of girls, women and giftedness. Dayton, Ohio: Ohio Psychology Press.

Kihlstrohm, J.F. & Cantor, N. (2000). Social intelligence. In Sternberg, R.J. (Ed.). Handbook of intelligence. Cambridge: Cambridge University Press, 359–379.

Kinney, D.A. (1993). From nerds to normals. The recovery of identity among adolescents from middle school to high school. Sociology of Education, 66, 21–40.

Kirk, R.E. (1996). Practical significance: a concept whose time has come. Educational and Psychological Measurement, 56, 746–759.

Klein, A.G. & Zehms, D. (1996). Self-concept and gifted girls: A cross sectional study of intellectually gifted females in grades 3, 5, 8. Roeper Review, 19, 30–34.

Koopmann, W. (1964). Untersuchungen über die Intelligenzstruktur in Abhängigkeit von Alter und Geschlecht. Hamburg: Universität.

Kovaltchuk, O.L. (1998). Hochbegabte Jugendliche und ihre Peer-Beziehungen. Regensburg: Roderer.

Krampen, G. (1993). Diagnostik der Kreativität. In Trost, G., Ingenkamp, K. & Jäger, R.S. (Hrsg.). Tests und Trends: Jahrbuch der Pädagogischen Diagnostik, 10. Weinheim: Beltz, 11–39.

Kunkel, M.A., Chapa, B., Patterson, G. & Walling, D.D. (1992). Experience of gifted-ness: „Eight great gripes" six years later. Roeper Review, 15, 10–14.

Kupersmith, J.B., Coie, J.D. & Dodge, K.A. (1990). The role of poor peer relation-ships in the development of disorder. In Asher, S.R. & Coie, J.D. (Eds.). Peer rejection in childhood. Cambridge: Cambridge University Press, 274–305.

Kwan, P.C. (1992). On a pedestal: Effects of intellectual-giftedness and some implica-tions for programme planning. Educational Psychology, 12, 37–62.

La Greca, A.M. & Fetter, M.D. (1995). Peer relations. In Eisen, A.R., Kearney, C.A. & Schaefer, C.E. (Eds.). Clinical handbook of anxiety disorders in children and adolescents. Northvale, NJ: Jason Aronson Inc., 82–130.

Lamm, H. & Stephan, E. (1986). Zur Messung von Einsamkeit: Entwicklung einer deutschen Fassung des Fragebogens von Russel und Peplau. Psychologie und Praxis, 30, 132–134.

Landis, J.R. & Koch, G.G. (1977). The measurement of observer agreement for cate-gorical data. Biometrics, 33, 159–174.

Landsheer, H.-A., Maassen, G.-H., Bisschop, P. & Adema, L. (1998). Can higher grades result in fewer friends? A reexamination of the relation between aca-demic and social competence. Adolescence, 33, 185–191.

Langeheine, R. (1980). Multivariate Hypothesentestung bei qualitativen Daten. Zeitschrift für Sozialpsychologie, 11, 140–151.

Langfeldt, H.-P. & Tent, L. (1999). Pädagogisch-psychologische Diagnostik. Bd. 2. Anwendungsbereiche und Praxisfelder. Göttingen: Hogrefe.

Lautenschlager, G.J. (1989). A comparison of alternatives to conducting Monte Carlo analyses for determining parallel analysis cirteria. Multivariate Behavioral Re-search, 24, 365–395.

Lea-Wood, S.S. & Clunies-Ross, G. (1995). Self-esteem of gifted adolescent girls in Australian schools. Roeper Review, 17, 195–197.

Lewis, M. & Rosenblum, L.A. (1975). Friendship and peer relations. New York, NY: Wiley.

Li, A.K.F. (1988). Self-perception and motivational orientation in gifted children. Roeper Review, 10, 175–180.

Li, A.K.F. & Adamson, G. (1995). Siblings of gifted secondary school students: self-perceptions and learning style preference. Roeper Review, 18, 152–153.

Lienert, G.A. (1969). Testaufbau und Testanalyse. 3. erg. Aufl. Weinheim: Beltz.

Lienert, G.A. & Raatz, U. (1994). Testaufbau und Testanalyse. 5. völlig neub. u. erw. Aufl. Weinheim: Beltz.

Lissmann, U. (1997). Inhaltsanalyse von Texten. Landau: Verlag Empirische Päda-gogik.

Lubinski, D. (2000). Scientific and social significance of assessing individual differences: „Sinking shafts and a few critical points". Annual Review of Psychology, 51, 405–444.

Lubinski, D. & Benbow, C.P. (1995). An opportunity for empiricism. (Book review: Garnder, H. [1993] Multiple Intelligences: The Theory in Practice. New York: Basic Books). Contemporary Psychology, 40, 935–938.

Lucito, L.J. (1964). Gifted children. In Dunn, L.M. (Ed.). Exceptional children in the schools. New York, NY: Rinehart and Winston, 179–238.

Luftig, R.L. & Nichols, M.L. (1990). Assessing the social status of gifted students by their age peers. Gifted Child Quarterly, 34, 111–115.

Luftig, R.L. & Nichols, M.L. (1991). An assessment of the social status and perceived personality and school traits of gifted students by non-gifted peers. Roeper Review, 13, 148–153.

Magidson, J. (1981). Qualitative variance, entropy, and correlation ratios for nominal dependent variables. Social Science Research, 10, 177–194.

Malik, N.M. & Furman, W. (1993). Problems in children's peer relations: What can the clinican do? Journal of Child Psychology and Psychiatry and Allied Disciplines, 34, 1303–1326.

Manaster, G.J., Chan, J.C., Watt, C. & Wiehe, J. (1994). Gifted adolescents' attitudes toward their giftedness: A partial replication. Gifted Child Quarterly, 38, 176–178.

Manaster, G.J. & Powell, P.M. (1983). A framework for understanding gifted adolescents maladjustment. Roeper Review, 70–73.

Manor-Bullock, R., Look, C. & Dixon, D.N. (1995). Is giftedness socially stigmatizing? The impact of high achievement on social interactions. Journal for the Education of the Gifted, 18, 319–338.

Marland, S.P. (1972). Education of the gifted and talented. Vol. 1. Report to the Congress of the United States by U.S. Commissioner of Education. Washington, DC: Department of Health, Education and Welfare.

Martyn, K.-A. (1957). The social acceptance of gifted students. Dissertation Abstracts, 17, 2501–2502.

Masten, A.S., Morrison, P. & Pellegrini, D.S. (1985). A revised class play method of peer assessment. Developmental Psychology, 21, 523–533.

Mayring, P. (2000). Qualitative Inhaltsanalyse: Grundlagen und Techniken (7. Aufl). Weinheim: Beltz / Deutscher Studien Verlag.

Meyer, W.U. (1978). Der Einfluß von Sanktionen auf die Begabungsperzeption. In Görlitz, D., Meyer, W.U. & Weincr, B. (Hrsg.). Bielefelder Symposium über Attribution. Stuttgart: Klett, 71–87.

Milgram, R.M. & Milgram, N.A. (1976). Personality characteristics of gifted Israeli children. Journal of Genetic Psychology, 129, 185–194.

Mönks, F.J. (1963). Beiträge zur Begabtenforschung im Kindes- und Jugendalter. Archiv für die gesamte Psychologie, 115, 362–382.

Mönks, F.J. (1987). Beratung und Förderung besonders begabter Schüler. Psychologie in Erziehung und Unterricht, 34, 214–222.

Mönks, F.J. (1991). Kann wissenschaftliche Argumentation auf Aktualität verzichten? Replik zum Beitrag Identifizierung von Hochbegabung. Zeitschrift für Entwicklungspsychologie und Pädagogische Psychologie, 23, 232–240.

Mönks, F.J., Boxtel, H.W.v., Roelofs, J.J.W. & Sanders, M.P.M. (1985). The identification of gifted children in secondary education and a description of their situation in Holland. In Heller, K.A. & Feldhusen, J.F. (Eds.). Identifying and nurturing the gifted: an international perspective. Toronto: Huber, 39–65.

Mönks, F.J. & Ferguson, T.J. (1983). Gifted adolescents: An analysis of their psychosocial development. Journal of Youth and Adolescence, 12, 1–18.

Mönks, F.J. & Ferguson, T.J. (1984). Die psychosoziale Entwicklung hochbegabter Jugendlicher. In Olbrich, E. & Todt, E. (Hrsg.). Probleme des Jugendalters. Neuere Sichtweisen. Berlin: Springer, 279–295.

Mönks, F. & Peters, W. (1996). Selbstkonzept und kognitive Fähigkeiten bei hochbegabten und bei normalbegabten Jugendlichen. In Schumann-Hengsteler, R. & Trautner, H.M. (Hrsg.). Entwicklung im Jugendalter. Göttingen: Hogrefe, 119–141.

Montemayor, R. & Van Komen, R. (1985). The development of sex differences in friendship patterns and peer group structure during adolescence. Journal of Early Adolescence, 5, 285–294.

Neisser, U. (Ed.) (1998). The rising curve. Long-term gains in IQ and related measures. Washington, DC: American Psychological Association.

Neisser, U., Boodoo, G., Bouchard Jr., T.J., Boykin, A.W., Brody, N., Ceci, S.J., Halpern, D.F., Löhlin, J.C., Perloff, R., Sternberg, R.J. & Urbina, S. (1996). Intelligence: Knowns and unknowns. American Psychologist, 51, 77–101.

Newcomb, A.F. & Bukowski, W.M. (1983). Social impact and social preference as determinants of children's peer group status. Developmental Psychology, 19, 856–867.

Newman, P.R. & Newman, B.M. (1976). Early adolescence and its conflict: Group identity vs. alienation. Adolescence, 11, 261–274.

O'Brien, S.F. & Bierman, K.L. (1988). Conceptions and perceived influence of peer groups: Interviews with pre-adolescents and adolescents. Child Development, 59, 1360–1365.

Oerter, R. & Dreher, E. (1995). Jugendalter. In Oerter, R. & Montada, L. (Hrsg.). Entwicklungspsychologie. 3. vollst. üb. Aufl. Weinheim: Psychologie Verlags Union, 310–395.

Oswald, H. (1992). Beziehungen zu Gleichaltrigen. In Jugendwerk der Deutschen Shell (Hrsg.). Jugend '92. Bd. 2. Im Spiegel der Wissenschaften. Opladen: Leske + Budrich, 319–322.

Oswald, W.D. & Roth, E. (1978). Der Zahlen-Verbindungs-Test (ZVT). Ein sprachfreier Intelligenz-Schnell-Test (1. Aufl.). Göttingen: Hogrefe.

Oswald, W.D. & Roth, E. (1987). Der Zahlen-Verbindungs-Test (ZVT). Ein sprachfreier Intelligenz-Test zur Messung der „kognitiven Leistungsgeschwindigkeit". Handanweisung (2., üb. u. erw. Aufl.). Göttingen: Hogrefe.

Overall, J.E. & Spiegel, D.K. (1969). Concerning least squares analysis of experimental data. Psychological Bulletin, 72, 311–322.

Parker, J.G. & Asher, S.R. (1993). Friendship and friendship quality in middle childhood: Links with peer group acceptance and feelings of loneliness and social dissatisfaction. Developmental Psychology, 29, 611–621.

Parker, J.G., Rubin, K.H. & Price, J.M. (1995). Peer relationships, child development, and adjustment: A developmental psychopathology perspective. In Cicchetti, D. & Cohen, D.H. (Eds.). Developmental psychopathology. Vol. 2. Risk, disorder, and adaptation. New York, NY: Wiley, 96–161.

Pekarik, E.G., Prinz, R.J., Liebert, D.E., Weintraub, S. & Neale, J.M. (1976). The Pupil Evaluation Inventory: A sociometric technique for assessing children's social behavior. Journal of Abnormal Child Psychology, 4, 83–97.

Pepler, D.J. & Craig, W.M. (1998). Assessing children's peer relationships. Child psychology and Psychiatry Review, 3, 176–182.

Perleth, C. (1992). Zur Methodik der Münchner Hochbegabungsstudie. In Heller, K.A. (Hrsg.). Hochbegabung im Kindes- und Jugendalter. Göttingen: Hogrefe, 352–381.

Perleth, C. & Sierwald, W. (1992). Entwicklungs- und Leistungsanalysen zur Hochbegabung. In Heller, K.A. (Hrsg.). Hochbegabung im Kindes- und Jugendalter. Göttingen: Hogrefe, 165–350.

Petillon, H. (1984). Sozialfragebogen für Schüler 4 – 6. Weinheim: Beltz Testgesellschaft.

Petillon, H. (1987). Der Schüler: Rekonstruktion der Schule aus der Perspektive von Kindern und Jugendlichen. Darmstadt: Wissenschaftliche Buchgesellschaft.

Piaget, J. (1973). Das moralische Urteil beim Kinde. Frankfurt am Main: Suhrkamp.

Plucker, J.A. (1997). Debunking the myth of the „highly significant" result: effect sizes in gifted education research. Roeper Review, 20, 122–126.

Portmann, R. (1974). Stufentests. Sprachliche Analogien 3/4. 308/408 Beiheft. Unter Mitarbeit von Graudenz, I. & Stark, G. Weinheim: Beltz.

Portmann, R. (1975). Stufentests. Sprachliche Analogien 5/6. 508/608 Beiheft. Unter Mitarbeit von Kadatz, G. Weinheim: Beltz.

Prinz, R.J., Swan, G., Liebert, D.E., Weintraub, S. & Neale, J.M. (1978). ASSESS: Adjustment Scales for Sociometric Evaluation of Secondary-School Students. Journal of Abnormal Child Psychology, 6, 493–501.

Pyryt, M.C. & Mendaglio, S. (1994). The multidimensional self-concept: A comparison of gifted and average-ability adolescents. Journal for the Education of the Gifted, 17, 299–305.

Rahn, H. (1986). Jugend forscht: Die Landes- und Bundessieger im Bundeswettbewerb Jugend forscht 1966–1984. Göttingen: Hogrefe.

Ramos-Ford, V. & Gardner, H. (1991). Giftedness from a multiple intelligence perspective. In Colangelo, N. & Davis, G.A. (Eds.). Handbook of gifted education. Needham Heights, MA: Allyn and Bacon, 55–64.

Raven, J.C. (1938). Progressive Matrices. London: Lewis.

Remschmidt, H. (1992). Adoleszenz: Entwicklung und Entwicklungskrisen im Jugendalter. Stuttgart: Thieme.

Renzulli, J.S. (1978). What makes giftedness? Reexamining a definition. Phi Delta Kappan, 60, 180–184, 261.

Renzulli, J.S. & Delcourt, M.A. (1986). The legacy and logic of research on the identification of gifted persons. Gifted Child Quarterly, 30, 20–23.

Renzulli, J.S., Reis, S.M. & Smith, L.H. (1981). The revolving door identification model. Mansfield Center, CN: Creative learning press.

Roberts, K.H. & Rost, D.H. (1974). Analyse und Bewertung empirischer Untersuchungen (2., üb. u. erw. Fassung). Weinheim: Beltz.

Robinson, N.M. & Noble, K.D. (1991). Social-emotional development and adjustment of gifted children. In Wang, M.C. & Reynolds, M.C. (Eds.). Handbook of special education: Research and practice, Vol. 4: Emerging programs. Advances in education. Oxford: Pergamon Press, 57–76.

Roe, A. (1953). Making of a scientist. New York: Dodd, Mead and Company.

Rosenthal, R. (1994). Parametric measures of effect size. In Cooper, H. & Hedges, L.V. (Eds.). The handbook of research synthesis. New York, NY: Russel Sage Foundation, 231–244.

Rosenthal, R. & Rosnow, R.L. (1991). Essentials of behavioral research: Methods and data analysis. 2nd ed. New York, NY: McGraw-Hill.

Rost, D.H. (1987). Leseverständnis oder Leseverständnisse? Zeitschrift für Pädagogische Psychologie, 1, 175–196.

Rost, D.H. (Hrsg.) (1989). Lebensumweltanalyse besonders begabter Grundschulkinder. Forschungsbericht Nr. 2, Bd. I. Marburg: Fachbereich Psychologie, Philipps-Universität.

Rost, D.H. (1991a). Identifizierung von „Hochbegabung". Zeitschrift fur Entwicklungspsychologie und Pädagogische Psychologie, 23, 197–231.

Rost, D.H. (1991b). „Belege", „Modelle", Meinungen, Allgemeinplätze. Anmerkungen zu den Repliken von E. A. Hany & K. A. Heller und F. Mönks. Zeitschrift für Entwicklungspsychologie und Pädagogische Psychologie, 23, 250–262.

Rost, D.H. (1993a). Das Marburger Hochbegabtenprojekt. In Rost, D.H. (Hrsg.). Lebensumweltanalyse hochbegabter Kinder. Göttingen: Hogrefe, 1–33.

Rost, D.H. (Hrsg.) (1993b). Lebensumweltanalyse hochbegabter Kinder. Göttingen: Hogrefe.

Rost, D.H. (Hrsg.) (2000a). Hochbegabte und hochleistende Jugendliche: Neue Ergebnisse aus dem Marburger Hochbegabtenprojekt. Münster: Waxmann.

Rost, D.H. (2000b). Grundlagen, Fragestellungen, Methode. In Rost, D.H. (Hrsg.). Hochbegabte und hochleistende Jugendliche: Neue Ergebnisse aus dem Marburger Hochbegabtenprojekt. Münster: Waxmann, 1–91.

Rost, D.H. (2001). „Hochbegabte" Schüler und Schülerinnen. In Roth, L. (Hrsg.). Pädagogik: Handbuch für Studium und Praxis. 2. üb. u. erw. Aufl. München: Oldenbourg, 941–979.

Rost, D.H. & Czeschlik, T. (Hrsg.) (1988). Lebensumweltanalyse besonders begabter Grundschulkinder. Projektbericht Nr. 1. Marburg: Fachbereich Psychologie, Philipps-Universität.

Rost, D.H. & Czeschlik, T. (1994). Beliebt und intelligent? Abgelehnt und dumm? – Eine soziometrische Studie an 6500 Grundschulkindern. Zeitschrift für Sozialpsychologie, 170–176.

Rost, D.H. & Dörner, H. (Hrsg.) (1989). Lebensumweltanalyse besonders begabter Grundschulkinder. Forschungsbericht Nr. 2, Band II. Marburg: Fachbereich Psychologie, Philipps-Universität.

Rost, D.H., Freund-Braier, I., Schilling, S. & Schütz, C. (Hrsg.) (1997). Hochbegabte und hochleistende Jugendliche: Instrumentation. Forschungsbericht Nr. 5. Marburg: Fachbereich Psychologie, Philipps-Universität.

Rost, D.H., Freund-Braier, I., Schilling, S. & Schütz, C. (Hrsg.) (1998). Abschlußbericht: Hochbegabte und hochleistende Jugendliche – Ergebnisse. Marburg: Fachbereich Psychologie, Philipps-Universität.

Rost, D.H. & Haferkamp, W. (1979). Zur Brauchbarkeit des AFS (Angstfragebogen für Schüler). Eine empirische Analyse und eine vergleichende Darstellung vorliegender Untersuchungen. Zeitschrift für Empirische Pädagogik, 3, 183–210.

Rost, D.H. & Hanses, P. (1993). Zur Brauchbarkeit des ZVT im Grundschulalter. Diagnostica, 38, 80–95.

Rost, D.H. & Hanses, P. (Hrsg.) (1995). Hochbegabte Jugendliche. Forschungsbericht Nr. 3. Marburg: Fachbereich Psychologie, Philipps-Universität.

Rost, D.H. & Hanses, P. (Hrsg.) (1996). Hochleistende Jugendliche. Forschungsbericht Nr. 4. Marburg: Fachbereich Psychologie, Philipps-Universität.

Rost, D.H. & Hanses, P. (1997). Wer nichts leistet, ist nicht begabt? Zur Identifikation hochbegabter Underachiever durch Lehrkräfte. Zeitschrift für Entwicklungspsychologie und Pädagogische Psychologie, 29, 167–177.

Rost, D.H. & Hanses, P. (2000). Selbstkonzept. In Rost, D.H. (Hrsg.). Hochbegabte und hochleistende Jugendliche. Münster: Waxmann, 211–278.

Rubin, K.H., Bukowski, W. & Parker, J.G. (1998). Peer interactions, relationships and groups. In Damon, W. & Eisenberg, N. (Eds.). Handbook of child psychology (5th ed.). Vol. 3. Social, emotional and personality development. New York: Wiley, 619–700.

Rudas, T. (1998). Odds ratios in the analysis of contincency tables (Sage University paper series on quantiatative applications in the social sciences, 07–119). Thousand Oaks, CA: Sage.

Russell, D., Peplau, L.A. & Cutrona, C.E. (1980). The revised UCLA Loneliness Scale: Concurrent and discriminant validity evidence. Journal of Personality and Social Psychology, 39, 472–480.

Russell, D., Peplau, L.A. & Ferguson, M.L. (1978). Developing a measure of loneliness. Journal of Personality Assessment, 42, 290–294.

Rustemeyer, R. (1992). Praktisch-methodische Schritte der Inhaltsanalyse. Eine Einführung am Beispiel der Analyse von Interviewtexten. Münster: Aschendorff.

Salisch, M. v. (2000). Zum Einfluß von Gleichaltrigen (Peers) und Freunden. In Amelang, M. (Hrsg.). Determinanten individueller Unterschiede. (Enzyklopädie der Psychologie, Serie VIII: Differentielle Psychologie und Persönlichkeitsforschung, Bd.4). Göttingen: Hogrefe, 345–405.

Salisch, M. v. & Seiffge-Krenke, I. (1996). Freundschaften im Kindes- und Jugendalter: Konzepte, Netzwerke, Elterneinflüsse. Psychologie in Erziehung und Unterricht, 43, 85–99.

Saville, D.J. (1990). Multiple comparision procedures: the practical solution. The American Statistican, 44, 174–175.

Savin-Williams, R.C. & Berndt, T.J. (1990). Friendship and peer relations. In Feldman, S.S. & Elliott, G.R. (Eds.). At the threshold: the developing adolescent. Cambridge, MA: Harvard University Press, 277–307.

Schmidt-Denter, U. (1994). Soziale Entwicklung. 2. Aufl. Weinheim: Psychologie Verlags Union.

Schneider, B.H. (1987). The gifted child in peer group perspective. New York: Springer.

Schneider, B.H. (1993). Children's social competence in context: the contributions of family, school and culture. Oxford: Pergamon Press.

Schneider, B.H. & Byrne, B.M. (1989). Parents rating children's social behavior: how focused the lens? Journal of Clinical Child Psychology, 18, 237–241.

Schneider, B.H., Clegg, M.R., Byrne, B.M., Ledingham, J.E. & Crombie, G. (1989). Social relations of gifted children as a function of age and school program. Journal of Educational Psychology, 81, 48–56.

Schneider, F.W. & Coutts, L.M. (1985). Person orientation of male and female high school students: To the educational disadvantage of males? Sex Roles, 13, 47–63.

Schneider, R.J., Ackermann, P.L. & Kanfer, R. (1996). To „act wisely in human relations": exploring the dimensions of social competence. Personality and Individual Differences, 21, 469–481.

Schroeder-Davis, S.J. (1999). Brains, brawn, or beauty. Journal of Secondary Gifted Education, 10, 134–147.

Schuler, H. (2001). Noten und Studien- und Berufserfolg. In Rost, D.H. (Hrsg.). Handwörterbuch Pädagogische Psychologie (2. üb. u. erw. Aufl.). Weinheim: Psychologie Verlags Union, 501–507.

Schwab, R. (1997). Einsamkeit: Grundlagen für die klinisch-psychologische Diagnostik und Intervention. Bern: Huber.

Selman, R.L. (1984). Die Entwicklug des sozialen Verstehens. Frankfurt am Main: Suhrkamp.

Shaffer (1994). Social and personality development (3rd ed.). Pacific Grove, CA: Brooks / Cole Publishing Company.

Sherif, M., Harvey, O.J., White, B.J., Hood, W.R. & Sherif, C.W. (1961). Intergroup conflict and cooperation: The Robber's Cave experiment. Norman: University of Oklahoma Press.

Sherif, M. & Sherif, C.W. (1964). Reference groups. New York: Harper & Row.

Silbereisen, R.K. & Schmitt-Rodermund, E. (1998). Entwicklung im Jugendalter: Prozesse, Kontexte und Ergebnisse. In Keller, H. (Hrsg.). Lehrbuch Entwicklungspsychologie. Bern: Huber, 377–397.

Silverman, L.K. (1993). Social development, leadership, and gender issues. In Silverman, L.K. (Ed.). Counseling the gifted and talented. Denver, Colorado: Love Publishing Company, 291–327.

Snow, R.E. (1979). Theory and method for research on aptitude processes. In Sternberg, R.J. & Detterman, D.K. (Eds.). Human intelligence: Perspectives on its theory and measurement. Norwood, NJ: Ablex Publishing, 105–137.

Solano, C.H. (1980). Two measures of loneliness: A comparison. Psychological Reports, 46, 23–28.

Sommer, G. & Fydrich, T. (1985). Soziale Unterstützung. Diagnostik, Konzepte, F-SOZU. Tübingen: Deutsche Gesellschaft für Verhaltenstherapie.

Spearman, C. (1904). „General intelligence", objectively determined and measured. American Journal of Psychology, 15, 201–293.

Spearman, C. (1923). The nature of „intelligence" and the principles of cognition. London: Macmillan.

Spearman, C. (1927). The abilities of man. New York: Macmillan.

Specht, W. (1982). Die Schulklasse als soziales Beziehungsfeld altershomogener Gruppen. Forschungsbericht des Projekts Entwicklung im Jugendalter, Nr. 3. Konstanz: Universität Konstanz.

Specht, W. & Fend, H. (1979). Der „Klassengeist" als Sozialisationsfaktor. Unterrichtswissenschaft, 2, 128–142.

Stanley, J.C. (1996). In the beginning: The study of mathematically precocious youth. In Benbow, C.P. & Lubinski, D. (Eds.). Intellectual talent. Baltimore: The Johns Hopkins University Press, 74–118.

Stanley, J.C. & Benbow, C.P. (1986). Youths who reason exeptionally well mathematically. In Sternberg, R.J. & Davidson, J.E. (Eds.). Conceptions of giftedness. Cambridge: Cambridge University Press, 361–387.

Statistisches Bundesamt (1994). Statistisches Jahrbuch für die Bundesrepublik Deutschland und das Ausland: Inland, Ausland, Information. Stuttgart: Metzler-Poeschel.

Stern, W. (1916). Psychologische Begabungsforschung und Begabungsdiagnose. In Petersen, P. (Hrsg.). Der Aufstieg der Begabten. Leipzig: Teubner, 105–120.

Sternberg, R.J. (1993a). The concept of ‚giftedness': A pentagonal implicit theory. In Ciba, F. (Ed.). The origins and development of high ability. Ciba Foundation Symposium, 178. Chichester: John Wiley & Sons, 5–21.

Sternberg, R.J. (1993b). Procedures for identifying intellectual potential of the gifted: A perspective on alternative „methaphors of mind". In Heller, K.A., Mönks, F.J. & Passow, A.H. (Eds.). International handbook for research and development of giftedness and talent. Oxford: Pergamon, 185–208.

Sternberg, R.J. & Davidson, J.E. (Eds.) (1986). Conceptions of giftedness. Cambridge: Cambridge University Press.

Stevens, J. (1996). Applied multivariate statistics for the social sciences. 3rd ed. Mahwah, NJ: Erlbaum.

Sullivan, H.S. (1983). Die interpersonale Theorie der Psychiatrie. Frankfurt am Main: S. Fischer Verlag.

Swiatek, M. A. (1995). An empirical investigation of the social coping strategies used by gifted adolescents. Gifted Child Quarterly, 39, 154–161.

Swiatek, M.A. & Dorr, R.M. (1998). Revision of the social coping questionnaire: Replication and extension of previous findings. Journal for Secondary Gifted Education, 10, 252–259.

Tabachnik, B.G. & Fidell, L.S. (1996). Using multivariate statistics. 3rd ed. New York: Harper Collins College Publishers.

Tannenbaum, A.J. (1962). Adolescent attitudes toward academic brilliance. New York: Teachers College, Columbia University.

Tent, L. (1969). Die Auslese von Schülern für weiterführende Schulen – Möglichkeiten und Grenzen. Göttingen: Verlag für Psychologie.

Tent, L. (2001). Zensuren. In Rost, D.H. (Hrsg.). Handwörterbuch Pädagogische Psychologie (2. üb. u. erw. Aufl). Weinheim: Psychologie Verlags Union, 805–811.

Terman, L.M. (1925). Mental and physical traits of a thousand gifted children. Genetic studies of genius: Vol. 1. Stanford, CA: Stanford University Press.

Terman, L.M. (1954). The discovery and encouragement of exceptional talent. American Psychologist, 9, 221–230.

Terman, L.M. & Oden, M.H. (1947). The gifted child grows up: twenty-five years' follow-up of a superior group. Genetic studies of genius. Vol. 5. Stanford, CA: Stanford University Press.

Terry, R. & Coie, J.D. (1991). A comparison of methods for defining sociometric status. Developmental Psychology, 27, 867–880.

Tettenborn, A. (1996). Familien mit hochbegabten Kindern. Münster: Waxmann.

Thorndike, E.L. (1920). Intelligence and its use. Harper's Magazine, 140, 227–235.

Thurstone, L.L. (1938). Primary mental abilities. Chicago, IL: University of Chicago Press.

Thurstone, L.L. & Thurstone, L.G. (1941). Factorial studies of intelligence. Chicago: The University of Chicago Press.

Timberlake, E.M., Barnett, L.B. & Plionis, E.M. (1993). Coping with self and academic talent. Child and Adolescent Social Work Journal, 10, 21–37.

Tong, J. & Yewchuk, C. (1996). Self-concept and sex-role orientation in gifted high school students. Gifted Child Quarterly, 40, 15–23.

Tuchow, A. (1993). Zum sozialen Selbstkonzept bei besonders begabten Schülern im Alter von 13 bis 15 Jahren. Unveröffentlichte Dissertation. Rostock: Universität Rostock.

Tucker, L.R. (1951). A method for synthesis of factor analytic studies: Personnel research section report no. 984. Washington, DC: Department of the army.

Van Boxtel, H.W. & Mönks, F.J. (1992). General, social, and academic self-concepts of gifted adolescents. Journal of Youth and Adolescence, 21, 169–186.

Vaughn, S., McIntosh, R., Schumm, J.-S., Haager, D. & Callwood, D. (1993). Social status, peer acceptance, and reciprocal friendships revisited. Learning Disabilities Research and Practice, 8, 82–88.

Velicer, W.F. & Jackson, D.N. (1990). Component analysis vs. common factor analysis: Some issues in selecting an appropriate procedure. Multivariate Behavioral Research, 25, 1–28.

Waldmann, M. & Weinert, F.E. (1990). Intelligenz und Denken. Perspektiven der Hochbegabungsforschung. Göttingen: Hogrefe.

Walker, R. & Foley, J.M. (1973). Social intelligence: Its history and measurement. Psychological Reports, 33, 339–864.

Weber, H. & Westmeyer, H. (1997). Emotionale Intelligenz. Kritische Analyse eines populären Konstrukts. Vortrag auf der 4. Arbeitstagung der Fachgruppe Differentielle Psychologie, Persönlichkeitspsychologie und Psychologische Diagnostik. Bamberg, Oktober 1997.

Wechsler, D. (1958). The measurement and appraisal of adult intelligence. 4th ed. Baltimore: Williams & Wilkins.

Weinert, F.E. (1989). Der aktuelle Stand der psychologischen Kreativitätsforschung und einige daraus ableitbare Schlußfolgerungen für die Lösung praktischer Probleme. In Hofschneider, P.H. & Mayer, K.U. (Hrsg.). Generationsdynamik und Innovation in der Grundlagenforschung. Symposium der Max-Planck-Gesellschaft Schloß Ringberg/Tegernsee, Juni 1989. München: Max-Planck-Gesellschaft, 21–44.

Weiss, R. (Ed.) (1973a). Loneliness: the experience of emotional and social isolation. Cambridge: M.I.T. Press.

Weiss, R. (1973b). The study of loneliness. In Weiss, R. (Ed.). Loneliness: the experience of emotional and social isolation. Cambridge: M.I.T Press, 7–29.

Weiß, R.H. (1987). Grundintelligenztest Skala 2 CFT-20. 3. Aufl. Göttingen: Hogrefe.

Whalen, S. & Csikszentmihalyi, M. (1989). A comparison of the self-image of talented teenagers with a normal adolescent population. Journal of Youth and Adolescence, 18, 131–146.

Wickens, T.D. (1989). Multiway contingency tables analysis for the social sciences. Hillsdale, NJ: Erlbaum.

Wieczerkowski, W. & Wagner, H. (1985). Diagnostik von Hochbegabung. Tests und Trends: Jahrbuch der Pädagogischen Diagnostik, 4, 109–134.

Wild, K.-P. (1991). Identifikation hochbegabter Schüler. Lehrer und Schüler als Datenquellen. Heidelberg: Asanger.

Wild, K.-P. (1993). Hochbegabtendiagnostik durch Lehrer. In Rost, D.H. (Hrsg.). Lebensumweltanalyse hochbegabter Kinder. Das Marburger Hochbegabtenprojekt. Göttingen: Hogrefe, 236–261.

Winne, P.H., Woodlands, M.J. & Wong, B.Y. (1982). Comparability of self-concept among learning disabled, normal, and gifted students. Journal of Learning Disabilities, 15, 470–475.

Yong, F.-L. & McIntyre, J.D. (1991). Comparison of self-concepts of students identified as gifted and regular students. Perceptual and Motor Skills, 73, 443–446.

Youniss, J. (1980). Parents and peers in social development: A Sullivan-Piaget perspective. Chicago, IL: University of Chicago.

Youniss, J. & Haynie, D.L. (1992). Friendship in adolescence. Developmental and Behavioral Pediatrics, 13, 59–66.

Zwick, W.R. & Velicer, W.F. (1986). Comparison of five rules of determining the number of components to retain. Psychological Bulletin, 99, 432–442.

Anhang

Anhang A: Itemkennwerte

Tab. A.1: Mittelwerte (M), Standardabweichungen (S), Trennschärfen (r_{it}) und Itemhomogenitäten (r_{i-n}) der Skala „Sozialinteresse bei Schülern" (SIS-J)

ITEM	SP	M	S	r_{it}	r_{i-n}
Ich stelle mir oft vor, was in einem Mitschüler oder einer Mitschülerin vorgeht, der oder die von anderen ausgelacht wird. (SIS1)	BS	4.5	1.3	0.52	0.36
	LS	4.4	1.3	0.51	0.43
	RS	4.5	1.5	0.57	0.40
Mir fällt meistens auf, wenn ein Mitschüler oder eine Mitschülerin Sorgen hat. (SIS2)	BS	4.7	1.0	0.47	0.35
	LS	4.6	1.1	0.49	0.35
	RS	4.5	1.4	0.55	0.41
Ich versuche zu verstehen, warum manche Jugendliche zu anderen grob sind. (SIS3)	BS	4.4	1.1	0.40	0.29
	LS	4.2	1.3	0.38	0.26
	RS	3.8	1.6	0.39	0.29
Ich kann am Gesicht eines anderen ziemlich genau ablesen, wie es ihm gerade geht. (SIS4)	BS	4.5	1.0	0.51	0.37
	LS	4.5	1.1	0.34	0.26
	RS	4.4	1.4	0.47	0.36
Ich stelle mir oft vor, was in einem Schüler oder einer Schülerin vorgeht, der oder die gerade eine schlechte Note bekommen hat. (SIS5)	BS	4.4	1.2	0.46	0.32
	LS	4.2	1.3	0.45	0.30
	RS	4.2	1.6	0.54	0.35

SP: Stichprobe; BS: Begabungsstichprobe (N = 214); LS: Leistungsstichprobe (N = 255); RS: Referenzstichprobe (N = 697)
(-): invertiert. Theoretischer Range der Items: 1 - 6; theoretisches Mittel 3.5

Tab. A.2:   Mittelwerte (M), Standardabweichungen (S),
Trennschärfen (r_{it}) und Itemhomogenitäten (r_{i-n}) der
Skala „Kontaktbereitschaft"

ITEM	SP	M	S	r_{it}	r_{i-n}
(-) Ich bin lieber alleine als mit anderen zusammen. (KB1)	BS	5.2	1.1	0.48	0.35
	LS	4.8	1.3	0.47	0.36
	RS	5.0	1.4	0.49	0.36
(-) Es ist besser, sich nicht so vielen Mitschülern anzuvertrauen. (KB2)	BS	3.6	1.6	0.46	0.33
	LS	3.2	1.5	0.43	0.32
	RS	3.1	1.7	0.38	0.29
(-) Man sollte nicht zu viele Freundschaften haben. (KB3)	BS	4.9	1.4	0.43	0.31
	LS	4.6	1.5	0.43	0.32
	RS	4.7	1.6	0.49	0.32
Ich mache gerne Sachen, bei denen viele mitmachen können. (KB4)	BS	4.9	1.1	0.36	0.29
	LS	4.7	1.2	0.44	0.34
	RS	4.5	1.4	0.36	0.28

SP: Stichprobe; BS: Begabungsstichprobe (N = 214); LS:
Leistungsstichprobe (N = 255); RS: Referenzstichprobe
(N = 697)
(-): invertiert; theoretischer Range der Items 1 - 6;
theoretisches Mittel 3.5

Tab. A.3: Mittelwerte (M), Standardabweichungen (S),
Trennschärfen (r_{it}) und Itemhomogenitäten (r_{i-n}) für die
Items der Skala „Kontakt zu Freunden" (FKONTAKT-J)

ITEM	SP	M	S	r_{it}	r_{i-n}
sich mit jmd. unterhalten, persönliche Probleme mit jemandem besprechen(FKONT1)	BS	3.1	0.7	0.47	0.38
	LS	3.1	0.8	0.46	0.36
	RS	2.9	0.8	0.45	0.37
mit Freunden und Freundinnen telefonieren(FKONT2)	BS	3.0	0.8	0.50	0.41
	LS	2.7	0.9	0.46	0.37
	RS	3.0	0.9	0.53	0.42
mit Freunden und Freundinnen zusammen sein(FKONT3)	BS	3.4	0.6	0.56	0.43
	LS	3.3	0.7	0.59	0.45
	RS	3.4	0.7	0.61	0.47
mit Freunden bzw. Freundinnen rumhängen(FKONT4)	BS	2.8	0.9	0.45	0.36
	LS	2.8	1.0	0.55	0.44
	RS	3.1	0.9	0.54	0.44

SP: Stichprobe, BS: Begabungsstichprobe (N = 214), LS:
Leistungsstichprobe (N = 256); RS: Referenzstichprobe
(N = 697).
Theoretischer Range 1 - 6, theoretisches Mittel 3.5.

Tab. A.4:   Trennschärfen (r_{it}) und Itemhomogenitäten
(r_{i-n}) für die Items der Skala „Soziale Einsamkeit" für
252 Jugendliche der Leistungsstichprobe

ITEM	r_{it}	r_{i-n}
(-) Ich habe genug Gesellschaft.(EINSAM01)	0.55	0.46
Ich fühle mich allein.(EINSAM02)	0.69	0.55
Ich bin zu viel allein.(EINSAM08)	0.67	0.55
Die anderen Menschen haben es schwer, an mich heranzukommen.(EINSAM09)	0.43	0.20

Tab. A.5:   Trennschärfen (r_{it}) und Itemhomogenitäten
(r_{i-n}) für die Items der Skala „Emotionale Einsamkeit"
für 252 Jugendliche der Leistungsstichprobe

ITEM	r_{it}	r_{i-n}
(-) Ich habe viel gemeinsam mit den Menschen um mich herum.(EINSAM04)	0.41	0.33
Die Leute um mich herum haben ganz andere Interessen als ich.(EINSAM05)	0.47	0.36
Niemand kennt mich wirklich.(EINSAM06)	0.50	0.37
(-) Es gibt Menschen, die mich wirklich verstehen.(EINSAM07)	0.47	0.35

Anhang B: Verteilungskennwerte der verwendeten Skalen

Tab. B.1:   Verteilungskennwerte der Skalen „Kontaktbereitschaft" (KB-J) und „Sozialinteresse bei Schülern"
(SIS-J) für die Jugendlichen der Begabungsstichprobe
(BS, N = 214), der Leistungsstichprobe (LS, N = 256) und
der Referenzstichprobe (RS, N = 723)

| KENN- | KB-J | | | SIS-J | | |
WERT	BS	LS	RS	BS	LS	RS
M	4.6	4.3	4.3	4.5	4.4	4.3
S	0.9	1.0	1.0	0.8	0.8	1.0
Min	2	1.8	1	1.8	1.8	1
Max	6	6	6	6	6	6
Q_{25}	4	3.8	3.8	4	4	3.6
Q_{50}	4.8	4.5	4.5	4.6	4.6	4.4
Q_{75}	5.3	5	5	5	5	5
Sch	-0.7[*]	-0.7[*]	-0.7[*]	-0.5[*]	-0.7[*]	-0.6[*]
Ex	0	0	0.1	0.4	0.3	0.2
K-S	<0.001	<0.001	<0.001	<0.001	<0.001	<0.001

M: Mittelwert (an der Itemzahl relativiert, theoreti-
scher Range:1 - 6, theoretische Mitte 3.5); Q: Quartile;
Sch: Schiefe; Ex: Exzeß; K-S: Ergebnisse des Kolmogorov-
Smirnov-Anpassungstests (angegeben ist p); [*]:p < 0.01

Tab. B.2:   Verteilungskennwerte der Skala
„Kontakt zu Freunden" für die Begabungsstichprobe (BS), die Leistungsstichprobe (LS) und
die Referenzstichprobe

KENNWERT	BS (N=214)	LS (N=256)	RS (N=713)
M	3.1	3.0	3.1
S	0.6	0.6	0.6
Minimum	1.3	1.3	1.3
Maximum	4.0	4.0	4.0
Q_{25}	2.8	2.5	2.8
Q_{50}	3.3	3.0	3.3
Q_{75}	3.5	3.5	3.5
Schiefe	-0.4[*]	-0.2	-0.4[*]
Exzeß	0.2	-0.8[*]	-0.7[*]
K-S	<0.001	<0.001	<0.001

M: Mittelwert (an der Itemzahl relativiert;
theoretischer Range:1 - 4; theoretische Mitte
2.5); Q: Quartile; K-S: Ergebnisse des
Kolmogorov-Smirnov-Anpassungstests (angegeben
ist p); [*]:p < 0.01

Tab. B.3: Verteilungskennwerte der
Skala „Einsamkeit" für die Jugendlichen der Begabungsstichprobe (BS)
und die Leistungsstichprobe (LS)

KENNWERT	BS (N=204)	LS (N=253)
M	2.0	2.0
S	0.7	0.6
Minimum	1.0	1.0
Maximum	4.1	4.3
Q_{25}	1.5	1.6
Q_{50}	1.9	2.0
Q_{75}	2.4	2.3
Schiefe	0.9[*]	0.9[*]
Exzeß	0.6	1.0[*]
K-S[b]	<0.001	<0.001

M: Mittelwert (an der Itemzahl relativiert, theoretischer Range:1 - 5,
theoretische Mitte 3); Q: Quartile;
K-S: Ergebnisse des Kolmogorov-
Smirnov-Anpassungstests (angegeben
ist p); [*]:p < 0.01

Tab. B.4:   Verteilungskennwerte der
Skalen „Soziale Einsamkeit" (SOZEIN-
J) und „Emotionale Einsamkeit" (EMO-
EIN-J) für N = 252 Jugendliche der
Leistungsstichprobe

KENNWERT	SOZEIN-J	EMOEIN-J
M	1.9	2.2
S	0.7	0.7
Minimum	1	1
Maximum	4.5	4.3
Q_{25}	1.5	1.8
Q_{50}	1.8	2
Q_{75}	2.3	2.5
Schiefe	1*	0.68*
Exzeß	0.81*	0.34
K-S	<0.001	<0.001

M: Mittelwert (an der Itemzahl relativiert, theoretischer Range:1 – 5,
theoretische Mitte: 3); Q: Quartile;
K-S: Ergebnisse des Kolmogorov-
Smirnov-Anpassungstests (angegeben
ist p); *:p < 0.01

Tab. B.5:   Verteilungskennwerte der
Skala „Integration in der Klasse" für
die Beurteilungen durch den Deutsch-
lehrer (DLE), den Mathematiklehrer
(MLE) und den Klassenlehrer (KLE)
der Schüler der Begabungsstichprobe
(BS) und der Leistungsstichprobe
(LS)

KENN-WERT	BS (N=204)		LS (N=253)
	DLE	MLE	KLE
M	3.6	3.7	3.9
S	0.9	0.8	0.9
Min	1.3	1.7	1.3
Max	5.0	5.0	5.0
Q_{25}	3.0	3.3	3.3
Q_{50}	3.7	3.7	4.0
Q_{75}	4.3	4.3	4.7
Sch	-0.52*	-0.41*	-0.56*
Ex	-0.41	-0.19	-0.28
K-S	<0.001	<0.001	<0.001

M: Mittelwert (an der Itemzahl relativiert, theoretischer Range:1 – 5,
theoretische Mitte: 3); Q: Quartile;
Sch: Schiefe; Ex: Exzeß; K-S: Ergebnisse des Kolmogorov-Smirnov-Anpassungstests (angegeben ist p); *:p <
0.01

Pädagogische Psychologie
und Entwicklungspsychologie

HERAUSGEGEBEN
VON DETLEF H. ROST

BAND 1

Annette Tettenborn
FAMILIEN MIT HOCHBEGABTEN KINDERN
1996, 234 Seiten, br., 25,50 €,
ISBN 3-89325-396-3

BAND 2

Doris Lewalter
LERNEN MIT BILDERN UND ANIMATIONEN
Studie zum Einfluß von Lernermerkmalen auf
die Effektivität von Illustrationen
1997, 282 Seiten, br., 25,50 €,
ISBN 3-89325-451-X

BAND 3

Jan Gowert Masche
FAMILIENBEZIEHUNGEN ZWISCHEN
SCHULE UND AUSBILDUNG
1998, 302 Seiten, br., 25,50 €,
ISBN 3-89325-547-8

BAND 4

Olaf Köller
ZIELORIENTIERUNGEN UND
SCHULISCHES LERNEN
1998, 224 Seiten, br., 25,50 €,
ISBN 3-89325-611-3

BAND 5

Kai Schnabel
PRÜFUNGSANGST UND LERNEN
Empirische Analysen zum Einfluß
fachspezifischer Leistungsängstlichkeit auf
schulischen Lernfortschritt
1998, 224 Seiten, br., 25,50 €,
ISBN 3-89325-612-1

BAND 6

Rainer Pior
SELBSTKONZEPTE VON
VORSCHULKINDERN
Empirische Untersuchungen zum
Selbstkonzept sozialer Integration
1998, 168 Seiten, br., 19,50 €,
ISBN 3-89325-598-2

BAND 7

Jürgen Wegge
LERNMOTIVATION, INFORMATIONS-
VERARBEITUNG, LEISTUNG
Zur Bedeutung von Zielen des Lernenden
bei der Aufklärung
motivationaler Leistungsunterschiede
1998, 368 Seiten, br., 25,50 €,
ISBN 3-89325-615-6

BAND 8

Beate Schreiber
SELBSTREGULIERTES LERNEN
Entwicklung und Evaluation von
Trainingsansätzen für Berufstätige
1998, 252 Seiten, br., 25,50 €,
ISBN 3-89325-627-X

BAND 9

Karl-Heinz Arnold
FAIRNESS BEI
SCHULSYSTEMVERGLEICHEN
Diagnostische Konsequenzen von
Schulleistungsstudien für die unterrichtliche
Leistungsbewertung und
binnenschulische Evaluation
1999, 212 Seiten, br., 25,50 €,
ISBN 3-89325-728-4

BAND 10

Dietmar Grube
ARBEITSGEDÄCHTNIS UND
ZEITVERARBEITUNG IM ALTER
1999, 166 Seiten, br., 25,50 €,
ISBN 3-89325-739-X

BAND 11

Jürgen W.L. Wagner
SOZIALE VERGLEICHE UND
SELBSTEINSCHÄTZUNGEN
Theorien, Befunde und schulische
Anwendungsmöglichkeiten
1999, 258 Seiten, br., 25,50 €
ISBN 3-89325-764-0

BAND 12

Sabine Gruehn
UNTERRICHT UND LERNEN
Schüler als Quellen der Unterrichtsbeschreibung
2000, 256 Seiten, br., 25,50 €,
ISBN 3-89325-757-8

BAND 13

Ulrike Sirsch
PROBLEME BEIM SCHULWECHSEL
Die subjektive Bedeutung des
bevorstehenden Wechsels von der Grundschule
in die weiterführende Schule
2000, 228 Seiten, br., 25,50 €,
ISBN 3-89325-758-6

BAND 14

Gerd Schulte-Körne
LESE-RECHTSCHREIBSCHWÄCHE UND
SPRACHWAHRNEHMUNG
Psychometrische und neurophysiologische
Untersuchungen zur Legasthenie
2001, 288 Seiten, br., 25,50 €,
ISBN 3-89325-790-X

BAND 15

Detlef H. Rost
HOCHBEGABTE UND
HOCHLEISTENDE JUGENDLICHE
Neue Ergebnisse aus dem
Marburger Hochbegabtenprojekt
2000, 430 Seiten, br., 25,50 €,
ISBN 3-89325-685-7

BAND 16

Klaus-Peter Wild
LERNSTRATEGIEN IM STUDIUM
Strukturen und Bedingungen
2000, 296 Seiten, br., 25,50 €,
ISBN 3-89325-791-8

BAND 17

Sigrid Hübner
DENKFÖRDERUNG UND
STRATEGIEVERHALTEN
2000, 160 Seiten, br., 25,50 €,
ISBN 3-89325-792-6

BAND 18

Cordula Artelt
STRATEGISCHES LERNEN
2000, br., 300 Seiten, 25,50 €,
ISBN 3-89325-793-4

BAND 19

Bettina S. Wiese
BERUFLICHE UND FAMILIÄRE
ZIELSTRUKTUREN
2000, 272 Seiten, br., 25,50 €,
ISBN 3-89325-867-1

BAND 20

Gerhard Minnameier
ENTWICKLUNG UND LERNEN –
KONTINUIERLICH
ODER DISKONTINUIERLICH?
Grundlagen einer Theorie der Genese komplexer
kognitiver Strukturen
2000, 216 Seiten, br., 25,50 €,
ISBN 3-89325-790-X

BAND 21

Gerhard Minnameier
STRUKTURGENESE
MORALISCHEN DENKENS
Eine Rekonstruktion der Piagetschen Entwick-
lungslogik und ihre moraltheoretischen Folgen
2000, 214 Seiten, br., 25,50 €,
ISBN 3-89325-685-7

BAND 22

Elmar Souvignier
FÖRDERUNG RÄUMLICHER FÄHIGKEITEN
Trainingsstudien mit lernbeeinträchtigten
Schülern
2000, 200 Seiten, br., 25,50 €,
ISBN 3-89325-897-3

BAND 23

Sonja Draschoff
LERNEN AM COMPUTER DURCH
KONFLIKTINDUZIERUNG
Gestaltungsempfehlungen und Evaluationsstudie
zum interaktiven computerunterstützten Lernen
2000, 338 Seiten, br., 25,50 €,
ISBN 3-89325-924-4

BAND 24

Stephan Kröner
INTELLIGENZDIAGNOSTIK
PER COMPUTERSIMULATION
2001, 128 Seiten, br., 25,50 €,
ISBN 3-8309-1003-7

BAND 25

Inez Freund-Braier
HOCHBEGABUNG, HOCHLEISTUNG,
PERSÖNLICHKEIT
Gestaltungsempfehlungen und Evaluationsstudie
zum interaktiven computerunterstützten Lernen
2001, 206 Seiten, br., 25,50 €,
ISBN 3-8309-1070-3

BAND 26

Oliver Dickhäuser
COMPUTERNUTZUNG UND GESCHLECHT
Ein-Erwartung-Wert-Modell
2001, 166 Seiten, br., 25,50 €,
ISBN 3-8309-1072-X

BAND 27

Knut Schwippert
OPTIMALKLASSEN: MEHREBENEN-
ANALYTISCHE UNTERSUCHUNGEN
Eine Analyse hierarchisch strukturierter Daten
am Beispiel des Leseverständnisses
2002, 210 Seiten, br., 25,50 €,
ISBN 3-8309-1095-9

BAND 28

Cornelia Ev Elben
SPRACHVERSTÄNDNIS BEI KINDERN
Untersuchungen zur Diagnostik im Vorschul-
und frühen Schulalter
2002, 216 Seiten, br., 25,50 €,
ISBN 3-8309-1119-X

BAND 29

Marten Clausen
UNTERRICHTSQUALITÄT:
EINE FRAGE DER PERSPEKTIVE?
Empirische Analysen zur Übereinstimmung,
Konstrukt- und Kriteriumsvalidität
2002, 232 Seiten, br., 25,50 €,
ISBN 3-8309-1071-1

BAND 30

Barbara Thies
VERTRAUEN ZWISCHEN LEHRERN
UND SCHÜLERN
2002, 288 Seiten, 25,50 €,
ISBN 3-8309-1151-3

BAND 31

Stefan Fries
WOLLEN UND KÖNNEN
Ein Training zur gleichzeitigen Förderung des
Leistungsmotivs und des induktiven Denkens
2002, 292 Seiten, br., 25,50 €,
ISBN 3-8309-1031-2

BAND 32

Detlef Urhahne
MOTIVATION UND VERSTEHEN
Studien zum computergestützten Lernen in den
Naturwissenschaften
2002, 190 Seiten 25,50 €,
ISBN 3-8309-1151-3

IN VORBEREITUNG:

Ingmar Hosenfeld
KAUSALITÄTSÜBERZEUGUNGEN UND
SCHULLEISTUNGEN
ISBN 3-8309-1073-8

Waxmann Verlag GmbH
Münster · New York · München · Berlin
www.waxmann.com